U0920979

滕州年鉴

TENG ZHOU YEAR BOOK

2018

滕州市人民政府　主办
滕州市地方史志办公室　编

中州古籍出版社

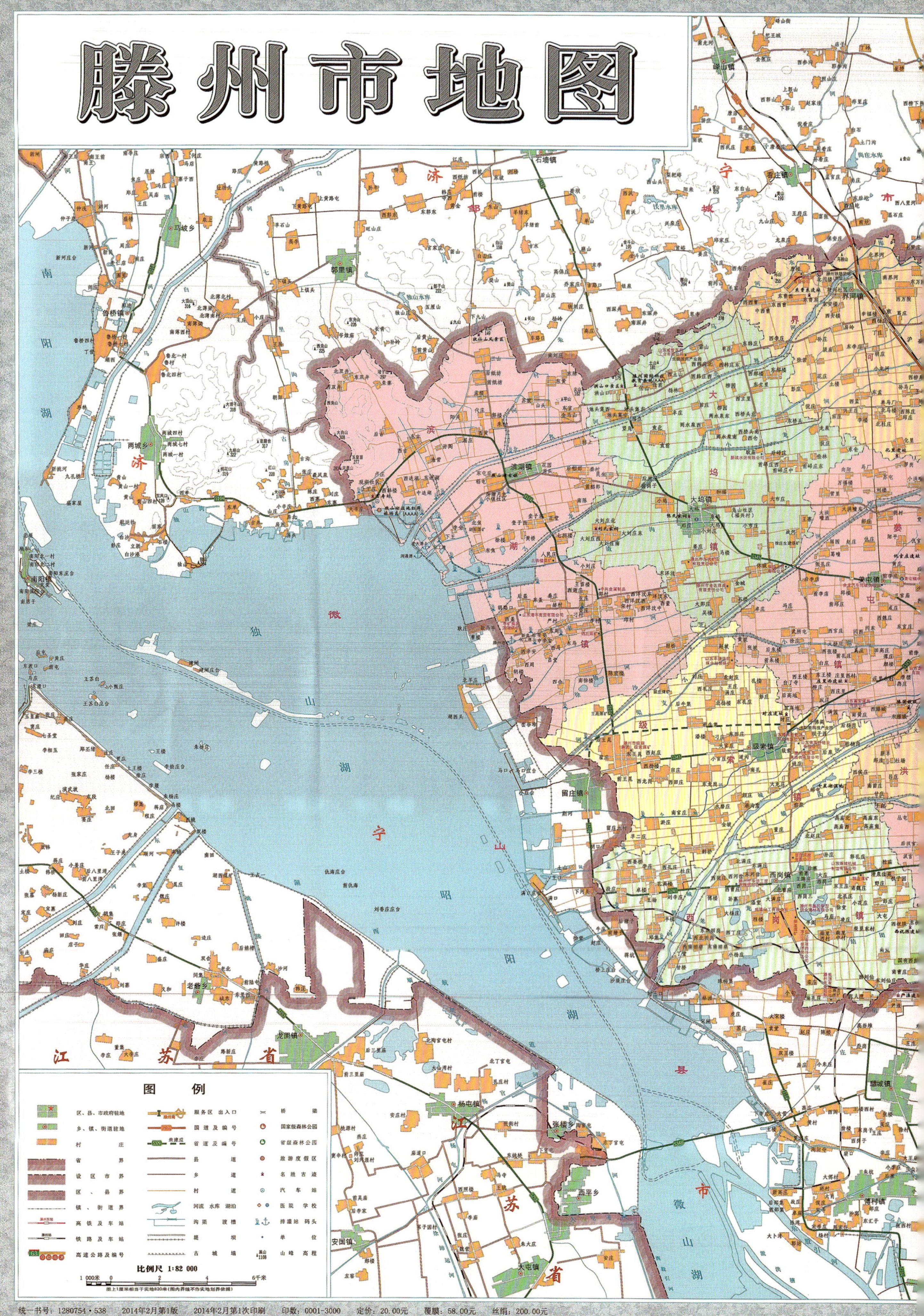

统一书号：1280754・538　2014年2月第1版　2014年2月第1次印刷　印数：0001-3000　定价：20.00元　覆膜：58.00元　丝绢：200.00元
鲁SG(2013)190号

策划·主编：张国柱　副主编：方玉新　苗文　编辑：张辉　苗沛霖　孙玉铭　徐红静　计算机制图：张晨晨　滕州市国土资源局组编　山东省地图院编制　山东省地图出版社出版·印刷·发行
电话：0531-88930993　邮编：250014
地址：济南市二环东路6090号

2017年3月31日，全国政协副主席卢展工（右六）率全国政协调研组到滕州开展专题调研

2017年8月4日，全国政协副主席刘晓峰（前排左一）到滕州调研基层中医药发展工作（冯建／摄）

2017 年 4 月 14 日，山东省人大常委会副主任张新起（左二）到滕州调研

2017年5月10日，山东省政协副主席赵润田（左一）到滕州调研

2017 年 5 月 23 日，枣庄市委书记、市人大常委会主任李同道（前排左一）到滕州调研

2017 年 10 月 23 日，枣庄市委副书记、市长李峰（前排左二）在滕州观摩美丽乡村建设现场

2017年2月4日，市委书记邵士官（前排左三）调研工业企业技术改造项目

2017年7月1日，市委副书记、市长刘文强（中）检查防汛及荆河水环境综合治理工作

2017 年 9 月 12 日，市人大常委会主任李健（前排中）到洪绪镇开展“双联”活动

2017年8月3日，市政协主席宗大全（前排右二）带队视察全市居民医疗保险运行情况

荆河公园

滕州市地方史志编纂委员会
滕州市年鉴编辑委员会

名誉主任　邵士官

主　　任　刘文强

副 主 任　刘　新

委　　员　龙琳洲　邢　军　李　维　杨根宝　赵曰国
　　　　　闫培楷　殷　涛　朱瑞国　徐兴伟　梁西诚
　　　　　孙作怀　梁　刚　牛广林　张宗端　王传伟
　　　　　翟传虎　王印德　刘金山　魏　超　刘春雨
　　　　　朱绍邦　朱秋原　张玉法　贾福军　孟祥磊
　　　　　杨修常　杨其朝　刘书巨　赵逢柏

《滕州年鉴（2018）》编审人员

顾　　问　王巍波　张　涛（枣庄市史志办）

主　　审　刘　新

副 主 审　邢　军　徐兴伟

主　　编　赵逢柏

编　　辑　徐承伟　李　明　王洪波　朱广亚

编　　务　张　涛

编 辑 说 明

一、《滕州年鉴》是滕州市人民政府主办的综合性地方年鉴。旨在全面、客观、翔实地载录滕州市政治、经济、文化、社会诸方面的基本面貌和发展情况，为各级领导提供决策依据，为社会各界和海外人士了解和研究滕州提供基本资料。

二、《滕州年鉴》的编纂，坚持以马克思列宁主义、毛泽东思想、邓小平理论、“三个代表”重要思想、科学发展观、习近平新时代中国特色社会主义思想为指导，紧紧围绕滕州市委、市政府的中心工作，全面客观反映滕州市各级、各部门的主要工作和取得的重大成就。力求做到观点正确、框架科学、资料翔实、记述准确、编写规范、特色鲜明，突出时效性，讲求实用性。

三、《滕州年鉴（2018）》主要记述2017年滕州市经济社会发展情况。为反映事物发展全貌，增强年鉴时效性，部分资料适当上溯或下延。

四、全书采用分类编辑法，以栏目、分目、条目组成框架结构的主体部分。在少数分目中，增加子分目层次，标题用楷体区分。条目标题统一用黑体加【】表示。全书前有目录，后有索引，检索系统完备。

五、全书主体内容设21个栏目：1. 特载；2. 大事记；3. 滕州概况；4. 政党政务；5. 人民团体；6. 政法 军事；7. 财政 税务；8. 经济监督管理；9. 城乡建设 环境保护；10. 工业；11. 农业；12. 交通运输和信息业；13. 商务 旅游；14. 开发区建设；15. 金融 保险；16. 教育 科学；17. 文化 体育；18. 社会生活；19. 镇（街）概况；20. 人物；21. 附录。

六、书内所刊载内容和数据，滕州市分别由市直各有关部门、各镇街和山东省、枣庄市及外地驻滕单位提供，并经各单位领导审阅；载入人物资料经权威部门审定。由于资料来源、统计口径等方面的原因，市直各经济部门和各镇街文内采用的数据，即使同一项目也可能不尽一致，读者采用时请予注意，以市统计部门公布的统计数据为准。

七、《滕州年鉴》的编辑工作，在滕州市委、市政府及市年鉴编辑委员会的正确领导下，在枣庄市史志办的具体指导下，依靠各部门和镇街撰稿人共同完成，并得到市直各部门和镇街党委、政府的大力支持，在此谨表示衷心感谢。由于编者水平所限，本册年鉴的纰漏与不足在所难免，敬请广大读者批评指正。

目　录

政党　政务
Political Parties　Government Affairs

人民团体

People's Organizations

法治　军事
Rule by Law　Military Affairs

财政 税务

Government Finance Taxation

经济监督管理

Economic Supervision and Management

城乡建设　环境保护

Urban and Rural Construction Environmental Protection

工　业
Industry

农　业
Agriculture

交通运输和信息业
Transportation and Information Industry

商务　旅游
Commercial Affairs　Tourism

开发区建设

Construction of Development Zone

金融　保险

Finance　Insurance

教育　科学
Education　Science

文化　体育
Culture　Sports

社会生活
Social Life

镇（街）概况
Town (Street) Overview

人　物
People

附 录
Appendixes

彩色插页
Color insert

索 引
Index

特　载

Special Report

在全市加快新旧动能转换推动创新发展动员大会上的讲话

邵士官

（2018年3月2日）

同志们：

今天，市委、市政府召开这次会议，既是一次加快新旧动能转换的动员会，也是一次总结表彰、压实作风的鼓劲会，目的是动员和激励全市上下进一步振奋精神、转变作风，创新实干、奋发有为，聚力加快新旧动能转换，全力打造现代产业强市、生态文化名城，奋力开创滕州高质量发展新局面。下面，根据市委常委会研究的意见，我讲五个方面的问题。

一、积极应对复杂严峻挑战，进一步夯实了加快新旧动能转换推动创新发展的基础

过去的一年，是极不平凡的一年。面对复杂严峻形势和繁重改革发展稳定任务，全市上下勠力同心、攻坚奋进，取得了来之不易的成绩和良好发展局面。在前几天召开的枣庄市新旧动能转换推动创新发展大会上，我市获得了所有奖项，实现大丰收，赢得满堂彩。一是招商引资取得重大突破。2017年，全市GDP实现1150.37亿元，地方财政收入完成70.36亿元，固定资产投资完成667亿元。探索实行招商引资、项目建设、园区发展“三合一”机制，全年新招引开工项目192个，实施重点项目269个，当年竣工128个。中材锂膜、北玻院科技成果孵化基地、富源热电、滕州新港等一批具有重大影响的大项目落地建设，170个投资过千万元技改项目顺利推进，推动了产业转型升级。二是社会安定和谐。乘十九大东风，社会治理和意识形态工作全面创新，全市

治安案件、刑事案件、可防性案件发案数同比大幅下降，群众安全感进一步增强；群众信访办理成效明显，社会安定和谐程度明显提高；网民素质明显提升，网上正能量显著增加，社会各项事业取得长足发展进步，我市被评为全国平安建设先进县。三是营造出全新政治生态。全面从严治党主体责任全面压实，狠抓班子、干部、工作机制与制度建设，形成了实干为民、一心向党的良好政治生态。尤其是我们万众一心、众志成城，以志在必得的决心一举创成国家卫生城市，刷新了干部群众干事创业、攻坚克难的精气神。

收获饱含奋斗，成绩催人奋进。一年来，县级领导同志率先垂范，镇街、村居的同志拼搏奉献，市直部门的同志全力以赴，企业的同志竭力推动创新发展，老干部、驻滕单位和广大群众以振兴滕州发展为己任，全市上下形成同舟共济干事业、众志成城谋发展的良好局面。今天受到表彰的先进集体和先进个人，就是其中的优秀代表。回顾过去的一年，我们深刻认识到，唯有担当才能成就事业，唯有实干才能富民兴业，唯有团结才能不断取得胜利。借此机会，我代表市委、市政府，向所有辛勤工作的广大干部群众和关心支持滕州发展的社会各界人士，致以衷心的感谢和崇高的敬意！向受到表彰的先进集体和先进个人，表示热烈的祝贺！

同时，我们也要清醒看到，当前我们还面临许多挑战，工作还有很多不足：一是一些同志对市委、市政府确立的五大经济转型发展思路、目标仍存在蜻蜓点水、一知半解，照本宣科、机械执行，甚至慢作为、不作为现象。二是面对复杂经济形势、艰巨发展任务以及组织提出的新期待，一些党员干部主动适应新要求的能力水平还有不小差距。三是创新发展热潮尚未形成，传统产业占比依然偏高，企业技术创新投入不足，自主知识产权偏少，新兴产业规模小、层次低，新旧动能转换任重道远。对于这些问题，必须引起高度重视，抓住有利时机，狠下功夫，加以切实解决。

二、加快实施新旧动能转换，努力推动五大经济创新发展

建设现代产业强市、生态文化名城，是我市未来的发展定位，也是践行新发展理念、加速新旧动能转换的重要举措。下一步，要以强市名城建设为总抓手，以五大经济转型发展为重要路径，全力加快新旧动能转换，奋力开创高质量发展新局面。

突出工业经济主导地位。新旧动能转换，工业是主战场。滕州的工业发展，曾经是全省全国的标杆，有历史、有基础、有传统，像鲁机、鲁化、雄狮、标件厂、彤晖、酿酒厂、卷烟厂，随着计划经济转向市场经济，有的适应市场、闯出新路，有的昔日辉煌、早已不在。目前新一轮转型，大浪淘沙，要抢占先机、焕发活力，关键要过好新旧动能转换这道关。因此，必须走好传统产业转型升级、除旧布新之路。机械机床是滕州的支柱产业，有60多年发展历史，时至今日，不少仍停留在组装生产、中低端制造阶段，缺乏领先技术、拳头产品、知名品牌。比如在衡量机床稳定性、可靠性指标方面，德国平均无故障工作时间超过2000小时，我们多数500小时、300小时，个别高档机床也不超过1000小时，这就是差距。如果跟不上高端智能制造兴起的步伐，不加快提质增效，不走差异化发展道路，生存必定举步维艰。必须走好加快构建现代产业体系之

路。现代产业强市，没有强有力的现代产业体系来支撑，定是无源之水、无本之木。当前，六大产业基地是我市产业发展的最大特色，要抓紧编制产业发展规划，把上下游拉开，明确主攻方向，加快发展步伐。要抓好中科院化工新材料科技成果转化及产业化基地、中材膜材料研发供应基地、北玻院科技成果孵化基地、腾龙不锈钢智能制造产业园等项目建设，推进建链、补链、强链，形成关联度高、走在价值链上游的产业集群。必须走好创新工业发展模式之路。体制机制不活、功能配套滞后一直是我市园区建设的短板。去年我们组织财政、国土等部门到泰州考察，触动很深。泰州医药产业园采取标准化厂房、统一物业服务、企业租赁拎包入驻方式，既降低了企业投资成本和经营风险，缩短了项目建设周期，又确保了政府资产的保值增值，在招引项目上形成了巨大优势，短短十年工业资产达到了1000亿元。我们建设科创园，要借鉴泰州模式，在工业地产、物业、服务、优惠政策等方面拿出创新性办法，每年为各镇街建设一处标准厂区，让招引的先进制造项目直接入驻、生产运营，实现筑巢引凤。必须走好创新型企业培育壮大之路。市场活力来自于人，特别来自于企业家，来自于企业家精神。在春节前召开的企业家座谈会上，与会企业家描绘了各自的发展蓝图，干劲十足，让我们充分感受到了企业家的担当和情怀。希望广大企业家积极投身新旧动能转换大潮，瞄准发展前沿，精准发力，创新创业创一流，让企业动能强劲，不断做大做强。今年，市里将组织企业家到先进地区考察学习，解放思想，开阔视野。组织开展优秀企业家评选活动，努力在全社会营造尊重企业家、学习企业家的浓厚氛围。同时，市里将大力推进企业技改行动计划，加大对科技型企业支持力度，引导企业发扬“墨子发明”“鲁班创造”的“工匠精神”，积极参与国家、行业标准制定，努力培育更多具有创新能力的排头兵企业。

*着力提升发展城市经济。*新旧动能转换，现代产业发展，都离不开城市这个关键要素。经过历届市委、市政府的共同努力，滕州城市框架已经拉开，承载力进一步增强。但近年来周边县市区快速崛起，城市建设各具特色，如果我们还是以县域的眼界和理念来管理城市，不提升品味和档次，很难适应新的发展需要。必须解放思想，高点定位，以创建全国文明城市为总抓手，全力提升城市综合承载力、辐射带动力、对外影响力，全面涵养城市经济，打造外地人向往的城市、本地人宜居的家园。提升交通保障力。滕州自古就是九州通衢，扮演着贯穿南北、连接东西的重要角色。我们要以大交通的视野，对外抓住枣菏高速、京台高速改扩建、枣滕BRT线建设、滕州新港等工程实施的机遇，加快项目进度，进一步畅通滕州与周边城市的联系，让滕州成为人流、物流、技术流、信息流的交汇地。对内深入开展“城市交通攻坚”行动，集中力量抓好主干道、断头路的打通，全面优化城市路网，确保人行方便、货畅其流。提升城市吸引力。城市是展示对外形象的窗口。去年我们成功创建国家卫生城市，基本解决了脏乱差顽疾，很多在外滕州人回家，普遍感到城市干净了、更有年味了，这就是城市的吸引力。下一步，深入推进城市精细管理提升，抓实网格化管理、“门前三包”“路长制”，加大机械化深度保洁力度，抓好电动三轮车、四轮代步车专项治理，努力打造干净整洁、秩序井然的市容

环境。抓好国家级荆河湿地公园创建、小清河改造提升，全力打造“绿满滕州、花拥荆河”的生态环境，彰显滕州城市生态魅力。培育文化竞争力。文化是城市的灵魂，是城市竞争力的核心要素。滕州城市历史悠久，文化底蕴深厚，要深入挖掘整合，发挥优势，把闲置老建筑开发为博物馆、文创园、书院、电影院、社区活动中心等公共文化空间，着力打造“一城历史半城河”的城市特色，吸引更多人来滕州生活、消费、发展。加快以龙泉广场为核心的墨子鲁班文化城立法保护及规划建设，加强历史文化街区保护，高起点设计、高标准打造滕州老街，引入滕州“老字号”，守住滕州城市文化的“根”和“魂”。着力丰富城市业态。城市是加快动能转换的集聚地，要增强集聚功能，必须有完善的城市业态，让所有向往美好生活的人，能创业、可就业、住得下、过得好。要大力引进知名商业零售企业，规划建设专业物流园和综合性物流园。大力发展工业设计、产品研发、市场服务、金融开发等工业服务业，支持工业品国际贸易、技术引进机构来滕州设立公司。积极规划发展时尚服装、化妆品、食品、文化等特色专业街区，大力发展会展业和体育产业，积极培育总部经济、楼宇经济，形成城市经济发展新增长点。

强化农业、生态、民生经济基础保障作用。我们的农业经济，是滕州引以为豪的产业，以前我们是借着天时地利，取得了农业发展的先机，现在看来，旧的基础还在，新的优势尚未全面形成。实施乡村振兴战略，抓住美丽乡村建设这个重点，基本上可以实现生态宜居、乡风文明、治理有效。但产业兴旺、生活富裕关键靠什么？就必须靠推进农业供给侧结构性改革。一方面，要大力发展农业“新六产”。积极推进一产农产品向二产加工、三产营销服务延伸，促进农业提质增效、转型升级。像我们的马铃薯产业，要邀请马铃薯食品专家把脉支招，拉长产业链，开发马铃薯功能性产品，采取与大型食品企业、跨境贸易公司合作等多种形式，力争尽快培育打响1—2个知名马铃薯产品品牌，全面提高马铃薯产业附加值。另一方面，要坚持多元融合。深入推动与中国建材、首农、中合农发等企业集团多元合作，充分利用大企业、大集团在技术、资金、管理等方面优势，规划建设高科现代农业示范园、绿色小镇、田园综合体等项目，实现农村生产生活生态与科技创新、多元业态的有效融合，助力滕州乡村振兴。我们的生态经济，总的看卓有成效，但生态产业整体上还未发展起来，现在全国层面的倒逼机制已经形成，下一步要紧扣环保攻坚战，大力发展绿色、低碳、循环经济，尤其要振兴滕州生态文化旅游。以前枣庄旅游主要目的地是滕州，现在主要聚焦在台儿庄。今年春节，台儿庄古城吸引各地游客超过70万人次，核心景区消费突破6个亿，呈现井喷态势，全城车辆爆满车位难求。对此，我们要深刻反思，认真谋划和思考如何振兴滕州旅游，找准着力点和突破口。像我们的欢乐滕州嘉年华活动，是一个成功的创举，2018贺年会开展得如火如荼，成效斐然。下一步，迫切需要研究深化，不断积累，串点成线，吸引更多的要素集聚，延伸旅游产业链，努力培育著名旅游品牌。我们的民生经济，可以说取得了长足发展，但围绕群众对美好生活的需求，还有大量的工作要做。像教育原来倾向于均衡办学，现在需要的是多元化高质量教育，要用创新开放的理念，积极引进国际学校、双语学校，提升教育事业发展外向度。像医养结合、健康产业这些新产业，要抓住机遇，加强与大集团合作，推进卫生医疗多业态融合发展，真正惠及滕州百姓。另外，城市越大，聚集人口越多，各种人群消费升级带来了新需求，要积极引导，充分发挥企业、商家等市场主体信息敏锐、运作灵活的优势，精准对接、优化供给，繁荣民生经济，让滕州人民享受到更高层次、更加丰富的现代化服务。

三、着眼加快实施新旧动能转换实现开放发展的需要，进一步加大招商引资工作力度

实施新旧动能转换，关键在招商，根本靠项目。对招商引资工作我们一直高度重视，不仅要求各单位拿出50%以上的机关人员、办公经费和干部精力抓好招商引资，而且拨出专项经费予以保障，但去年仍有12个单位招商引资没有进展，8个单位签约项目尚未开工。这些都与新旧动能转换的要求不相符，对此，我们必须有清醒认识，查清原因，尽快迎头赶上。

要再掀招商引资新高潮。转变招商观念。克服“肥水不流外人田”“包打天下”的思想，鼓励支持本土企业，善于算大账、算长远账、算发展账，放开一切条件加强与央企、国企和大企业集团合作，尤其是在滕州已经有项目落地的央企、国企，要紧盯不放，形成接二连三的集聚效应。拿出更多实招新招抓招商。为了招商引资，各地都在绞尽脑汁、铆足干劲、各显神通，一不留神，好项目就擦肩而过；一不小心，已落地的项目，也可能会“飞”！这些都倒逼我们必须拿出更多实招、新招、硬招，抓好招商引资。要切实抓好产业招商、驻外招商、以商招商、节会招商，力争每月举办一场产业论坛或主题节会，搭建招商大平台，争取更多项目、更多商家、更多产业聚集滕州，努力形成大项目好项目纷至沓来的良好效果。做优招商载体。栽下梧桐树，引得凤凰来。要以创建国家级开发区为抓手，着力优化滕州经济开发区功能布局，抓好鲁南高科化工园、大坞生物医药产业园省级化工园区认定，增强园区承载力。

要树立大抓项目的鲜明导向。新旧动能转换快不快、好不好，关键看有没有好项目支撑。这次表彰，我们按照上级要求，压缩了不少表彰项目，重点保留了招商、项目、园区建设的奖项，目的就是倡导树立抓项目就是最好的实干、要大抓项目、抓大项目的鲜明导向。今年市委、市政府对《关于进一步加强招商引资、重点项目及园区建设工作的意见》作了进一步修订。各级各部门要认真学习研究，对照意见要求，层层传导压力，加大项目招引建设力度。要抓“准”。吃透把准上级政策导向，重点围绕省里提出的“十强产业”谋划对接争取项目。对已经落地或正在实施的项目，也要严格按照新旧动能转换要求进行提升，争取更多的项目获得上级的政策和资金支持。要抓“实”。弄清楚项目建设中的难点、痛点和堵点，每项措施都要落到实处，明确每个环节的工作和需要注意的问题，该寻找政策支持的寻找政策支持，该对上沟通的积极对上沟通，绝不能意见建议说了一大堆，最后问题没解决。要抓“快”。对今年确定的275个重点项目，逐一落实“四个一”工作推进机制，全力加快项目建设。坚持每月开展一次重点项目建设现场办公会，每年举行三次重点项目现场观摩会，形成项目建设常态化推进机制。各级干部特别是县级领导干部要带头深入企业村居和项目现场，带

头破解难题推动发展，真正发挥率先垂范的“头雁效应”。要围绕项目转、盯着项目干，努力在全市形成招商引资项目建设大比武、各项工作比学赶帮大竞赛的良好局面。

要以更大力度推进改革开放。新旧动能转换，是一场涉及思想观念、生产方式、体制机制等诸多方面的革命性变革。只有全面深化改革扩大开放，打破体制机制障碍，破除深层次问题和矛盾，经济发展才能增强内生活力和动力，尽快度过滚石上山、爬坡过坎的阶段，实现质的飞跃。全面深化改革。今年是改革开放40周年，也是我省全面展开新旧动能转换的开局之年，中央和省市将推出力度更大的改革措施。政策就是创新机遇，在这一轮改革大潮中，我们必须牢牢抓住先机。坚持高质量发展方向，优先推进有利于新动能培育、传统动能提升的改革，加速改革资源向新旧动能转换聚集。坚持问题导向，对问题多的领域，刀刃向内、自我改革，不断理顺体制机制，持续激发发展活力。突出改革重点，紧扣供给侧结构性改革主线，抓实国企改革，加大国有资本投资运营公司、产业集团组建力度，推动国有资本做大做优做强；创新投融资方式方法，抓好工业资产运营公司等平台建设运营，加快推进股改上市，力推更多中小企业在齐鲁股权和新三板挂牌，力争腾达等尽快实现主板上市突破。提高开放水平。在抓好招商引资、招才引智基础上，大力实施“走出去”战略，引导部分产业和企业跳出滕州发展滕州，打好“引进来”“走出去”两手牌，构建对外开放新格局。持续开展“双唤行动”，做强骏驰外贸、兄弟外贸综合服务平台，支持腾达、华能等企业深度融入“一带一路”，有序推进优势产能和设备“走出去”，确保超额完成进出口任务。引导企业充分利用国内外“两个市场”“两种资源”，通过对外直接投资、对外工程承包、对外劳务合作等形式积极参与区域、国际经济技术合作和竞争，实现在跨区域要素整合中获取新优势、实现新扩张。优化发展环境。认真学习借鉴外地“店小二式服务”“保姆式服务”“最多跑一次”改革等先进经验，改进工作，努力打造没有门槛的投资环境、没有扯皮的效率环境、没有距离的服务环境。真心服务，进一步完善领导干部帮包企业制度，主动加强与企业沟通，视企业发展为分内工作，企业遇到问题就食不甘味、夜不能寝，想尽千方百计帮助解决；要主动与企业家交朋友，风雨同舟，以心换心，携手共赢。精准服务，深入了解企业家所思所想、所急所难，在帮助企业上项目、降成本、搞技改上出实招、求实效。提速服务，深化“放管服”改革，确保开办企业3个工作日内完成审批、投资建设项目施工许可5个工作日内完成审批，探索实行500万元以下投资项目审批权下放镇街，积极营造一流营商环境，努力形成项目集聚“乘数效应”。

四、着眼加快实施新旧动能转换培育核心竞争力的现实需要，努力推动科技文化创新发展

推动新旧动能转换，创新是第一动力，人才是根本保障。吸引更多高端人才、研发机构进驻滕州，是更高层次的招商引资，对滕州发展具有更加重大、更加深远的意义。要做好科技人才、科技创新、科技文化三篇文章，大力推进以实体经济为主的产学研协同创新，加快培育新旧动能转换核心竞争力。

要大力培育引进科技人才。人才资源是第一资源。美国、日

本等发达国家的迅速崛起，无不是依靠人才作为坚强支撑。滕州要实现高质量发展，最紧缺的就是人才。要深入实施“滕州英才”计划，持续招才引才育才用才，努力在加强科技人才队伍建设上实现更大突破。办好两院院士滕州行、滕州高新技术产业“产学研用金”发展大会等活动，让更多高层次人才走进滕州、了解滕州、汇聚滕州。加快滕州科技交流中心、工业地产及专家公寓建设，为科技人才落户滕州创业发展提供更加优越的生活工作环境。目前全国各地都在出台政策争抢人才，组织、人社部门要抓紧完善招才引智优惠政策，积极将产业发展需要的优秀人才牵线滕州，营造拴心留人的人才集聚磁场。实施创新型企业家培育工程、金蓝领高技能人才培养计划，进一步提高企业家队伍整体素质，解决企业实用技能人才短缺问题，夯实动能转换的人才支撑。

*要着力推进科技创新。*目前全球经济已经进入了互联网和知识经济时代，第四次工业革命和中国制造2025的重要手段就是科技创新。科技创新产生的生产力是巨大的、革命性的，像扎克伯格3000人的团队创造了700亿美元财富，而传统汽车巨头通用公司，7.5万名员工创造产值450亿美元。当然，对标世界科技前沿滕州还有很大差距，但去年以来我们在科技创新上不断取得突破，只要坚定不移推下去，就一定能取得更大发展。比如张之敬教授的精密智能加工机床项目取得成功，华矽电子投入生产等都将极大推动滕州产业创新发展。要依托滕州产业基础，全力抓好中科院化工新材料科技成果转化及产业化基地建设，推进中科院化工新材料技术创新与产业化联盟、中材膜材料研发中心、山东（滕州）千人计划高新技术产业公司、北理工鲁南研究院、北航机床创新研究院等创新平台建设发展，加快规划建设墨子科创园，打造创新成果孵化集聚区。要依托滕州浪潮大数据产业公司，做透大数据，建设滕州工业数据大脑，发展智慧企业，加快形成机械智能制造、化工新材料产业转型升级的数据支撑自适应科技系统，推进新旧动能转换取得更大突破。

*要大力弘扬科技文化。*积极传承墨子科学思想、鲁班创造精神，打造科技文化之都，让滕州成为科技人才、工程专家的寻根圣地、创业家园。高水平举办墨子科技文化节、鲁班科技文化节、微山湖湿地红荷生态科技文化节、滕州马铃薯科技文化节，让更多的专家、学者为滕州实现高质量发展献计献策，共推滕州创新创业；积极办好滕州书展，广泛加强交流，寻求更广领域合作，助推滕州科技文化产业发展；依托大数据产业中心，让我市收藏在博物馆里的文物、书写在古籍里的文物“活”起来，扩大滕州科技文化的影响力；发挥文化科技引擎作用，促进文化创意与装备制造业、建筑业、信息业、旅游业、体育业和特色农业等行业融合发展，赋予实体经济更丰富的文化内涵，有效提升经济发展质量；打造更多的科技场馆，开展更多的科技文化活动，让滕州独具特色的科技创新文化渗透进滕州每一家企业、每一个单位、每一名滕州人的思想，努力实现科技人才、科技思想、科技创新共同发力，齐推新旧动能转换。

五、着眼加快实施新旧动能转换的本质要求，努力培育创新型干部队伍

习近平总书记指出，领导干部既要有成事的真本领，还要

有担当的宽肩膀。面对加快新旧动能转换重任，需要我们以更宽广的视野、更专业的思维推动发展，以更过硬的作风、更大的魄力攻坚克难。全市广大党员干部要围绕“不忘初心、牢记使命”主题教育，以开展“新时代、新作为、新旧动能转换，加快滕州发展”大讨论活动为契机，锤炼作风，提升素质，强化担当，增强本领，为加快新旧动能转换奠定坚实基础。

要高处着眼抓学习、提境界。学习是提高认识的最直接途径。党的十九大和省市新旧动能转换大会提出了许多新理念、新论断，市委、市政府新一年确定了许多新任务、新举措，把这些决策部署转化为实际行动，都需要通过学习来准确领会、优化思路。结合大讨论活动提出的“六问”，立足单位、个人实际，深入开展研讨，越学越明，越论越清，明确上级的要求是什么，工作路径在哪里。2018 年重点要干什么事，标准是什么？加快新旧动能转换，自己的责任是什么？要学以致用，把学习与调研相结合，和先进标兵相对照，深入思考、找准差距、整改提升，努力寻求攻坚克难的思路、办法，提高谋划力和执行力。

要深处落脚强担当、比作为。工作是干出来的，事业是拼出来的。新的一年，全市各级干部要把大讨论活动激发出来的热情和干劲用到工作上，继续发扬能打能拼、能征善战的好传统好作风，干字当头，实字托底，全力夺取各项工作新胜利。要练就勇于担当的宽肩膀。桥的价值在于承载，人的价值在于担当。现在我们工作中遇到的问题，不少都是“攻坚战”“硬骨头”，需要直接向深处开刀才能解决问题。要切实增强担当意识，再难的工作也要坚定不移向前推进，决不能遇到问题绕着走，贻误发展时机，影响发展大局。要强化团结协作的执行力。现在很多工作都具有交叉性，既需要市委、市政府统筹，更需要各单位协同配合、齐抓共管。要继续坚持扁平化管理，县级领导干部既要抓好各自分管的工作，也要抓好联系镇街、企业和牵头负责的工作，切实把责任担起来。各部门管行业必须管安全、管环保、管稳定、管招商，同时还要抓好帮包项目、争取资金以及扶贫攻坚、创城等工作。各镇街，要确保一方平安，抓好一方发展，夯实一方实力，不断培塑新优势、新形象。要学会服务群众的真本领。服务群众，既是态度问题，也是方法问题，更是信念问题。要始终坚持以人民为中心不动摇，遇到事情，首先要有真心诚意为群众办事的好态度，再寻求好办法，把工作做深做细做扎实，赢得群众的信赖和支持。要形成遵规守纪的硬作风。近期，中央和省、市对落实中央八项规定精神、推进全面从严治党都作出新部署、新要求，各级党员干部一定要树牢“四个意识”，以身作则，率先垂范，养成遵规守纪的高度自觉，用源源不断的清风正气，为加快新旧动能转换构筑坚强作风保障。

要实处着手抓推进、快落实。推动新旧动能转换，必须以真抓促落实、以实干求实效。去年，我们改革了考核办法，加大对先进项目落地、财政收入增幅等发展质量效益的考核权重，真正考出了动力和转型发展的工作导向。今年，我们围绕加快新旧动能转换，建设现代产业强市、生态文化名城，进一步优化指标设置，更加突出招商引资、重点项目和园区建设核心指标，强化创新导向；更加注重日常考核、过程管理，增加现场观摩，实行亮牌警示，倒逼工作落实；不断加大督导力度，既督任务、督进度、督成效，也要察认识、察责任、察作风，确保各项工作按时间节点推进。纪委监委、组织、督查部门要全程紧盯，督事查人，进一步激发各级干部比学赶帮、夺标争先、干事创业的精气神。

同志们，加快新旧动能转换，重任在肩，时不我待，让我们迅速行动起来，聚焦新旧动能转换，对标先进、加压奋进，全力以赴抢机遇、抢项目、抢人才，为加快建设现代产业强市、生态文化名城、宜居宜业富裕美丽文明新滕州而努力奋斗！

政府工作报告

——2018年1月16日在滕州市第十八届人民代表大会第二次会议上

刘文强

各位代表：

现在，我代表市人民政府向大会报告工作，请予审议，并请市政协委员和其他列席会议的同志提出意见。

一、二〇一七年工作回顾

刚刚过去的2017年，是本届政府履职的第一年。一年来，在市委的正确领导下，在市人大、市政协的监督支持下，我们紧紧团结和依靠全市人民，认真学习贯彻党的十八大、十八届历次全会和十九大精神，深入践行习近平新时代中国特色社会主义思想，聚焦工业、城市、农业、生态、民生“五大经济”转型发展，攻坚克难、锐意进取，经济社会发展取得了新的成就，实现了良好开局。2017年，预计全市生产总值实现1195亿元，增长6.6%；一般公共预算收入完成70.36亿元，收入质量和结构实现历史性突破；固定资产投资完成669亿元，增长8%；社会消费品零售总额达到448亿元，增长10.3%；城镇居民、农村居民人均可支配收入分别增长7.5%、8.5%。

（一）创新驱动激发新活力。科技创新体系不断健全。市人才创新驱动中心获评全省首批创新创业公共服务示范平台，成功孵化高科技企业11个。国家高新技术企业发展到57家，高新技术产业产值占规模以上工业总产值的比重达到28%，提高2.6个百分点。引进国家“千人计划”专家13人，成立“千人计划”高新技术产业研究院。新增院士工作站等省级创新平台4个，总数达到49个。实施技术创新项目262个，74个项目列入省技术创新项目计划。省玻璃质检中心投入使用。重点领域改革扎实推进。深化供给侧结构性改革，压减煤炭产能30万吨。我市被确定为全省农村集体产权制度改革试点县，254个村居完成改革任务。新增土地流转面积4.8万亩，累计达到44万亩。全国供销社综合改革试点通过验收。调整行政权力事项139项、编制公共服务事项3449项，公布首批“零跑腿”和“只跑一次”事项297项。新增市场主体1.65万户。对外开放力度逐步加大。坚持招商、项目、园区一体推进，实施重点项目269个，当年竣工128个；实施过千万元技改项目170个；新招引开工项目192个。经济开发区晋升国家级开发区进入最后审批阶段。完成进出口总额32亿元，增长20.2%；实际利用外资3370万美元，超额完成年度任务。

（二）产业结构得到新优化。工业发展质效持续提升。新发展规模以上工业企业39家。与浪潮集团合作成立浪潮大数据产业公司，与中国移动合作建设大数据产业中心，北玻院科技成果转化基地一期3个项目当年签约、当年建设、当年投产，中材锂膜一期竣工投产，田陈富源2×35万千瓦煤矸石综合利用项目全面开工，连云山建筑科技公司被评为首批国家级装配式建筑产业基地。化工产业集群被认定为省化工新材料创新型产业集群；机械机床产业集群被评为省先进制造业主导产业转型升级示范基地；玻璃产业集群被评为省先进制造业产业集群转型升级示范基地。申报中国驰名商标2件、山东名牌8个、枣庄市市长质量奖2个；申请专利1200件，其中发明专利260件。吉田香料在新三板挂牌，耀国光热赴澳大利亚上市已签订协议。服务业规模档次稳步提高。实施服务业重点项目98个，完成投资123.5亿元。全域旅游加快发展，微山湖湿地创建5A级景区进入国家旅游局景观质量评审阶段，获评中国十大生态旅游景区、全国森林旅游百佳景区；龙山龙湖景区被列为省自行车训练基地，羊庄范蠡西施风情园一期建成；我市被评为中国最美文化生态旅游城市。商贸服务业繁荣活跃，居然之家、大润发超市、万禧市民服务中心、金源装饰大世界等12个项目投入运营。新兴服务业不断壮大，新发展电商企业100家，阿里巴巴农村淘宝滕州服务中心启用，我市被评为省级电子商务示范县。第十四届微山湖湿地红荷节、第三届鲁班文化节、首届“滕州书展”成功举办，10家企业入选省重点文化产业项目库。农业现代化步伐明显加快。小麦平均单产573公斤，创历史新高。成功举办第九届马铃薯节，“滕州马铃薯”被评为全国百强农产品区域公用品牌，鲁班寨土豆煎饼荣获“中国好食品”称号。龙阳绿萝卜、春藤枣庄黑盖猪获国家农产品地理标志认证。完成农业综合开发项目10个，建设高标准农田1.6万亩。发展高效节水灌溉面积4万亩。新建全国绿色食品标准化生产基地20万亩，总面积达到47万亩。新发展果树8600亩，新建改建标准化养殖场101处，水产养殖达到10.8万亩。马铃薯目标价格保险参保面积50.8万亩。农民专业合作社发展到2142家、家庭农场发展到257家。农业综合机械化率达到90%。我市被评为全国主要农作物生产全程机械化示范县、全国渔业健康养殖示范县、全国农田水利项目示范县。庄里水库建设顺利，首期移民安置区建成上房。

（三）城乡建设呈现新气象。城市功能日趋完善。编制城市专项规划10项，“多规合一”暨城市总体规划进入审查阶段。开工建设城建项目130个，完成投资115亿元。新建改建城市道路32条，升级改造背街小巷10条，新发展供热面积50万平方米，新增城区绿化面积70万平方米。围绕“清淤见底、寻源治污”，实施荆河综合治理，呈现出“一河清水、两岸绿色”的靓丽景色。实施棚改项目14个，完成7个区域、4257套房屋回迁上房。高标准规划建设新型农村示范社区木石凤翔小镇，一期完成5个村、2100余户拆迁。高铁新区启动实施项目23个，南水北调调蓄水库完成主体工程。精细管理全面加强。新购置机械化保洁车辆38辆，城区主次干道机械化深度保洁率达到95%，改造提升公厕115座、垃圾中转站15座，启动生活垃圾分类收集试点，光大垃圾焚烧环保能源项目投入使用。开展“物业管理提升年”活动，升级改造老旧小区10个。拆除违法建筑44万平方米。建成道路交通智能指挥中心，建设电子警察65处，启用机动车不礼让行人抓拍点8处、违法停车自动抓拍点62处，施划各类停车泊位1.8万个。永安行共享单车落户滕州。城乡统筹更加有力。滕州至枣庄新城BRT、枣菏高速、滕州新港等重点交通工程快速推进。完成村级公路安防工程875公里、“户户通”道路1127公里，超标准完成省城乡公交一体化示范县建设任务，城乡公交实现全覆盖。实施马河水库地表水厂建设，完成47个村6.8万人的农村饮水安全工程，城乡一体化供水人口达到126万人。西岗镇列入省新生小城市试点，获评全国新材料产业特色小镇；滨湖微山湖湿地古镇、鲍沟工艺玻璃小镇获评省级特色小镇。改造农村危房327户、无害化卫生厕所6.9万户，建成美丽乡村450个。建筑业企业发展到136家，我市被评为全省建筑业十强县。

（四）六大攻坚取得新成果。打好精准脱贫攻坚战。实施精准扶贫产业项目30个，546户、1298人稳定脱贫，我市被确定为全省金融扶贫试点县。打好生态环保攻坚战。持续开展环境突出问题专项整治，深入实施环境污染综合治理“百日攻坚”集中行动，办理完成中央环保督察转办件117件。清理10蒸吨以下燃煤锅炉246台，取缔经营性储煤场208家，空气质量持续改善，优良天数达到219天，较上年增加6天。实施农村环境连片综合整治，关闭搬迁水源地禁养区畜禽养殖场509家；对35处主要河道、水库全面落实河长制，清理河道50余公里，主要河流出境断面水质达到三类标准。修复破损山体7个，治理采煤塌陷地2.1万亩，综合治理水土流失6平方公里。全面实施“四绿”工程，新增成片造林3.2万亩，保护和恢复湿地11.5万亩，创建省森林镇1个、森林村居8个，生态环境质量稳步提升。打好金融风险防控攻坚战。健全现代金融服务体系，新引进各类金融机构4家。加强金融风险监测预警和应对处置，有效防范系统性、区域性风险。打好安全生产攻坚战。建立完善五级网格体系，创新“3＋X”监管模式，实现镇级消防救援队伍全覆盖。认真落实安全生产巡察整改措施，深入开展化工产业安全生产转型升级，我市被评为全国安全生产先进单位。打好社会稳定攻坚战。推进平安建设，扎实做好退役士兵安置和权益保障，法律顾问、警务助理实现村居全覆盖，我市被评为全国平安建设先进县，为党的十九大胜利召开营造了安定和谐的社会环境。打好创建国家卫生城市攻坚战。投资5亿余元实施城市设施大提升工程，更新改造城区主次干道、背街小巷200余公里，狠抓居民小区、集贸市场、城中村和城乡结合部等重点部位整治，加强“六小”等重点行业管理，整体卫生水平显著提升，顺利通过国家评估验收。

（五）共享发展实现新突破。20件惠民实事有效落实，民生支出占财政支出的比重达到72.9%，提高4.5个百分点。城镇新增就业和农村劳动力转移就业4.6万人，我市被列入全国农民工等人员返乡创业试点。实现职工养老保险扩面8017人。新建社会养老服务机构2家、农村幸福院12家，养老服务床位达到6500张。完成解决城区大班额项目11处、农村学校“全面改薄”工程45处，新增学位3.1万个；山东化工技师学院新校区一期启用；新建改建公办幼儿园11处。公立医院综合改革深入推进，计生服务水平持续提升，妇幼保健院新院投入使用，我市被评为国家慢性病综合防控示范区。全年承办省级以上赛事7项，全民健身中心游泳馆主体工程完工，我市被评为全国群众体育先进单位。建成基层文化服务中心400个，农家书屋实现村居全覆盖。实施16处文物保护展示修缮工程，新博物馆建设和墨子纪念馆、墨砚馆升级改造顺利推进。完成第三次农业普查调查登记。我市获评首批省级食品安全先进县。气象、粮食、史志、档案、老龄、妇女儿童、民族宗教、外事侨务、应急管理、邮政通信、人民防空、国防动员、人民武装、预备役、防震减灾、红十字会、残疾人工作等各项社会事业都取得了新成绩。

（六）政府建设有了新提高。坚决落实全面从严治党要求，认真执行民主集中制等制度，扎实推进“两学一做”学习教育常态化制度化。创新开展“千名干部下基层”活动，强化行政监察、审计监督，“三公”经费大幅压减，行政效能进一步提升。办理人大代表建议106件、政协提案358件，办复率、满意率均达100%。全面加强政务公开，认真办好市长公开电话、市长信箱，畅通民意诉求渠道，群众满意度不断提高。

各位代表！时代是出卷人，我们是答卷人，人民是阅卷人。过去的一年，面对大事喜事多、硬事急事多的特殊形势，我们坚持在实干中凝聚人心，在改革中激发动力，在创新中奋力前行，“踏平坎坷成大道，斗罢艰险又出发”，确保了滕州这艘航船劈波斩浪、行稳致远。一年来，我们始终保持战略定力，不迷茫、不彷徨，科学研判、精准发力，全力以赴稳增长、促发展，引进建设了一批重大产业项目，培育了新的经济增长点，拼出了“滕州速度”。一年来，我们牢固树立机遇意识，不迟疑、不观望，精心谋划、主动作为，心无旁骛抓项目、破难题，落地实施了一批事关滕州长远发展的重大基础设施工程，抢占了发展先机，构筑了“滕州高地”。一年来，我们大力弘扬拼搏精神，不畏惧、不避让，勇于攻坚、敢为人先，凝心聚力齐创卫、补短板，集中解决了一批多年未解决的城市顽疾，提振了干部群众的精气神，刷新了“滕州颜值”。一年来，我们始终恪守为民情怀，不松劲、不懈怠，量力而行、尽力而为，千方百计增投入、惠民生，加快推进了一批事关群众切身利益的实事好事，增强了广大群众的获得感，提升了“滕州温度”。

各位代表！成绩来自砥砺奋进，发展源于合力攻坚。这些成绩的取得，得益于市委的坚强领导，离不开市人大、市政协的监督和支持，凝聚着全市人民的智慧和汗水。在此，我代表市人民政府，向辛勤工作在各条战线上的广大干部群众，向人大代表、政协委员、离退休老同志，向关心支持滕州发展的社会各界人士，表示衷心的感谢和崇高的敬意！

我们也清醒地看到，当前我市发展不平衡不充分的问题还比较突出：传统产业占比偏高，智能制造等新兴产业规模较小；经济发展外向度低，文化产业发展滞后；城市空间布局需要优化，内涵式发展任务较重；镇域发展不均衡，改善民生任务依然繁重。对于这些问题，我们将拿出更大的决心和更实的举措，认真加以解决，努力让全市人民感受到实实在在的变化和成效！

二、二〇一八年总体要求和工作目标

2018年，是贯彻党的十九大精神的开局之年，是改革开放40周年，是决胜全面建成小康社会、实施“十三五”规划承上启下的关键一年。党的十九大描绘了我国未来发展的宏伟蓝图，吹响了夺取新时代中国特色社会主义伟大胜利的号角。省委、省政府和枣庄市委、市政府紧扣社会主要矛盾变化，就加快新旧动能转换、实现高质量发展作出了一系列安排部署，出台了一系列政策措施，为滕州实现新的跨越发展提供了历史性机遇。我们要牢牢把握高质量发展根本要求，树立新发展理念，让创新成为第一动力、协调成为内生特点、绿色成为普遍形态、开放成为必由之路、共享成为根本目的，坚决摒弃粗放型发展老路，着力提升发展“含金量”，推动经济向高质量发展迈进；牢牢把握新旧动能转换重大工程，坚持谋划工作从新旧动能转换着眼、招引项目从新旧动能转换入手、推动发展从新旧动能转换发力，切实做到以“四新”促“四化”，积极培育新动能，推动产业向中高端转型；牢牢把握稳中求进总基调，深刻认识稳和进的辩证统一，掌握好工作节奏和力度，既不消极求稳、安于现状，也不盲目蛮干、急于求成，尊重规律、顺势而为，做到稳中求进、进中提质、质中增效；牢牢把握创新驱动发展战略，顺应技术革命和产业变革大趋势，全方位推动质量、效率、动力三大变革，加强科技创新、企业创新、产品创新、市场创新、品牌创新，加快产业跨界融合，推动科技和经济紧密结合，让创新在全社会蔚然成风。

根据全市经济工作会议精神，今年政府工作的总体要求是：深入学习贯彻落实党的十九大精神，以习近平新时代中国特色社会主义思想为指导，按照高质量发展要求，以供给侧结构性改革为主线，认真落实全面从严治党和全面建成小康社会要求，深入推进新旧动能转换，持续推动工业、城市、农业、生态、民生五大经济转型发展，全力打造现代产业强市、生态文化名城，加快建设宜居宜业富裕美丽文明新滕州，努力走在全省县域经济发展前列。

主要预期目标是：全市生产总值增长 7% 左右；一般公共预算收入增长 2.6% 左右；固定资产投资增长 8% 左右；社会消费品零售总额增长 10.5% 左右；进出口总额增长 10% 左右；城镇居民人均可支配收入增长 7.5% 左右；农村居民人均可支配收入增长 8.5% 左右；城镇登记失业率控制在 3% 以内；万元 GDP 能耗下降 3.7% 以上，经济发展质量不断提升。

各位代表，幸福都是奋斗出来的。新征程上，不可能都是平坦大道。只要我们登高望远、居安思危，勇于变革、勇于创新，以踏石留印、抓铁有痕的韧劲，以逢山开路、遇水架桥的闯劲，以撸起袖子、甩开膀子的干劲，就一定能把“现代产业强市、生态文化名城”的美好蓝图一步一步变为现实，就一定能把滕州建设成为更加富有活力、更加宜居宜业、更加美丽文明的腾飞之城、上善之州！

三、坚持在动能转换上下功夫，更高质量做强实体经济

高质量发展是新时代的基本特征。坚持质量第一、效益优先，以供给侧结构性改革为主线，深入推进新旧动能转换重大工程，加快建设现代产业强市。

（一）加快传统产业提质效。大力实施“265”产业培育工程，持续推进企业技改三年振兴行动，推动传统产业转型升级。全年计划实施过 1000 万元重点技改项目 100 个。化工新材料产业。发挥鲁南化工、联泓新材料、新能凤凰等龙头企业带动作用，加快推进中科院化工新材料技术创新与产业化基地、联泓新材料 EVA 扩产、鲁南化工聚甲醛技改和 120 万吨甲醇、奥卓化学聚氨脂胶粘剂等项目建设，推动化工产业向新材料延伸、中高端迈进，打造国家级化工新材料

基地。机械机床产业。实施数控机床产业振兴计划，重点抓好威达工业机器人关键部件生产线、北航航空发动机叶片磨削阵列机床、北理工精密微小型复合加工中心等项目建设，加快传统装备制造向智能化、数字化发展，打造高端中小数控机床产业基地。加快推进腾龙不锈钢智能制造产业园建设，打造国内一流的不锈钢产业智能制造基地。推动玻璃深加工、食品轻工、家居装饰、纺织服装、儿童用品、汽车配套等产业做优产品、提升档次。扶持鑫迪家居、美华门业等骨干企业做强品牌，抓好尚品全屋定制、固诺整体家居等项目建设，打造国内知名的一站式全屋定制家居装饰产业基地；完成今缘春酒业异地技改、恒仁工贸针织生产等项目建设，力争元凯可曲面超薄玻璃、华怡外贸服装、圣奇奥高性能子午线轮胎一期等项目建成投产，推进好孩子儿童用品生产基地落地建设。

（二）加快新兴产业扩规模。对接“中国制造2025”，聚集高端人才和创新项目，抢占战略性新兴产业“制高点”。大数据产业。深化与中国移动、浪潮集团、阿里巴巴等企业合作，确保滕州大数据产业中心一期建成运营；推进大数据与传统产业融合发展，打造智能制造、安全监管等云平台。加快“智慧滕州”建设，推进城市服务“一卡通”，推动大数据在健康医疗、文化教育、交通旅游、社区服务等领域全面深入应用。新能源产业。深化与中国建材集团合作，重点抓好中材高性能锂电池隔膜二期建设，积极招引锂电动力知名企业，打造中国膜材料研发生产供应及锂电动力产业制造基地。加快中科蓝天空气能热水器二期、国家光伏“领跑者”示范基地等项目建设。新材料产业。重点推进北玻院轨道交通复合材料、航天特种树脂、电力复合材料等项目，打造全国有影响的新型复合材料产业基地。生物医药产业。支持威智医药等企业壮大规模，加快天祥生物等项目建设，力争龙泽医药、润隆生物等项目建成投产。节能环保产业。加快中科博联智能环保项目建设，确保鲁南渤瑞固废物处置二期、弘衡科技固废物资源化利用等项目建成投产，为循环经济发展增添新动能。

（三）加快科技创新强动力。发挥政府主导作用，建立以企业为主体、市场为导向、基金为支撑、产学研政银企深度融合的技术创新体系，为产业发展插上腾飞的“翅膀”。搭建一批平台。全力支持中科院化工新材料技术创新与产业化联盟和中科院14家科研单位在滕州成果转化。加速推进双创中心建设发展，依托北理工、中科院过程研究所专家团队，设立汽车底盘智能技术研究所、红外光学材料精密加工研究所，确保华矽微电子、康道智能制造等6个项目建成投产。加快“千人计划”高新技术产业研究院、北理工鲁南研究院、北航机床创新研究院等协作创新平台建设，推动更多创新成果转化落地。发挥国家机床质检中心带动作用，抓好省玻璃质检中心运行，争创国家玻璃质检中心，确保玻璃工程技术中心投入运营。加强中小企业公共服务平台建设，建成中小企业线上服务网络信息平台、海外营销体验中心。实施技术创新项目200个，新增省级科技创新平台2个以上，新培育省级企业技术中心2家。打造一批名企。继续实施企业培育工程，形成“个转企、小升规、规改股、股上市”梯次发展格局，力争培育主营业务收入过50亿元企业1家、过10亿元企业10家，个转企样板企业100家，枣庄市级以上“专精特新”企业15家。新增国家级高新技术企业4家，高新技术产业产值占规模以上工业总产值比重提高2个百分点。加快耀国光热境外上市，推进联泓新材料、腾达紧固科技等企业主板上市，支持益康药业、海吉雅环保、大明科技等企业在“新三板”、股权交易中心挂牌，力争新增上市挂牌企业5家。创建一批名牌。实施质量强市和品牌带动战略，争创中国驰名商标2件、山东名牌3个，省长、市长质量奖2个，新注册马德里国际商标2件。引导企业建立专业标准化体系和全面质量管理体系，争取更多国家、省级标准化技术组织落户滕州。发扬“墨子发明”“鲁班创造”的工匠精神，打造更多滕州品牌、滕州标准。培养一批名家。实施企业家培育工程，激发和保护企业家精神，鼓励更多社会主体投身创新创业。加快专家公寓建设，通过院士工作站、星期天工程师等途径，引进培养各类高层次人才50人以上。实施专业技术人才知识更新工程和“金蓝领”培训项目，新增专业技术人才1000人以上、高技能人才600人以上。开展“优秀企业家”“滕州英才”“滕州工匠”系列评选表彰活动，营造尊重企业、尊重创造、尊重企业家的浓厚氛围。

四、坚持在深化改革上下功夫，更高水平扩大对外开放

改革开放是发展进步的必由之路。蹄疾步稳推进重点领域改革，坚持引进来与走出去并重，不断增强发展活力。

（一）持续推进重点领域改革。深化供给侧结构性改革。突出“破、立、降”，实施“腾笼换鸟”，加快盘活僵尸企业、闲置厂房，有效利用土地1000亩以上；清理规范涉企收费，推进电力直接交易扩面增量，帮助企业降低成本，让实体经济沐浴更多“阳光雨露”。深化国企国资改革。出台国企国资改革方案，加快国有企业公司制改制，完善公司法人治理结构，优化国有资本布局，上半年完成经营性国有资产集中统一监管。支持辰龙集团、城市国有资产经营公司加快转型发展。整合交通、水务、旅游等领域资源，组建国有资本投资运营公司或产业集团。加强工业资产运营公司运行管理，工业小镇项目年底前完成主体工程。深化“放管服”改革。开展削权减证、流程再造、精准监管、体制创新、规范用权“五大行动”，推行多证合一，实行一号申请、一窗受理、一网通办，严格落实“零跑腿”和“只跑一次”事项清单，深入实施“互联网+政务服务”，让数据多跑路，让群众少跑腿。深化财税金融改革。稳步推进镇街国库集中支付改革和公务卡制度改革，加强预算绩效管理，从严控制一般性开支。完善市镇两级财政体制，健全镇街财源建设正向激励机制。继续开展发票摇奖活动，推动国地税联合办税深度融合。精心运作2亿元财金产业投资基金，吸引更多社会资本参与公共服务领域建设。大力发展普惠金融，新引进银行1家、证券公司1家，增资设立注册资本金5亿元的国有投资担保公司1家。加强金融风险防控，规范民间借贷行为，实现经济金融良性互动、可持续发展。

（二）持续推进“三合一”工作机制。全力抓好招商引资。理顺招商管理体制，成立投资促进局，组建专业招商队伍。围绕特色产业招商，抓好项目包装策划，着力引进拥有核心技术、产业关联度高的优质项目。围绕重点企业招商，紧盯国内外500强、行业100强、知名央企国企和大型民企，实行上门招商、精准招商。围绕重点区域招商，抢抓京津冀、长三角、珠三角产业转移机遇，瞄准德国、日本等国

家和香港、台湾等地区，实行分片定向招商、驻点招商。积极推进正威国际电子信息产业园项目，支持华电、中烟、兖矿、枣矿等央企省企在滕州持续新上项目。全年引进固定资产投资过5000万元项目80个以上，实际利用外资3000万美元以上。强力推进重点项目。全年计划实施重点项目200个以上，总投资900亿元以上，年度完成投资200亿元以上。坚持“一个项目、一名市级领导、一个责任单位、一抓到底”推进机制，完善手续代办制和跟踪服务制，确保项目快落地、快建设、快投产。精心谋划项目，积极争取省新旧动能转换基金。倾力打造园区载体。完善开发区“一区多园”模式，编制产业规划，优化功能布局，抓好设施配套，深化体制机制改革，尽快跨入国家级开发区行列，力争年内引进过10亿元项目1个、过5亿元项目2个。开展化工企业“四评级一评价”，完成凤翔小镇首批居民回迁，启动实施官桥镇2个村庄搬迁，完善鲁南高科技化工园区配套设施，确保首批一次通过省级化工园区认定。加快大坞生物医药产业园提档升级，确保顺利通过省级专业化工园区认定。完成盛隆化工安全防护距离内村庄搬迁安置区建设，稳步推进西岗现代企业示范园发展。加快推进田陈富源2×35万千瓦煤矸石综合利用项目，规划建设张汪煤电循环经济产业园。

（三）持续推进外向型经济发展。深入开展“双唤行动”，切实“唤回”更多出口业绩外流企业，“唤醒”更多零出口业绩企业，新增进出口实绩企业20家。培育骏驰等外贸综合服务平台，用好阿里巴巴一达通，鼓励华瀚公司申报省级跨境电商公共海外仓。支持三合机械、艾菲尔管业等企业参加境内外展会、建设境外营销网络，鼓励雄狮装饰、三维钢构等企业“扬帆出海”，开拓国际市场。

五、坚持在内涵提升上下功夫，更高品质推进城市建设

城市让生活更美好。围绕建设生态文化名城，完善城市功能、做强城市经济、提升城市品位，努力打造特色鲜明、富有活力、宜居宜业的现代城市。

（一）夯实城市建设之基。坚持精心规划、精品建设、精致管理，开展城市建设发展三年攻坚提升行动，全面提升城市综合承载力。优化城市空间布局。按照“东拓、西提、北延、南融”的思路，强化规划引领，突出刚性执行。在东部，推进京台高速城区段高架改造，抓好以荆泉路为主轴的片区规划建设和控制，加快与高铁新区融合发展；在西部，抓好以振兴路为主轴的基础设施配套、业态布局和建筑风貌规划设计，提升西部商贸物流区建设水平；在北部，抓好红荷路两侧建筑风貌规划设计，打造独具特色的政务服务中心区；在南部，加快省道345改造、枣滕BRT和换乘中心建设，促进开发区与城区融合互动。完成新一轮城市总体规划修编，实施龙泉广场等3个区域城市设计。有序改造建筑立面，严格控制楼层高度、建筑密度和容积率，塑造大气精致、优雅清新的城市格调。做强城市承载功能。开展“城市交通攻坚年”行动，启动荆泉路、振兴北路建设，实施陶山路、荆河东路、学院西路等10条道路改建续建，升级改造荆河桥、愚公桥，渠化改造路口20个。加快枣菏高速滕州段、省道321等重大基础设施建设。推行强弱电下地工程，清理城市“蜘蛛网”，年内完成通盛路试验示范工程。新建城区燃气管网12公里、供水管网8公里、北

线复线高温热水管网21公里。继续加大棚改力度，实施好9个区域新建和14个区域续建。推进高铁新区建设，加快六合社区施工进度，确保如期回迁上房；完善起步区核心区骨干路网等配套设施，提高承载能力；加大招商力度，促进产业兴城。提高城市管理水平。巩固提升创卫成果，开展“城市精细化管理提升年”行动，推行网格化、智慧化管理，实现城市“畅、洁、亮、序、美”。让城市更畅通，启动智能停车系统建设，加强网约车、出租车管理，细化公共交通服务，优化公共自行车、共享单车系统，满足群众出行需求。让城市更清洁，新建改建旅游公厕10座、垃圾中转站4座，持续加大机械清扫和定时洒水力度，加快推进生活垃圾分类收集处置，完善餐厨垃圾收运处置体系；推广“路长制”管理，实现城区主次干道全覆盖。让城市更明亮，升级改造道路照明亮化设施，优化城市重点建筑群、广场和风景区景观照明，扮靓城市夜景。让城市更有序，开展城市交通大整治，实施电动三轮车、四轮代步车专项治理；继续保持拆违控违高压态势，力争城市违建明年基本清零；严格落实“门前三包”，清理取缔马路市场、占道经营、店外经营。让城市更优美，实施清水湾公园二期续建等工程，新增城区绿化面积60万平方米；深化“物业管理提升年”活动，加强行业监管，完善自治管理，重点开展卫生保洁、停车管理、电梯管护等专项整治，改造提升老旧小区10个，完成中央、省属国有企业家属区“三供一业”改造1.8万户，打造整洁舒心的宜居环境。

（二）激活城市经济之源。坚持以产兴城、以城促产、产城融合，挖掘城市潜力，丰富城市业态，全面提升城市发展内生动力。大力发展商贸物流。加快保利万达广场、红星美凯龙玫瑰时代广场、真爱风情小镇等城市综合体建设，打造大同路鲁班里商业街区。加快鲁华农副产品物流中心、金源装饰大世界三期等专业市场建设。推进“电商换市”，做大干货1688网、51紧固件网等电商平台，实施供销社电子商务惠农工程，完善阿里巴巴农村淘宝电子商务服务体系。滕州新港建成使用，打造临港物流产业园。大力发展全域旅游。规划实施旅游振兴三年计划，加快“旅游+”融合发展，重振滕州旅游辉煌。抓好生态游，全力推进微山湖湿地创建国家5A级景区，加快龙山龙湖、莲青山、新盈泰温泉度假村、刘村梨园、龙园古镇等景区景点综合开发。抓好红色游，完善提升鲁南人民抗日武装起义纪念馆、国防科技教育基地、中共滕县县委、滕县抗日民主政府旧址纪念馆和微山湖湿地、龙湖精神党性教育基地，扩大红色旅游影响力。抓好历史文化游，挖掘整合龙泉广场“一塔六馆”、滕国故城、薛国故城等文化资源，打造特色历史文化旅游品牌。抓好工业游，将中材锂膜、北玻院科技成果转化基地、滕州卷烟厂、双创中心、威达重工、青岛啤酒、中国玻璃城、今缘春酒业等企业有机串联，打造工业旅游板块。抓好节会游，办好第十五届微山湖湿地红荷节、睡莲文化节、盈泰温泉节、啤酒节、梨花节等特色节会活动。按照“全域、多点、成链”的思路，策划包装“一日游”“二日游”精品线路，完善“吃住行游购娱”全产业链。大力发展新兴服务业。积极培育社区经济，配套建设社区便利店、粮油店、蔬果店、便民餐厅等服务业态，加快发展邻里中心、文化娱乐等生活性服务业。建设振兴南路青岛啤酒一条街，规划发展时尚服装、化妆品、食品、文化等特色专业街区。支持发展工业设计、产品研发等生产性服务业，培育发展总部经济、楼宇经济、服务外包等新兴业态。推动房地产市场健康发展。坚持房子是用来住的、不是用来炒的定位，严厉打击虚假宣传、炒卖房号、哄抬房价等违法违规行为。扶持本地房地产开发和建筑企业加快发展，培育建筑施工总承包特级企业1家。支持连云山装配式建筑产业化基地做大规模，推行装配式建筑。优化商品房供给结构，提高住宅全装修开发比例，提升房地产开发品质。鼓励发展专业化住房租赁企业，扩大住房公积金制度覆盖面，建立多主体供应、多渠道保障、租购并举的住房体系，让群众住有所居。

（三）塑造城市文化之魂。坚持深度融合、创新融合、共享融合，挖掘文化资源，厚植文化根脉，壮大文化产业，全面提升城市文化软实力。打造城市文化载体。规划建设滕州墨子鲁班文化城，实施滕州老街建设，完成墨子纪念馆、墨砚馆升级改造，新博物馆上半年建成开放。启动建设集档案馆、科技馆、美术馆、图书馆等于一体的公共服务设施综合馆。建设滕州墨子科创园，优化双创中心功能，整合科研院所科技成果转化资源，打造创新成果孵化集聚区。规划文创公园，培育壮大新型文化业态。保护城市文化遗产。抓好北辛文化遗址等文物保护工程。加强非物质文化遗产传承保护，振兴木雕、剪纸、土陶等传统工艺，规划建设以柳琴戏传承保护为主题的非遗文化广场。实施城市历史记忆工程，抓好老县衙、王家祠堂等城市老遗址、老建筑保护。丰富城市文化内涵。倡导全民阅读，办好第二届滕州书展，开展滕州藏书家、优秀阅读者等评选，打造书香滕州。加强墨子鲁班文化研究、传承与弘扬，做好墨家文化经典研究阐释和出版工作，办好第十二届国际墨子鲁班学术研讨会暨第七届墨子文化节。推进孔子学堂与农家书屋共建，实现村居文化服务中心全覆盖。开展首届文化惠民消费月、“一村一年一场戏”等文化活动。弘扬城市人文精神。实施“四德工程”，培育和践行社会主义核心价值观；健全社会信用体系，完善诚信“红黑榜”发布制度，打造诚信滕州；开展“最美滕州人”等评选活动，提升市民文明素养和城市文明程度，积极争创全国文明城市。

六、坚持在乡村振兴上下功夫，更高层次促进城乡融合

实施乡村振兴战略是解决“三农”问题的治本之策。按照产业兴旺、生态宜居、乡风文明、治理有效、生活富裕的总要求，编制乡村振兴战略规划，建立健全城乡融合发展体制机制，加快推进农业农村现代化。

（一）着力发展现代农业。坚持质量兴农、绿色兴农，推进农业由增产导向转向提质导向。构建现代农业产业体系。调整优化农业产品结构、产业结构和布局结构，培育发展农业“新六产”，提升农村产业发展质量和效益。发展终端型业态，建设优质专用商品粮基地，依托恒仁工贸、大宗生物等龙头企业，提高粮食附加值和加工转化率；实施马铃薯产业“三百”工程，加快良种繁育、标准化生产以及加工、营销全产业链建设，打造国家级马铃薯交易中心，办好第十届马铃薯科技文化节。发展体验型业态，以盈泰食品、锦旺食品等企业为龙头，规划建设特色农副产品加工园；以张园草莓、金庄农场等采摘园为依托，加快培育休闲观光特色农业。发展循环型业态，推行秸秆综合利用，开

展地膜清洁生产和农田残膜回收再利用试点，新建改建标准化养殖场100处。发展智慧型业态，发挥智慧农业信息服务中心和病虫监测预警中心作用，抓好“滕州马铃薯指数”平台建设，推进农业科技创新和成果应用。构建现代农业生产体系。加强现代农业物质技术装备建设，力争农机总动力达到140万千瓦，农业综合机械化率达到92%。建设粮食绿色高产示范核心区10万亩、高标准农田2.3万亩，新增无公害、绿色农产品标准化基地10万亩，新发展苗木、花卉6000亩，升级改造养殖池塘1万亩。积极服务庄里水库工程，全面完成移民安置区建设。推进全国农田水利项目县等重点水利工程，扩大改善灌溉面积6.9万亩。完善农产品质量安全监管和追溯体系，新增“三品一标”认证10个以上。构建现代农业经营体系。加强与首农、中合农发等企业合作，依托丰谷云农、云岭田园、鲁班小镇、正德康城等新型经营主体，打造一批现代农业产业园、都市现代农业示范园和农业龙头企业。规范发展家庭农场、农民合作社20家。鼓励返乡下乡创新创业，建设新型职业农民培训学校200所，培育新型职业农民1万人，培养造就一支懂农业、爱农村、爱农民的“三农”工作队伍。

（二）着力深化农村改革。推进产权改革。加强农村集体“三资”规范化管理，完成405个村居集体产权制度改革；落实承包地“三权”分置制度，探索土地承包经营权流转履约保险和复垦保证金制度；扩大农村产权交易范围，打通城乡资本流通渠道；深化户籍制度改革，让更多农民带着权益和资本放心进城。优化农业服务。完善粮食产后服务体系，为种粮农民提供代清理、代干燥、代储存、代加工、代销售“五代”服务。推进流转、托管、股份合作、社会化服务等多种形式适度规模经营，新增规模经营面积10万亩。强化金融支撑。创新政府购买农业公益性服务机制，发挥1000万元奖补资金作用，开展财政资金撬动金融资本试点。推广政策性农业保险，推进马铃薯、生猪等农产品目标价格保险。鼓励农民专业合作社信用互助、社区性农村信用互助，新发展信用互助合作社6家。

（三）着力打造美丽乡村。突出以点带面、连线成片建设，推动乡村从“一处美”向“处处美”转变。发展集体经济。引导村居依托资源优势，培植“当家产业”，探索经济发展新路子，破解村集体“无钱办事”难题。实施村级集体经济发展三年行动计划，基本消除集体经济空壳村。提升村容村貌。开展农村人居环境整治行动，巩固提升城乡环卫一体化成果，统筹推进“七改”工程，抓好“四好农村路”创建，力争年内实现农村道路“户户通”全覆盖，改造农村危房200户、无害化卫生厕所4.2万户，新增提升农村饮水安全18万人，升级改造标准化用电村198个，建成美丽乡村70个。加快秀美荆河沿岸美丽乡村景观带建设，推进农村环境景区化，展现当代农村新风貌。加强乡村治理。实施乡村记忆工程，抓好老民居、老街巷、老桥梁、古村落保护，守护村韵乡愁。推进乡村文明行动，发挥“新乡贤”示范作用，倡导移风易俗，开展“好媳妇、好婆婆”、文明家庭等系列评选活动，形成崇尚文明、勤俭节约的良好风尚。

（四）着力培育特色小镇。完成10个镇总体规划修编，推动城市基础设施和公共服务资源向镇村延伸，提升镇域规划建设管理水平。坚持一镇一业、一镇一品，突出特色主导产业，加快建设一批富有活力魅力的特色小镇。发挥西岗全国特色小镇示范引领作用，争当全国特色小镇排头兵；抓好滨湖微山湖湿地古镇、鲍沟工艺玻璃小镇2个省级特色小镇，姜屯古滕善国花卉小镇、洪绪温泉生态养生小镇、官桥古薛历史文化小镇3个枣庄市级特色小镇建设；支持龙泉建设花汇小镇，柴胡店建设梨园特色小镇，界河建设鲁班文化风情小镇，级索建设新能源小镇，龙阳建设运动休闲小镇，羊庄建设范蠡西施风情小镇，打造一批现代特色小镇新样板。

七、坚持在民生改善上下功夫，更高标准加快全面小康

带领人民创造美好生活，是我们始终不渝的奋斗目标。扎实推进以需求为导向的民生工作，坚持人人尽责、人人享有，让民生幸福的底色更厚重，让共享发展的主题更温暖。

（一）打赢脱贫攻坚战。把精准贯穿扶贫工作始终，下足绣花功夫，实施低保线与扶贫线“两线合一”，统筹抓好产业扶贫、就业脱贫、政策保障、社保兜底、社会帮扶“五位一体”措施落实。继续实行“单位帮村、干部帮户”结对帮扶，做到应保尽保、应扶尽扶，注重扶贫同扶志、扶智相结合，年内确保202户、534名贫困人口稳定脱贫。严格动态调整管理，加强资金审计监督，健全长效机制，防止脱贫人口重新返贫。

（二）办好人民满意教育。优先发展教育事业，推动教育由基本均衡向优质均衡发展。加快14处解决城区大班额项目新建续建，确保2.3万个学位全部投入使用。抓好16处农村中小学校舍建设，提升农村办学条件。健全学生资助制度，让每个孩子都能享受公平优质的教育。开展第三期学前教育三年行动计划，优化幼儿园布局，确保幼有所育。着力提高滕州一中建设管理水平，加快山东化工技师学院新校区、枣庄科技职业学院续建工程。建设学校发展共同体，推行城乡一体、一校多区、名校托管等办学模式，积极引进建设国际化学校、双语学校。实行校长职级制改革和教师“县管校聘”，推进名教师、名班主任、名校长培养工程，打造滕州教育品牌。

（三）加快建设健康滕州。深化医药卫生体制改革，重点抓好公立医院改革，坚持医药、医疗、医保“三医联动”，建立分级诊疗体系，推进医联体、医共体建设，抓好家庭医生签约服务。规划建设中心人民医院分院，加快东沙河卫生院等基层医疗机构建设。传承发展中医药事业，建设中医治未病中心。抓好计划生育优质服务，提高妇幼保健水平。大力发展医养健康、智慧养老产业，推进公办养老机构改革，加快市养老综合服务中心、翔宇万仕康颐养中心等项目建设，创建省级医养健康示范区。开展爱国卫生运动，加强重大疾病防控。实施全民健身计划，发展体育产业，升级改造体育中心，完成游泳馆建设，提档升级100个村居体育健身设施。实施餐饮质量安全提升工程，发展食品安全示范单位400家，建设食安滕州。

（四）健全社会保障体系。加强就业创业帮扶和技能培训，全年完成就业培训8000人，实现城镇新增就业和农村劳动力转移就业4万人。实施全民参保计划，试行职工长期护理保险，开展居民养老、医疗保险一票征缴，实现社会保险扩面8000人。落实企业最低工资标准，健全工资正常增长机制。加快城乡低保统筹发展，完善特困人员救助和“五保”供养制度。做好老年人权益保障和优待工作。大力发展慈善事业。加强残疾人社会保障

和康复服务。开展关爱农村留守儿童、农村妇女"两癌"检查救助等公益活动。

（五）提升社会治理水平。推进平安滕州建设，实施法治惠民工程，抓好"雪亮工程"和"技防示范村"建设，完善立体化治安防控体系，严厉打击违法犯罪行为。做好村和城市社区"两委"换届选举工作，加强保障支持，打牢基层治理根基。创新群众工作方法，及时化解社会矛盾纠纷。加快城南园区消防站暨消防培训基地建设，购置90米登高平台消防车，提升消防应急处置能力。健全安全生产责任体系，强化重点领域隐患排查整治，坚守安全发展红线，维护社会和谐稳定。

繁荣发展各项社会事业，抓好第四次经济普查，统筹抓好气象、史志、外事侨务、广播电视、邮政通信、人民防空、国防动员、人民武装、预备役、防震减灾、红十字会、工农关系等各项工作。

八、坚持在绿色发展上下功夫，更高要求加强生态保护

绿水青山就是金山银山。坚持节约优先、保护优先、自然恢复，全面提升可持续发展能力，不断满足群众优美生态环境新需要。

（一）强化节能降耗。深入实施"工业绿动力"计划，加快推进煤科院洁净煤综合利用等项目，大力发展绿色低碳循环产业。严把新上项目能耗关，统筹推进重点领域节能。倡导简约适度、绿色低碳的生活方式，开展创建节约型机关、绿色家庭、绿色社区和绿色出行等行动，让绿色融入我们的生活。

（二）强化环境治理。狠抓大气污染防治，巩固燃煤锅炉清理取缔成果，实施扬尘、油烟等重点领域污染治理，开展"散乱污"企业整治，坚决打赢蓝天保卫战。狠抓水污染防治，全面推行河长制、湖长制，扎实开展"清河行动"，实施马河水库扩容、岩马水库生态补给城河工程，综合治理冯河城区段、城河上游段，打造"水清、河畅、岸绿、景美"的水生态环境。完善镇级污水处理厂配套，确保出境水质稳定达标。狠抓土壤污染防治，严控农业面源污染，改善土壤环境质量。

（三）强化生态修复。纵深推进绿色城镇、绿色乡村、绿色交通干线、绿色青山"四绿"工程，抓好京台高速、京沪高铁沿线破损山体修复绿化，完成成片造林2万亩，森林覆盖率达到31.5%，积极创建国家森林城市。实施淮河流域涝洼地治理和湖东滞洪区建设，恢复改善除涝面积4万亩。实施土地综合治理，新增耕地2000亩，治理水土流失6平方公里，完成采煤塌陷地综合治理1万亩。规划建设城郭河、北沙河湿地，加快新薛河、界河人工湿地生态修复，争创荆河国家湿地公园，提升流域环境承载能力。

九、坚持在廉洁勤政上下功夫，更高效能推动政府工作

新时代要有新气象，更要有新作为。我们要把党的领导贯穿政府工作全过程，把全面从严治党要求落实到政府工作全方位，全面提升政府治理能力现代化水平。

（一）提高站位强本领。"打铁必须自身硬。"始终把讲政治放在首要位置，增强"四个意识"，坚定"四个自信"，坚决维护以习近平同志为核心的党中央权威。持续推进"两学一做"学习教育常态化制度化，扎实开展"不忘初心、牢记使命"主题教

育，自觉用习近平新时代中国特色社会主义思想武装头脑、指导实践、推动工作，做到学而信、学而思、学而行。坚持既要政治过硬，也要本领高强，全面提升“八种本领”，不断开创发展新局面。

（二）依法行政提公信。“法令行则国治，法令弛则国乱。”始终把依法行政作为基本要求，严格按照法定权限和法定程序秉公用权、履行职责。健全法律顾问制度，规范重大行政决策程序，严格执行“三重一大”制度，促进科学决策、民主决策。自觉接受市人大及其常委会法律监督、工作监督和市政协民主监督，提高人大代表建议和政协提案办理质量。办好市长公开电话、市长信箱，深化政务公开，让权力在阳光下运行。

（三）勤勉尽责勇担当。“一分部署，九分落实。”始终把高效落实作为工作的生命线，将雷厉风行和久久为功有机结合起来，以钉钉子精神做实做细做好各项工作。强化担当意识，突出问题导向，抓重点、补短板、强弱项，勇于攻坚克难，敢于动真碰硬。弘扬创新精神，坚决克服陈旧观念，摆脱路径依赖，善于用创造性思维、发展的办法破解难题。倡树实干作风，深入开展调查研究，大力推行“一线工作法”，建立重点工作清单制度，强化台账管理，严格跟踪问效，确保干在实处、走在前列、勇立潮头。

（四）清正廉洁树形象。“公生明，廉生威。”始终把践行“三严三实”贯穿工作和生活中，养成一种习惯，作为一种境界。认真落实党风廉政建设“一岗双责”，把纪律和规矩挺在前面，严格执行廉洁从政各项规定。持续抓好中央八项规定精神落实和“四风”整治，严控“三公”支出。聚焦重点领域和关键环节，严肃查处侵害群众利益的不正之风和腐败问题，实现干部清正、政府清廉、政治清明。

各位代表！新时代开启新征程，新作为成就新梦想。让我们更加紧密地团结在以习近平同志为核心的党中央周围，在中共滕州市委的坚强领导下，不忘初心、牢记使命，以永不懈怠的精神状态和一往无前的奋斗姿态，为加快建设宜居宜业富裕美丽文明新滕州而努力奋斗！

（朱贺/摄）

大 事 记

Memorabilia

责任编辑：李 明

2017年1月至12月

1月

5日

全市2016年度镇街、市直部门党（工）委书记抓基层党建述职评议会议召开。枣庄市委书记、市人大常委会主任李同道到会指导。滕州市委书记邵士官，市委副书记、代市长刘文强等出席会议。

7日

全市经济工作会议召开。市委书记邵士官出席并讲话，市委副书记、代市长刘文强主持。

11日

美国RMT公司总裁温Q·华一行4人到滕州，考察化工项目发展情况。

11～12日

市委副书记、代市长刘文强和枣矿集团董事长满慎刚一行，先后到江苏沙钢集团和安徽马钢（集团）控股公司考察，就进一步加深滕州、枣矿、沙钢、马钢四方的战略合作，进行广泛深入的洽谈。市人大常委会主任杨位明等随同考察。

14日

枣庄市工艺美术行业协会成立大会暨第一次会员代表大会召开，会议选举产生理事会、监事会成员。

16日

中国共产党滕州市第十三次代表大会召开。邵士官代表十二届市委向大会作报告。刘文强主持会议。

20～24日

中国人民政治协商会议第十五届滕州市委员会第一次会议在滕州剧院召开。李健作政协工作报告。

21～25日

滕州市十八届人大一次会议召开。刘文强作政府工作报告。

25日

市政府与奥克集团股份公司签订战略合作框架协议。市领导邵士官、刘文强及奥克集团董事长、总裁朱建民等出席签约仪式。

本月

滕州市被山东省农业厅确定为首批省生态循环农业示范县。

▲滕州经济开发区被省商务厅认定为山东省服务贸易特色服务出口基地，成为枣庄市首个获批的服务贸易出口基地。

▲由大众日报社和省交通运输厅组织开展的首届“全省群众满意村级公路网化县”推选宣传活动结果公布，滕州市在74个候

选县（市、区）中脱颖而出，成为全省群众满意率较高的 35 个县（市、区）之一。

▲省卫计委公布被授予“山东省卫生计生综合监督示范区”称号的单位名单，滕州市名列其中，成为全省 13 个获此殊荣的县（市、区）之一。

▲国家质检总局正式批准滕州市在经济开发区筹建“全国中小机床产业知名品牌创建示范区”。这是枣庄市首个获批准筹建的全国知名品牌创建示范区。

▲在 2016 年度“我推荐我评议身边好人”活动中，滕州市 6 人荣登“中国好人榜”，入选人数位居全省县级第二位。

▲ 2016 年度中国农业品牌“金麒麟奖”颁奖典礼在北京隆重举行。在会议上，滕州市被评为“2016 中国农业综合实力十强市”“2016 中国十佳都市农业示范城市”；山东龙振农牧业科技有限公司被评为 2016 年度中国现代农业示范园区。

2 月

13 日

全市 2016 年度总结表彰暨 2017 年对外开放加快发展大讨论动员会议召开。市领导邵士官、刘文强、李健、宗大全出席会议。

本月

在国家科学技术奖励大会上，山东益康药业股份有限公司与中国医学科学院药物研究所联合申报的“化学药物晶型关键技术体系的建立与应用”项目，荣获国家科技进步二等奖。

▲省食品安全委员会下发《关于命名山东省食品安全示范城市　山东省食品安全先进县（市、区）的通知》，滕州市榜上有名，成功创建首批省级食品安全先进县。

▲由山东省林业厅和山东省广播电视台首次共同开展的“山东省最美湿地”命名评选名单公布，滕州市微山湖湿地旅游风景区荣获“山东省最美湿地”称号。

3 月

3 日

全省产业集群升级年启动仪式暨智能制造论坛在滕州市举行。工业和信息化部中小企业局副局长田川、山东省中小企业局局长王兆春以及枣庄、滕州两级市领导张成伟、邵士官、刘文强等出席会议。

6 日

市委书记邵士官会见两岸经营者俱乐部主席、中华两岸连锁经营协会理事长王国安一行，并就相关合作事宜进行对接洽谈。

18 日

滕州市阿里巴巴农村淘宝项目签约仪式举行。市委书记邵士官，市委副书记、市长刘文强以及阿里巴巴集团农村淘宝山东区总经理贾凯出席签约仪式。

26 日

2016 年度“最美滕州人”颁奖典礼在滕州剧院举行，索建民等 11 个个人和集体受到表彰。

29 日

山东耀国光热科技股份有限公司赴澳大利亚厚瑞资本投资有限公司签约仪式举行。

31 日

全国政协副主席卢展工率全国政协教科文卫体委员会调研组，就“坚定文化自信，讲好中国故事”在滕州市开展专题调研。全国政协常委、教科文卫体委员会主任张玉台，全国政协常委、教科文卫体委员会副主任胡振民，全国政协委员、教科文卫体委员会副主任马德秀、丛兵，全国政协常委、山东省政协原副主席王新陆等参加调研。文化部副部长丁伟，中宣部文艺局巡视员、副局长孟祥林；省政协副主席雷建国，省政协教科文卫体委员会副主任蒋永涛；枣庄、滕州两级市领导李同道、孙欣亮、朱国伟、郑道明、邵士官、宗大全等参加活动。

本月

滕州市被山东省国防动员委员会评为全省人民防空先进城市。

▲省商务厅、发改委、经信委、科技厅、财政厅、人社厅等六部门联合下发《关于公布首批全省经济开发区创新创业公共服务示范平台的通知》，滕州市申报的“滕州市人才创新驱动中心”获此殊荣。

▲滕州市烈士陵园被确定为全国第二批民政标准化建设示范单位。

▲省政府出台 2017 年中小城市试点补助政策，重点支持 10 个新生小城市建设。西岗镇是枣庄市唯一入围的试点镇，获得 1500 万元补助资金。

▲滕州市被省卫生计生委命名为首批省级健康促进示范县（市、区）称号。

4 月

8 日

市委书记邵士官，市委副书记、市长刘文强会见北京首农食品经营中心主任宗祎，北京首农食品经营中心书记、首农物流有限公司董事长付以彬一行，并就相关合作事宜进行洽谈对接。

▲滕州市与新疆生产建设兵团十二师 104 团缔结友好市团战略合作仪式举行。市委书记邵士官，市委副书记、市长刘文强，以及新疆生产建设兵团十二师 104 团党委书记、政委任志宇等出席签约仪式。

8 ~ 15 日

滕州市考察团赴台湾开展经贸考察活动。

12 ~ 13 日

丹麦奥尔堡大学终身教授、丹麦女王骑士勋章获得者、国家“千人计划”特聘教授、齐鲁工业大学特聘教授岳远征带领调研组一行到滕州，调研玻璃产业以及人才培育等工作。市委副书记、市长刘文强等陪同调研。

14 日

省人大常委会副主任张新起带领调研组一行到滕州，调研法院执行工作情况。枣庄市人大常委会副主任刘振学、于良，滕州市委书记邵士官，市委副书记、市长刘文强，市人大常委会主任李健等陪同调研。

18 日

省委书记刘家义到滕州调研。省委常委、秘书长于晓明，省委副秘书长、政研室主任苏建华，省委副秘书长李世华，省发展改革委主任张新文参加活动。枣庄市委书记、市人大常委会主任李同道，枣庄市委副书记、市长李峰，枣庄市委常委、秘书长朱国伟，枣庄市政府党组成员、枣庄高新区党委书记李建勋，滕州市委书记邵士官等陪同调研。

▲ 2017 第九届中国（滕州）马铃薯节开幕。枣庄、滕州两级市领导张成伟、邵士官、刘文强、李健，以及来自国内外的近 2000 名嘉宾、专家、基层农技人员和客商等参加开幕式。

20 日

市政府·北京玻钢院复合材料有限公司北京玻钢院科技成果转化基地项目签约仪式举行。中国建材集团副董事长李新华、办公室主任张继武，中材股份有限公司副总裁、中材科技股份有限公司董事长薛忠民，中材科技股份有限公司总裁刘颖，中材科技股份有限公司副总裁、南京玻纤院董事长赵谦，中材科技股份有限公司副总裁、北京玻钢院复合材料有限公司董事长、总经理赵俊山，以及枣庄、滕州两级市领导李峰、周宗安、邵士官、刘文强等出席签约仪式。

23～26日

市委书记邵士官率领党政考察团一行60余人，赴烟台经济开发区、龙口市、荣成市、即墨市、潍坊市奎文区、青州市等6地考察工业经济、科技创新、商贸流通、文化旅游、城市建设等工作。市领导刘文强、宗大全等参加考察。

27日

市委书记邵士官前往山东中烟工业有限责任公司洽谈合作事宜。枣庄市烟草专卖局（公司）党委书记、局长、总经理马宏伟，滕州市委副书记、市长刘文强，市人大常委会主任李健，市政协主席宗大全等参加活动。

28日

滕州市举行枣庄市派驻滕州第一书记欢迎欢送会，欢送枣庄派驻滕州第二轮第一书记，欢迎第三轮第一书记。

本月

滕州市组织企业参加2017第十二届中国（山东）国际装备制造业博览会。展会上，滕州市荣获“最佳组织奖”，威达重工、鲁南机床等5家企业荣获参展展品金奖，喜力机床、新大川机床等5家企业荣获参展展品银奖。

▲中国老年大学协会公布2016年“全国示范老年大学”评选结果，市老年大学顺利通过综合评选，被授予“全国示范老年大学”称号。

5月

2日

中科院地理所研究员、博士研究生导师、北京中科博联环境工程有限公司董事长陈同斌率领考察组一行来滕州考察，并就相关领域开展合作进行对接推介洽谈。

5日

深圳市海王生物工程股份有限公司总裁、深圳市海王银河医药投资有限公司董事长刘占军到滕州，考察医疗企业生产经营情况，并就区域性高端医疗和医药产业合作等进行洽谈。市委书记邵士官等陪同活动。

6日

农工党滕州总支“同心助医”实践基地揭牌仪式在市第二人民医院举行。枣庄市政协副主席、农工党枣庄市委员会主委艾百灵，滕州市委书记邵士官等出席揭牌仪式。

8日

联想控股股份有限公司助理总裁、联泓集团有限公司董事长、联泓新材料有限公司董事长兼CEO、中科院成都有机化学有限公司董事长郑月明带领考察组一行到滕州考察。市委副书记、市长刘文强等陪同考察。

10日

山东省政协副主席赵润田带领调研组一行到滕州市开展调研活动。枣庄市政协主席孙欣亮，滕州市委书记邵士官，滕州市委副书记、市长刘文强，滕州市政协主席宗大全等陪同调研。

▲全国供销总社党组成员、

理事会副主任杨泐带领调研组一行到滕州，调研深化供销社综合改革工作情况。省供销社党组书记、理事会主任侯成君，枣庄市委副书记、市长李峰，滕州市委书记邵士官，市人大常委会主任李健等陪同调研。

12日

滕州城区至界河、张汪、柴胡店、官桥公交线路通车暨城乡公交全域化会议召开。

22～23日

康桥国际学校副校长张天恩、台湾太平洋集团森活控股公司董事长任惠光一行到滕州，考察投资办学方面工作。市委副书记、市长刘文强等陪同考察。

23日

全市全民科学素质工作暨首届优秀科技工作者表彰会议召开。

24～25日

农村改革试验区供销社综合改革试验任务总结验收组组长、中国农业大学教授李军带领调研组一行，在全国供销总社经济发展与改革部副部长金彦的陪同下到滕州，对滕州市供销社综合改革试验任务进行总结验收。

28日

兖矿鲁南化工有限公司净化系统节能升级改造项目开工仪式举行。市委副书记、市长刘文强，兖矿集团有限公司副总经理尹明德等出席开工仪式。

本月

省住建厅公布《2017年度山东省绿色建筑与装配式建筑示范名单》，滕州市山东连云山建筑科技有限公司被批准为“2017年山东省装配式建筑产业基地”，标志着滕州市拥有装配式建筑部品部件生产企业，为实现建筑业绿色施工、转型升级打下坚实基础。

6月

2日

正道集团执行董事陈晓带领考察组一行到滕州，考察新能源汽车项目进展情况。枣庄市副市长周宗安，滕州市委书记邵士官，市委副书记、市长刘文强等陪同考察。

▲山东吉田香料股份有限公司新三板挂牌仪式在全国中小企业股份转让系统有限责任公司举行，成为全市第三家“新三板”挂牌企业。

8日

国科控股副总经理王琪一行到滕州，洽谈中科院化工新材料产业化基地合作事宜。市领导邵士官、刘文强等参加会见。

9日

南京玻璃纤维研究设计院党委书记、副董事长郭伟带领考察组一行到滕州，考察滕州市玻璃产业发展情况。市委书记邵士官等陪同考察。

14日

全国人大常委会委员、全国人大财经委副主任委员吴晓灵带领调研组一行到滕州，对新型农村合作金融试点工作情况进行调研。枣庄、滕州两级市领导周宗安、刘文强等陪同调研。

16日

山东省第二十二次呼吸病学学术会议暨呼吸病学热点问题高峰论坛开幕式在滕州市举行。中国工程院院士、中日医院院长王辰，中国医科大学附属医院党委书记、院长康健，山东省医学会副会长、秘书长刘岩，枣庄市副市长刘吉忠，滕州市委副书记、市长刘文强等出席会议。

22 日

由中国墨子学会、山东建筑大学和滕州市委、市政府主办，滕州市委宣传部、市墨子研究中心办公室承办的第三届鲁班文化节在龙泉文化广场隆重开幕。山东省政协原副主席王志民，中国墨子学会会长、山东大学党委书记李守信，山东出版集团总经理王次忠，中国墨子学会副会长、山东建筑大学党委书记王崇杰，济宁学院党委书记郁章玉，省委宣传部副巡视员陈强，省科协党组成员、副主席于洪文，省政协教科文卫体委副主任张兴民，中国孔子基金会副理事长刘廷善，中国墨子学会顾问、武汉大学哲学院教授朱传棨，枣庄、滕州两级市领导孙欣亮、霍媛媛、曹胜强、李庆山、邵士官、刘文强、李健、宗大全等出席开幕式。

23 日

中国建材集团投资发展部总经理魏如山带领考察组一行到滕州考察项目建设情况。市委书记邵士官等陪同考察。

▲由市委、市政府主办，市委组织部、市信息化服务中心承办的“滕州大讲堂（第十六期）”《大数据与社会治理》专题报告会在滕州剧院举行，邀请浪潮集团执行总裁王柏华作专题讲座。市领导邵士官、刘文强、李健、宗大全等出席会议。

27 日

由省关工委指导，省教育厅关工委、省总工会宣传教育部、枣庄市教育局关工委主办，枣庄科技职业学院承办的“齐鲁工匠进校园”活动鲁西南片高等职业院校启动仪式暨首场活动在枣庄科技职业学院举行。省教育厅副厅长陈国前，省总工会宣传教育部调研员林书元，枣庄市关工委副主任高庆喜，滕州市委书记邵士官，滕州市关工委副主任刘玉荣，以及鲁西南片（驻枣庄、济宁、泰安、日照、莱芜、临沂、菏泽 7 市）17 所高等职业院校关工委负责人等出席活动。

本月

全国中小企业股份转让系统有限责任公司正式发布 2017 年创新层挂牌公司名单，山东雄狮建筑装饰股份有限公司（以下简称“雄狮装饰”）成功入围，成为全市第一家进入新三板创新层的企业。

▲市综合检验检测中心参加山东省农业厅开展的 2017 年第二次农产品质量安全检测能力验证并顺利通过。这表明滕州市综合检验检测中心作为枣庄市唯一一家县级检验检测机构已具备承担全省农产品质量安全监测任务的能力和水平。

7 月

2 日

市委副书记、市长刘文强会见巴西烟草董事长佩柔尼（Juan Antonio Bruno Perroni）、中峰化学有限公司董事长王克璋一行，并就相关项目合作事宜进行洽谈。

3 日

中共中央政治局委员、国家副主席李源潮到滕州调研群团改革工作。中央办公厅调研局局长吕书正参加调研。省委副书记、济南市委书记王文涛，省委副秘书长、办公厅主任刘永巨，省委副秘书长、保密委专职副主任孟向东，以及枣庄、滕州两级市领导李同道、李峰、朱国伟、邵士官陪同。

6 日

菲律宾打拉市市长玛利亚·克里斯蒂娜·C·安杰利斯带领考察团一行到滕州，考察滕州市经济社会发展和投资环境情况。

15 日

“磐石行动”山东省医院管理研讨会在滕州市举办，国家卫体委体改司监察专员赖诗卿，省卫计委医改医管处调研员王海明，市委副书记、市长刘文强出席研讨会开幕式。刘文强代表市委市政府致辞。

18 日

国家农村改革试验区工作座谈会在滕州市召开。

▲省委党校教研基地在滕州党员干部党性教育基地挂牌成立。

25 日

山东省军区副司令员周月星带领检查组一行到滕州，调研征兵准备工作和基层武装部工作。枣庄军分区司令员卢宏，枣庄市副市长、公安局局长宋丙干，滕州市委书记邵士官陪同调研。

26 日

省委常委、省纪委书记陈辐宽到滕州，就学习贯彻中央纪委和省纪委全会精神，履行全面从严治党主体责任和监督责任，深入推进党风廉政建设和反腐败工作等进行调研。枣庄市委书记、市人大常委会主任李同道，枣庄市委常委、市纪委书记王玉波以及滕州市领导邵士官等陪同调研。

▲全省公交行业“厚道鲁商，诚信公交”倡树活动经验交流会议在滕州召开。

本月

省国土资源厅公布2016年度省级开发区土地集约利用评价成果，滕州经济开发区在全省141个省级开发区中名列第三。

8 月

4～5 日

全国政协副主席、农工党中央常务副主席刘晓峰到滕州调研。全国政协常委、副秘书长、农工党中央专职副主席何维，全国政协委员、国家中医药管理局副局长于文明，国家中医药管理局规划财务司司长苏钢强参加调研。全国政协常委、省政协原副主席、农工党省委原主委王新陆，农工党省委主委、济南市政协副主席、农工党济南市委主委段青英，农工党省委副主委、青岛市委主委宣世英陪同调研。枣庄、滕州两级市领导李峰、张兵、朱国伟、霍媛媛、艾百灵、邵士官、刘文强、宗大全等分别陪同调研。

5 日

第十四届中国（滕州）微山湖湿地红荷节开幕式暨2017山东省“送智下乡”旅游扶贫公益行活动启动仪式在滕州微山湖湿地公园举行。全国政协副主席刘晓峰宣布第十四届中国（滕州）微山湖湿地红荷节开幕、2017山东省“送智下乡”旅游扶贫公益行活动启动。全国政协常委、副秘书长、农工党中央专职副主席何维，省委原常委、省军区原政委、少将南兵军，全国政协常委、省政协原副主席、农工党山东省委原主委王新陆，全国政协委员、国家中医药管理局副局长于文明，国家林业局湿地保护管理中心主任王志高，省林业厅厅长刘均刚，省旅游发展委员会副主任张明池，农工党山东省委主委、济南市委主委、济南市政协副主席段青英，国家中医药管理局规划财务司司长苏钢强，农工党中央参政议政部副部长王素芳，滕州市委原书记、省社科联原党组书记林兆义，山东运河经济文化研究中心理事长、主任、省人口计生委原主任班开庆，总装司令部研究室原主任朱承进，中国孔子基金会副会长、山东运河经济文化研究中心副理事长李长明，农工党山东省委副主委、青岛市委主委、青岛市立医院集团总院院长宣世英，农工党山东省委秘书长付军，新疆生产建设兵团第十二师党委常委、副师长王强等应邀出席开幕式。枣庄、滕州两级市领导李峰、霍媛媛、艾百灵、邵士官、刘文强、李健、宗大全等出席开幕仪式。

6日

中共滕州市驻北京朝阳区人员党支部选举大会在北京中航万通工业科技有限公司召开，经过无记名投票，选举产生第一届支部委员会委员。

7日

滕州市政府与北京大学中国战略研究中心签订关于建立经济社会科技事业发展战略合作协议。市领导邵士官、刘文强以及北京大学中国战略研究中心顾问、教育部国家教育行政学院原党委书记黄百炼，枣庄市政协原副主席刘宗启等出席签约仪式。

8日

益康杯第十二届华东六省一市暨全国部分省市电视主持新人赛决赛在滕州市举行。全国政协常委、中国文联副主席、中国电视艺术家协会主席赵化勇，中国电视艺术家协会分党组书记、副主席张显，山东影视传媒集团公司总经理、山东省电视艺术家协会主席晋亮，滕州市委书记邵士官等出席活动，并为获奖选手颁奖。

10日

“小蜜蜂”共享电单车首批在滕州投放1000辆。

16日

山东中烟公司党组书记、总经理韩林一行到滕州调研卷烟厂工作。市领导邵士官、宗大全等陪同调研。

17日

公安部刑侦局副局长陈士渠带领调研组一行，在省公安厅刑侦局局长李民的陪同下到滕州，调研“2·10”和“5·31”重大案件情况。枣庄市副市长、公安局局长宋丙干，滕州市委书记邵士官陪同调研。

20日

中国法学会会长王乐泉到滕州市视察法学会工作。中国法学会副会长张鸣起参加活动。省委政法委副书记梁战光，以及枣庄、滕州两级市领导李同道、于玉、邵士官、刘文强等分别陪同。

22日

共青团滕州市第十八次代表大会举行。枣庄团市委书记周慧以及滕州市领导邵士官、刘文强、李健、宗大全等出席会议。

▲市委书记邵士官，市委副书记、市长刘文强会见山东高速集团副总经理姜振亭、山东高速地产集团总经理马建平、山东高速建设管理公司副总经理赵延华等一行，并就京台高速高架、北出口北移及合作建设物流、旅游项目等相关合作事宜进行沟通洽谈。

▲滕州市与煤炭科学技术研究院有限公司全面合作签约仪式举行。煤炭科学技术研究院有限公司董事长朱凤山、党委书记王翰锋，以及市领导邵士官、刘文强等出席签约仪式。

23日

市委副书记、市长刘文强会见万达商业地产股份有限公司发展中心区域副总经理李伟一行，并就万达项目合作事宜等进行洽谈。

28日

全国首家国有企业道德管理

委员会——华电滕州新源热电有限公司道德管理委员会正式成立。

30日

中材锂膜有限公司年产2.4亿平方米锂电池隔膜建设项目首条生产线试生产推介会召开。中国建材集团董事长、党委书记宋志平，山东省政协副主席翟鲁宁，中国建材集团副董事长李新华，枣庄市委书记、市人大常委会主任李同道，枣庄市委副书记、市长李峰，枣庄市政协主席孙欣亮，枣庄市委常委、市委秘书长朱国伟，中国建材集团总经理助理光照宇，中材科技股份有限公司总裁、中材锂膜有限公司董事长刘颖等出席会议。滕州市领导邵士官、刘文强、李健、宗大全等出席会议。

本月

由中宣部、文化部主办的2017年全国基层院团戏曲会演在北京落下帷幕。滕州柳琴小戏《父女赶船》为全国柳琴剧种唯一入选的剧目。

9月

1日

滕州市社会科学界联合会成立暨第一次代表大会举行。

5日

全市《滕州市志》(1988～2016)编纂工作动员大会召开。

▲新奥能源产业集团总裁韩继深带领考察团到滕州考察经济社会发展情况，并就有关项目合作事宜进行洽谈。市委副书记、市长刘文强等陪同考察。

8日

北京玻钢院科技成果转化基地首套智能风电叶片模具成功交付仪式举行。中材科技股份有限公司总裁刘颖，中材科技股份有限公司副总裁、北京玻钢院复合材料有限公司董事长、总经理赵俊山，市领导邵士官、刘文强、李健、宗大全等出席交付仪式。

18日

市柔力球运动协会成立大会暨第一届会员代表大会召开。

21日

滕州市政府与上海两吉新能源投资有限公司(上海电力公司的全资子公司)合作推进滕州市光伏“领跑者”示范基地建设项目签约仪式举行。枣庄、滕州两级市领导张成伟、邵士官、孙永、刘文强、郑仰昕，以及上海电力股份有限公司副总经理郭宝宏，上海两吉新能源投资有限公司总经理苏栋等出席签约仪式。

25日

山东省“技能兴鲁”职业技能大赛——山东省第八届化工行业职业技能大赛闭幕式暨颁奖大会在滕州举行。省人社厅副厅长周春艳，省经信委副巡视员张忠军，省总工会副主席李臻，团省委副书记袁良，省妇联副巡视员张海花，枣庄市副市长霍媛媛，省经信委调研员、省化工专项行动办公室产业升级组副组长、本次大赛总裁判长李文峰，省人社厅职业能力建设处调研员张民，以及市领导邵士官等出席闭幕式。

28日

滕州市人民政府与北京中科博联环境工程有限公司框架合作协议签约仪式举行。市委副书记、市长刘文强以及北京中科博联环境工程有限公司董事长陈同斌、副总经理陈健等出席签约仪式。

29日

2017齐鲁阅读季暨首届滕州书展在滕州体育中心体育馆隆重开幕。省政协原副主席、农工党山东省委原主委、山东中医药大学名誉校长王新陆，省委宣传部副部长王少杰，省新闻出版广电局巡视员杨树国，山东出版集团总经理王次忠，中国科学院院士严加安，海军南海舰队原副司令员、少将张兆垠，空军第七军原副军长、少将刘子贤，中科院月球与深空探测总体部主任、《中国国家天文》杂志社社长刘晓群，北京军区某部原主任、北京市书画家协会副主席孙开桐，北京军事代表局原政委王昌沛，省委宣传部文化体制改革和发展办公室主任刘皓，省新闻出版广电局出版管理处处长刘子文和印刷发行管理处处长刘咏梅，山东出版传媒股份有限公司常务副总经理陈刚，山东省新闻出版广电局规划发展处副处长田野等应邀出席书展开幕式。枣庄市委常委、宣传部部长李爱杰，滕州市领导邵士官、刘文强、李健、宗大全等出席书展开幕式。滕州市委副书记、市长刘文强主持开幕式。滕州市委书记邵士官在开幕式上致辞。

本月

由人民日报社指导，人民网和《国家人文历史》杂志社联合主办的2017年中国全域旅游魅力指数排行榜TOP20榜单揭晓，滕州市荣登区县级20强，位列第14位。

▲滕州市被中央综治委授予“2013～2016年度全国平安建设先进市”。这是枣庄地区唯一获此殊荣的城市。

▲在第十五届中国国际农交会期间，发布“2017百强农产品区域公用品牌”，滕州马铃薯成功入选。

10月

12日

滕州市墨子鲁班纪念馆、龙泉街道科圣路社区党委、联泓新材料有限公司3处干部教育培训教学点被枣庄市委组织部、市委党校命名为首批“枣庄市干部教育培训现场教学点”，并在枣庄市委党校进行集中授牌。

15日

全市重点服务业招商引资项目——居然之家滕州店开业运营。

31日

玻璃工程技术中心、可曲面超薄玻璃项目签约暨山东省玻璃质检中心启用仪式举行。市委副书记、市长刘文强，以及齐鲁工业大学副校长（省科学院副院长）任民，齐鲁工业大学（省科学院）材料科学与工程学院院长沈建兴，青岛中北企业管理有限公司董事长鲁绪卿等出席仪式。

本月

滕州市顺利通过农业部考核验收，成功创建农业部渔业健康养殖示范县，成为全国第18个、全省第4个渔业健康养殖示范县。

▲省住建厅、省统计局公布2016年度山东省建筑业十强县排名，滕州市位居第4名。

11月

8～10日

国家卫生城市技术评估专家组按照国家卫生城市技术标准，对滕州市爱国卫生组织管理、健康教育和健康促进、市容环境卫生、环境保护、重点场所卫生、食品和生活饮用水安全、公共卫生与医疗服务、病媒生物防制等8项内容进行综合评估。

17日

滕州市BRT设计汇报会议召开。市领导邵士官以及同济大学建筑与城市规划学院副教授、上海市规划委员会专家委员会委员汤宇卿出席会议。

22 日

青岛海关党组书记、关长韩森到滕州市调研外贸进出口工作。枣庄、滕州两级市领导李峰、张兵、邵士官、刘文强等陪同活动。

26 日

2017 山东好时节第九届中国·枣庄温泉文化旅游节开幕式在新盈泰生态温泉度假村举行。中国孔子基金会理事长、秘书长王大千，中国矿业联合会地热开发管理专业委员会副主任、秘书长石小林，国土资源部地质环境司副司长、地热开发管理专业委员会常务副主任李继江，中国医促会温泉医疗分会秘书长、中国安食办健康评估研究中心主任李晨，山东省旅游协会秘书长尚玉轩，以及枣庄、滕州两级市领导霍媛媛、邵士官等出席开幕仪式。

29 日

浪潮集团投资 5000 万元的滕州浪潮大数据产业有限公司正式成立。省信息协会秘书长、研究员王存祥，省住建厅信息中心副主任、高工、智慧城市专家库成员吕宏伟，浪潮集团副总裁张革，浪潮集团山东区副总经理安存良，浪潮集团山东区副总经理、首席技术官滕以金，以及市领导邵士官等出席成立大会。

本月

在山东省第二十四批省级企业技术中心认定企业名单中，联泓新材料有限公司技术中心入选公示名单，被认定为省级企业技术中心。

▲中国建筑业协会公布 2016 至 2017 年度中国建设工程“鲁班奖”名单，滕州卷烟厂易地技术改造项目联合工房工程荣获中国建设工程“鲁班奖”。

▲住建部公布第一批装配式建筑示范城市和产业基地名单，滕州市连云山 PC（预制混凝土）生产工厂成为国家首批装配式建筑产业基地，这也是枣庄地区唯一一家入围的企业。

▲省商务厅发布 2016 年省级经济开发区综合发展评价，滕州经济开发区在全省 131 家省级开发区中名列第三，比 2015 年上升 2 个位次。其中，创新驱动、行政效能和功能配套三项评价指标均列全省第一。

▲山东省文化厅公布山东地方戏振兴与京剧保护扶持工程 2017 年度资助项目名单，滕州市大型改革开放题材柳琴戏《八姐传奇》从 22 部新创作剧本中脱颖而出，以总分第一名的成绩入选山东地方戏振兴与京剧保护扶持工程 2017 年度资助项目。

12 月

9 日

华橙影业（北京）有限公司总裁、CEO 王连君一行到滕州考察。枣庄市国资委主任高念文，滕州市委书记邵士官，枣庄市工商联副主席黄贵华等参加会见，并就文化产业发展事宜进行洽谈。

18 日

中国建材集团有限公司党委副书记、副董事长、中国中材股份有限公司党委书记、董事长刘志江一行到滕州考察中材锂膜生产基地、北玻院复合材料生产基地和膜材料生产基地。枣庄市副市长周宗安、滕州市委书记邵士官会见刘志江一行，并进行深入座谈交流。

21 日

德国爱德曼公司总裁奥利弗·布伦斯一行到滕州考察，就在滕州设立高端包装盒加工企业进行合作洽谈。市委副书记、市长刘文强会见。

29 日

由腾龙精线集团投资 40 亿元与滕州市人民政府合作实施的腾龙不锈钢智能制造产业园项目举行签约仪式。市领导邵士官、刘文强、李健、宗大全及腾龙精线集团有限公司山东基地董事长陈正德等出席签约仪式。

30 日

省人社厅、枣庄市政府召开共建山东化工技师学院工作汇报暨新校区启用工作会议。省人社厅副厅长周春艳，枣庄、滕州两级市领导霍媛媛、邵士官、刘文强，山东化工技师学院党委书记王兴军，山东化工技师学院院长孙晋东出席。

本月

在“2017 世界旅游城市品牌营销创新论坛暨中国旅游品牌投资洽谈会”上，滕州市荣获“中国最美文化生态旅游城市”称号。

▲ 2017 第十二届中国全面小康论坛在北京举行，滕州市被授予“2017 年度中国全面小康十大示范县市”称号。

▲ 2017 齐鲁电商节上，滕州市被列入第三批“山东省电子商务示范县”。

▲国家卫计委办公厅公布 2016 ～ 2017 年度国家慢性病综合防控示范区名单，确定 103 个县（市、区）为第四批国家慢性病综合防控示范区，滕州市荣获国家慢性病综合防控示范区称号，是枣庄地区唯一被授予该称号的区市。

▲农业部公布全国主要农作物生产全程机械化示范县名单，滕州市荣获全国主要农作物全程机械化示范县称号，这也是枣庄市唯一成功创建的县市（区）。

（朱贺 / 摄）

滕州概况

Tengzhou Overview

责任编辑：徐承伟

地情概要

【地理位置】 滕州市位于山东省南部，地处北纬 34°50′至 35°17′和东经 116°49′至 117°24′之间。东邻山亭区，南临薛城区，西濒微山湖、与济宁市微山县相连，北靠孔孟之乡、和济宁市邹城市接壤。市境东西 45 公里，南北 46 公里，面积 1495 平方公里。

【建置沿革】 秦始皇统一六国后，废分封置郡县，于今滕境置滕县、薛县。滕，作为县名始见于史册。汉初，高祖析小邾置蕃县，隶属豫州刺史部鲁国。汉武帝时改滕县为公丘县。东汉时，公丘县属豫州刺史部沛国。汉献帝建安三年（198 年），分东海郡，于昌虑县置昌虑郡，不久又改为昌虑县，其他县照旧。三国时，滕境各县属魏，魏沿袭秦制。西晋仍袭汉制。蕃县、薛县、公邱县都属豫州部鲁郡。晋惠帝元康年间，将蕃县、薛县改属徐州部彭城国，将东海郡的昌虑县改为属徐州部兰陵郡。晋安帝义熙五年（409 年），晋克复青、徐，撤销薛县、戚县，将其地划入蕃县，属兖州部。南北朝时，北魏太安三年（457 年）撤公邱县，置阳平县属兖州部鲁郡。北魏孝昌二年（526 年），于徐州部始置蕃郡，领蕃城（即蕃县）、永兴（今薛城区临城镇）、永福（今江苏省徐州市铜山县崮岘）3 县，郡治蕃城。东魏元象二年（539 年）撤销蕃郡，并入彭城郡。东魏武定五年（547 年）又置蕃郡。复置薛县。隋初，开皇六年（586 年），改蕃县为滕县。开皇十六年（596 年），升滕县为滕郡，郡治滕县；不久又将滕郡改为滕县，县治在蕃县故城，属徐州部彭城郡。滕县，作为县级行政区的名称，从此沿用至 1988 年 4 月底。那时县境，东南至抱犊崮，南到今徐州市贾汪，西过微山湖，北与邹县接壤，东北至城前，大致包括今天的滕州市、微山县、山亭区、薛城区以及峄城区、台儿庄区、铜山县、邹城市的部分地区。滕县的境域从隋至民国大体未变。唐代滕县属河南道徐州。元和年间，县城东移二里筑新城（今滕州城的旧城区）。五代因之。北宋兼置滕阳郡。金大定二十二年（1182 年），金置滕阳州。大定二十四年（1184 年）改为滕州，辖滕、沛、邹县和陶阳镇，属山东西路。元因之。明洪武二年（1369 年）废除滕州，滕县隶属山东布政使司济宁府。洪武十八年（1385 年）升兖州为府，降济宁为州，滕县改属兖州府。清沿明制。

民国地方政区分省、道、县三级。1913 年滕县属岱南道。1915 年滕县改属山东省济宁道。1927 年，废道，存省、县两级。

1932年，行政院规定省以下设行政督察专员公署。1936年，滕县属第一区行政督察专员公署（驻济宁），为一等县。抗日战争期间，属第一行政督察区。1947年春，滕县属徐兖绥靖区，8月调整山东行政区划，滕县属鲁西南第一行政督察区。1948年7月，人民解放军第二次解放滕县，国民党县政府溃散。

日军侵占滕县后，利用汉奸组成治安维持会，1938年8月建伪滕县公署，日军派顾问控制。1939年4月伪山东省公署将山东划分为四道，滕县属鲁西道。1940年7月，又将四道改为十道，县分一、二、三等，滕县属兖济道，为一等县。1944年，滕县改属兖州道。1945年8月，日本投降，伪滕县公署随之瓦解。

自1938年3月日军侵占滕县后，全县人民在中国共产党的领导下，开辟农村抗日根据地，建立抗日民主政权，在县境内和邻县间，先后建立了几个县级政权（有的名为办事处）。因此，政区的隶属、名称、区域变动也较为频繁。1939年2月，中国共产党滕县委员会于大赵庄成立，8月，以津浦铁路线为界分为滕东、滕西县委。1940年7月，滕西县委撤销。1941年7月，滕东县委改为滕峄边工委。抗战前期，县境各抗日民主政权隶属中共山东分局第一区党委鲁南区。1941年，滕境属鲁南行政区。1943年9月，滕境属鲁南行政区第二专属区。1944年4月，中共滕县县委、县政府在东庄里成立；7月，设临城县；8月，设凫山县。1945年8月，滕县、凫山县、临城县隶属鲁南行署第二专员公署。1946年1月，滕县改为麓水县，4月，将双山县改为麓水县，恢复滕县；撤销凫山县，原滕县沿湖地区归属滕县，官桥以南归属临城县。此时，滕县属鲁南区行政公署第一专署，1948年9月，滕县属鲁中南行政公署第四专署，临城县属第五专署。1949年7月，滕县属尼山专署。

1949年10月1日，中华人民共和国成立。建国之后，滕县属鲁中南行政公署尼山专员公署。1950年，尼山专区和台枣专区合并改为滕县专区（驻滕县），辖滕县、临城县、凫山县、平邑县、白彦县、邹县、曲阜县、滋阳县、济宁县、济宁市、丰县、沛县、华山县、铜北县、峄县等。1953年9月，滕县专区和湖西专区合并为济宁专区（驻济宁），辖滕县、薛城、凫山等县。同时，撤白彦县，将其所辖原属滕县的徐庄等5个区划归滕县；建立微山县，将滕县所辖湖域划入微山县。1956年3月，撤薛城县、凫山县，将其所辖部分地区划入滕县；12月，山东省调整县的等级，滕县由甲等县升为特等县。1960年3月，将滕县临城公社的164个自然村划归枣庄市。1979年1月1日，滕县改属枣庄市。1983年11月，枣庄市齐村区改为山亭区，将滕县东部的店子、冯卯、辛庄、徐庄、辛召、山亭、桑村、城头8个公社划归枣庄市山亭区。

1987年底，滕县辖22个乡镇（7个乡15个镇）；1988年3月经国务院批准滕县改为滕州市；2017年底，滕州市辖21个镇、街道。

【行政区划】 滕州市行政区划，明代之前不详。明初，县下设乡，乡下置社，全县划分为6乡59社。英宗正统年间（1436～1449年），增加到9乡87社。9乡是滕城、使相、安乐、礼教、柏山、迎仙、义河、明理、安仁。清初，政区未变。清康熙十一年（1672年），改用保甲法，用八卦名统领72保：

乾统5保，坎统5保，艮统7保，震统5保，巽统9保，离统22保，坤统7保，兑统12保。康熙二十七年（1688年），将八卦名称改为仁、义、礼、智、孝、悌、忠、信。宣统年间，全县设武城、虺坛、梁城、郲城、长城、昌虑、管鲍、坞泉、休城、杨城、汉宫、公邱、薛城、临城、微湖等15个乡，但未及实施清朝灭亡。

民国初年，沿袭清制。1918年改社为区，全县为72个区1652个村。1931年，全县并为9个区。1934年，滕县为一等县，仍为9个区，下辖219个乡46个镇。1936年，改划为11个区75个乡2个镇。1938年3月，日军侵占滕县后，国民党滕县政府转移到滕西沿湖一带，辖区有名无实。同年8月建伪县公署，下设区、乡。1941年，划分为9个区、81个乡镇、1758个村庄。1944年，改为10个区、81个乡镇。抗日战争期间，在中国共产党的领导下，为开辟农村抗日根据地，滕县先后或同时在局部地区建立了抗日民主政权，时间有长有短，辖区时大时小。1944年4月，滕县抗日民主政府辖滕东7个区。解放战争期间，为适应作战需要，设灵活性的联防，或临时沿用旧的区划，因此，区、乡的体制、区划极不稳定。抗战胜利后，根据新县制划为5个区1个特别区。1946年，改为9个区76个乡5个镇。1947年3月，保留1个区（九区）、74个乡、6个镇；6月，改为2个区、43个乡镇；9月，设3个区、3个督察区、1个示范镇。1948年，改为37个乡镇668保、9295甲，乡镇以地名命名，保甲以数为序。是年7月，人民解放军第二次解放县城，国民党县政府瓦解。

1949年10月1日，中华人民共和国成立。是年，滕县辖11个区、135个乡镇、604个村。

1950年，各区名称以地名命名，共有11个区。

1953年9月，撤销白彦县，有5个区归属滕县，调整后的区划以数字排序。

1955年9月，将全县16个区，改按地名称呼，即城关、羊庄、桑村、城头、官桥、东郭、界河、大彦、鲁寨、沙河、王开、山亭、冯卯、辛庄、辛召、徐庄等区。

1956年3月，凫山、薛城同时撤销，两县部分地区划归滕县；同时，将微山县两个乡划归滕县。因此，对原区划做较大调整。撤销城头区、辛召区、大彦区；将城头区分别并入东郭区、桑村区；把辛召区分别并入辛庄区、山亭区；把大彦区的一部分并入鲁寨区，大彦区的另一部分和原薛城二区合并为鲍沟区。经撤并调整之后，全县为20个区、288个乡、1962个村，面积2218平方公里。9月扩大乡，12月建镇；调整后，全县区划分为19个区、2个直辖镇、72个乡。

1957年4月，调整区划，改为15个区、2个直辖镇、103个乡。

1958年秋，撤乡镇建18个人民公社，同时撤销4个办事处。是年冬，将欢城、殷庄两个公社69个自然村划归微山县，将邹县39个自然村分别划入滕县的界河、东郭两公社。1959年秋，调整为22个公社。1960年3月，将临城公社164个自然村划归枣庄市。1962年，调整为29个公社、1275个大队。1965年，将城关公社分为城关镇和城郊公社，此时，全县计30个公社（镇）。1966年5月，30个公社（镇）调整为19个区（镇），下辖168个公社。1968年12月20日，撤销区（镇）、小公社，恢复1965年的30个公社（镇）。1982年5月，夏庄、辛庄、金庄人民公社分别更名为党山、水泉、洪绪人民公社。1983年11月21日，将滕县东部的店子、冯卯、水泉、辛召、城头、桑村、山亭、徐庄公社划归枣庄市山亭区，其余22个公社区划不变。1984年3月31日，全县22个公社改为8个镇14个乡，即：城关、界河、东郭、大坞、级索、西岗、木石、官桥镇；龙阳、党山、岗头、望冢、峄庄、姜屯、城郊、东沙河、洪绪、鲍沟、南沙河、羊庄、张汪、柴胡店乡。11月28日，又将岗头、姜屯、南沙河、鲍沟、张汪、羊庄、柴胡店7个乡改为镇。全县为15个镇、7个乡。1985年2月，全县生产大队改为村民委员会，生产队改为村民小组。

1987年，滕县辖15个镇7个乡，1207个村民委员会（以下简称村委会）。全县有1229个自然村、299719户、1226765人。1991年11月，东沙河、洪绪、望冢、龙阳4个乡改为镇，2000年3月，峄庄乡改为镇，全市辖2个乡、20个镇、140个管理区（办事处）、1245个行政村（居）民委员会。2000年6月，撤销城关镇，成立荆河、龙山办事处。2001年2月，将党山乡与东郭镇合并为东郭镇，峄庄镇与大坞镇合并为大坞镇，望庄镇与岗头镇合并为滨湖镇；2001年6月，将龙山、荆河两个街道和城郊乡合并，将南沙河、姜屯、东沙河、洪绪镇的部分村庄纳入城区，按照东、西、北、南四个方位，设立龙泉、荆河、北辛、善南4个街道。

（朱贺/摄）

滕州市行政区划一览表（2017 年）

镇、街	居委会个数（个）	村委会个数（个）	村、居委会名称					
龙泉街道	51	-	黄山桥	府前东	宗鲁门	春秋阁	塔　寺	杏　坛
			安　居	泰山庙	荆　东	岗子东	岗子西	润　泽
			钱　庄	善　国	荆　善	善　文	跻云桥	南　秦
			银钟里	通盛花园	贵和佳苑	龙泉苑	滨江花苑	樱花苑
			阳光城	南侯庄	前　洪	后　洪	郗　城	梁　场
			贺　庄	赵　楼	张　庄	双　庙	东赵庄	任　村
			欧庄里	董　村	冯　东	冯　西	郭　庄	金　疃
			孙　堂	夏　庄	程　堂	巩　村	唐　村	前大庙
			东大庙	西大庙	刁　庄			
荆河街道	63	-	马　号	北门里	南门里	南门外	幸福园	奎　文
			大　同	平　等	新兴南	安　乐	公　园	荆　南
			东寺院	城　南	东南园	西南园	金　城	金　华
			通　衢	辛　庄	平行路	曹　庄	程　庄	魏　庄
			荆　庄	西　潭	馍馍庄	蕃　阳	郭　彭	金　平
			振　兴	魏　园	问天阁	西　城	金　州	德　馨
			铁　西	滕　都	书　院	西寺院	杜　堤	三里河
			刘　楼	张明东	张明西	五里屯	张　刘	王　楼
			俞　庄	小河圈	韩　桥	孙　楼	朱　楼	前十里岗
			后十里岗	西十里岗	东　倪	西　倪	何　庄	袁　庄
			柳　楼	鲁　东	鲁　西			
北辛街道	60	-	杏花村	北　平	东北坛	西北坛	金　坛	新兴北
			杏　西	杏　东	大同北	教　场	新　生	接　官
			赵　东	赵　西	北关村	北　楼	双　坛	文　庙
			新　华	善　北	华　孚	丽　都	解放街	新华南
			科圣园	嘉　誉	杏　腾	汤　庄	北　刘	前　辛
			后　屯	孙　庄	东七里沟	西七里沟	周　楼	沈　庄
			岳　庄	冯　河	赵　场	侉　庄	小　岗	王　任
			于　岗	后荆沟	俞　寨	于　楼	兴　隆	侯　王
			明　王	李　王	马王东	马王西	曹　五	北　秦
			北　黄	红　旗	周　王	黄　安	前十里铺	后十里铺
善南街道	19	-	荆善南苑	贾　庄	五里坂	王　庄	张北庄	鞠　庄
			南丁庄	高　庄	南刘庄	小　屯	王开一	王开二
			王开三	小王开	七里堡	十里铺	十里铺二	刘　屯
			张　场					

续表

镇、街	居委会个数（个）	村委会个数（个）	村、居委会名称
东沙河镇	–	40	东沙河村 党　村 单　村 磨坑村 大养德村 二养德村 东史村 党桥村 周　村 陈岗村 朝阳村 张洼村 史楼村 后堌堆村 王　村 万年庄村 小宫山村 姜桥村 张街村 郭堌堆村 康　村 江楼村 耿楼村 小宋庄村 蔡　村 王母殿村 步云庄村 前梁村 韩楼村 东孙庄村 南刘岗村 鲍庄村 颜吉山村 马河口村 东小宫村 西小宫村 党吉山村 千年庄村 向阳山村 前荆沟村
洪绪镇	–	34	白龙湾村 金庄村 玉楼村 龙庄村 安庄村 东张楼村 光明村 杜康村 徐庄村 东侯庄村 孔屯村 杨园村 大巩庄村 沙官庄村 新丰村 轴　村 东赵沟村 西赵沟村 郝洼村 杜场村 西侯庄村 团结村 堌堆村 唐庄村 南苗庄村 吕庄村 甘庄村 任于庄村 幸福坝村 后洪绪村 苗桥村 北陈楼村 大颜楼村 前洪绪村
南沙河镇	–	38	南街村 北街村 南高庄村 南古石二村 南占石三村 南古石四村 魏　村 前辛章村 后辛章村 杨杭村 冯庄西村 冯庄中村 前房村 后房村 南池村 冯庄东村 彭王楼村 崔庄村 北池村 北王铺村 上营村 上徐村 下徐村 新营村 南王铺村 陡铺村 东魏村 南岗村 前仓沟村 中仓沟村 东朱庄村 于泉村 北古石村 后仓沟村 后小庄村 南古石一村 西古石村 河汇村
大坞镇	–	65	大坞村 大坞南村 东坞村 袁南村 袁北村 望凫村 小刘村 邓庄村 小坞村 牟庄村 池头集东村 池头集中村 两水泉东村 两水泉南村 两水泉西村 池头集西村 洪山口村 任山村 苗庄村 柳园村 西仓村 任前村 西土山村 雷山村 耿庙村 和福村 大市庄村 西韩庄东村 西韩庄北村 西韩庄西村 小市庄村 王寨村 战河村 东韩庄村 单庄村 西桥头南村 福兴村 休城村 马楼村 西桥头北村 东桥头村 后峄庄村 金城村 石楼村 大邵庄村 前峄庄东村 前峄庄中村 前峄庄西村 吴楼村 东洋汶村 姜庄村 东郝楼村 西郝楼村 东立里村 大刘庄东村 大刘庄南村 大刘庄西村 西立里村 龙泉村 狄庄村 大刘庄北村 后岗子村 前岗子村 俭林村 东仓村

续表

镇、街	居委会个数（个）	村委会个数（个）	村、居委会名称
滨湖镇	-	90	田桥村 西董村 西洋汶西村 花园村 岗头村 东屯前村 西洋汶中村 西洋汶东村 邱　村 东屯后村 西屯村 稻屯村 宋　村 邵　村 小刘庄村 王堂村 南陈庄村 前郁郎村 王雷村 西谢庄 生庄村 后郁郎村 秦　村 民生村 望庄村 刁　村 严　村 坊上村 东官庄村 金马山村 李　村 东马村 西马村 山头村 苏坡村 东黄庄村 陈宏楼村 南徐楼村 四合村 东陈庄村 三山村 前纸坊村 吕堂村 西周村 胡楼村 后纸坊村 孟楼村 郭楼村 后辛安村 中辛安村 西辛安村 代庄村 朱　村 西黄庄村 东周村 赫　村 秦庄村 屈庄村 阳关村 孙阁村 东盖村 西盖村 后盖村 渔营村 后古村 东古民族村 胡路口村 东焦村 西焦村 西古村 朱寨村 北双井村 北焦村 李仓村 下王庄村 西双井村 东双井村 东迭湖村 徐楼村 黄桥村 人民庄村 中迭湖村 西迭湖村 卢庄村 七所楼村 奎子东村 奎子西村 上王庄村 西韩楼村 向阳村
级索镇	-	51	级索村 时庄村 千佛阁村 潘楼村 刁楼村 东龙岗村 前杨岗村 后杨岗村 坝子涯村 西龙岗村 西田庄村 西宗庄村 姚庄村 前泉村 后泉村 西杨楼村 西赵庄村 翟庄村 郝庄村 前韩庄村 后韩庄村 前王晁村 东王晁村 后王晁村 董庄村 大龙庄村 徐孔庄村 前牛集村 后牛集村 北杨楼村 颜庄村 港沟涯村 金坡村 满庄村 赵坡村 永丰村 水磨庄村 西韩桥村 羊二庄村 西孔庄村 王坡村 前赵庄村 淤庄村 南官庄村 东田庄村 东孔庄村 西彭庄村 孔楼村 道沟村 大官庄村 小官庄村
西岗镇	8	64	西岗一居 西岗二居 西岗三居 前寨居 后寨居 大满庄居 北曹庄居 大王庄居 西孙庄村 东南田岗村 西北田岗村 西南田岗村 小杨庄村 西丁庄村 程楼村 高庙东村 高庙西村 高庙南村 凌庄村 马庙村 高庙北村 北赵庄村 半阁村 柴里东村 柴里中村 东满庄村 北满庄村 东河岔村 柴里西村 栾庄村 王陈庄村 西河岔村 西张庄村 西曹庄村 南孔庄村 张大庄村 西刘仙村 温堂村 孙寨村 大杨庄村 东刘仙村 南曹庄村 南荒村 傅楼村 杜庄村 大孔庄村 东祝陈村 西祝陈村 大屯村 孔满楼村 刘辛庄村 李庄村 郎庄村 清泉寺村 杈子园村 卓楼村 西姜桥村 段庄村 杜庙村 郭孔庄村 野庄村 王场村 半楼村 邓集村 小花庄村 南魏庄村 甘桥村 丁堂村 东北田岗村 东王庄村 北孔庄村 徐堂村

续表

镇、街	居委会个数（个）	村委会个数（个）	村、居委会名称
姜屯镇	–	83	姜屯村 邱楼村 前邱庄村 白庄村 奚庄村 田高庄村 西官庄村 东杨庄村 闫东村 前孔庄村 庄里东村 庄里西村 闫西村 东官庄村 西魏庄村 南黄庄村 东滕城村 西滕城村 咸庄村 前孝庄村 黄庄村 燕庄村 南李楼村 颜楼村 前沙胡同西村 前沙胡同东村 后沙胡同村 谭庄村 前徐庄村 后徐庄村 种寨村 仇官庄村 阳平村 宋王楼村 南俞庄村 大彦东村 仇庄村 赵庄村 田园村 大彦西村 大彦南村 苏桥村 葛疃村 张孔庄村 后李店村 王林村 韩场村 商 村 前李店村 西卓庄村 武所屯村 孙 村 张寨村 西党村 黄坡村 西张坡村 后朱村 北邢庄村 小洪疃村 罗岗村 建杨庄村 大朱楼村 西张楼村 苏屯村 西马厂村 侯庄村 西王楼村 白了寺村 后高地村 后刘楼村 胡 村 北郝庄村 前高地村 满园村 戚庄村 沟里村 营里村 万福楼村 柳庄村 西庄里村 东王楼村 大洪疃东村 大洪疃西村
鲍沟镇	–	66	鲍沟东村 鲍沟西村 鲍沟中村 赵泉村 官庄村 前鞋城村 鲍沟北村 薛岩前村 薛岩中村 后鞋城村 邢庄村 甄洼村 薛岩后村 圈里村 华庄村 邢寨村 兴刘庄村 关 村 西宁村 东宁村 侯楼村 三清阁村 褚 村 张 村 前皇甫村 东皇甫村 中皇甫村 杨郝庄村 大刘庄村 大杨楼村 西皇甫村 杨 村 坝窝村 卜庙村 郝寨村 闫庙村 坝窝后村 北朱庄村 刘坡村 琉璃庙村 郝庄村 南谭村 刘坡西村 东石庙村 中石庙村 张埠村 姜店村 南吴庄村 西石庙村 吕坡村 马口村 河涯村 裴楼村 孙岗村 从屯村 于仓村 西宋庄村 大李楼村 闵楼村 西荆林村 后汉宫村 汉宫村 徐 村 东荆林村 南朱庄村 西磨庄村
张汪镇	–	83	颜 村 葛 村 大苏庄村 南胡庄村 邓寨村 临薛村 辛集村 北李庄村 北彭庄村 南闫楼村 十字河村 五所楼村 北宋庄村 太和庄村 冯堂村 东邵桥村 渊子涯村 徐集村 苑庄村 北贾庄村 大宗村 辛庄村 陈楼村 段楼村 小宗村 北陶庄村 南彭庄村 王格庄村 苏河村 小于村 朱庄村 南郝庄村 承贤庄村 南陶庄村 张汪村 杨楼村 俞河涯村 杜坦村 南宋庄村 洛庄村 丁楼村 孔集村 西周楼村 前坝桥村 后坝桥村 苏河涯村 后许楼村 陈堂村 南贾庄村 前许楼村 闫道沟村 夏楼村 李桥村 刘堌堆村 邱仓村 安 村 杜 村 白楼村 前寨子村 后寨子村 杏园村 大张庄村 小张庄村 小李楼村 北渠庄村 杨仓村 轩庄村 蒋庄村 南宗庄村 大孙楼村 皇殿岗村 尤楼村 南任庄村 杨界村 柴楼村 东渠庄村 孟仓村 沈仓村 多庄村 下魏楼村 魏河圈村 城后张庄村 陈庄村

续表

镇、街	居委会个数（个）	村委会个数（个）	村、居委会名称					
官桥镇	-	54	官桥一村	官桥二村	官桥三村	东王公村	小河村	望河村
			官桥四村	车站村	东康留村	前莱村	东莱村	后莱村
			西康留村	太平庄村	前掌大村	前公桥村	后公桥村	西公桥村
			后掌大村	西王庄村	狄坡村	大韩村	中韩村	北韩村
			吕楼村	上魏楼村	史庄村	前善庄村	后善庄村	善官庄村
			前管庄村	后管庄村	大康留村	时　村	时店村	北吴庄村
			轩辕村	王园村	北辛村	东磨庄村	苏疃村	志门村
			坝上村	良里村	西洪林村	金马庄村	倪楼村	渠　村
			中洪林村	东洪林村	西王公村	苏叶村	东郑村	西郑庄村
柴胡店镇	-	41	胡店村	钟辛村	高桥村	后闫村	大庙村	姬庄村
			杨桥村	贾楼村	鲁庄村	刘　村	邵庄村	大石楼村
			庵后村	坦山后村	王官庄村	小石楼村	南董村	南胡楼村
			郝王庄村	大王楼村	永福庄村	何庄村	沙庄村	簸箕掌村
			四李庄村	南平村	官路口村	南胡芦套村	郭沟村	黄连山村
			沙岗村	官场村	振兴庄村	老君院村	龙山头村	南辛村
			前黄庄村	后黄庄	前闫村	前大官庄村	后大官庄村	
羊庄镇	1	88	兴鲁居	小赵庄后村	小赵庄前村	西石楼村	余粮店村	白杭村
			羊庄东村	羊庄南村	羊庄北村	东胡村	范村东村	范村西村
			王杭村	蒋杭村	上屯村	陈　村	东辛庄村	西辛庄村
			大峪庙村	沈井村	上邱庄村	钓鱼台村	洪　村	杜堂村
			三姓庄村	尤山子村	上曹村	土城村	陶山东村	陶山西村
			下曹村	宋屯村	中顶山村	东于村	东南于村	西于村
			关山前村	中黄沟村	下黄沟村	南于村	寒山前村	张河庄村
			洪山前村	羊山村	西江村	高　村	小王公村	东南王庄村
			北台村	庄里村	戴岗村	张坡村	杨坡村	于坡村
			大北塘村	东塘村	民庄村	许坡村	幸福村	黄屯村
			南塘村	前沙冯村	后沙冯村	杜屯村	史屯村	庞庄村
			前毛堌村	后毛堌村	两河村	自庄村	东十湾村	西十湾村
			东薛河村	西薛河村	大计河村	后十湾村	南台村	孟庄村
			小计河村	东南宿村	西南宿村	新安岭村	西南庄村	腰庄村
			前南宿村	东店村	东石楼村	后赵庄村	赵庄南村	

续表

镇、街	居委会个数（个）	村委会个数（个）	村、居委会名称
木石镇	4	38	木石一居　木石二居　东沂河居　张秦庄居　前连水村　后连水村 东荒村　东台村　南山头村　西荒村　化石沟村　南涝坡村 东峭村　西峭村　北张庄村　木石三村　后木石村　尖山村 杨岗村　前安村　中安村　山口村　俭庄村　杨套村 后安村　亚庄村　白塔村　西店村　沂河南村　沂河北村 独山前村　独山后村　粮峪村　沂王庄村　谷山村　桥口村 北山头村　卓庄村　连水西山村　落凤山村　位庄民族村　西台村
界河镇	1	63	马山头居　东李庄村　胡庄村　单马厂村　陈马厂村　北杜庄村 南界河村　北界河村　小万院村　北马楼村　李楼村　东孟村 西万院村　东万院村　葛庄村　西孟村　小龙河村　土楼村 皇娘沟村　范庄村　崔官庄村　兴王庄村　宗庄村　倪庄村 东张庄村　于园村　兴隆村　彭庄村　花庄村　汲庙村 后枣村　前枣村　大官庄村　徐营村　北孙庄村　西李庄村 东柳泉村　西柳泉村　龚庄村　西西曹村　中西曹村　东西曹村 二十里铺村　南张庄村　北沙河村　东曹东村　东曹西村　唐楼村 李子行村　郑寨村　赵辛街村　北闫楼村　西安楼村　东安楼村 刘岗村　化里村　邱庄村　房岭村　幸福楼村　西杨庄村 西陈庄村　孙马厂村　王马厂村　丁庄村
龙阳镇	-	56	龙阳村　史　村　双河村　田侯庄村　河北李庄村　小蒋庄村 闫庄村　大寨村　小寨村　龙山屯村　高岭村　新宁村 刁沙土村　杜沙土村　李沙土村　卧龙庄村　冯庄村　谷堆石村 张沙土村　董沙土村　尚河圈村　张山口村　邱石村　小河子村 从条村　苗堂村　张堂村　西南岭村　焦庄村　何岭村 前司堂村　后司堂村　曾楼村　徐岭村　跨河村　黄岭村 河南张庄村　南王庄村　庄头村　彭河村　朱庄二村　朱庄三村 冯营村　魏寺村　林　村　东杨庄村　顾庙村　柳沟村 龙山村　耿庄村　大陈庄村　北王庄村　西朱仇村　上司堂村 糜庄村　望龙庄村

续表

镇、街	居委会个数（个）	村委会个数（个）	村、居委会名称					
东郭镇	-	89	峪东村	瓦峪西村	上黄庄村	黄金坡村	东赵坡村	玉泉村
			王李庄村	北马庄村	北丁庄村	屯里村	巴庄村	龙王庄村
			丛庄村	吴哨村	石羊山村	南唐林村	罗庄村	南徐村
			安上村	夏庄村	小党山村	后梁村	东坞沟村	西坞沟村
			大党山村	林岭村	谷山庄村	后坞沟村	前坞沟村	大坞沟村
			磨石山村	欣阳村	前李岭村	苏楼村	虺城店村	邵疃村
			唐林村	相岭村	小任庄村	辛绪村	陶庄村	马庄村
			张庄村	北蒋庄村	新田村	杨明庄村	东冯庄村	刘庄村
			北高庄村	马河村	牛皮岭村	西郭村	东郭前村	东郭中村
			白河村	香台村	京台村	东郭后村	武楼村	楼里村
			前明村	中明村	后明村	温庄村	山前村	上户主村
			东明村	西明村	田庄村	下户主村	许沃新村	黑石岭村
			黄园村	东朱仇村	大绪庄村	冯沟村	北徐庄村	李沟村
			大堂门村	小堂门村	常庄村	前任厂村	后任厂村	岭头村
			前张坡村	后张坡村	秦林村	魏沟村	朱洼村	

【人口民族】 1949年，全县总人口625872人，城市人口25078人，人口出生率28.6‰，自然增长率16.6‰。1978年，全县总人口1147153人，城市人口51379人，人口出生率17.29‰，人口自然增长率10.95‰。2017年末，全市户籍总户数51.82万户，总人口173.16万人。其中，男性91.69万人，女性81.48万人；人口出生率20.38‰，死亡率6.90‰，人口自然增长率13.48‰。

根据第六次全国人口普查统计，全市有30个少数民族，即回族、蒙古族、藏族、维吾尔族、苗族、彝族、壮族、布依族、朝鲜族、满族、侗族、瑶族、白族、土家族、哈尼族、哈萨克族、傣族、黎族、傈僳族、佤族、畲族、拉祜族、纳西族、土族、达斡尔族、普米族、怒族、京族、门巴族、基诺族。其中，回族人口居少数民族人口首位。

【自然环境】 地形　北、东、南三面环山，西临南四湖，地形由东北向西南倾斜，全市可分为三个地貌区：低山丘陵区，平原区，滨湖区即湖退区。

山脉　全市山脉多呈东北西南走向。共有大小山头453个，其中海拔500米以上的5个。最高峰是莲青山摩天岭，海拔597米。其他较著名的山峰有龙山，主峰海拔415米；曾被称为古滕八景之一的“谷翠双峰”，西峰海拔408米，东峰海拔400米。全市300～400米的高峰49个；200～300米的山峰174个；200米以内的山峰216个，著名的山有小白山、染山、马安山、龙山、谷山、莲青山、吉山、孤山、南龙山、落凤山等。

河流　属淮河流域京杭大运河水系。大都发源于滕州市东、北部的山丘地带，由东北流向西南，注入微山湖。共有大小河道近100条，其中流域面积在20平方公里左右的有22条，市内有5条较大的山洪河道，主要有界河、北沙河、城河、郭河、薛河，从北到南分布均匀，担负着排涝任务。界河，又名白水河，境内长25.4公里；北沙河，曾名龙河，境内长37.5公里；城河，俗称荆河，境内长42.7公里；薛河，古称薛水，又名十字河，境内长30公里。

气候　气候温和，雨量集中，四季分明，属于暖温带季风气候。春季天气多变，干旱少雨。夏季盛行偏南风，炎热多雨。秋季天气晴爽，冷暖适中。冬季多偏北风，寒冷干燥。2017年，全年平均气温为15.3℃，极端最高气温为37.5.℃，极端最低气温为-8.7℃。年降水量为810.9毫米，年日照时数为2305.3小时。

土壤　土壤总面积10.98万公顷，分为5个土类、12个亚类、22个土属、90个土种。褐土主要分布低山丘陵区，面积4.51万公顷，占总面积的41.05%。潮土分布诸河流中下游，面积4.467万公顷，占40.66%。棕壤分布山丘中下部，面积1.0106万公顷，占9.2%。砂姜、黑土分布洼地、低平原地带，面积9684公顷，占8.81%。水稻土分布湖洼地区，面积308公顷，占0.28%。

【自然资源】 境内探明矿产资源30余种，其中煤炭保有储量12.69亿吨、石灰石储量52.89亿立方米，还有河沙、铝钒土、石英石、花岗岩等。境内有大小河流近100条，大、中、小型水库28座，年蓄水1.82亿立方米，另有荆泉等14个泉群。

（市史志办）

经济和社会发展

【综合】 经济总量稳步提升。2017年，全市实现生产总值（GDP）1150.37亿元，按可比价格计算，比上年增长6.5%。其中，第一产业实现增加值75.45亿元，比上年增长3.7%；第二产业实现增加值578.56亿元，比上年增长5.9%；第三产业实现增加值496.36亿元，比上年增长7.6%。三次产业比例由7.0:50.3:42.7调整为6.6:50.3:43.1。全市人均地区生产总值68779元，比上年增长5.8%。按年均汇率折算，达到10187美元。

就业创业有效推进。全年实现城镇新增和农村劳动力转移就业4.6万余人，开展就业创业培训1.2万人次，帮扶620名就业困难人员实现就业创业，城镇登记失业率控制在3%以内；深入推进创业带动就业，全年发放创业担保贷款4342万元，发放创业补贴17万元。

居民消费价格涨幅平稳。全市居民消费价格指数（CPI）为101.0%，比上年下降0.7个百分点。其中服务项目价格指数为102.1%，消费品价格指数为100.2%。

表1：全市居民消费价格指数情况

单位：%

指标名称	2017年
居民消费价格总指数	101.0
服务项目价格指数	102.1
消费品价格指数	100.2
1、食品烟酒	99.3

续表

指标名称	2017 年
2、衣着	102.5
3、居住	100.8
4、生活用品及服务	100.6
5、交通和通信	100.6
6、教育文化和娱乐	102.4
7、医疗保健	105.1
8、其他用品和服务	100.9

大众创业深入发展。年末全市各类市场主体13.99万户，当年新登记注册1.74万户。其中，个体工商户11.68万户，当年新登记注册1.33万户。

开发区建设取得新突破。滕州经济开发区年内引进过亿元项目12个，在建重点项目完成固定资产投资53.7亿元，年末实有注册企业达到1395家。在全省131家省级经济开发区中位列第3位，其中，创新驱动、行政效能和功能配套三项评价指标均列全省第一。晋升国家级开发区进入最后审批阶段。

【农林牧渔业】 农业生产总体平稳。全市农林牧渔业及服务业增加值83.57亿元，增长4.5%。其中，农业增加值58.98亿元，增长4.2%；林业增加值0.42亿元，增长3.5%；牧业增加值12.85亿元，增长2.4%；渔业增加值3.2亿元，下降1.3%；农林牧渔服务业增加值8.12亿元，增长14.0%。全年粮食种植面积161.75万亩，下降1.1%，总产量达到85.53万吨，下降2.1%；蔬菜产量302.57万吨，增长3.9%；肉类总产量9.97万吨，下降11.1%；水产品总产量6.21万吨，下降0.6%。

林业发展稳步推进。全市新增成片造林面积3.2万亩，新建农田林网面积3.35万亩，新发展经济林8600亩，各类林产品加工企业发展到342家。新增艺格实业、万泽农业、强盛食品3家省级林业龙头企业。界河镇成功创建省级森林镇，姜屯镇沙东村、龙阳镇冯庄村等8个村成功创建省级森林村。

农业生产条件进一步改善。全市农业机械总动力138.98万千瓦，综合机械化水平达到90%。小麦、玉米等主要粮食作物实现耕、种、收全程机械化。马铃薯带芽播种技术取得突破性进展，马铃薯带芽播种机械进入大面积示范验证阶段。全市马铃薯综合机械化水平达到89%。全市农用塑料薄膜使用量3074.6吨，使用化肥（折纯）量11.58万吨。

农业现代化步伐明显加快。成功举办第九届马铃薯节，“滕州马铃薯”被评为2017中国农产品百强品牌。龙阳绿萝卜、春藤枣庄黑盖猪获国家地理标志认证。全市新建恒裕食品等放心农产品标准化生产基地4个，新增标准化面积1.7万亩，新增“三品一标”认证13个，总数达到208个。新发展农民专业合作社180家，总数达到2142家。新发展家庭农场80家，总数达到257家。全市新增土地流转面积4.8万亩，254个村完成农村集体产权股份制改革。

【工业和建筑业】 工业经济增长加快。年末全市规模以上工业企业达到428家，实现增加值同比增长7.3%，增速比上年提高1个百分点。其中，轻工业增长10.2%；重工业增长4.2%。规模以上工业企业产销率达99.8%。

重点行业较快增长。全市重点行业中，电子设备制造业、炼焦业、煤炭开采洗选业、化学制品制造业4个行业增长较快，成为拉动规模以上工业持续增长的主要力量。四行业产值分别增长52.8%、43.7%、30.6%、15.8%。

主要产品生产稳定。在统计的52种重点产品中，原煤、白酒、啤酒、焦炭等37种产品产量实现增长，增长面为71.2%，比上年提高6.2个百分点。钢丝、水泥、金属切削机床等产品增长较快。

表2：2017年全市主要工业产品产量

产品名称	单位	产量	同比增长（%）
原煤	万吨	294.2	1.4
白酒	万千升	0.6	4.9
啤酒	万千升	12.6	7.1
焦炭	万吨	234.7	1.0
合成氨	万吨	19.9	-13.1
化肥（折纯）	万吨	15.2	-15.6
纯苯	万吨	18.7	-1.2
精甲醇	万吨	150.5	-11.2
钢丝	万吨	14.9	26.7
水泥	万吨	409.8	7.7
平板玻璃	万重量箱	1760.8	0.5
金属切削机床	万台	2.9	17.0
发电量	亿千瓦小时	57.2	-4.7

建筑业稳步增长。全市资质以上建筑企业94家，比上年增加6家。签订合同额282.39亿元，增长20%，完成总产值177.2亿元，增长12.4%。全年房屋建筑施工面积1449.63万平方米，其中新开工面积698万平方米。建筑业产值超过5亿元的企业8家，产值过10亿元的企业5家。

【固定资产投资】 固定资产投资平稳增长。全市固定资产投资完成667亿元，比上年增长7.7%。分产业看，第一产业投资完成9.75亿元，比上年增长1.0%；第二产业投资完成352.39亿元，比上年增长11.6%，其中，工业投资完成347.97亿元，比上年增长20.6%；第三产业投资完成304.85亿元，比上年增长3.7%。

房地产市场运行良好。房地产开发投资完成67.8亿元，比上年增长8.8%。全年房屋施工面积742.1万平方米，比上年增长4.5%；房屋销售面积182.1万平方米，比上年增长16.1%；房屋销售额90.7亿元，比上年增长33.7%；房屋销售均价为4982元/平方米，比上年增长15.2%。

【国内贸易】 消费品市场发展稳健。全年实现社会消费品零售总额446.20亿元，比上年增长10.3%。其中，限额以上单位实现零售额93.03亿元，比上年增长11.7%。分区域看，城镇零售额352.81亿元，比上年增长10.0%；乡村零售额93.38亿元，比上年增长12.4%。分行业类别看，批发零售业零售额398.24亿元，比上年增长9.9%；住宿餐饮业零售额47.96亿元，比上年增长13.3%。

重点商品零售额增长稳定。在限额以上单位商品零售中，烟酒类零售额增长17.2%，日用品类零售额增长 16.9%，中西药品类零售额增长 27.9%，石油及制品类零售额增长 22.5%。

【对外经济】 招商引资扎实推进。全年新招引并开工建设项目 192 个，其中，过 5000 万元项目 109 个，实际利用境外资金 3365 万美元。新批外商投资企业 3 家，增资企业 2 家，累计新增合同外资 3086 万美元。

对外贸易较快增长。全年进出口总额 33.18 亿元，增长 24.7%，其中出口 30.38 亿元，增长 19.8%。有进出口实绩企业 158 家，进出口贸易涉及 150 余个国家和地区。

对外合作稳步推进。全市完成对外承包工程营业额 3340 万美元，实现外派劳务 1200 人次。

【交通、邮政、通信和旅游】 交通工程多点开花。枣菏高速滕州段、S345 枣济线工程、枣滕 BRT\B6 线工程、滕州新港等一大批交通重点工程全面启动。完成全市 475 公里农村公路养护挖补和 370 公里县乡公路、875 公里村级公路安防工程建设任务。建成农村道路“户户通”1127 公里。年末全市公路通车里程 3330.7 公里，其中，国道 95.1 公里，省道 209.0 公里，农村公路 3026.6 公里。

民用汽车快速增加。年末全市民用汽车保有量达到 20.72 万辆，比上年增长 15.0%，其中私人汽车保有量 18.49 万辆，比上年增长 16.0%。民用汽车中，载客汽车 18.61 万辆，载货汽车 2.11 万辆。营运车辆 10511 辆，其中载客汽车 1190 辆，载货汽车 9321 辆。

公交事业快速推进。完成“城乡公交一体化示范县”建设任务，实现城乡公交“全覆盖”。全市已开通公交线路 62 条，其中城际公交 3 条、城市公交 26 条、城乡公交 33 条。累计投资 6.6 亿元，购置新能源公交车 889 部，淘汰老旧汽柴油公交车 700 部，实现公交的绿色科学发展。滕州客运换乘中心建成使用，建成港湾式公交站点 27 个、充电桩 280 个、站点牌 106 处。

邮政通信业平稳发展。全年发送函件 10.23 万件、特快专递 34.2 万件、报纸杂志 1161 万份。年末固定电话用户 14.73 万户，比去年下降 9.5%；移动电话用户 145.65 万户，比去年下降 1.6%；互联网用户 32.46 万户，比去年下降 9.3%。

旅游业蓬勃发展。官桥镇被命名为省旅游强乡镇，官桥镇北辛村、西岗镇东王庄村、柴胡店镇刘村、滨湖镇西古村等 4 个村被命名为省旅游特色村。全年新建改建旅游厕所 79 座，新设置 24 块旅游交通引导标识牌。国运旅游集散中心建成运营，开设至徐州观音国际机场专线。全市 A 级旅游景区达到 18 家，旅行社 20 家，三星级以上酒店达到 6 家，全国农业旅游示范点 1 个，省农业旅游示范点 14 个，省旅游强乡镇 10 个，省旅游特色村 20 个。滕州入选“2017 中国全域旅游魅力指数排行榜”区县级前 20 强，获评“中国最美文化生态旅游城市”。

【财政、税收和金融业】 财政收入质量和结构实现历史性突破。全市一般公共预算收入完成 70.36 亿元，比上年同口径增长 2.8%。其中，税收收入 50.05 亿元，占一般公共预算收入比重为 71.1%，同比提高 3.8 个百分点。一般公共预算支出 84.07 亿元，下降 5.4%。其中，科学技术支出增长 168.3%，住房保障支出增长 55.3%，城乡社区支出增长 21.0%。民生支出占财政支出的比重达到 72.9%，同比提高 4.5 个百分点。

金融市场平稳运行。全市拥有各类金融机构62家，其中银行13家，保险机构37家，证券公司3家，小额贷款公司3家，融资性担保公司3家，民间资本管理公司2家，民间融资登记服务中心1家。年末，全市金融机构存款余额669.18亿元，较年初增加33.55亿元，同比增长5.3%；金融机构贷款余额438.47亿元，较年初增加40.62亿元，同比增长10.2%。

企业上市挂牌取得新突破。吉田香料在新三板挂牌，鑫佳能源装备、大川重工机床、新金明包装、恒达品牌包装、天圣源置业在青岛蓝海股权展示板挂牌。全市新三板及区域性股权交易市场挂牌企业发展到19家。山东万仕康养老、山东腾旋能源科技等17家企业完成股改。

保险事业发展较快。全年实现保费收入73.27亿元，较上年同期增加6.07亿元，增长9.0%。其中，财产险保费收入16.34亿元，人身险保费收入56.93亿元。保险理赔给付23.83亿元，较上年同期增加2.85亿元，增长13.6%。

【科学技术和教育】 创新成果不断涌现。全市科技进步贡献率达到59%以上。全年组织实施各级各类科技计划56项，其中列入国家、省、枣庄市科技计划17项，累计争取各类上级扶持资金近2000万元。全市取得重要科技成果100项，获枣庄市科技进步奖33项，科技推广应用步伐加快，科技成果转化率达到90%以上。

专利工作成绩突出。全年专利申请总量1400件，其中发明专利申请240件。专利授权697件，其中发明专利授权66件，有效发明专利累计总量274件。

创新平台加快发展。新增省级工程技术研究中心1家，总数达到10家；新备案省级院士工作站1家；新增枣庄市工程技术研究中心7家、重点实验室5家；27家企业通过国家高新技术企业认定，其中新认定10家，重新认定17家，全市高新技术企业数量达到57家。

人才队伍日益壮大。全市新增国家“千人计划”专家12人、省“泰山产业领军人才”2人、西部人才培养计划1人、西部经济隆起带和省扶贫开发重点区域急需紧缺项目引进人才3人、外专“双百计划”人选团队项目4人、齐鲁首席技师2人、齐鲁乡村之星1人、齐鲁金融之星2人、省特级教师2人、省青年科技奖1人、齐鲁工匠1人、枣庄市特级教师7人、市有突出贡献中青年专家3人、市青年科技奖4人、市优秀科技工作者6人、市和谐使者5人。

质量强市战略成效显著。全市新增山东名牌8个、枣庄市市长质量奖2个。新主导或参与制订国家标准3项、行业标准6项。新增山东省服务业标准化试点1家，枣庄市服务业标准化示范单位（餐饮）2家。截至年末，全市通过ISO9000质量管理体系认证的组织有235家，通过能源管理体系认证的组织有9家，企业标准自我声明公开569项。山东省玻璃产品标准化技术委员会批准筹建。滕州市机床产业集群开展团体标准建设试点。

教育事业全面发展。大力实施“全面改薄”、解决中小学大班额和第二期学前教育三年行动计划三项重点工作，20处城镇普通中小学大班额建设项目、16处农村中小学幼儿园建设项目顺利推进。拥有各级各类学校494所，专任教师15259人，城乡教师交流轮岗320人，在校学生26.30万人。初中入学率100%，义务教育巩固率达99.1%，学龄前儿童入园率88%。

表 3：全市各级各类学校、幼儿园情况

	学校数（所）	在校学生数（人）	毕业生数（人）	招生数（人）	专任教师数（人）
一、高、中等学校	2	20523	8846	7489	876
二、中等职业教育	5	13253	3756	4508	698
三、基础教育	486	229082	55060	60643	13644
普通高中	10	30999	10123	10611	2263
普通初中	37	44713	15352	16188	3811
普通小学	209	117242	16045	23217	6486
学前教育	230	36128	13540	10627	1084
四、特殊教育学校	1	95	5	8	41

【文化、广播电视、卫生和体育】 文化广电出版事业长足发展。全市拥有艺术表演团体 68 个，全年开展文化活动 360 余场次。21 个镇街综合文化服务中心全部建成；开展 68 家孔子学堂与农家书屋试点共建。成功举办首届滕州书展。柳琴戏《父女赶船》入选中宣部、文化部第一次主办的“全国基层院团戏曲会演”；舞蹈《铁道游击队》获得全省泰山奖一等奖；青年演员马安林荣获第三届中国戏曲（黄河流域）红梅大赛决赛金奖。全市广播综合人口覆盖率 96.85%，电视综合人口覆盖率 92.1%，有线数字电视节目发展到 120 套，有线数字电视用户 18.6 万户，无线数字电视传送 16 套电视节目，覆盖境内 85% 人口。《滕州日报》订阅达到 8000 户，发行量达到 2.5 万份。

文化资源保护与传承得到加强。实施薛国故城城墙保护二期工程、北辛遗址保护与整治工程、官桥村南汉墓群等 16 项重点文保项目；组织开展大韩村遗址、庄里水库等重点工程考古勘探发掘。全年成功申报国家、省、枣庄市级文保项目 8 个，争取专项补助资金 1300 余万元。柳琴戏传承人王艳玲、生氏正骨术传承人生继广等 2 人入选第四批省级非物质文化遗产代表性传承人。

卫生事业持续健康发展。全市医疗卫生机构达到 1020 家，其中：医院 28 家，卫生院 17 家，社区卫生服务机构 47 家，公共卫生机构 5 家，村卫生室、诊所（门诊部）等其他医疗卫生机构 923 家。医疗卫生机构实有床位数 8588 张，其中医院床位数 6592 张。卫生从业人员 12434 人，其中：执业医师 3130 人，执业助理医师 574 人，注册护士 4272 人，其他卫生技术人员 3093 人，其他人员 1365 人。

全民体育健身更加普及。投资 1.5 亿元的游泳馆主体工程完成。全年承办省级以上赛事赛会 7 项，举办全市性群众体育比赛活动 60 余次。竞技体育再创佳绩，在国际赛场上共夺得 3 金 2

银1铜。在国家级赛场上共取得11金10银11铜。其中，在第十三届全国运动会中，共获得5金1银2铜，创历史最好成绩。加快发展体育产业，全市正常开展活动的体育协会27个，体育俱乐部发展到85家，社会体育指导员发展到4229人，健身活动站点达到1369处。体育彩票站点达196家，全年体育彩票销售额3.18亿元。

【城乡建设】 城市承载能力进一步增强。城区规划面积达70平方公里。城市道路586.27公里，城区绿化覆盖面积20.82平方公里。全年开工城市建设项目余130个，完成投资约115亿元。新建改建道路32条，总里程约120余公里。实施了10条城区背街小巷升级改造工程，完成背街小巷整治余3.6公里。高标准实施清水湾公园等城市绿化项目，全年新增绿化面积4万平方米。积极推进城区供热设施及城区北线高温热水复线管网建设工程，新建、改造天然气管网90公里，燃气普及率达到99.9%。新建城区供水管网25.6公里，改造老旧管网3.4公里，城市自来水供水能力14万立方米/日，年供水总量5011万立方米。全年处理污水6651万吨，污水处理率达到96.18%。

高铁新区建设成效显著。上善大道综合管廊续建工程完成主体建设，南水北调调蓄水库（墨子湖）完成土方开挖和护砌，墨子湖隧道及引道工程完成湖区段600米主体施工；山东化工技师学院新校区一期启动使用，六合社区及配套学校、幼儿园、卫生院全面开工；凤凰乐园一期建成运营、二期积极推进，光大国际能源发电项目建成运营，奥特莱斯购物小镇一期主体完成。绿城•明月江南综合开发、北大附属滕州实验学校、滕州科技职业高中新校区等项目落地实施。高铁新区被评为山东省绿色生态示范城区。

【环境保护、安全生产和气象、地震】 水环境质量保持稳定。围绕“治、用、保”主线，坚持系统施策、多措并举，大力推进水污染防治工作，3条国控河流断面水质基本达到地表水III类要求。

空气环境质量持续改善。城市环境空气中二氧化硫、二氧化氮、PM2.5、PM10浓度分别为36微克/立方米、34微克/立方米、72微克/立方米、123微克/立方米，分别比上年改善2.7%、8.1%、5.38%、7.69%，全年空气优良天数达到219天，比上年增加6天。

环境执法监管不断强化。全年累计出动执法人员4600余人次，检查企业1300余家次，立案266件，依法移送拘留33件，移交环境犯罪案件3件。

生态文明建设成效明显。全年完成无害化卫生厕所改造6.9万户。累计创建国家级生态镇7个，创建省级生态镇11个，枣庄市级生态镇7个，枣庄市级生态村93个。

用电量平稳增长。全社会用电量64.59亿千瓦时，比上年增长3.4%，其中，工业用电量47.37亿千瓦时，比上年增长1.8%。滕州供电公司售电量28.58亿千瓦时，比上年增长6.8%，其中，农业生产用电1.02亿千瓦时，比上年下降8%；一般工商业用电7.73亿千瓦时，比上年增长10.6%；居民生活用电8.35亿千瓦时，比上年增长10%。

安全生产形势平稳。全年发生各类生产安全事故58起，比上年下降12.12%；死亡17人，其中交通事故死亡13人。

气象地震服务能力增强。全市拥有区域自动气象站21个，其中4个为六要素自动站。全年平均气温15.3℃，极端最高气温37.5℃，极端最低气温-8.7℃。年降水量810.9毫米，较常年偏多115.9毫米。年日照时数为2305.3小时，比常年偏多34.7小时。全年地震科普馆共培训学生和群众10万余名，组织全市300余万人次开展防震减灾应急疏散演练活动。

【人口、居民生活和社会保障】 人口保持低速增长。年末全市户籍总户数51.82万户，总人口173.17万人，其中城镇人口83.91万人。总人口中，男性91.69万人，女性81.48万人。全面两孩政策平稳实施。人口出生率20.38‰，死亡率6.90‰，自然增长率13.48‰。

城镇化水平继续提升。全市常住人口167.85万人，常住人口城镇化率达60.32%，比上年提高2.26个百分点。

表4：全市户籍人口数及其构成

指　标	年末数（人）	比重（%）
全市总人口	1731615	100
其中：城镇	839052	48.45
乡村	892563	51.55
其中：男性	916851	52.95
女性	814764	47.05
其中：0—17岁	356000	20.56
18—34岁	449487	25.96
35—59岁	608853	35.16
60周岁及以上	317275	18.32

居民收入稳步提高。全市居民人均可支配收入25028元，比上年增长8.9%。其中，城镇居民人均可支配收入33116元，比上年增长7.9%；农村居民人均可支配收入15229元，比上年增长8.7%。

社会保障日益完善。全年实现企业养老保险扩面8017人，征缴城镇职工社保费23亿元，征缴居民养老保险和居民医疗保险分别为1.78亿元、1.92亿元。全年拨付居民养老、医疗保险等各类社保待遇40余亿元，其中拨付居民、职工医保待遇分别为9.59亿元、4.77亿元。

社会福利事业稳步推进。年末全市各类社会养老服务机构18个，拥有床位3609张，入住人数1309人。最低生活保障救济32275户、45621人，其中城市3146户、6662人，农村29129户、38959人，全年发放最低生活保障金12813.4万元。农村五保供养7212人，全年发放供养金3199.9万元。接受社会捐赠2300万元。全市福利彩票网点174个，福利彩票销售额2.28亿元。

脱贫攻坚步伐加快。全年财政专项扶贫资金998.2万元，实施产业项目18个。全市共安排财政专项金融扶贫资金788.5万元，发放小额扶贫信贷3668.1万元，其中富民农户贷90.1万元，富民生产贷3578万元。1303名贫困人口得到稳定脱贫，圆满完成年度脱贫任务。

（市统计局）

市级机构及领导人

中共滕州市委员会

书　记　邵士官

副书记　刘文强

　　　　刘　光（女，2017年1月任职）

常　委　邵士官

　　　　刘文强

　　　　刘　光（女）

　　　　宗大全（2017年1月离任）

　　　　崔士永（2017年9月离任）

　　　　丁　伟（2017年1月离任）

　　　　刘　涛

　　　　张　奇（2017年12月离任）

　　　　高　淦（2017年12月任职）

　　　　高　鹏

　　　　贾建军（挂职，2017年4月离任）

　　　　朱晏辰（2017年1月任职）

　　　　邹美帅（挂职）

　　　　薛登峰（2017年1月任职）

　　　　马　峰（2017年1月任职）

　　　　丁思清（2017年3月任职，挂职）

　　　　王次青（2017年4月任职，挂职）

滕州市人民代表大会常务委员会

主　任　杨位明（2017年1月离任）

　　　　李　健（2017年1月任职）

副主任　姜繁茂

　　　　倪建刚（2017年1月离任）

　　　　李广宪

　　　　柴春国

　　　　刘　茜（女，2017年1月任职）

　　　　郭传伟（2017年1月任职）

滕州市人民政府

市　长　刘文强（2017年1月任职）

副市长　宗大全（2017年1月离任）

　　　　刘　涛

　　　　朱晏辰（2017年1月离任）

　　　　邹美帅（挂职）

　　　　薛登峰（2017年1月离任）

　　　　苏学锋

　　　　梁龙雨（2017年1月任职）

　　　　李洪波（挂职）

　　　　刘　新（2017年1月任职）

　　　　康凤霞（女，2017年1月任职）

　　　　王　希（女，2017年10月任职，挂职）

中国人民政治协商会议滕州市委员会

主　席　李　健（2017 年 1 月离任）
　　　　宗大全（2017 年 1 月任职）
副主席　李怀兴（2017 年 1 月离任）
　　　　刘　茜（女，2017 年 1 月离任）
　　　　孙士泉
　　　　杜孝玺
　　　　乔令梅（女）
　　　　高广胜
　　　　李　军（2017 年 1 月任职）
　　　　李培永（2017 年 1 月任职）

中共滕州市纪律检查委员会

书　记　张　奇（2017 年 12 月离任）
　　　　高　淦（2017 年 12 月任职）

滕州市人民武装部

部　长　韩昌军
政　委　崔士永

（朱贺/摄）

政党 政务

Political Parties Government Affairs

责任编辑：徐承伟

中国共产党滕州市委员会

【综述】 2017年，滕州市委突出实干兴业、发展富民，着力推动工业经济、城市经济、农业经济、民生经济、生态经济转型发展，努力推进全面建设小康社会和全面从严治党，加快建设宜居宜业富裕美丽文明新滕州。

一、全面加强党的建设。一是压实管党治党责任。加强班子、干部、工作机制和制度建设，完善市委常委会总揽全局的科学工作机制，每周一召开四大班子书记碰头会，增强凝聚力、执行力。建立全面从严治党主体责任约谈制度，由县级干部带队，分19个组对全市132个党委（党组）主要负责人进行集中约谈，对全市21个镇街和部分市直部门全面从严治党主体责任落实情况开展检查，督促整改问题198个，推动“两个责任”在各级党组织落地生根。二是深化思想政治建设。推进“两学一做”学习教育常态化制度化，市委理论中心组开展专题学习24次、集体研讨4次，开展“振奋精神、抢抓机遇、加快发展”大讨论，党员干部牢固树立“四个意识”。千名干部下基层活动受到群众欢迎，宣讲十九大精神被中央电视台《新闻联播》《焦点访谈》和《光明日报》专门报道。三是加强干部队伍建设。牢牢把握“20字”好干部标准，严肃换届纪律，圆满完成换届工作。坚持政治标准，注重一线考察干部，严格选拔程序，树立正确选人用人导向。加强教育培训，全年举办主体班16期、专题班24期、滕州大讲堂2期，累计培训党员干部1.4万余人次，全面提升党员干部的政治素质、专业素养、境界胸怀、工作能力。四是加强基层组织建设。开展基层党建“基础工作提升行动”，完成城市社区服务用房改造75个、村级服务阵地120个。抓好基层组织薄弱村帮扶转化，整顿转化软弱涣散党组织63个。推进103家国有企业把党建工作写入公司章程，中组部在山东召开国有企业党建工作座谈会，滕州市作典型发言。成立在京流动党委，加强流动党员管理服务。深化村级班子“四定双诺三挂钩”目标管理，党组织换届全面完成。五是加强党风廉政建设。成立市委巡察机构，对28个单位开展巡察监督。驰而不息纠正“四风”，践行监督执纪“四种形态”，抓早抓小抓苗头，发挥党的纪律在管党治党中的根本性作用。始终保持反腐败工作高压态势，从严从快查处违纪违法问题，廉政专题片《铁面御史王东槐》在中纪委、省纪委网站展播，党员干部的纪律规矩意识全面加强，形成实干为民、一心向党的良好政治生态。

二、狠抓经济高质量发展。全市GDP实现1150.4亿元，增长6.5%；一般公共预算收入完成70.36亿元，收入质量和结构实现历史性突破；固定资产投资完成667亿元，增长7.7%；社会消费品零售总额达到446.2亿元，增长10.3%；城镇居民、农村居民人均可支配收入分别增长7.9%、8.7%。一是突出新旧动能转换，全力推进经济转型创新发展。坚持工作项目化，实施重点项目269个，当年竣工128个。工业经济发展势头强劲。新招引开工项目192个，中材锂膜、北玻院科技成果孵化基地、富源热电等一批大项目落地建设。实施投资过千万元技改项目170个，完成投资52亿元，20个项目被列入省技改导向目录；新发展规模以上工业企业39家，国家级高新技术企业发展到57家，引进国家"千人计划"专家13人，成立"千人计划"高新技术产业研究院，中科院化工新材料科技成果转化及产业化基地建设顺利推进。滕州被评为国家新型工业示范基地、全国中小机床产业知名品牌创建示范区。对外开放力度逐步加大，完成进出口总额32亿元，增长20.2%；实际利用外资3370万美元，超额完成年度任务。联泓、腾达等企业主板上市工作全面展开，耀国光热赴澳大利亚上市签订协议，吉田香料成功在新三板挂牌。城市经济繁荣活跃。开工城建项目130个，完成投资115亿元。滕州新港等重点交通工程快速推进，14个棚改项目进展顺利。商贸服务业繁荣活跃，居然之家、大润发超市、万禧市民服务中心、金源装饰大世界等12个服务业项目建成运营。新兴服务业不断壮大，新发展电商企业100家，阿里巴巴农村淘宝滕州服务中心启用，被评为省级电子商务示范县。第十四届微山湖湿地红荷节、第三届鲁班文化节、首届"滕州书展"成功举办，10家企业入选省重点文化产业项目库。西岗镇被列入省"新生小城市"试点，被评为全国新材料产业特色小镇；滨湖镇被评为省级湿地特色小镇，鲍沟镇被评为省级工艺玻璃特色小镇。农业生态经济稳步发展。国家现代农业示范区建设位列全国十强，"滕州马铃薯"被评为2017全国百强农产品区域公用品牌，龙阳萝卜获国家地理标志认证，滕州被评为全国主要农作物生产全程机械化示范县、全国渔业健康养殖示范县、省休闲农业与乡村旅游示范县、省生态循环农业示范县。美丽乡村建设成效明显，枣庄市现场会在滕州召开。组织推进"四绿"工程、创建国家森林城市、工业绿动力取得明显成效，微山湖湿地红荷公园创建5A级景区进入景观质量评审阶段，获评中国十大生态旅游景区。滕州被评为中国最美文化生态旅游城市。二是突出聚力攻坚，着力营造良好社会环境。聚力脱贫攻坚。实施入户精准核查，落实财政扶贫资金1845.2万元，实施产业项目30个，546户、1298人稳定脱贫，滕州被确定为全省金融扶贫试点县。聚力生态环保。落实中央环保督察要求，整改突出问题117件，全年空气优良天数达到219天，同比增加6天；认真落实"河长制"，开展清河行动，清理河道50余公里，主要河流出境断面水质达到三类标准；加大生态修复力度，完成666.67公顷采煤塌陷地治理和16个破损山体修复。聚力风险防控。加强金融风险监测预警和应对处置，有效防范系统性、区域性风险发生。聚力安全生产。建立完善五级网格体系，加快推进化工产业安全生产转型升级，鲁南高科化工园、大坞生物医药产业园通过枣庄验收，滕州被评为全国安全生产先进县。聚力社会稳定。做深做细群众工作，推进平安建设，为党的十九大胜利召开营造安定和谐的社会环境。聚力创建国家卫生城市。投资5亿元实施城市基础设施大提升工程，更新改造城区主次干道、背街小巷、老旧小区道路200余公里，干部群众踊跃投入创建，一举创成国家卫生城市。三是突出发展民生经济，着力增强群众获得感。努力增加群众收入。实现城镇新增和农村劳动力转移4.6万人，滕州被列入全国农民工等人员返乡创业试点。着力优化服务供给。完成解决城区大班额项目11处、农村学校“全面改薄”工程45处；新建改建公办幼儿园11处。公立医院综合改革深入推进，计生服务水平持续提升。新建社会养老服务机构2家、农村幸福院12家。全年承办省级以上赛事7项，全民健身中心游泳馆主体工程完工，滕州被评为全国群众体育先进单位。建成基层文化服务中心400个，农家书屋实现村（居）全覆盖。实施16处文物保护展示修缮工程，新博物馆建设和墨子纪念馆、墨砚馆升级改造顺利推进，滕州被评为山东省民间文化艺术之乡。加强和创新社会治理。治安案件、刑事案件、可防性案件发案数同比大幅下降，群众安全感进一步增强。群众信访办理成效明显，社会安定和谐程度明显提高。网民素质不断提升，网上正能量显著增加，社会更加和谐安定，滕州被评为全国平安建设先进市。

三、全面深化重点领域改革。先后出台改革文件28个，5项改革作为典型案例上报省委改革办，其中3项上报中央改革办。一是创新实行招商、项目、园区“三合一”推进机制改革。研究出台《关于进一步加强招商引资重点项目及园区建设工作的意见》，探索实施“工业地产筑巢、创新基地孵化、项目园区集聚、产业链条拓展”新模式。加快推进开发区体制机制改革，建立项目统筹、利益分享、税收分成机制，大力发展“飞地经济”，引导镇街、经济主管部门向开发区引项目。成立工业资产运营公司，加快工业小镇建设，每年为每个镇街建设一处标准厂区，实现招引的先进制造项目直接入驻、生产运营。截至2017年年底，滕州经济开发区入驻规模以上工业企业达到400余家，在全省131家省级经济开发区中列第3位，晋升国家级开发区进入最后审批阶段。二是创新实行以党建引领推动群团改革发展。坚持党建引领，党群共建，出台“1+4”群团改革方案，整合党政群资源，较好解决基层组织缺人、缺钱、缺阵地等难题，走出一条党建引领、群团共建、科普助力的党群阵地建设新路子，党建带群建工作在中央群团改革工作座谈会上作专题汇报。三是创新推进农村集体产权制度改革。国家农村改革试验区建设不断深化，滕州被确定为省级农村集体产权制度改革试点县。开展农村集体产权制度改革，探索推行“1368”工作法，即：一个“双增”目标、三类改革模式、六项改革步骤、八种集体经济发展路径，截至2017年年底，全市有254个村完成改革任务。开展农业经营体系建设改革，培育新型经营主体，对10大规范专业合作社、10大规范家庭农场进行授牌。开展农村产权流转交易，拓宽产权交易范围。开展农村土地承包经营权确权登记颁证试点，完成省级农村土地承包经营权确权登记颁证数据汇交工作。顺利通过全国供销社综合改革试点验收，成功承办全省供销合作社深化改革现场推进会，全省供销社深化改革培训教育基地落户滕州。

（市委政研室）

组织工作

【思想政治建设】 一是深入学习宣传贯彻党的十九大精神。分5期对1700余名科级干部、党代表进行集中轮训，市委书记作开班首讲，省委党校、枣庄市委党校专家专题辅导。坚持全覆盖，借助领导干部讲党课、干部下基层大宣讲、主题党日集中学习等方式，分领域、分层次、分类别组织开展学习，推动党的十九大精神进企业、进农村、进机关、进校园、进社区。央视《新闻联播》《焦点访谈》和《光明日报》先后进行报道。二是全力提升党员干部素质能力。全年举办“科级干部全轮训”“千名支书进党校”等主体班16期，开设招商引资和重点项目建设、创新驱动等专题培训24期，举办滕州大讲堂2期，累计培训党员干部1.4万余人次。探索“课堂讲授+现场教学+专题研讨”培训模式，打造基层党建、创新驱动等6个领域、50余个现场教学点。分别以“寻路”和“不忘初心，牢记使命”为主题，挖掘微山湖“红色资源”和马河水库建设历史，建设滕州党员干部党性教育基地和“龙湖精神”党员干部教育基地，打造具有滕州特色的党性教育品牌，滕州市被省委党校确定为教研基地。三是推进“两学一做”学习教育常态化制度化。坚持以上率下带动、严督实导推动，制定“1+6”系列文件，编印下发《党支部组织生活实用手册》，严格落实主题党日、“三会一课”等制度，持续烧旺组织生活“大熔炉”。深化“千百十”评选机制，组织全市3000余名基层党支部书记“亮诺践诺”，压实责任，推动各项工作落实落地；部署开展评选百个示范党支部和百名党员示范标兵，以点上先进带动面上提升；实施十佳基层党建突破项目、十佳组织工作创新项目和十佳典型支部工作法创建，培育党支部特色品牌，破解基层党建难题，激发党建内生动力。

【干部队伍建设】 一是圆满完成领导班子换届工作。精心做好县乡换届组织工作，确保换届圆满顺利、风清气正，选出好班子、描绘好蓝图、形成好风气，并持续深化，贯穿全年，统一思想，明确目标，凝心聚力，真抓实干。二是一线考察锻炼干部。坚持在市委市政府重大决策落实中考察干部，在重大项目、重大民生工程实施中锻炼干部，在处理急难险重问题中识别干部，在安全生产、创卫等中心工作中，考察干部作风表现、能力素质、境界格局。突出因事择人、优势互补、配强配顺，对部分市直单位急需岗位干部进行调整充实。选派8名干部到北京挂职招商，启动开展选派市直机关干部到镇街挂职锻炼工作。开展“千名干部下基层社情民意大调研活动”，选派1269名责任心强、善做群众工作的市直机关干部驻村蹲点，抓班子带队伍，解决基层难题，活动获评2017年全市“加快发展看滕州”十件实事第1名。三是持续提升干部作风。牵头制定干部作风建设意见，重点整治管党治党不严、纪律观念淡薄等5个方面、26项突出问题。建立干部履职情况负面台账，针对信访维稳、创卫、扶贫、环保等中心工作，深入一线明察暗访，夯实责任，推进工作。运用“四种形态”，加大约谈提醒力度，及时咬耳扯袖，推动干部履职尽责，有力推动中心工作落实。

【基层组织建设】 一是推进村

级班子建设。深化村级班子“四定双诺三挂钩”任期目标管理，累计完成为民服务事项1.36万件。实施村级班子优化提升工程，整顿转化软弱涣散党组织63个。加强分析研判，精心制定方案，夯实责任，严肃纪律，村和城市社区“两委”换届选举工作规范有序。二是全面加强党员队伍建设。探索建立“四项制度、一个平台”制度体系，全年新发展党员855人，新增入党积极分子1335人。成立滕州市在京流动人员党委，解决流动党员管理难、参加组织生活难的问题。做好“灯塔—党建在线”试运行工作，精心组织党员集中培训，累计举办集中培训班112期，培训党员38678人。三是推动城市基层党建融合共建。将四个街道改设为党工委，成立街道和滕州经济开发区综合党委，调整“两新”组织党建工作体系，深化社区大党委建设，采取试点先行、以点带面，积极推进社会组织、商圈等新领域党建工作，“两个覆盖”不断扩大。探索党建带群建促社建工作新机制，推进力量下沉、资源统筹，突出抓好党群活动阵地建设，构建多元城市基层服务体系。全市党建带群建经验在中央群团改革工作座谈会上推广，枣庄市城市基层党建经验交流会、枣庄市直机关党建品牌建设现场会先后在滕州召开。着眼把方向、管大局、保落实，结合国企改革推进国企党建工作，103家国有企业将党建工作要求写入公司章程，进一步加强党对国有企业改革发展的领导。四是夯实基层党建工作基础。突出问题导向，针对政治巡察和党建督导发现的问题，举一反三，实施基层党建基础工作“百日提升行动”，夯实责任，打牢基础，提升全市党建工作整体水平。坚持人往基层走、钱往基层投、政策向基层倾斜，74名优秀机关干部到农村担任第一书记，抓党建促脱贫攻坚；大幅提升村级运转保障水平和村书记补贴待遇，加快推进村级集体经济发展，全市集体收入10万元以上的村达到322个；完成城市社区服务用房建设改造项目75个、村级服务阵地改造项目120个，推动各种资源要素力量向基层集聚，构建“一刻钟党群服务圈”。

2017年12月15日，全市村和城市社区“两委”换届选举工作动员部署暨骨干培训会议召开

【人才工作】 一是强化人才团队建设。引进包括13名国家“千人计划”专家在内的科研团队42个。枣庄、滕州两级市政府与7名国家“千人计划”专家签约，共同建设千人专家高新技术产业研究院（有限公司）。引进5名国家“千人计划”专家团队，投资建设ECP工艺模块制造等设备国产化项目。二是加强产学研平台建设。深化与中科院、清华、浙大、北航、北理工、齐鲁工业

大学等科研院所合作，全市省级以上产学研平台达141个，院士工作站达8家，一大批高新技术成果顺利转化并产业化，为全市经济转型发展提供强大动能。发挥双创中心科研优势，引入科研团队6家，孵化高新技术企业11家，实现产业化项目7个，双创中心入选全省首批创新创业公共服务示范平台。三是创新人才工作机制体制。健全市级领导联系服务高层次人才机制，建立人才工作重要事项报告制度，进一步优化人才发展生态环境。推进重点人才工程实施，新增“泰山产业领军人才”等省级以上人才工程16人、枣庄市人才工程20人，2家公司入选首批山东省引才工作重点支持企业。

2017年7月1日，“千人计划”枣庄（滕州）高新技术产业研究院（有限公司）签约仪式举行

【科学发展综合考核】 一是优化综合考核体系。聚焦深化供给侧结构性改革、新旧动能转换、党建等中心工作和扶贫、安全、环保、教育等重要民生事业，精简优化指标体系，做到中心工作和重点任务“全覆盖、高权重”。突出“三合一”工作要求，设置招商引资、重点项目和园区建设核心指标，细化镇街、部门考核指标，确保全市上下贴着中心走、围绕中心做。二是增强平时考核“话语权”。加大过程管理，对核心指标开展实地督导考核，切实把功夫用在平时，把情况掌握在平时，把问题解决在平时。建立县级领导招商月调度、季通报机制，对镇街、部门上报的175个开工建设项目进行实地调研考核，县级领导主导推动签约项目120余个。三是深化亮牌警示制度。分解落实上级考核指标，逐条明确到责任部门、细化分解到镇街，压实各级责任。加大指标监测调度力度，督促薄弱指标迎难赶上，确保全市各项工作争先进位。

（市委组织部）

宣传工作

【理论教育】 一是强化理论学习。研究制定《贯彻〈中国共产党党委（党组）理论学习中心组学习规则〉实施细则》，市委理论学习中心组开展集中学习19次，各级党委（党组）理论学习中心组开展学习研讨400余次。牵头组织“振奋精神、抢抓机遇、加快发展”大讨论、“加快发展看滕州”重点工作优秀项目评选成果展示暨颁奖大会等活动，组织各镇街、各单位抓好学习。二是深化理论宣讲。党的十九大召开后，坚持精准确定宣讲队伍、精准确定宣讲内容、精准确定宣讲方式，组织各级干部赴镇街、下基层精准宣讲十九大精神，央视《新闻联播》《焦点访谈》及《光明日报》等媒体集中报道滕州宣讲经验。组织开展“理论政策进万家”“中国梦·党

2017年11月14日，全市学习贯彻党的十九大精神报告会举行

在心中”百姓宣讲等活动，全市共举办各类报告会400余场次。三是拓展理论研究。成功召开滕州市社会科学界联合会成立暨第一次代表大会，7个应用研究课题被枣庄市社科联立项，14人入选枣庄市社科优秀成果奖评委库，鲁班纪念馆被评为省级社科普及教育基地，滕州市获评山东省社会科学普及示范县（市、区）。开展全市青少年思想道德动态、企业文化建设、“书香滕州”建设等专题调研。

【舆论引导】 一是组织重大主题宣传。组织市直新闻媒体统一开设“全面贯彻落实党的十九大精神”“加快发展看滕州”“创城在行动”等专题专栏27个。二是扩大对上对外报道。邀请接待中央电视台、新华社、经济日报社、大众日报社、山东电视台等主流媒体采访410余人次，在省级以上新闻媒体刊（播）发稿件1200余篇（条），央视《新闻联播》《焦点访谈》《朝闻天下》《道德观察》等栏目多次报道滕州市工作。三是规范新闻发布工作。制定《关于建立健全信息发布和政策解读机制的实施意见》，下发《突发事件新闻发布应急预案》，调整全市110名新闻发言人，组织召开市级新闻发布会3场。

【网络宣传】 一是健全工作机制。形成“建立引导平台、构建反应机制、畅通传报渠道三位一体”网格化网络舆论管控工作法，制定《滕州市党委（党组）网络意识形态工作责任制实施细则》。二是加大正面宣传。策划组织网络主题宣传，通过山东手机报滕州版推送宣传简讯2400余条，在枣庄市级及以上网络媒体刊发新闻稿件3000余篇（条），全市各级共发布、推送各类正面新闻信息6.6万余条。三是拓宽宣传渠道。深入研究网络传播特点和规律，加强与知名“两微一端”沟通联系，对全市微信公众账号进行登记备案，指导各镇街、各部门建好用好政务微博、微信、头条号等新媒体。

【精神文明创建】 一是深入推进社会主义核心价值观建设。建成核心价值观主题公园（广场）26处，在枣庄市率先完成市区和镇街全覆盖，制作大型雕塑30余个、宣传展牌5000余块，开展社会主义核心价值观主题微电影优秀作品展播、组歌传唱等活动。二是深化提升四德工程建设。顺利通过复查测评，继续保持山东省“四德工程”建设示范县（市、区）称号，索建民被评为“全国岗位学雷锋标兵”、山东省善行义举四德榜“榜上有名”金榜人物，滕州供电部职工李强荣获“齐鲁最美职工”称号，华电滕州新源热电有限公司成立全国首家国有企业道德委员会。充分挖掘凡人善举，评选表彰2016年度“最美滕州人”，全年入选中国好人1人、山东好人17人、枣庄好人25人，6人入选《中国好人传（2016年卷）》。深化“厚道鲁商”倡树行动三级联创工作，滕州市城市建设综合开发公司入选省级“厚道鲁商”形象榜上榜企业。开展“鲁班杯”首届“滕州工匠”评选活动，36人获评“滕州工匠”。三是深化拓展群众性精神文明创建活动。实施创城“八大行动”，统筹推进文明村镇、文明单位、文明社区、文明校园、文明家庭等各领域、各层次创建活动，孙景泉等3个家庭荣获全省文明家庭称号。联合市关工委、市教育局、团市委等单位开展“我们的节日”、国学小名士经典诵读等活动。实施新一轮乡村文明行动，启动“移风易俗百村（居）示范工程”，西岗镇东王庄村被评为全国文明村，张汪镇大宗村等3个村被评为省级文明村，姜屯镇李楼村等2个村被确定为省级“乡村文明家园”建设示范村。

【文化发展】 一是打造特色文化品牌。成功创建第三届山东省文化强省建设先进县（市、区），滕州市被评为山东省民间文化艺术（书画）之乡。举办首届滕州书展，为全国首个县级城市主办的书展，260余家单位踊跃参展，组织各类主题活动35场，累计观展人数超过12万人次，山东卫视等6个省级电视频道及新华网、大众日报社、齐鲁晚报社等各级主流媒体报道书展盛况，“首届滕州书展”成为百度“热词”，相关信息接近20万条，入选枣庄市宣传思想工作“十佳创新项目”，工作经验在全省推广并上报中央文改办。开展“倡导全民阅读，建设书香滕州”活动，评选表彰“100名滕州藏书家”“100名滕州优秀阅读者”“100篇优秀读书心得”“100本滕州市民最喜爱的书籍”。牵头组织红荷节、鲁班文化节、滕州青岛啤酒节等活动，举办春节文艺晚会、全市第二届舞蹈大赛、首届滕州动漫文化艺术节等大型文化活动20余场次。二是提升文化服务效能。新博物馆建设顺利推进，王学仲艺术馆西馆、滕州剧院、善国北路新华书店完成改造升级，6个镇街、240个村（居）综合性文化服务中心建设加快实施，68家孔子学堂与农家书屋共建试点工作全面完成。三是加快发展文化产业。组织部分文化企业参加日本大阪“孔子家乡山东文化贸易展”、深圳文博会。山东华瀚轻工业品有限公司等10家企业入选省重点文化产业项目库。四是组织创作文艺精品。柳琴小戏《父女赶船》入选全国基层院团戏曲会演剧目并晋京演出，大型柳琴戏《八姐传奇》以总分第一名入选山东“地方戏振兴与京剧保护扶持工程”2017年度项目，马安林荣获第三届中国戏曲（黄河流域）红梅大赛决赛金奖，7部作品荣获第二届枣庄市“榴花文艺奖”。五是加大文物保护力度。加快实施薛国故城城墙保护二期、北辛遗址保护与整治、

2017年9月29日，首届滕州书展盛大开幕

官桥村南汉墓群等11项重点文保项目，举办“古薛国历史文化展”“汉人之魂—中国滕州汉画像石拓片展”等活动。

（市委宣传部）

统战工作

【加强统战领导】 市委将统一战线工作纳入重要议事日程，调整充实市委统一战线工作领导小组成员，听取统战工作汇报，市委常委会专题研究统一战线工作4次。

【多党合作】 一是加强思想政治引领。引导民主党派成员和无党派人士学习中共十九大精神和习近平新时代中国特色社会主义思想，增强“四个意识”，维护以习近平同志为核心的党中央权威。加强爱国主义和多党合作历史教育，开展“不忘合作初心，继续携手前进”专题教育，组织民主党派开展“观故居走红色路”活动，引导民主党派成员继承老一辈民主人士的优良传统，深化多党合作政治共识。二是探索用“同心”品牌统领引导各民主党派活动，逐步将社会服务、公益活动系统化、规范化，建立同心培训、科技服务等“同心服务基地”，打造服务社会的新品牌。民革“博爱·牵手”“法律援助”、民盟“烛光行动”“民盟滕州总支讲师团”、民建“思源助学工程”“视力保健校园行”、农工党“春雨行动”“国际科学与和平周活动”、九三学社“科技帮扶”“幼儿园义务查体”等分别都成为各民主党派的品牌活动。同时与市林业局等有关部门对接，做好枣庄统一战线“同心林”的选址、规划和建设工作，打造统一战线成员接受同心教育的新阵地。8月，枣庄统一战线同心林建设启动仪式举行，开展雨季植树活动，300余名党外人士和统战干部共栽植树木2000余株。全国政协副主席、农工党中央常务副主席刘晓峰等人到同心林参加义务植树活动。三是支持民主党派加强自身建设。对5个民主党派基层组织活动阵地建设进行整体规划，坚持“一家一品”，各民主党派均建设高标准活动阵地，解决民主党派“活动场所无定所、组织生活打游击”问题，增强民主党派成员归属感，扩大统战工作覆盖面。8月，枣庄市支持民主党派加强自身建设现场会在滕州市召开。

2017年8月4日，民主党派加强自身建设现场会在滕州召开，与会人员视察农工党滕州总支党员之家活动室

【民主协商】 一是加强民主政治协商，全年共召开针对创建国家卫生城市、美丽乡村建设、招商引资等热点难点问题的协商会、座谈会、通报会16次，其中由市委主要领导主持召开的有4次，由市委其他领导主持召开的有11次。市委、市政府主要领导高度重视统战工作，市委书

记邵士官对《关于提升全市城乡环卫一体化工作的调研报告》等议政建言成果作出批示3次，市长刘文强对《滕州市基层矛盾化解调研报告》等议政建言成果作出批示5次。二是搭建协商议政平台。坚持和完善情况通报、信息提供、对口联系、联谊交友、特约人员等各项制度，为民主党派和无党派人士履行民主协商、参政议政、民主监督职能提供条件。推动对口联系制度和特约人员制度落实，28个政府部门与民主党派、工商联和无党派人士建立对口联系关系，检察、教育、监察、国土资源、审计、国税、地税等7个部门全部完成特约人员聘任工作，聘任各类特约人员40名。

【“两新组织”统战工作】 一是加强组织领导，完善工作机制。明确一名副部长负责新的社会阶层人士统战工作，建立与宣传、网信、公安部门和重点新媒体企业沟通机制，召开新社会阶层人士座谈会，听取新的社会阶层人士统战工作情况汇报和意见建议。二是开展新的社会阶层人士调查摸底工作，初步建立70人的新的社会阶层人士信息库，加强新的社会阶层人士日常教育和管理工作。开展“两新组织”统战工作试点，在新社会阶层人士较为集中的山东鑫迪门业有限公司等企业打造党建工作和新社会阶层工作示范点。做好代表性人士的发现培养和政治安排工作，搭建民主监督和参政议政平台，6名新的社会阶层代表人士被聘任为特约人员。在枣庄市新的社会阶层人士统战工作会议上，滕州市作典型发言。

【民族宗教工作】 一是推动少数民族经济社会发展。争取上级少数民族发展资金，推进少数民族实施发展项目。培植清真食品生产、清真餐饮、规模养殖等民族特色产业，进一步规范清真食品服务管理，组织开展对清真食品生产企业、市场商户、学校清真灶大检查。二是加强民族宗教规范管理。广泛开展和谐宗教活动场所创建、宗教法规宣传月、民族团结进步“六进”活动、“教风年”、慈善周等系列主题活动，指导各宗教团体在信教群众之中开展弘扬社会主义核心价值观教育，帮助指导宗教团体、宗教活动场所完善财务、消防安全、食品卫生等规章制度，规范宗教团体和宗教活动场所日常管理。依法整治非法宗教活动场所、基督教“团契”、私设功德箱、宗教造像、各类庙会，打击非法宗教，净化宗教环境，有力保障信教群众的合法权益。认真落实民族宗教领域安全责任制，完善矛盾排查、信息预警、责任追究等工作机制，与相关镇街、各宗教团体和宗教活动场所逐级签订安全责任书。依法并妥善处理涉及民族宗教因素的矛盾纠纷，维护全市民族宗教领域的和谐稳定。

【服务非公有制经济发展】 一是制定出台《关于加强各级领导干部联系服务非公有制企业构建新型政商关系的实施意见》，推动市级领导干部与非公有制企业开展常态化联系，建立党委、政府与民营企业、商会组织沟通协商机制，引导非公有制经济人士依法依规办企业，专心致志搞经营，努力构建“亲”“清”政商关系。优化企业发展环境，开展“百名干部进千企”活动，帮助企业破解发展难题。二是加强对非公有制经济代表人士的教育培训，开展非公有制经济人士理想信念教育实践活动，市委统战部、市工商联联合向企业家赠送理想信念教育书籍120余套。组织民营企业家赴外地考察学习，学习先进地区企业管理经验和经营理念，增强企业发展信心。三是加强与外地工商联和商会的交流合作，滕州市工商联与昆山市工商联、绍兴市柯桥区工商联缔结友好工商联关系。组织人员赴徐州睢宁考察基层商会建设情况，学习基层商会建设先进经验，在民营经济基础较好的洪绪镇成立全市首个镇级非公有制经济组织和社会组织综合党委，形成综合党委统一领导、商会具体实施、有关方面积极参与的非公有制经济组织思想政治工作新格局。围绕“两个健康”工作主题，狠抓“五好”县级工商联创建活动，滕州市工商联再次被全国工商联命名为“五好”县级工商联。

【港澳台与海外联谊】 开展港澳台海外人士调研工作，召开座谈会2次，制定科学调查方案，运用多种调查方式，摸清全市港澳台海外人士总体分布情况，建立225人的港澳台海外代表人士信息库。发挥统一战线联系广泛的优势，指导有关部门以及台属联谊会等统战团体，加强同港澳台海外各界人士的联系，推动港澳台及海外与滕州市的经济、科技、文化交流合作，争取海外人士对家乡经济社会发展的关心支持。开展对台经贸合作，充分发挥滕州机械机床、玻璃深加工等产业优势，搭建产业招商平台，发挥台联、台属、台胞桥梁纽带作用，吸引更多的台商来滕州投资兴业。

【民主党派骨干轮训】 把党外代表人士教育培训纳入全市各级人才和干部队伍教育培训总体规划。加强新时代思想理论培训，9月由市委组织部、市委统战部联合调训的全市统一战线骨干成员培训班在浙江大学举办。加强实践锻炼，建立民主党派骨干成员轮训制度，在市委统战部机关建立民主党派联合办公室，每个民主党派抽调2名骨干成员进行轮训。开展全市党外代表人士摸底调查，广泛物色优秀党外人才，按照民主党派人士、无党派人士、非公有制经济人士、民族界人士、宗教界人士、港澳台海外人士、新的社会阶层人士“七支队伍”建立代表人士信息库。市级党政班子成员带头广交党外朋友，每人联系2名党外代表人士，市委、市人大、市政府、市政协领导班子成员每人分别联系1～2家非公有制企业和1～2名非公有制经济代表人士。

【信息宣传与调研】 上报各类信息宣传稿件50余篇，被各级报刊采用36篇。做好枣庄统一战线同心林宣传工作，设计、印刷、发放《植下一片林　共谱同心篇——枣庄统一战线同心林活动掠影》宣传册300余本，营造浓厚的宣传氛围。

（杜　哲）

市委办公室工作

【决策服务】 一是调研文秘工作。做到情况明、思路清、论述准，增强文稿的针对性和指导性。完成综合文稿126篇，主持词、致辞、汇报类文稿362篇；完成常委会纪要、主持词、汇报材料137篇，先后筹备召开市委常委会议39次、市委理论学习中心组学习3次；为市委组织部、安监局、环保局等单位提供市委常委会议纪要262篇；新闻稿件把关修改269篇，把关修改市委书记邵士官新闻报道文稿，并按季度整理成册，及时印发给相关领导及政研文秘信息工作人员；完成调研报告21篇，《抓实企业技改这个新旧动能转换器》在《枣庄通讯》《滕州工作》刊发；《关于持续巩固创卫成果加快建设宜居城市的调查和研究》获市委主要领导批示。二是改革工作。以督察考核力促落实，建立联合督察工作制度、市级领导领衔推进重点改革项目工作制度，定期开展督察，确保改革落地生根，全年共开展改革督察15次。以宣传推介扩大效应，编发《滕州改革动态》143期，在“改革在线”“改革+获得感”专栏刊发改革经验介绍24篇，共7项改革典型案例、信息在国家级刊物刊发，12项在省级刊物刊发。各项改革进展有序，5项改革作为典型案例上报省委改革办，其中3项上报中央改革办，滕州在中央群团改革会议上作专题汇报。三是农工办工作。加强督导调度，确保工作有序推进。2017年，全市新建成美丽乡村86个，枣庄市美丽乡村现场会在滕州召开。四是信息工作。上报信息被枣庄采用148条，省级采用57条，中办采用5条，被各级领导批示41次，报送总量大幅提高，省级采用率实现翻番。市委办公室被省委办公厅评为“全省党委系统信息工作先进单位”。全年编辑刊发《滕州工作》13期、文稿430篇、约130万字，配图2000余张，策划栏目56个，较好地发挥传达市委声音、贯彻决策部署、交流工作经验、提供决策服务的作用。五是督查工作。紧扣中心工作、坚持高点定位，切实发挥督查“利剑”作用。全年共开展各类督查事项120余项，实地督查次数达400余次，编发督查通知、督查通报、督查专报、滕州督查等文件617期。认真抓好批示事项专项督查工作，领导批示件办结率达98%。

【运转保障】 一是公文处理工作。先后制发文件、文稿346件，接收办理上级来文1763份，实现呈送流转程序清晰、运作规范。二是行管接待工作。坚决落实中央八项规定精神，规范公务接待管理，抓好车辆运行、物品配备管理，切实保障办公需要。三是财务管理工作。认真落实公务费用管理和预算改革要求，确保各单位日常支出。四是信息化工作。全面启动滕州大数据产业中心、智慧滕州运营服务中心等信息化重点项目，持续推进以电子政务平台升级、内外网改版为重点的电子政务建设，在硬件设施改造、网络宣传与信息安全等工作中均取得显著成绩，被授予全国政府网站政务微信卓越奖，被评为省信息安全先进单位。五是机要工作。以“确保密码使用优质高效，确保密码管理安全可靠”为目标，办理各类电文3131份，实现零延误、零差错。六是保密工作。突出宣传教育、保密检查、监督管理等重点环节，开展专项督导检查、集中清理整顿活动，确保党和国家秘密的绝对安全，被评为枣庄市密码工作先进集体。七是信访工作。累计接待群众来访486起，排查信访隐患487起，有效维护正常信访秩序。

【综合协调】 不断规范办会程序、优化工作流程。全年共承办各类会议380余次；组织枣庄和滕州新旧动能转换现场观摩会、枣庄市美丽乡村建设现场会等大型会议活动90余次，组织领导视察调研活动60余次。圆满完成国家副主席李源潮、中科院院长白春礼、省委书记刘家义等国家、省部级领导到滕州政务视察50余次，接待商事活动60余次，接待外地市来滕州参观学习30余次。

（市委办公室）

信息化建设

【“智慧滕州”建设】 一是滕州大数据产业中心项目完成机房

建设、机电及配套工程、主设备建设工程（一期）的所有立项批复和山东移动内部设计评审及概预算批复等工作，1.2 亿元建设资金全部到位。二是智慧滕州运营服务中心完成总体工程量的 90%。三是完成政务信息资源共享交换平台建设，实现系统培训和试运行，12 月下旬上线推广并实施系统验收，进入维护阶段。四是“智慧滕州”呼叫中心、“智慧滕州”公众服务云平台等信息化工程顺利实施，为“智慧滕州”建设提供更加完善的基础设施支撑。

【信息基础设施】 一是对中心核心机房进行重新规划、设计和建设。更换机房精密空调、UPS 电源、核心交换机、防火墙等设备，安装安全门禁，增加机房监控设备，确保机房安全稳定运行。二是累计完成各类网络改造申请、IP 地址申请、网络端口申请、VPN 账号等各类申请 200 余次，各级各类电脑软硬件维护和网络维护 600 余次。三是全年共完成各类会议活动投影布设 160 余次。

【电子政务建设】 一是全新改版升级电子政务办公平台，重新开发测试手机移动端，将微门户和办公端集成到统一 APP 上。按照“2017 年山东省政务公开评估体系”的要求，配合市政府办公室做好政府信息公开目录改版工作，并全新设计改版中国滕州网。二是根据国家、省、市要求，镇街、部门网站整合迁移，建设以“中国滕州网”门户网站为中心，以各单位网站为子节点的网站群，共迁移镇街、部门网站 60 余个。三是设计制作“加快发展看滕州”“千名干部下基层社情民意大调研”“建设书香滕州”“2017 年预决算公开”等大型专题 30 余个；设计制作大美滕州系列报道，大力宣传推介滕州的各项工作。四是协助市纪委、组织部、编办、法制办等部门制作工作宣讲、信息公开等各类系统 20 余套。

【网络宣传】 一是完成市委、市政府主要领导的各类活动采访和宣传报道 560 次，维护中国滕州网《滕州信息》《公示公告》《图片新闻》《政民互动》等 8 个栏目信息 9400 余条，更新滕州市党政办公网领导活动、图说滕州等 4 个栏目信息 5100 余条；切实做好枣庄政务网的管理维护任务，利用密钥上发信息 780 余条，整理归档市委书记、市长活动图片 3600 余幅并刻盘报送。二是编辑推送滕州市级官方微信、微博信息 860 余条。三是内外网内容维护保障，累计更新各类信息 9400 余条。

滕州大数据产业中心外景

【信息安全和服务】 一是先后

3次配合枣庄无线电监测站及滕州市相关部门对无线电使用情况进行检查，共收集上报各类材料40余份。二是加强网络舆情管控工作，上报《网络舆情》34期；有效处置网络舆情事件10余起；协调处置各类不良信息800余条。三是通过审核认定，公示并聘任30余名信息化专家，健全完善信息化人才专家库，为加快全市信息化建设发展提供人才支撑。

（冯 建）

老干部工作

【概况】 2017年，市委老干部局切实加强老干部思想政治建设、组织建设和“文化养老”建设，全面落实老干部的政治生活待遇，加强和改进服务管理，探索转型发展，全市老干部工作取得新的进展，被山东省委老干部局评为2016年度全省老干部工作部门调研信息宣传工作先进单位，被枣庄市委老干部局授予全市离退休干部文化养老工作先进集体，获得枣庄市委老干部局、枣庄市老年人体育协会2017年离退休干部健身益智系列运动会优秀组织奖。

【落实待遇】 一是发挥老干部政治优势，落实老干部政治待遇。组织召开全市老干部暨各界人士迎春茶话会，凝聚发展共识，让老干部共享经济社会发展成果。二是认真做好春节、中秋期间老干部的走访慰问工作。市委、市政府主要领导和各单位主要领导在春节期间对全市379名离休干部和40名县实职离退休老领导进行走访慰问。三是切实为老干部做好事、做实事。为破产企业离休干部所在的主管部门发放“两项经费”，共计5.9万元；完善特困离休干部及遗属的帮扶机制，对70名困难老干部及遗属进行集中救助，发放救助资金4万余元。

【活动中心建设】 一是推进“协会＋党小组”党建模式。新成立舞蹈协会、健身协会、音乐协会及党小组，增强老干部活动中心的内部凝聚力。邀请《精神家园》电子报编委负责人从理论认识到实际操作技能上对老干部网宣员进行培训，引导离退休干部发挥自身优势，运用文字投稿、发帖跟帖方式，合力打造活动中心内部文化。二是组织开展各类活动，促进老干部身心健康。举行全市老干部第八届乒乓球比赛，开展“每周一星”评选活动，举办老干部“振奋精神，抢抓机遇，加快发展”大讨论活动。三是做好后勤服务工作，着力改善活动环境和条件。对已有的活动设施及时维护修缮，新上一批老同志喜爱的活动器械设备及图书报刊，使活动中心真正

2017年1月21日，市委书记邵士官（右一），市委副书记、市长刘文强（左一）看望退休老干部

成为全市老干部精神文明建设的高地。

【老年教育】 一是围绕大局，统筹谋划工作。专题研究《老年教育发展规划》，利用培训班、校刊、网站做好十九大精神宣传工作，用十九大精神指导学校办学实践。二是丰富教学内容，满足文化养老需求。不断探索多元化办学模式，联合滕州卷烟厂成立"滕州市老年大学烟厂分校"；着力加强软硬件设施建设，修缮改造荆河公园校区，为学员营造规范现代、和谐安静的学习环境。三是加强理论研讨，突出示范引领作用。撰写《把握发展规律 突出改革创新》《发展老年教育 助推文化养老》《立足实际 突出特色——着力打造老年教育"滕州模式"》《关于老年大学规范化建设的实践与思考》等论文，在《山东老年教育优秀论文集》《枣庄老干部》等刊物上发表；赴广州参加"贯彻落实《老年教育发展规划》工作推进会暨全国示范老年大学表彰座谈会"，获得"全国示范老年大学"荣誉称号；在"全省基层老年教育推进会"上作典型发言。四是积极搭建平台，增强工作实效。组织举行"寒冬送春联、墨香暖

2017年12月12日，举办全市离退休干部党支部书记及"五老"骨干学习贯彻党的十九大精神专题培训班

人心"送春联及赴老年服务中心慰问演出活动；组织参加市文广新局主办的"滕州第二届中老年风采才艺大赛"；成立滕州市老年大学关工委，举行"喜迎新时代、共筑中国梦"滕州市老年大学关工委传统文化进校园活动。

【关心下一代工作】 一是做好"五老"志愿者登记、发证、培训工作。召开全市关心下一代工作会议，通过调查摸底、会议推进、督导检查等方式，全面完成8000余名"五老"志愿者登记、发证和培训工作。二是以社会主义核心价值观为引领，开展各类主题教育活动。继续推动党史国史教育和青少年普法教育活动进学校、进村（居）、进社区、进家庭，联合团市委等单位开展"学雷锋见行动、争做文明市民"学雷锋志愿服务活动、"绿动青春·美丽滕州"青少年植树活动、"好家庭好家教好家风"活动，全面提升青少年思想道德素质。三是突出抓好关爱帮扶工作，为青少年健康成长办好事实事。先后开展"以我点寸微光，护你光芒万丈""心手相牵、呵护成长"、捐建第四义读学校等关爱留守儿童活动；推进农村中小学厨房和"四点半"学校建设；联系枣庄市口腔医院为东沙河镇中心小学捐助留守儿童关爱基金1万元；出资3万元，在第二实验小学华晨校区捐建"小荷书屋"；举办"关爱希望、共建和谐"大学新生助学金发放仪式，129名大学新生得到资助。

（王 璐）

机构编制工作

【放管服改革】 印发《滕州市深化放管服改革进一步优化政务环境工作方案》，列明45项改革任务；召开全市放管服改革责任落实推进会议，明确需要落实的具体任务、责任分工和时间节点；建立改革工作台账，全力抓好工作调度督促。衔接落实好上级取消下放权力事项，调整行政权力事项139项；编制公布镇（街道）行政权力清单，汇总公共服务事项3450项，健全清单体系。从源头上减少“奇葩证明”“无谓证明”和繁琐手续，清理无谓证明盖章24项、规范保留年检事项53项；完成涉村（社区）证明材料、“零跑腿”和只跑一次事项清单编制，公布12大类准入证明材料、第一批“零跑腿”事项72项、“只跑一次”事项225项；行政权力、公共服务事项进驻大厅基本完成，政务环境不断优化。强化“双随机一公开”监管，编制完成36个单位的随机抽查事项394项。

【事业单位监管】 一是稳妥推进生产经营类事业单位改革，基本完成转企改制10个、撤销3个、扎口管理6个、拟转企改制5个。二是全面清理“僵尸”事业单位。对主要职责任务消失、职能不饱满、没有工作人员、长期未开展工作的事业单位进行重点梳理，共清理僵尸事业单位31个，其中公益一类23个、公益二类3个、公益三类3个、生产经营类2个，把收回的编制重点用于涉及保障改善民生、社会管理等需要加强的关键领域。三是注重加强事业单位监管，增加监管机构事业编制3名，开展事业单位“双随机一公开”监督检查工作，强化登记源头管理；优化完善事业单位绩效考核程序、方式和结果运用；结合政府部门“三定”规定修订，做好事业单位业务范围清单化管理工作。

【重点领域体制改革】 一是推进综合执法改革向纵深发展。在先期试点的基础上，进一步厘清职责边界，重点围绕综合执法和土地卫片执法检查、综合执法与文化市场监管建立衔接长效机制。按照枣庄市改革部署，稳步有序推进7个专业领域综合执法改革。二是切实做好国有林场改革。按照上级“场圃一体化”改革要求，优化体制机制，加强财政保障，科学界定职能，合理核定新组建国有木石林场事业编制34名，为林场改革提供坚实的保障。三是推进建设公立医院法人治理结构建设。配合市卫计局等6部门印发《滕州市公立医院法人治理结构建设实施方案》；联合市委组织部、市人社局等部门出台外部理事、外部监事有关文件；建立外部监事库并向6家公立医院选派外部监事，召开第一次理事会议，公立医院法人治理结构建设试点工作基本完成。四是深化卫生计生基层体制改革。在2014年卫生计生职能整合的基础上，强化镇（街道）卫生计生机构设置、职能界定和机制建设，整合市镇村三级卫生计生行政管理、技术服务、执法监督职责和机构，明确人员配备，进一步实现资源整合、人员优化、职能发挥。

【机构编制管理】 一是建立临时周转库，统筹编制使用。为解决大班额问题，调剂400名事业编制用于中小学教师招聘，有效解决部分学校总体超编但学科结构性缺员问题；调剂150名事业编制，解决大学生村官历史问题。二是倾斜不动产登记和环境保护用编需求。面对不动产登记业务量大、群众反映强烈的问题，统筹调剂事业编制18名，在不增加财政负担的情况下，从人才储备中心调配20人到不动产窗口开展工作；为加强环保人员力量，调剂增加5名事业编制，在空余编制内调配13人。三是全面完成政府工作部门、党群机关、政府直属事业单位80余个单位的机构编制评估工作。

（市编办）

党史工作

【资料征编】 一是深化地方党史基础研究。继续做好《中国共产党滕州市组织史资料（续编二1999～2014）》的征编工作。在送审稿的基础上，启动资料的延征工作，将该书收录时间下限延续到2017年1月底，同时该书名称更改为《中国共产党滕州市组织史资料续编二（1999.9～2017.1）》。二是完成枣庄市委办公室交办的《枣庄市改革开放实录（滕州部分）》征编工作。组织市委政研室、经信局、教育局等10个单位上报课题资料，并对各单位上报的材料和图片进行精心编辑。共上报枣庄党研室文字资料近30万字，图片资料40余幅。三是开展《红军将士在山东》编撰工作。报送枣庄党研室48名红军将士名单，并提供部分人员的简历、照片。四是完成省委党史研究室交办的上报《中共山东画史〈新民主主义革命时期〉》图片资料的工作任务。整理上报滕州地区土地革命时期县委书记以上、抗战和解放战争时期地级以上党政军人物生活、工作系列照片共100余幅。五是完成省委党史研究室交办的电视剧《红色齐鲁365》拍摄主题上报工作，共推荐上报“100位为新中国成立做出突出贡献的英雄模范人物”“山东爆破大王”马立训等5个拍摄主题。六是按照省委组织部、省委党史研究室、省委老干部局关于《山东省“社会主义建设时期市（地）、县委书记口述历史”征编工作方案》的要求，组织开展县委书记口述史征编工作，经过半年多外出采访、征集资料、查阅档案等工作，共撰写、整理上报社会主义建设时期9任滕县县委书记的简历、照片及讲话稿19份、书信5份、人物传记3份、采访稿2份，共8万余字。七是抓好理论研究工作，组织撰写《披肝沥胆为抗战——记鲁南独立支队政委孟昭煜烈士》《班墨故里建筑业的领军者——记滕州市建安总公司原经理全国劳模秦学孔》等一批党史专题文章，并向省纪委、省委党研室、枣庄市委党研室报送各类文章10余篇。

【宣传教育】 一是利用报纸、电视等媒体，开展丰富多彩的宣教活动，加大党史宣传力度。在纪念建党96周年之际，采访抗战电影《地雷战》玉兰扮演者、滕州籍著名话剧演员鲁在蕴，撰写并发表《台上执著演戏台下低调做人——访著名滕籍话剧演员鲁在蕴》一文，分别刊登于《枣庄日报》《滕州日报》。二是开展党史主题宣传活动。在纪念建党96周年前夕，深入开展党史进机关活动，在滕州市政务中心大厅举办主题为“革命精神、源远流长、不忘初心、继续前进——滕州市红色印记展”的党史图片展，共展出地方党史图片资料50余幅，文字资料8000余字。三是配合市关工委、市精神文明办、市教育局、市老干部局、团市委、市妇联等部门在全市青少年中深入开展党史国史教育活动。先后召开全市青少年党史国史教育座谈会、现场会、专题报告会等；广泛发动“五老”，成立各类报告宣讲团，深入学校、社区开展两史宣讲，使数万名青

“胜利之路”主题展馆

少年受到深刻的党史国史教育。四是开展党史下基层活动。开展党史进机关、进学校、进企业、进农村、进社区、进军营“六进”活动，送党史书刊进基层、到一线。5月，市党研室领导班子到南沙河镇于泉村走访调研，并向该村村委会赠送党史书籍100余册；6月，开展党史进校园活动，向全市10余所中小学赠送党史书籍、发放《红色文化讲堂》专题党史讲座视频资料。五是开展党的十九大精神的学习贯彻和宣讲工作。党的十九大召开后，市党研室切实做好自身学习和宣传贯彻工作。2017年11月上旬，市党研室主任作为山东省选派的四名代表之一参加中央党史研究室在湖南省长沙市举办的学习贯彻十九大精神专题培训班。

【阵地建设】 一是深入开展革命遗址和纪念地的保护利用工作。重新摸底调查散布在全市各地的20余处革命遗址、遗迹、纪念设施，进一步明确各遗址遗迹的光辉历史及保存现状，并对其保护和开发利用工作做出指导性意见，对3处纪念设施及时补充党史资料，以更好发挥党史遗址遗迹和党史纪念场馆以史鉴今、资政育人的阵地作用。二是参与滕州党员干部党性教育基地的建设。6月，选派党史业务骨干参加市教育基地建设工作组，全力做好基地建设工作。该基地依托革命战争年代鲁南铁道大队微山湖区革命斗争红色印记，以及刘少奇、陈毅等老一辈革命家穿越滕县敌占区封锁线、渡过微山湖返回延安的历史事实规划建设。市党研室为基地建设提供历史史实资料并重点参与布展基地中的胜利之路主题展览馆。该展馆共展出各类党史图片及其他图片资料百余幅，文字资料3000余字。三是根据省委党研室《关于遴选命名第三批山东省党史教育基地的通知》要求，把两处具有地方鲜明特色、在党史教育方面有较高知名度的党史教育基地列入申报名单，并组织申报工作。四是帮助滕州农商银行、城市国有资产经营公司、市国税局、市政务服务中心、市博物馆、市委党校及界河镇、龙阳镇建设涉及党史内容的展馆、展厅，设计、编排党史知识展板，科学组织布展内容，严把史实关。

（王　强）

对台工作

【涉台调研】 2017年，市台办开展台胞投诉案件集中调处工作和全市台资企业信息统计工作，广泛走访全市台企、台胞台属，掌握台商、台属的思想动态，了解台企的发展现状，征求台胞台属对滕州对台工作的意见与建议。

【滕台经贸】 一是走出去。共参办大型涉台招商活动2次。4月8日至15日，在市委常委、副市长邹美帅带领下，组团参加2017枣庄赴台项目推进活动。活动期间，滕州市达因重工有限公司与台湾钟佳股份有限公司签订五金工具生产项目并于年内正式投产。9月1日，滕州市代表团参加第二十三届鲁台经贸洽谈会开幕式暨“新动能、新机遇、新发展”高峰论坛，参观海峡两岸投资贸易洽谈会科技创新成果展、台湾精品展等展示、展览。二是请进来。1月，两岸经营者俱乐部主席、中华两岸连锁经营协会理事长王国安，总执行长卓世杰来滕州考察滕州海峡御景城项目，并于5月19日与滕州市政府成功签订项目建设协议书；2月，海峡两岸教育促进会执行长曹行健、两岸教育交流促进协会秘书长路蕙鸿一行来滕州考察龙阳镇生态旅游、休闲养老养生项目；5月，香港斯曼塑胶制品有限公司总经理陈镜荣一行6人来滕州对接高端塑胶制品项目，台湾太平洋集团森活控股有限公司中国区运营长任慧光一行来滕州考察善国中学国际化学校项目；6月底，德州市台商协会常务副会长吴博崇带队来滕州对接智能医用胶片与新型材料水性环保乳液项目；6、8月，山东夏菊岛国际贸易公司总经理吴明昌来滕州考察，推进台湾主题文化教育综合体四期项目。全年来滕州经贸团组10余个，形成投资意向6个。三是台企台胞的孵化聚集效应日益凸显。3月，中峰化学有限公司举行“醋酸酯纤维素项目”落成仪式，海基会原董事长、现任三三会会长、海贸会会长、台湾经济研究院董事长江丙坤，国台办原主任、海协会原会长、海峡两岸关系协会顾问陈云林，全国台湾同胞投资企业联谊会总会长王屏生等60余人来滕州参加仪式。围绕中峰化学有限公司醋酸酯纤维素项目上下游产品，越来越多的台胞和相关企业前来考察洽谈，初步达成合作意向10余个。

【交流交往】 全年接待台北宁夏夜市观光协会、台北市基层代表人士参访团、夏菊岛国际贸易公司项目考察团、郝柏村再返战场巡礼参访团等来滕州团组10余个，近700人。办理赴台手续30余件，涉及企业20余家。4月底，组织“海峡两岸基层交流示范点”负责人赴台参访交流，积极与台湾有关单位开展交流合作，签署长期交流合作协议，建立长期交流合作关系，推动滕台两地基层交流。

2017年3月17日下午，台湾太平洋集团森活控股有限公司中国区考察组一行到滕州考察投资建设善国中学国际化学校项目

【对台宣传】 在新华网、中国台湾网、中国日报网、华夏经纬网、《联合日报》等境内外知名媒体共发表各类涉台稿件约20篇，进一步提升滕州市在全国的知名度和影响力。为更好地宣传中央对台方针政策，落实上级对台工作决策部署，编印《台情参考》20期。

（张婷婷　孙　青）

党校工作

【干部培训工作】 全年举办各类主体培训班共计30余期，培训党员干部6000余人次。一是办好主体班次。3月至5月，集中培训全市1270名村（居）基层党组织书记和1500余名科级干部（含96名新任科级干部），把思想和行动统一到枣庄、滕州两级市委决策部署上来，振奋精神，真抓实干，《枣庄日报》以《千名支书进党校》《吹响加快发展的“集结号”》为题进行深度报道；11月下旬，举办科级干部学习党的十九大精神培训班，对全市1500余名科级干部培训一遍，完成培训轮训全市党员领导干部的任务。二是圆满完成全市十九大精神集中宣讲活动，抽调6名骨干教师组成学习贯彻十九大精神宣讲团，深入全市21个镇街和17个市直党委系统进行集中宣讲，共计80余场，受训人数达2万余人次。三是创建教学基地。充分挖掘红色资源、生态资源在党员干部教育培训中的阵地作用，开辟党员干部教育培训的新阵地，7月2日，滕州市党员干部党性教育基地正式挂牌成立。

【科研调研工作】 一是开展社会大调研活动。围绕市委市政府关于镇街特色化、差异化发展的一系列战略部署，组织全体教师开展集中调研活动，要求每名教师全年参加社会调研的时间在20天以上，每人完成优质课题成果2篇以上。二是开展全员有课题活动。面向全体教师广泛征集个人或课题组调研课题，要求年底前完成调研任务，并形成具有一定质量和参考价值的研究成果，年终视调研课题成果的发表情况进行奖励，并作为每名人员年终考核及评先树优、提拔重用的重要依据。

（市委党校）

市直机关党工委工作

【主题活动】 以“两学一做”统揽全局，多次召开会议专题研究，使“两学一做”学习教育常态化制度化。党组织书记走上讲台，集中宣讲十九大精神。在全市“喜迎十九大、说说心里话”征文活动中，党工委系统获得5个一等奖中的2个，10个二等奖中的3个。围绕落实“千百十”计划和“百日提升行动”，一是开展基层党建“五项过硬工作”攻坚月活动，从支部换届、党费收缴、组织关系转移等常规工作入手，逐单位逐项筛查，有力夯实基层基础。二是指导各单位推行“轮流上党课、按月交党费、党员过生日”“义工在行动、服务进社区、扶贫精准化”等室内外各3项规定动作，做实“党员活动日”内容。三是开展“党员三省”本色教育大调研、寻找身边榜样、机关党员负面言行清单“双十条”警示等系列活动，唤醒党员意识，永葆党员本色。围绕中心，着力搭建学习教育的志愿服务平台，各级各类党员志愿服务活动达到200余场次。300人次连续参与啤酒节环境清洁、夜间安保工作；50余个单位20天时间完成20公里的上善公园大堤绿化工作；各单位全员下沉到帮包网格，集中开展创卫攻坚行动。

【党建品牌】 在“党建十条”的基础上，配套出台党建品牌创建《实施方案》、党建示范点创建《工作要点》，编印《工作手册》和《宣传手册》，制作动漫版宣传片，通过文字、图片、案例立体解析，一看就懂、一学就会。先后举办“市直机关党建大讲堂”7期，组织党务干部到中央国家机关党校学习培训。评选出6个机关党建示范阵地和6个优秀党建品牌、6个优秀支部工作法。枣庄市机关党建现场会在滕州召开，滕州市在省座谈会上多次介绍交流经验。实施党工委书记突破项目，初步打造以政务中心区域四单位为基点、东线向国税局方向延伸、西线向市场监管局方向延伸的党建示范点创建“一体两翼”格局。统一着装的义工发展到15个单位、300名党员。围绕“为创城助力、进社区服务，为党旗添彩、向英模致敬，为节日增色、与感恩同行”的主题，市政务服务中心牵头开展服务进（滨江）社区活动，市地税局牵头走访道德模范、善国爱星、最美滕州人，市国税局牵头组织“暖冬爱心行动”。滕投集团冠名的“步润之加”市直机关乒乓球赛举行，乒羽队成立、乒羽协挂牌。党工委系统文明单位达到27家，占单位总数的48%。

【明责执纪】 履行党组织书记“第一责任人”职责，制定党风廉政建设“两个责任”清单，促进履职尽责。把《结合案例学党纪明规矩》作为教材，一周学习一篇、一月交流一次。组织领导干部集中观看警示教育片《永不停歇的征程》、参观“鲁迅精神与廉政文化”专题展览，教育党员干部筑牢思想防线。在“振奋精神、抢抓机遇、加快发展”大讨论活动中，在对照市委《关于加强干部作风建设的实施意见》文件列出的5个方面26项问题逐项自查整改的基础上，开展“困难面前、我是党员我上，利益面前、我是党员我让，群众面前、我是党员我像”的党员“三省”本色教育，并针对梳理形成的机关党员负面言行清单“双十条”，开展个人比对自警、同事相互提醒、单位活动警醒、组织约谈猛醒。坚持动辄则咎，强力推进正风肃纪，全年组织约谈4个单位、9人；纪律处分7个单位、11人，其中警告处分9人、严重警告处分1人、开除党籍1人。

【考核奖惩】 制定下发市直机关党建工作《考核办法及考核细则》，2017年度的考核项目包括6大项、26小项。新增的“组织生活”大项占15分，侧重考核“三会一课”、双重组织生活会、党员活动日落实及领导干部带头情况。实行季度分线动态化考核，考核成绩向部门主要负

2017年7月19日，党务干部参观鲁迅精神与廉政文化专题展览

责人书面通报，年底召开专题述职评议会集中考核。考核结果直接折算计入各单位年度综合考核成绩，并作为评先树优的重要依据，以考核规范活动、量化工作、明晰层级、压实责任。

（颜琪明）

信访工作

【概况】 2017年，全市受理群众来信来访4022件起，其中接待群众来访2280批次8313人次，进京赴省信访登记批次人次呈现下降趋势。办理人民来信及网上投诉信访事项1742件，实现“五个不发生”的工作目标。在枣庄市2017年度信访工作目标考核中，市信访工作取得第一名的成绩，被枣庄市委、市政府授予“信访工作先进集体”荣誉称号。

【领导重视】 全市形成党政同责、一岗双责、齐抓共管的信访格局，市委书记邵士官、市长刘文强多次召开市委常委会、市政府常务会议研究信访工作，亲自阅批群众来信，公开接待群众来访。先后30余次对信访工作作批示、提要求，指导推动信访工作开展。坚持把信访工作作为一项重要约束性指标列入全市经济社会发展考核内容，层层压实工作责任。市委市政府分管领导始终坚持在一线抓好工作落实，召开全市信访维稳工作会议10余次，召开信访案件调度会50余次，妥善解决大量久拖不决的信访积案。市四大班子领导成员严格落实“一岗双责”责任制，按照职责分工主动抓好分管范围内的信访工作。市信访局全年召开业务会议8次，信访听证会议30余次，信访个案协调会80余次；向市委市政府领导呈报《信访工作要情》16期；《领导接访简报》47期；《每日来访快报》300余期；以市委市政府“两办”名义起草文件10余个；下发做好信访工作通知70余个、通报30余个，及时传导工作压力，全市形成任务全覆盖、责任全链接、上下一盘棋的生动局面。

【节庆安保】 完成各级“两会”、省第十一次党代会、“一带一路”国际合作高峰论坛特别是党的十九大等一系列重大敏感节点期间的信访安保任务。各级节会期间均制定信访维稳工作方案，成立领导小组，下发专门通知，抓好各项工作，强化隐患排查、包案化解、指挥督导、值班备勤、衔接互动、督导检查、通报约谈等工作机制。1219名市派驻村干部坚持吃住在村，沉到一线，发动群众及时排查就地化解大量矛盾纠纷；按照“一案一策一专班”的要求，推动信访积案解决；组织市级领导干部坚持每天接访。

【疏通与化解】 严格执行信访隐患日排查、日上报制度，全年排查各类信访隐患和矛盾纠纷1225件起，全部予以交办并要求限时办结；严格落实社会稳定风险评估机制，完成292项重大决策和项目的备案，有1个项目经评估后暂缓实施，1个项目经评估不予实施；落实初信初访首接首办负责制，初信初访同比降幅达37%，最大限度地减少问题积累和矛盾上行；实行信访信息每日“零报告”和24小时值班制度，提高信访应急处置能力。制定出台《落实重点信访案件市级领导包案和开展“百日会战”化解活动的通知》，按照“四个一”（一名市级领导、一个工作班子、一个责任部门、一抓到底）工作机制督促化解落实。2017年，枣庄市交办的正常访案件9起，化解7起，化解率达77.8%；交办的进京非访案件21起，化解15起，化解率达71.4%；枣庄市级领导帮包的4起信访案件全部化解完毕；市“百日会战”活动梳理交办的68起重点信访案件，化解31起，另有30起案件化解工作取得重大进展。制定出台《关于对重点信访案件实施集中挂牌督办的通知》，挂牌督办的27起重点信访案件，化解7起。深入开展市级党政领导公开接访活动，以市委、市政府名义出台市级党政领导接访的文件4个，全年累计接访568起1820人次，80%以上案件得以化解。

【业务建设】 稳步推进群众服务大厅建设，深化“联合+全员”接访机制，信访工作任务较重的市直部门及21个镇街派员入驻联合接访中心，市信访局全体机关干部实行全员接访，为群众来访提供“一站式”接待处理。全年累计接访650起，化解537起；制定出台《滕州市网上信访代办工作实施意见》，举办网上信访工作培训会议，创新“四网两线”网上信访工作模式和“三自助一代办”工作机制，全年本级网上信访事项占本级信访总量的比重为63.65%，实现将网上信访打造成群众信访主渠道的任务目标，6月，枣庄市网上信访工作现场会在滕州市举行。21个镇街均设立信访综合大厅，1246个村（居）建立信访调解室，擦亮窗口服务群众。制定下发《全市开展信访基础业务规范化自查方案》，针对信访受理、办理、答复、送达、录入等7个方面的问题开展自查自纠活动，对梳理出的19项问题进行逐一整改落实。切实抓好信访信息系统建设应用，创新实施“四提醒一督办”机制，全国全省信访信息系统中的信访件、督查件、信访积案的录入率达100%，全市信访部门及时受理率为99.96%；责任单位及时受理率为99.68%；责任单位按期办理率为99.53%；信访部门参评率为68.43%，满意率为91.58%；责任单位参评率为65.29%，满意率为93.68%。实行重点信访案件协调会商研判机制，召开对话会、协调会110次，化解重点案件55起；推进信访事项复查复核，探索符合市实际的信访听证机制，引导信访老户进入终结程序，召开信访听证会9次，受理复查案件14件，均依法按期出具复查意见；充分发挥专项资金救助作用，规范运转流程，严把程序关，使用专项资金15.1万元，解决特殊疑难信访案件8起。强化督查督办，实行市级领导签批督查、敏感时期专项督导和重点案件督办回执等制度，上级交办的34起督查件全部按期办结。围绕打造阳光信访、责任信访、法治信访，广泛开展热点调研、理论调研、工作调研和

2017年6月2日，全市网上信访工作培训会议召开

基层调研，信访工作典型经验被《人民信访》《山东信访》等内部刊物和《齐鲁晚报》《枣庄日报》等媒体刊登。

【依法治访】 以宣传《山东省信访条例》、枣庄滕州四部门《通告》为重点，推动政策法规宣传进镇街、进厂矿、进村（居），使遵纪守法成为全社会的共同追求和自觉行动。累计印制枣庄四部门《通告》1万余册，宣传提纲2万余份，组织全市宣传车50余辆进行巡回宣传，设立宣传站点70余个，在全市营造依法信访良好氛围。坚持政务中心信访值班制度，保障机关正常的办公秩序。坚持把依法治访贯穿始终，制定出台《关于加强对进京非访人员依法处置和越级访人员法治教育的规定》，有力维护正常的信访秩序。

【督导问责】 建立以市委市政府五个督导组为主、市信访局班子成员带队督导为辅的常态化督导模式，累计开展督导活动200余次，督导化解重点信访案件150余起，推动基层整改问题145条。制定出台《滕州市2017年信访工作考核办法》，以业务考核和信访工作约束性考核为抓手，进一步强化各级各部门“守土有责”的意识。制定出台《滕州市信访工作责任制实施细则》《滕州市健全落实军队退役人员工作领导责任制暂行办法》，实现对各级各部门和领导干部工作责任的全覆盖。坚持越级上访情况按月通报、重大信访问题随时通报制度，对敏感时期发生的信访问题实行市级领导约谈制度。

（孙庆申）

滕州市人民代表大会

【市十八届人大一次会议】 1月21～25日，滕州市第十八届人民代表大会第一次会议在滕州剧院召开。会议听取和审议滕州市人民政府工作报告、滕州市人大常委会工作报告、滕州市人民法院工作报告、滕州市人民检察院工作报告；审议并批准滕州市2016年国民经济和社会发展计划执行情况与2017年计划报告、滕州市2016年预算执行情况和2017年预算报告；并对上述报告分别作出决议。大会选举产生新一届市人大常委会组成人员，市人民政府市长、副市长，市法院院长，市检察院检察长，枣庄市第十六届人民代表大会代表125名。大会表决通过专门委员会组成人员人选。大会共收到代表议案、建议106件。

【市人大常委会会议】 市十八届人大常委会第一次会议　2月28日，市十八届人大常委会第一次会议召开。市人大常委会主任李健作关于提请市人大常委会

2017年1月21日，滕州市第十八届人民代表大会第一次会议召开

有关工作机构更名的报告和关于提请任命市人大常委会工作人员职务的报告；市委常委、常务副市长刘涛宣读市长刘文强关于提请任命市政府组成人员职务的报告；市检察院检察长姜广俊作关于提请任免市检察院检察人员职务的报告。26名市政府拟任命人员作述职报告。会议听取审议市政府关于《中华人民共和国环境保护法》《山东省人口与计划生育条例》实施情况的报告，并分别通过这两项报告的审议意见；表决通过市人大常委会有关工作委员会更名的决定；依法通过市人大常委会和“一府两院”的人事任免事项。

市十八届人大常委会第二次会议　3月29日，市十八届人大常委会第二次会议召开。会议听取审议市政府关于解决滕州市城镇中小学大班额项目建设情况的报告、关于滕州市中小学幼儿园校舍建设项目情况的报告、关于滕州市农村道路“户户通”工程建设情况的报告、关于滕州市荆河河道治理工程项目建设情况的报告，关于滕州市经济开发区道路综合改造项目建设情况的报告，并分别通过报告的审议意见。

市十八届人大常委会第三次会议　4月21日，市十八届人大常委会第三次会议召开。市人大常委会主任李健作市十八届人大常委会代表资格审查委员会组成人员和聘任法律咨询员的报告。会议听取审议市政府关于落实全市规划情况的报告、市法院关于执行工作情况的报告、市检察院关于民事行政检察工作情况的报告，并分别通过这三项报告的审议意见。会议表决通过对市十八届人大常委会代表资格审查委员会组成人员的任命，聘任新一届人大常委会法律咨询员。

市十八届人大常委会第四次会议　6月27日，市十八届人大常委会第四次会议召开。会议听取审议市公安局关于提请许可对滕州市第十八届人大代表唐昌国采取刑事强制措施的报告，审议通过关于许可市公安局对滕州市第十八届人大代表唐昌国采取刑事强制措施的决定。

市十八届人大常委会第五次会议　6月29日，市十八届人大常委会第五次会议召开。会议听取审议市政府关于2016年度市级预算执行及其他财政收支审计工作的报告和滕州市2016年财政决算的报告，并分别通过报告的审议建议、决议。

市十八届人大常委会第六次会议　8月25日，市十八届人大常委会第六次会议召开。市人大常委会主任李健作关于提请接受傅军辞去滕州市十八届人大常委会委员职务请求的报告，审议通过市人大常委会关于接受傅军辞去滕州市十八届人大常委会委员职务请求的决定（草案）。市委常委、常务副市长刘涛宣读市长刘文强关于提请任命市政府组成人员的报告。会议听取审议并表决通过市政府关于市十八届人大一次会议代表建议办理情况的报告、滕州市2017年国民经济和社会发展计划上半年执行情况的报告、滕州市2017年预算上半年执行情况的报告和关于提请将荆河街道孙楼、鲁寨区域等棚改项目纳入《滕州市国民经济和社会发展第十三个五年规划纲要》的报告；听取并评议市安监局安全生产监管工作情况、市住建局棚户区改造工作情况、市文广新局全市文物保护工作情况，当场公布评议结果。会议以投票的方式通过市政府组成人员的任命，并举行向宪法宣誓仪式。

市十八届人大常委会第七次会议　10月31日，市十八届人大常委会第七次会议召开。市人大常委会主任李健作关于提请接受秦文学辞去滕州市十八届人大常委会委员职务请求的报告，审议通过市人大常委会关于接受秦文学辞去滕州市十八届人大常委会委员职务请求的决定（草案）。市委常委、常务副市长刘涛宣读市长刘文强关于提请任命市政府组成人员的报告。会议听取审议市政府关于解决城镇普通中小学大班额问题工作情况的报告、关于深化农村集体产权制度改革情况的报告，并分别通过这两项报告的审议意见；听取并评议市国税局关于全市国税系统征收管理工作情况、市地税局关于全市地税系统征收管理工作情况、市农业局关于全市国家现代农业示范区改革与建设试点县建设情况，当场公布评议结果。会议以投票的方式通过市政府组成人员的任命，并举行向宪法宣誓仪式。

市十八届人大常委会第八次会议　12月29日，市十八届人大常委会第八次会议召开。会议听取市十八届人大二次会议筹备处关于市十八届人大二次会议筹备情况的报告；审议通过市人大常委会代表资格审查委员会关于市十八届人大代表变动及补选代表资格审查情况报告；审议通过市人大常委会关于召开市十八届人大二次会议的决定（草案）；审议通过市十八届人大二次会议建议日程（草案）、有关建议名单（草案）和列席人员范围（草案）；讨论市人大常委会工作报告（征求意见稿）；听取审议并表决通过市政府关于滕州市2017年地方政府债务限额及市级预算调整情况的报告。听取审议并表决通过市人大常委会执法检查组关于检查节约能源法实施情况的报告。会议以投票方式补选枣庄市第十六届人大代表。会议决定，市十八届人大二次会议于2018年1月16日召开。

2017年12月29日，滕州市十八届人大常委会第八次会议召开

【视察调研活动】 专题调研工业转型升级工作　4月11日，市人大常委会组织部分委员和人大代表对全市工业转型升级情况进行专题调研。市人大常委会副主任姜繁茂参加调研活动。市政府副市长刘新陪同调研。调研组一行先后察看滕州市威达重工股份有限公司、益康药业有限公司、瑞达化工有限公司、联泓新材料有限公司等企业现场。与会人员听取市经信局负责人关于全市工业转型升级情况汇报，并就进一步做好工业转型升级工作提出意见和建议。

视察“滕州马铃薯”标准化基地建设及品牌营销工作　5月25日，市人大常委会组织常委会组成人员和部分人大代表视察滕州市“滕州马铃薯”标准化基地建设及品牌营销情况。市人大常委会主任李健，副主任李广宪，市人大常委会党组成员王顺思参加视察。市政府副市长康凤霞陪同视察。视察组一行先后察看界河镇泓安马铃薯专业合作社、市恒裕食品有限公司马铃薯

2017年5月25日，市人大视察全市“滕州马铃薯”标准化基地建设及品牌营销情况

生产基地、实验小学大同校区正德康城校园餐厅、市马铃薯生物工程中心等现场。与会人员听取市农业局负责人关于全市“滕州马铃薯”标准化基地建设及品牌营销情况汇报，并就进一步打响滕州马铃薯品牌、壮大马铃薯标准化基地建设提出意见、建议。

视察全市社会养老服务工作 7月26日，市人大常委会组织常委会组成人员、法制（内务司法）委员会委员和部分人大代表视察全市社会养老服务工作情况。市人大常委会主任李健、副主任柴春国、党组成员、办公室主任龙琳洲参加视察。市委常委、常务副市长刘涛陪同视察。视察组一行先后察看龙河湾养老康复中心、养老综合服务中心、银钟里社区养老服务中心、市老年服务中心等现场，听取有关情况介绍，详细了解全市社会养老服务工作取得的成绩。与会人员就全市社会养老服务工作又好又快发展提出意见、建议。

视察全市安全生产工作 8月2日，市人大常委会组织常委会组成人员和部分人大代表视察全市安全生产工作情况。市人大常委会主任李健、副主任柴春国、市人大常委会党组成员王顺思参加视察。市委常委、常务副市长刘涛陪同视察。视察组一行先后查看市奥林匹克中心全民健身中心游泳馆项目、十方机电有限公司、大明消毒科技有限公司、西岗镇政府安全生产网格化建设项目现场，听取全市安全生产工作情况汇报。参加视察的人大常委会组成人员、人大代表先后发言，就安全生产工作提出意见和建议。

调研全市水源地环境保护和低端养殖场清理工作 8月10日，市人大常委会组织常委会组成人员和部分人大代表调研全市水源地环境保护和低端养殖场清理情况。市人大常委会副主任李广宪参加调研。调研组一行先后察看东郭镇郭林沟村、东郭镇唐林新村、羊庄镇羊北养殖场、羊庄镇后石湾养殖基地、羊庄镇许坡水源地保护现场等。与会人员听取市环保局关于全市水源地环境保护工作情况、市畜牧局关于全市畜禽养殖污染整治和禁养区养殖场清理情况汇报，并就进一步做好全市水源地环境保护和低端养殖场清理工作提出意见、建议。

视察全市重点项目建设工作 8月31日，市人大常委会组织人大老干部视察全市重点项目建设，让老干部进一步了解滕州市经济社会发展情况，征求他们的意见、建议，谋划未来发展。市人大常委会主任李健、副主任姜繁茂，市人大常委会党组成员王顺思参加视察。市政府党组副书记、滕州经济开发区党工委书记、主任丁伟陪同视察。老干部们先后察看冯河九年一贯制学校建设、装配式建筑产业基地、人和天地、滕州新妇幼保健院、振兴南路大桥及棚户区改造、中材科技锂电池隔膜、中峰化学年产3万吨醋酸脂纤维素建设、凤翔小镇建设等项目现场。

视察全市创卫基础设施建设和管理工作 9月28日，市人大常委会组织部分常委会委员，视察全市创卫基础设施建设和管理工作。市人大常委会主任李健、副主任李广宪，市人大常委会党组成员王顺思，市人大常委会党组成员、办公室主任龙琳洲参加视察。副市长刘新陪同视察。视察组实地察看滕州市新源热力首站、实验小学周边三轮车整治、荆河东路交通设施建设、热力服务大厅、华润燃气门站、光大生活垃圾发电项目等基础设施现场，了解项目建设、管理、运行情况。与会人员听取有关部门负责人的情况汇报，围绕本次视察主题，就做好创卫基础设施建管工作提出意见或建议。

调研全市文化产业发展工作 10月12日，市人大常委会组织部分常委会组成人员和人大代表调研全市文化产业发展情况。市人大常委会副主任郭传伟参加调研。副市长康凤霞陪同调研。调研组一行察看龙园古镇、腾海玻雕、华瀚轻工业、芊芊惠书店等现场，详细了解全市文化产业发展现状和取得的成效。与会人员听取有关情况汇报，并就加快发展全市文化产业提出意见、建议。

视察重点工程项目建设工作 11月23日，市人大常委会组织部分常委会组成人员和人大代表对全市重点工程项目建设情况进行视察。市人大常委会主任李健、副主任姜繁茂参加视察。市经济开发区管委会主任丁伟、副市长刘新陪同视察。视察组一行实地察看冯河九年一贯制学校、北玻院复合材料、鲁南装饰大世界升级改造、滕州市养老综合服务中心、中材科技锂电池隔膜、市妇幼保健院新院等现场。座谈会上，市发改局负责人介绍滕州市重点工程项目建设情况。与会的常委、代表围绕全市重点工程项目建设工作发表意见、建议。

调研广播电视事业发展工作 11月24日，市人大常委会调研全市广播电视事业发展情况。市人大常委会副主任郭传伟参加调研。调研组一行先后察看中广有线公司滕州分公司、滕州市电影公司、东沙河镇综治中心和广播影视总台编辑制作室、播控机房、演播室等现场。市广播影视总台、中广有线公司滕州分公司负责人汇报全市广播电视事业发展、有线电视经营情况。与会代表就做好全市广播电视事业发展工作提出进一步加大软硬件投入、强化队伍培训等意见建议。

调研招商引资和外向型经济发展工作 12月5日，市人大常委会副主任柴春国带领部分常委会委员和人大代表，调研全市招商引资和外向型经济发展工作。调研组一行先后来到北玻院科技成果转化基地、居然之家（滕州店）、华奥斯全屋定制生产项目、中峰化学年产3万吨醋酸纤维素建设项目等现场。随后召开座谈会，听取招商引资、外向型经济发展工作汇报，提出意见建议。

调研全市消防安全工作 12月20日，市人大常委会副主任柴春国带领部分常委会委员、人大代表调研全市消防安全工作。市政府副市长、公安局局长梁龙雨陪同调研。调研组一行先后察看大同路消防站、涵翠苑社区、保利海德佳园等现场，听取有关情况介绍。在随后的座谈会上，与会人员听取市公安局关于全市消防安全工作情况汇报、市住建局关于社区内电动车充电安全管理工作情况汇报，并就进一步做好全市消防安全工作提出意见建议。

调研加快南部镇域交通基础设施规划建设工作 12月27日，市人大常委会组织部分人大代表调研加快南部镇域交通基础设施规划建设，推进与枣庄新城协调发展情况。市人大常委会副主任李广宪参加调研。副市长、市公安局局长梁龙雨陪同调研。调研组一行察看滕州南客运换乘中心、省道345西木铁路桥、刘村梨园、葫芦套影视基地等现场，听取工作汇报。

【上级领导视察调研活动】 **杜永光带队视察交通运输工作** 5月11日，枣庄市人大常委会组织部分枣庄市人大代表视察滕州市交通运输工作。枣庄市人大常委会原副主任杜永光参加视察。滕州市委书记邵士官，市人大常委会主任李健，市委常委、常务副市长刘涛，市委常委、市委办公室主任薛登峰，市人大常委会党组成员王顺思陪同视察。视察组一行先后来到公交公司、省道345上跨西木铁路桥现场、国家I类治超检测站、界河北闫楼村“户户通”现场、枣菏高速陈马厂施工现场等地点，实地察看项目建设进展情况，听取相关情况介绍。

张传亭带队视察村镇建设工作 6月23日，省人大常委会委员、城环委副主任委员张传亭率领视察组一行到滕州，视察滕州市村镇建设工作情况。枣庄市人大常委会副主任刘志才，滕州市委书记邵士官，市委常委、市委办公室主任薛登峰，市人大常委会副主任李广宪，副市长刘新，市人大常委会党组成员王顺思陪同视察。视察组一行察看西岗镇东王庄美丽乡村和供暖示范、九年一贯制中心学校等现场，听取有关工作情况汇报。

骆宝臻带队检查安全生产法执法工作 8月3日，省人大常委会委员、教科文卫委员会主任委员骆宝臻一行，由枣庄市人大常委会党组副书记、副主任刘振学陪同，到滕州就安全生产一法一条例贯彻实施情况进行执法检查。滕州市委副书记、市长刘文强，市人大常委会主任李健，市人大常委会副主任柴春国，市人大常委会党组成员王顺思陪同检查。检查组一行实地察看冯河学校建设项目、山东天瑞化工有限公司、山东鲁化天地物流有限公司、新能凤凰（滕州）能源有限公司、联泓新材料有限公司。

刘志才带队视察农村集体产权股份制改革工作 8月11日，枣庄市人大常委会副主任刘志才一行到滕州视察农村集体产权股份制改革工作。市委书记邵士官，市委常委、市委办公室主任薛登峰，市人大常委会副主任李广宪，市人大常委会委员、农业农村委员会主任委员聂奇等陪同视察。视察组一行先后来到东沙河镇党村产权改革现场、南沙河镇北池村产权改革现场。通过实地查看、听取汇报、查阅资料等方式详细了解滕州市农村集体产权制度改革情况。就加快推进改革试点有关工作与镇村负责人进行探讨交流。

刘志才带队调研供销社综合改革工作 9月1日，枣庄市人大常委会副主任刘志才带领市人大农业与农村委员会成员一行，到滕州对供销社综合改革情况开展调研。调研组一行实地察看供销农业服务公司、东王庄土地股份合作社。滕州市人大常委会主任李健，副市长康凤霞陪同活动。

杜永光带队视察柴里煤矿工作 10月13日，枣庄市人大常委会原副主任杜永光带领部分枣庄市人大代表视察柴里煤矿工作。滕州市人大常委会主任李健，市委常委王次青，市人大常委会党组成员、办公室主任龙琳洲陪同视察。在柴里煤矿，视察组人员察看瀚纳服饰、企业文化展厅、文体中心、机电修理厂、铸造厂等现场，听取有关情况介绍。在随后召开的座谈会上，与会代表纷纷发言，围绕企业发展情况提出意见和建议。

枣庄市人大常委会调研组调研高标准农田建设工作　11月7日，枣庄市人大常委会调研组一行到滕州，调研高标准农田建设情况。滕州市委副书记、市长刘文强，市人大常委会副主任李广宪陪同调研。调研组一行先后来到姜屯镇项目区、洪绪镇项目区、鲍沟镇项目区，察看高标准农田项目建设进展情况，听取工作汇报。

【执法检查】　9月至12月，市人大常委会在全市组织开展《节约能源法》执法检查，通过会议动员、自查自纠、执法检查、交办整改四个阶段，对学习宣传贯彻《节约能源法》情况、节能重点领域和重点用能单位依法节能的工作情况及节能技术的开发、推广与应用等进行全面检查，促进政府部门更好地依照法律做好节约能源工作，推动此项工作新发展。

【代表工作】　一是强化代表培训工作。4月14日，市人大常委会举办第一期学习讲坛暨培训教育报告会，邀请省人事代表工作委员会副主任牛保平作“深入学习代表法，努力做一名合格人大代表”专题报告。6月28日，举行贯彻省党代会精神努力提高思想政治素质学习报告会，邀请教育部教育发展研究中心专家咨询委员、中国海洋大学教授、博士生导师田建国做报告。400余名市级人大代表聆听报告会。二是组织开展好“双联”活动。8月中旬至9月底，组织开展“双联”活动。常委会组成人员深入各自联系的镇街选区，采取走访、座谈、调研等多种方式，收集选民对市人大常委会及“一府两院”工作的意见建议。联系市人大代表419名，市人大代表联系选民42688名，收集选民的意见、建议350余条，经过归纳、整理为5个方面58件报市委并转市政府落实。其中，“三农”方面8件，道路交通方面15件，城建城管、社会治安综合治理方面11件，教育卫生文化体育方面15件，经济建设、环境保护及其他方面9件。三是强化代表建议督办。市十八届人大一次会议上代表共提交意见建议106件，7月，在常委会分管主任的带领下，按照职责分工，各专门委员会会同市委市政府督查局有关人员，以集中召开代表建议办理工作汇报会或分别到承办代表建议较多的单位开展督办活动等

2017年4月14日，市人大常委会举办第一期学习讲坛暨培训教育报告会

形式，不断加大代表建议督办力度。8月，常委会听取审议市政府关于人大代表建议办理工作情况的报告。

【人大宣传工作】 常委会创办《滕州人大》杂志，并充分利用各类宣传阵地和新闻媒体，加大对人大制度、人大工作和人大代表的宣传，突出人大重要会议、重大活动、重点工作宣传，全方位、多角度唱出人大制度好声音、讲出人大工作好故事、写出代表履职好新闻，推出一批深层次宣传报道和高质量调研成果。全年在市级以上新闻媒体发表稿件819篇。其中，省级363篇，国家级29篇。发表图片120余幅。《力促“土豆”变“金豆”—滕州市人大常委会推进马铃薯产业大发展侧记》《久久为功　善作善成—滕州市人大常委会“双联”活动历时19年结出累累硕果》《让节能降耗提质绿色发展—滕州市人大常委会开展节约能源法执法检查侧记》等多篇反映人大工作的稿件刊登在《人民权利报》头版头条和《山东人大杂志》等重要位置。

（梁怀勤　贾礼亚　魏朝廷　李　艳）

滕州市人民政府

【综述】 2017年，市政府班子坚持把稳增长促发展作为经济工作的首要任务，把握发展大势，保持发展定力，对内对下充分调动各方面的积极性，对外对上争资金、跑政策、引项目，全力开创经济社会转型发展的新局面。

一、创新驱动激发新活力。一是科技创新体系不断健全。市人才创新驱动中心获评全省首批创新创业公共服务示范平台，成功孵化高科技企业11个。国家高新技术企业发展到57家，高新技术产业产值占规模以上工业总产值的比重达到28%，提高2.6%。引进国家“千人计划”专家13人，成立“千人计划”高新技术产业研究院。新增院士工作站等省级创新平台4个，总数达到49个。实施技术创新项目262个，74个项目被列入省技术创新项目计划。省玻璃质检中心投入使用。二是重点领域改革推进。深化供给侧结构性改革，压减煤炭产能30万吨。滕州市被确定为全省农村集体产权制度改革试点县，254个村（居）完成改革任务。新增土地流转面积3200公顷，累计达到29333.33公顷。全国供销社综合改革试点通过验收。调整行政权力事项139项、编制公共服务事项3449项，公布首批“零跑腿”和“只跑一次”事项297项。新增市场主体1.65万户。三是对外开放力度逐步加大。坚持招商、项目、园区一体推进，实施重点项目269个，当年竣工128个；实施过千万元技改项目170个；新招引开工项目192个。经济开发区晋升国家级开发区进入最后审批阶段。完成进出口总额32亿元，增长20.2%；实际利用外资3370万美元，超额完成年度任务。

二、产业结构得到新优化。一是工业发展质效持续提升。新发展规模以上工业企业39家。与浪潮集团合作成立浪潮大数据产业公司，与中国移动合作建设大数据产业中心，北玻院科技成果转化基地一期3个项目当年签约、当年建设、当年投产，中材锂膜一期竣工投产，田陈富源2×35万千瓦煤矸石综合利用项目全面开工，连云山建筑科技公司被评为首批国家级装配式建筑产业基地。化工产业集群被认定为省化工新材料创新型产业集群；机械机床产业集群被评为省先进制造业主导产业转型升级示范基地；玻璃产业集群被评为省先进制造业产业集群转型升级示范基地。申报中国驰名商标2件、山东名牌8个、枣庄市市长质量奖2个；申请专利1200件，其中发明专利260件。吉田香料在新三板挂牌，耀国光热赴澳大利亚上市签订协议。二是服务业规模档次稳步提高。实施服务业重点项目98个，完成投资123.5亿元。全域旅游加快发展，微山湖湿地创建5A级景区进入国家旅游局景观质量评审阶段，获评中国十大生态旅游景区、全国森林旅游百佳景区；龙山龙湖景区被列为省自行车训练基地，羊庄范蠡西施风情园一期建成；滕州市被评为中国最美文化生态旅游城市。商贸服务业繁荣活跃，居然之家、大润发超市、万禧市民服务中心、金源装饰大世界等12个项目投入运营。新兴服务业不断壮大，新发展电商企业100家，阿里巴巴农村淘宝滕州服务中心启用，滕州市被评为省级电子商务示范县。第十四届微山湖湿地红荷节、第三届鲁班文化节、首届“滕州书展”成功举办，10家企业入选省重点文化产业项目库。三是农业现代化步伐明显加快。小麦平均单产573公斤，创历史新高。成功举办第九届马铃薯节，“滕州马铃薯”被评为全国百强农产品区域公用品牌，鲁班寨土豆煎饼荣获“中国好食品”称号。龙阳绿萝卜、春藤枣庄黑盖猪获国家农产品地理标志认证。完成农业综合开发项目10个，建设高标准农田1066.67公顷。发展高效节水灌溉面积2666.67公顷。新建全国绿色食品标准化生产基地13333.33公顷，总面积达到31333.33公顷。新发展果树573.33公顷，新建改建标准化养殖场101处，水产养殖达到7200公顷。马铃薯目标价格保险参保面积33866.67公顷。农民专业合作社发展到2142家、家庭农场发展到257家。农业综合机械化率达到90%。滕州市被评为全国主要农作物生产全程机械化示范县、全国渔业健康养殖示范县、全国农田水利项目示范县。庄里水库建设顺利，首期移民安置区建成上房。

三、城乡建设呈现新气象。一是城市功能日趋完善。编制城市专项规划10项，“多规合一”暨城市总体规划进入审查阶段。开工建设城建项目130个，完成投资115亿元。新建改建城市道路32条，升级改造背街小巷10条，新发展供热面积50万平方米，新增城区绿化面积70万平方米。围绕“清淤见底、寻源治污”，实施荆河综合治理，呈现出“一河清水、两岸绿色”的靓丽景色。实施棚改项目14个，完成7个区域、4257套房屋回迁上房。高标准规划建设新型农村示范社区木石凤翔小镇，一期完成5个村、2100余户拆迁。高铁新区启动实施项目23个，南水北调调蓄水库完成主体工程。二是精细管理全面加强。新购置机械化保洁车辆38辆，城区主次干道机械化深度保洁率达到95%，改造提升公厕115座、垃圾中转站15座，启动生活垃圾分类收集试点，光大垃圾焚烧环保能源项目投入使用。开展“物业管理提升年”活动，升级改造老旧小区10个。拆除违法建筑44万平方米。建成道路交通智能指挥中心，建设电子警察65处，启用机动车不礼让行人抓拍点8处、违法停车自动抓拍点62处，施划各类停车泊位1.8万个。永安行共享单车落户滕州。三是城乡统筹更加有力。滕州至枣庄新城BRT、枣菏高速、滕州新港等重点交通工程快速推进。完成村级公路安防工程875公里、“户户通”道路1127公里，超标准完成省城乡公交一体化示范县建设任务，城乡公交实现全覆盖。实施马河水库地表水厂建设，完成47个村6.8万人的农村饮水安全工程，城乡一体化供水人口达到126万人。西岗镇列入省新生小城市试点，获评全国新材料产业特色小镇；滨湖微山湖湿地古镇、鲍沟工艺玻璃小镇获评省级特色小镇。改造农村危房327户、无害化卫生厕所6.9万户，建成美丽乡村450个。建筑业企业发展到136家，滕州市被评为全省建筑业十强县。

四、六大攻坚取得新成果。一是打好精准脱贫攻坚战。实施精准扶贫产业项目30个，546户、1298人稳定脱贫，滕州市被确定为全省金融扶贫试点县。二是打好生态环保攻坚战。持续开展环境突出问题专项整治，深入实施环境污染综合治理“百日攻坚”集中行动，办理完成中央环保督察转办件117件。清理10蒸吨以下燃煤锅炉246台，取缔经营性储煤场208家，空气质量持续改善，优良天数达到219天，较上年增加6天。实施农村环境连片综合整治，关闭搬迁水源地禁养区畜禽养殖场509家；对35处主要河道、水库全面落实河长制，清理河道50余公里，主要河流出境断面水质达到三类标准。修复破损山体7个，治理采煤塌陷地1400公顷，综合治理水土流失6平方公里。全面实施“四绿”工程，新增成片造林2133.33公顷，保护和恢复湿地7666.67公顷，创建省森林镇1个、森林村（居）8个，生态环境质量稳步提升。三是打好金融风险防控攻坚战。健全现代金融服务体系，新引进各类金融机构4家。加强金融风险监测预警和应对处置，有效防范系统性、区域性风险。四是打好安全生产攻坚战。建立完善五级网格体系，创新“3＋X”监管模式，实现镇级消防救援队伍全覆盖。认真落实安全生产巡察整改措施，深入开展化工产业安全生产转型升级，滕州市被评为全国安全生产先进单位。五是打好社会稳定攻坚战。推进平安建设，做好退役士兵安置和权益保障，法律顾问、警务助理实现村（居）全覆盖，滕州市被评为全国平安建设先进县，为党的十九大胜利召开营造安定和谐的社会环境。六是打好创建国家卫生城市攻坚战。投资5亿余元实施城市设施大提升工程，更新改造城区主次干道、背街小巷200余公里，狠抓居民小区、集贸市场、城中村和城乡结合部等重点部位整治，加强“六小”等重点行业管理，整体卫生水平显著提升，顺利通过国家评估验收。

五、共享发展实现新突破。20件惠民实事有效落实，民生支出占财政支出的比重达到72.9%，提高4.5%。城镇新增就业和农村劳动力转移就业4.6万人，滕州市被列入全国农民工等人员返乡创业试点。实现职工养老保险扩面8017人。新建社会养老服务机构2家、农村幸福院12家，养老服务床位达到6500张。完成解决城区大班额项目11处、农村学校“全面改薄”工程45处，新增学位3.1万个；山东化工技师学院新校区一期启用；新建改建公办幼儿园11处。公立医院综合改革深入推进，计生服务水平持续提升，妇幼保健院新院投入使用，滕州市被评为国家慢性病综合防控示范区。全年承办省级以上赛事7项，全民健身中心游泳馆主体工程完工，滕州市被评为全国群众体育先进单位。建成基层文化服务中心400个，农家书屋实现村（居）全覆盖。实施16处文物保护展示修缮工程，新博物馆建设和墨子纪念馆、墨砚馆升级改造顺利推进。完成第三次农业普查调查登记。滕州市获评首批省级食品安全先进县。

【市政府常务会议】 第17届53次市政府常务会议 1月13日，市委副书记、代市长刘文强主持召开第17届53次市政府常务会议。会议议题：研究市游泳馆管理运营公司前置、镇级消防队伍建设、2017年市级财政预算安排、《政府工作报告》起草等工作。

第18届1次市政府常务会议 2月6日，市委副书记、市长刘文强主持召开第18届1次市政府常务会议。会议议题：研究全市安全生产、《关于进一步加强招商引资、重点项目及园区建设工作的意见》起草、全市农村无害化卫生厕所改造等工作。

第18届2次市政府常务会议 2月8日，市委副书记、市长刘文强主持召开第18届2次市政府常务会议。会议议题：研究2017年政府工作任务分解立项、经济开发区体制机制综合改革等工作。

第18届3次市政府常务会议 2月27日，市委副书记、市长刘文强主持召开第18届3次市政府常务会议。会议议题：传达学习枣庄市党代会及人大政协“两会”精神，研究市政府与中材北玻院合作事宜，研究制定《市政府关于进一步做好“城中村”集体土地上房屋搬迁补偿工作的补充意见》《市政府关于进一步加强房地产开发管理工作的意见》《市政府办公室关于进一步加强房地产开发项目车库（位）售租管理工作的通知》《市政府关于城市建筑外立面色彩管理规定（暂行）》、木石镇棚户区搬迁安置补偿政策、《市委市政府关于加快推进外向型经济发展实施意见》等文件，会议还研究对有关人员给予纪律处分工作。

第18届4次市政府常务会议 3月18日，市委副书记、市长刘文强主持召开第18届4次市政府常务会议。会议议题：听取全市环保工作情况汇报，研究制定财政有关奖励政策、《滕州市招商引资优惠政策》，研究滕州市与天津泰达解除生活垃圾处理场特许经营协议，听取研究《关于加快推进工业企业三年技术改造工作的实施意见》（讨论稿）、《关于全面推进“62131”企业梯次培育工程的实施意见》（讨论稿）起草等工作。

第18届5次市政府常务会议 4月22日，市委副书记、市长刘文强主持召开第18届5次市政府常务会议。会议议题：研究全市大气污染防治、2017年第一批行政权力事项调整、重点项目推进管理、新兴北路区域改造建设、在解决“大班额”项目中推广应用装配式建筑、环卫车队选址搬迁、法治政府建设等工作。

第18届6次市政府常务会议 5月20日，市委副书记、市长刘文强主持召开第18届6次市政府常务会议。会议议题：研究全市安全生产、南水北调供水生产调度中心筹建、河长制筹备和防汛抗旱、化解普通高中学校债务、柳琴戏传承广场和博物馆新馆建设、新上年产3000万条高性能子午线轮胎项目、《滕州市物业管理实施细则（试行）》和《关于开展物业管理提升年活动的实施意见》、优化服务改革和“双随机、一公开”监管、《滕州市招商项目和政策评估工作实施办法（试行）》、解除孙曙光行政撤职处分等工作。

第18届7次市政府常务会议 6月23日，市委副书记、市长刘文强主持召开第18届7次市政府常务会议。会议议题：研究全市安全生产、化工产业安全生产转型升级、退役士兵安置暨权益保障、山东耀国光热科技有限公司上市扶持政策、设立滕州市财金控股公司及产业投资基金、农村集体产权制度改革、畜禽养殖污染治理及禁养区内养殖场户关闭搬迁等工作。

第18届8次市政府常务会议 7月16日，市委副书记、市长刘文强主持召开第18届8次市政府常务会议。会议议题：研究全市化解中小学大班额项目建设、与中央企业合作、化工产业安全生产转型升级、加强基层警务力量构筑社会治安管理网络、退役士兵专项公益性岗位招聘、对有关人员的处理意见等工作。

第18届9次市政府常务会议 8月26日，市委副书记、市长刘文强主持召开第18届9次市政府常务会议。会议议题：传达学习市长李峰在枣庄市重点项目建设调度督导会议上的讲话精神，研究全市重点项目建设、新旧动能转换、招商项目信息梳理、环保督察、脱贫攻坚、侉庄居区域改造等工作。

第18届10次市政府常务会议 9月17日，市委副书记、市长刘文强主持召开第18届10次市政府常务会议。会议议题：传达枣庄市委第四巡察组专项巡察滕州市安全生产领域情况反馈会议精神，研究城市建成区内管理养护责任、迎接创建国家卫生城市技术评估、大力发展装配式建筑、落实河长制清河行动及冬春农田水利建设、协议出让国有建设用地使用权、调整行政权力事项和深化放管服改革、支持引进高层次人才创新创业项目、康道智能制造产业基地项目、成立滕州浪潮大数据产业公司、滕州市保利中心项目建设、山东省玻璃质检中心建设等工作。

第18届11次市政府常务会议 9月28日，市委副书记、市长刘文强主持召开第18届11次市政府常务会议。会议议题：专题听取研究中科博联智能环保产业园、军工及医疗专用可曲面超薄玻璃、北京中合农发集团安全食品智慧城等3个招商引资项目。

第18届12次市政府常务会议 10月16日，市委副书记、市长刘文强主持召开第18届12次市政府常务会议。会议议题：专题研究全市安全生产、绿色环保精密铸造中心项目等工作。

第18届13次市政府常务会议 11月21日，市委副书记、市长刘文强主持召开第18届13次市政府常务会议。会议议题：研究市政府与北玻院合作、上市挂牌企业完善土地和建筑物登记手续、棚户区改造项目资金管理、大气污染防治、创建国家卫生城市、安全生产、对有关人员给予纪律处分等工作。

（市政府调研室）

市政府办公室工作

【调研文秘】 一是综合文稿有精度。坚持高标准、高要求、高质量，全面把握中心工作，深刻领会领导的思路和观点，多层面多角度思考问题、研究对策，切实增强文稿的思想性、针对性和时效性。全年共撰写工作报告、领导讲话、综合文字材料等900余篇、近600万字。坚持精确办文，严把公文处理程序关、审核关、质量关和时限关，印发市政府文件260件、市政府办公室文件144件。紧盯国家、省重大方针政策，学习先进地区经验做法，实行国家、省重要领导讲话信息日报送制度，坚持每月两期《决策参阅》、每周一期《政策参阅》，建立主要工业产品、农产品、建筑材料价格月报告制度，充分发挥参谋助手作用。二是调查研究有深度。紧紧围绕市委、市政府的“关注点”、重点工作的“薄弱点”、具体工作的“关键点”和基层工作的“困难点”，针对新旧动能转换、实体经济、特色产业扶贫、新型城镇化建设等重点工作，先后组织开展专题调研20余次，协助上级部门完成专题调研10余次，形成调研报告15篇，多数成果被市政府采纳并上升为政府决策。其中，《滕州市“三个市民化”情况的调研报告》《滕州市降低企业成本 推进工业供给侧结构性改革的调研报告》分别荣获省政府系统优秀调研成果一等奖、二等奖，《滕州市民营经济转型发展情况的调研报告》顺利通过专家评审。三是政务信息有亮度。突出重点信息的捕捉、编撰和报送，编发《政情专报》41期、《政务信息交流》10期、《每日要情》211期，并多次被市政府主要领导批示。编报省、枣庄市政务信息800余条，采用200余条，被上级领导批示10次。其中，《滕州市加大金融扶贫工作创新力度 助力打赢脱贫攻坚战》被省政府专报采用。滕州市政务信息工作在省政府办公厅联系县（区、市）采用信息排名前列，在枣庄市各区（市）信息采用排名第一。

【会务接待】 一是坚持精细办会。以服务领导、服务机关、服务基层为出发点，严谨细致地抓好各项会务活动的组织协调。全年共承接国家、省市各类会议活动350余次，接待省级以上领导来滕州活动20余次、枣庄市级领导来滕州视察调研20余次，接待外地考察团、重要客商来滕州考察70余次，每次会议和活动都做到细致周密、有礼有节、规范节俭。二是规范公文流转。收文处理专人负责、专薄登记、签字流转、密件专办。收到上级来文4547份，发往镇街和部门电报3803份，办理领导批件3617份，办结率100%，确保高效、快捷、安全、规范。三是畅通沟通渠道。认真办好市长公开电话和市长信箱，受理本级市长公开电话2862件、市长信箱4001件，办理枣庄市长热线2378件，通过电话督办、现场督办、跟踪督办等方式，办结率达到96.7%。加强政府信息公开，及时准确发布政府信息，审核发布政府公文信息350余件、上报信息468余件。

【应急值守】 修订市级专项预案11件、部门镇街预案21件，对全市1支综合性应急救援队伍、15支专业应急救援队伍和197支基层应急救援队伍进行人员充实调整、救援装备更新维护，强化应急预案演练，加强应急管理宣传，坚持24小时值班制度，应急管理体系建设不断完善。

【外事与侨务】 办理因公随团、组团出国审批手续16批22人次，企业邀请函手续41批78人次；走访归侨侨眷14户；处理侨眷来访1起；选派3名优秀教师赴菲律宾开展华文教育工作。

【工农关系协调】 组织协调处理采煤造成的民房斑裂2915户、65万平方米，补偿损毁建筑物2125万元；协调800公顷因采煤造成塌陷地绝产减产补偿2936万元；解决各类矿地纠纷8起，接待咨询135人次。政工、财务、车辆管理、工会、创卫迎检、千名干部下基层等工作有序推进。

（市政府办公室）

法制工作

【体制机制建设】 一是出台《滕州市人民政府办公室关于推行行政执法公示制度执法全过程记录制度重大执法决定法制审核制度的意见》，在全市全面推行行政执法公示制度、执法全过程记录制度和重大执法决定法制审核制度。二是严格落实规范性文件的制定审核，加大合法性审查力度，及时纠正不当或违法的规范性文件，做到“逢文必审、有错必纠”。审查规范性文件9件，政府协议25份，其他文件594件。三是出台《滕州市人民政府办公室关于开展规范性文件清理工作的通知》，经清理确认继续有效的174件，需要修改的27件，需要废止的154件，切实解决制度建设中存在的矛盾和冲突，努力做到规范性文件的制定、修改和废止与经济社会发展进程相适应。公布《规范性文件起草说明格式》，对各部门起草规范性文件的格式提出具体要求。四是进一步优化公共服务。参与编制21个镇街公共服务事项各130项（滨湖镇131项），编制市级各部门（单位）公共服务事项719项，简化办事环节和手续、优化公共服务流程，切实解决“办证多、办事难”问题。五是合法性审查镇（街道）权力清单。审定北辛街道等四个街道行政权力事项70项，西岗等8个镇行政权力事项80项，鲍沟等8个镇行政权力事项79项，滨湖镇行政权力事项278项。合法性审查市政府各部门行政许可事项设立依据286项。六是开展依法行政示范单位创建活动。西岗镇、市国土局、市规划局、市住建局等14个创建单位通过考核验收，被市政府命名为滕州市依法行政示范单位。下发《关于申报创建滕州市第二批依法行政示范单位的通知》，根据年度经济社会发展考核结果和平时考察，确定羊庄镇、界河镇等10个镇街和市国税局、市公安局等19个部门为滕州市级第二批依法行政示范创建单位。

【行政复议】 出台下发《滕州市人民政府关于调整滕州市行政复议委员会成员的通知》，进一步加强对行政复议工作的组织领导。充分发挥行政复议事务中心职能，收到行政复议申请65件，其中受理64件，不予受理1件，全部审结。审结的案件中，经调解、和解后终止审理的19件，作出维持决定的33件，作出驳回决定的7件，作出撤销决定的2件，确认违法的2件，责令履行的1件，实现“定纷止争，案结事了”。

【行政应诉】 办理行政应诉案件35件，民事应诉案件3件，被复议案件4件，所有案件均认真组织答辩，全面收集整理证据依据，按时出庭应诉，有效维护政府形象；下发《关于进一步做好行政执法文书中行政复议权利告知工作的通知》，让公众知晓案件受理模式和操作方式，畅通复议渠道，引导群众通过行政复议途径合法理性地表达

2017年5月18日，举办全市执法人员培训班

利益诉求。

【行政执法监督】 一是公布市级行政执法主体。下发《滕州市人民政府关于公布市级行政执法主体的公告》，公布具有行政执法主体资格的行政机关34个，法律、法规授权具有行政执法权的组织39个。二是强化行政执法证件管理。下发《关于做好2017年度全市行政执法证件申领审验工作的通知》，举办两期行政执法人员培训班，邀请政府法律顾问、市法制办副主任等专家就执法人员日常工作相关知识进行集中授课，经过网络在线考试合格后，680名行政执法人员取得山东省行政执法证件。三是开展行政执法案卷评查，抽查全市执法部门的38卷执法案卷，由市委市政府法律顾问、重点执法部门法规科长和市法制办骨干力量进行评查，并将评查结果及时向社会公布，同时向各有关执法部门认真反馈，确保评查效果。四是充分发挥行政执法监督局指导、监督、协调、规范行政执法工作的作用，加强对与人民群众生活密切相关的行政执法领域的监督检查，强化执法协调，防止监管脱节，推进严格规范公正文明执法。

【法律顾问选聘】 进一步健全党政一体法律顾问制度，印发《市委办公室 市政府办公室关于聘请市委市政府法律顾问的通知》，选聘18名市委市政府法律顾问；发挥法律顾问的“智囊团”作用，法律顾问陪同市领导信访接访151次，参与政府诉讼、复议案件41件，涉案金额7119.8万元，为18件规范性文件、政府协议提供法律建议98条，为3件重大复杂行政复议案件提供法律建议22条；推动法律顾问向基层下沉，全市21个镇（街道）均聘请1～2名法律顾问，党政一体法律顾问制度实现市、镇街全覆盖。

（时欣茹）

史志工作

【年鉴编纂】 组织骨干力量开展《滕州年鉴》（2017卷）编纂工作，科学制定组稿编辑方案，并以市政府办公室文件（滕政发〔2017〕90号）下发，明确责任分工，落实供稿任务。对上报供稿材料，严格按照年鉴体例要求进行编辑，累计修改文稿400余万字。《滕州年鉴》（2017卷）被山东省政府办公厅评为优秀年鉴。

【省市年鉴供稿】 一是完成《山东年鉴》（2017卷）供稿工作，提供文字稿1000余字、图片3幅。二是完成《枣庄年鉴》（2017卷）供稿工作，提供文稿约2万字、图片10幅。三是完成《山东省地方史志年鉴》（2017卷）供稿工作，提供文字稿5000余字、图片2幅。四是完成《枣庄地方史志志》供稿工作，提供文字稿1万余字。

【综合服务】 加强对镇街、部门修志工作的指导，对基层志书编纂跟踪指导、靠上服务，《滕州统战志》《滕州物资志》《东沙河镇志》《官桥镇志》已启动编纂，《滨湖镇志》《北辛村志》已出版发行。全年为领导、部门单位提供咨询、查阅、文印服务80余次，方志馆接待来人60余人次；完善、更新滕州市情网站信息20余条，方便了群众查询。

【《滕州市志》编纂】 在市委、市政府和市委组织部、市政府办公室、市人社局的重视支持下，从镇街、部门借调4名文字功底扎实、热爱文史工作、责任心强、素质高的同志到史志办工作。9月5日，筹备召开全市《滕州市志》编纂工作动员大会，

2017年9月5日，《滕州市志》编纂工作动员大会召开

并邀请枣庄市史志办领导与专家给参会人员进行史志编纂工作业务培训。《滕州市志》编纂工作全面正式启动。

（市史志办）

机关事务管理

【管理保障服务】 严格实行科级领导干部带班巡查制度，认真落实各项安全防范管理措施，先后开展安全大检查11次，参与协助公安机关取证11次，妥善处置群众来访888起、9637人次，其中3人以上群体上访196起、8151人次，没有因工作失误而引发恶性冲突，较好地维护政务中心的办公秩序，确保机关正常运转。对各单位反映的设施、设备方面的问题，实行限时办结，跟踪服务。完成室内报修1536次，公共区域报修4710次，维修响应率、成功率、满意率均达到100%。不断更新饭菜花色品种和口感质量，机关食堂就餐满意率达92%。会议服务工作规范标准，周到细致，服务水平不断提高。承办各类会议1098次，没有出现任何失误。

【节约型机关建设】 全市公共机构节能工作深入开展，能耗摸底分析、节能监测、节能改造等工作有序推进。6月，在全市组织开展节能宣传周和能源短缺体验日活动。宣传周期间，下发《关于组织开展全市公共机构节能宣传周暨能源紧缺体验活动的意见》，印刷节能倡议书，普及节能常识。全市公共机构办公区的废旧商品回收体系不断完善，总体废旧商品科学回收利用率达到80%以上。其中，废弃电器电子产品、报废车辆等报废资产回收利用率达到100%，危险废弃物（含汞光源、锂电池等）回收率达到100%，废纸、废塑料及其它废旧商品的回收利用率达到90%以上。

【公务用车改革】 收缴公车724辆车，其中报废188辆、拟报废11辆、借用45辆、交付给滕勤汽车服务中心27辆、通过山东天合拍卖公司和山东鸿运拍卖公司分6个批次在网上公开拍卖453辆，拍卖总价款1070.9万元。7月，组织开展全市党政机关公务用车标识统一喷涂工作。61家党政机关176辆公务用车喷涂完毕，其中喷涂“公务”标识154辆，喷涂“行政执法”标识22辆，圆满完成公务用车标识喷涂任务。研究制定《关于进一步规范公务用车使用管理的通知》《公务用车管理中心管理制度》《车辆调度员岗位职责》《驾驶员岗位职责》等系列规章制度，明确规范公务用车使用范围和中心车辆使用申请流程和人员管理办法。全年滕勤汽车服务中心共出车4165台次，安全行驶

32.2万公里，用车单位满意率达到100%。

【公务接待】 认真落实公务接待标准、住宿标准和用餐标准，严格实行公务接待审批制度、公务接待清单制度。认真做好中央政治局原委员、中国法学会会长王乐泉、全国政协副主席刘晓峰、中科院院长白春礼、联想集团董事长柳传志等领导贵宾到滕州的接待工作，配合有关部门做好红荷节、鲁班文化节、马铃薯节等大型节庆的组织筹备和接待工作，高标准完成市委、市政府安排的重要公务接待活动。圆满完成各类公务接待活动97起1433人次。其中，涉及国家级接待11起260人次；涉及省级接待32起388人次；涉及枣庄市级接待31起457人次；涉及其他地区的接待23起328人次。机关接待车队先后出车673台次，行驶10.7万公里。

【创卫工作】 全面摸查帮包片区问题，疏理出市政设施、暴露垃圾及卫生死角等问题20余起，不等不靠，全员参与，及时解决重点难点问题。投入资金4万余元，投入人力5000余人次，铲除小区杂草1300余平方米，指导修砌护墙100余平方米，修葺河廊座椅17个，清理住宅楼废旧垃圾30余车，平整道路约100米，清理乱摆摊设点、占道经营商铺10余家，配置更换垃圾桶20余个，拆除违章搭建1起10余平方米。联合市综合执法局、市食品药品监督管理局、市环卫处、济发物业公司集中排查整治政务中心内部和周边区域环境，全面改善环境卫生条件。

【办公用房管理】 规范党政机关办公用房管理，推进办公用房资源合理配置和节约集约使用。地税大楼装修建设实行每周一调度，督促加快施工进度，对拟进驻单位地税局、水利和渔业局、市纪工委等进行面积核定；摸底调研市纪委、市司法局、市食品药品监督管理局、市房屋征收办公室、滕投公司、中国邮政储蓄银行滕州市支行等多家单位办公用房情况，为以后的统一调配管理奠定基础。

（市直机关事务管理局）

滕州市喷涂公务用车标识

中国人民政治协商会议滕州市委员会

【市政协十五届一次全委会议】 1月20日至23日，市政协十五届一次会议召开。会议听取和学习讨论市委书记邵士官作的重要讲话；列席市人大十八届一次会议听取和协商《政府工作报告》及其他报告；听取和审议市政协十四届常委会工作报告和提案工作报告；选举产生政协第十五届滕州市委员会主席、副主

2017年1月23日，政协第十五届滕州市委员会第一次会议大会闭幕式

席、秘书长、常务委员；通过政治决议和其他决议。

【学习论坛】 3月25日，全市政协委员第一期学习论坛报告会举行，会议邀请山东大学儒学高等研究院副院长、中国古典文献学专业教授、博士生导师杜泽逊作辅导报告。同日，市政协举办第一期政协委员培训班，市政协主席宗大全主持，市政协副主席孙士泉、李军、李培永出席。省政协研究室主任魏余秀作“人民政协的光辉历程与实践创新”专题报告。

7月28日，全市政协委员第二期学习论坛报告会举行，邀请山东社会科学院法治研究中心主任于向阳作题为《深入推进依法行政 加快建设法治政府》的辅导报告。市政协主席宗大全，市政协副主席杜孝玺、乔令梅、李培永等出席报告会。

11月17日，全市政协委员学习贯彻党的十九大精神报告会（委员论坛第三期）举行。枣庄市委党校常务副校长、教授刘春泉作题为《新时代的政治宣言和行动纲领》的报告。市政协主席宗大全、副主席孙士泉、杜孝玺、乔令梅、高广胜、李军、李培永出席报告会。

【市政协常委会议】 市政协十五届一次常委会议 3月16日，市政协十五届一次常委会议召开。市政协主席宗大全，副主席孙士泉、高广胜、李军、李培永，秘书长王玉亚出席会议。会议传达学习全国、省、枣庄市政协会议精神，审议通过《政协第十五届滕州市委员会常务委员会关于加强自身建设的意见》《政协滕州市委员会关于进一步加强委员管理工作的实施办法》《政协滕州市委员会常务委员会工作规则》《政协滕州市委员会全体会议工作规则》《政协滕州市委员会关于优秀政协委员评选表彰规定》《政协滕州市委员会优秀提案 提案办理工作先进单位和先进个人评选表彰办法》和人事事项。

市政协十五届二次常委会议 7月14日，市政协十五届二次常委会议召开。市政协主席宗大全，副主席孙士泉、杜孝玺、乔令梅、高广胜、李军、李培永，市政协秘书长王玉亚出席会议。副市长刘新应邀出席会议。会议传达学习省第十一次党代会精神；听取刘新代表市政府作的《关于2017年以来全市经济社会发展情况的通报》；审议协商通过《政协滕州市委员会关于全市以企业技术改造推进工业经济转型升级创新发展的调研报告（草案）》《政协滕州市委员会关于滕州市对外开放和外经贸发展工作的调研报告（草案）》。随后，参会人员分组讨论。

市政协十五届三次常委会

议 10月11日，市政协十五届三次常委会议召开。市政协主席宗大全，市政协副主席孙士泉、杜孝玺、乔令梅、高广胜、李军、李培永，市政协秘书长王玉亚出席会议。市委常委、常务副市长刘涛，市委常委、纪委书记张奇应邀出席会议。会议传达学习省、枣庄市政协常委会议精神；听取市委常委、常务副市长刘涛关于市政协十五届一次会议提案办理情况的通报；听取市委常委、纪委书记张奇关于全市党风廉政建设和反腐败工作情况通报；听取市检察院检察长姜广俊关于全市检察机关开展职务犯罪预防工作情况的通报。

【视察协商活动】 **全市公共文化服务设施建设工作协商座谈会** 4月12日，市政协召开全市公共文化服务设施建设工作协商座谈会。市政府副市长康凤霞，市政协副主席孙士泉、乔令梅，秘书长王玉亚出席会议。

开展全市电梯安全运行监管工作专题视察 4月28日，市政协组织部分政协常委、政协委员视察全市电梯安全运行监管工作情况。市政协主席宗大全，市政协副主席杜孝玺、乔令梅、高广胜、李军、李培永，市政协秘书长王玉亚等参加视察。副市长刘新陪同视察。

开展创建国家卫生城市工作专题视察 7月19日，市政协组织部分常委、委员视察创建国家卫生城市工作。市政协主席宗大全，副主席孙士泉、杜孝玺、乔令梅、高广胜、李军，秘书长王玉亚参加视察。副市长康凤霞陪同视察。

开展重点提案办理工作专题视察 7月25日，市政协组织部分政协常委、委员视察重点提案《关于荆河东段治理的建议》的办理情况。市政协主席宗大全，市政协副主席孙士泉、杜孝玺、乔令梅、高广胜、李培永，市政协秘书长王玉亚参加视察。

开展全市居民医疗保险工作专题视察 8月3日，市政协组织部分政协常委、委员及枣庄市政协委员视察全市居民医疗保险工作。市政协主席宗大全，市政协副主席孙士泉、杜孝玺、乔令梅、高广胜、李培永等参加视察。市委常委、常务副市长刘涛陪同视察。

开展全市畜禽养殖污染防治和水源地保护工作专题视察 8月9日，市政协组织部分政协常委、政协委员视察全市畜禽养殖污染防治和水源地保护工作。市政协主席宗大全，市政协副主席孙士泉、杜孝玺、乔令梅、高广胜、李军、李培永，市政协秘书长王玉亚参加视察。副市长李洪波陪同视察。

召开招商引资工作座谈会 8月23日，市政协招商引资工作座谈会召开，主要任务是

2017年8月3日，开展全市居民医疗保险工作专题视察

响应市委、市政府决策部署，充分发挥政协委员特别是企业家委员的资源和优势，为全市招商引资工作献计出力，共同促进全市经济社会又好又快发展。市政协主席宗大全，市政协副主席孙士泉、杜孝玺、乔令梅、高广胜、李军、李培永，市政协秘书长王玉亚出席会议。

组织老干部视察重点项目　9月12日，市政协组织部分政协老干部、政协常委、委员视察重点项目建设情况，并向老干部通报各项工作开展情况。市政协主席宗大全，市政协副主席孙士泉、杜孝玺、李军、李培永，市政协老干部秦安良、张继周、关兴芳、颜道朗、刘玉荣、孙谦善，市政协秘书长王玉亚等出席活动。

开展全市绿化和森林城市创建工作专题视察　9月14日，市政协组织视察全市绿化和森林城市创建工作。市政协主席宗大全，市政协副主席孙士泉、李军、李培永参加视察。副市长李洪波陪同视察。

开展金融支持企业实体经济发展专题协商活动　11月22日，市政协组织部分常委、委员，开展金融支持企业实体经济发展专题协商活动。市政协主席宗大全，副主席孙士泉、杜孝玺、乔令梅、高广胜、李军、李培永，秘书长王玉亚参加活动。市委常委、副市长邹美帅应邀陪同活动。

【上级视察调研活动】赵润田带队开展调研活动　5月10日上午，省政协副主席赵润田带领调研组一行到滕州市开展调研活动。枣庄市政协主席孙欣亮，滕州市委书记邵士官，滕州市委副书记、市长刘文强，滕州市政协主席宗大全，滕州经济开发区管委会主任丁伟，滕州市委常委、副市长邹美帅等陪同调研。同日，枣庄市政协副主席付廷安、艾百灵带领调研组一行到滕州，调研滕州市“产业创新”工作开展情况。市委副书记刘光，市委常委、副市长邹美帅，市政协副主席高广胜等陪同调研。

杨家国带队调研少数民族经济发展工作　5月18日，枣庄市政协副主席杨家国带领调研组一行到滕州，调研少数民族经济发展情况。市委书记邵士官、市政协主席宗大全、市政协副主席乔令梅等陪同调研。

郭爱玲带队调研加强地名文化遗产保护工作　7月20日，省政协副主席郭爱玲带领调研组一行到滕州，调研加强地名文化遗产保护工作。枣庄市政协副主席付廷安、滕州市政协主席宗大全、滕州市政协副主席孙士泉、滕州市政协秘书长王玉亚陪同调研。

栗甲带队调研新生儿健康促进行动工作　7月27日，省政协原副主席、民进省委原主委栗甲带领调研组一行到滕州，调研新生儿健康促进行动工作。市政协主席宗大全、副市长康凤霞、市政协副主席李培永、市政协秘书长王玉亚陪同调研。

杨家国率队调研重点项目建设工作　8月15日，枣庄市政协副主席杨家国率领调研组一行到滕州，调研滕州市重点项目建设情况。市政协主席宗大全，市委常委、常务副市长刘涛，市政协副主席高广胜，市政协秘书长王玉亚等陪同调研。

盖文兴带队调研推进政协协商民主工作　8月17日至18日，省政协研究室副主任盖文兴带领调研组一行到滕州，调研推进政协协商民主工作情况。市政协主席宗大全、经济开发区管委会主任丁伟、市政协副主席孙士泉、市政协秘书长王玉亚陪同调研。

黄涛带队调研区（市）基层政协工作　9月19日，枣庄市政协副主席黄涛带领调研组一行到滕州，调研基层政协工作。市委书记邵士官，市政协主席宗大全，市委常委、市委办公室主任薛登峰，市政协副主席孙士泉，市政协秘书长王玉亚陪同调研。

张永刚带队调研企业生产经营工作　12月6日，枣庄市政协副主席张永刚带领调研组一行到滕州，调研企业生产经营情况。市政协主席宗大全、滕州经济开发区管委会主任丁伟陪同调研。

（市政协）

纪检监察

【压紧压实“两个责任”】　由市委常委任组长，分17个组检查21个镇街和部分市直部门2016年度全面从严治党主体责任落实情况，督促整改问题198个。协助市委起草印发《关于落实全面从严治党主体责任约谈工作的实施办法（试行）》，组织开展2017年度落实全面从严治党主体责任集中约谈活动，由市委常委和党员副市长担任组长，分19个组集中约谈全市132个党委（党组）的主要负责人，对落实全面从严治党主体责任情况再加压、再督导。印发《2017年度市纪委常委同镇（街道）、市直部门（单位）党政正职廉政谈话工作方案》，廉政谈话各镇街、市直单位的71名党政正职，帮促谈话对象整改问题206条，制定整改措施643项。认真贯彻落实《中国共产党问责条例》，坚持用问责追究倒逼责任落实，全年查办责任追究案件58起，实施责任追究党员干部85名。

【持之以恒纠正“四风”】　紧盯元旦、春节等节日，采取全面排查与重点检查、蹲守与跟踪、实施检查与随机回访相结合的方式确保检查结果。采取查阅公务用车派车单、接待发票等新办法，坚决纠正隐形变异“四风”问题。坚持严查快处，专项处置“四风”问题线索，优先查办、优先审理。开展明查暗访活动23次，处理问题线索35条。查办违反中央八项规定精神的问题38起，处理53人，其中党政纪处分45人。下发违反中央八项规定精神典型案例通报10次，公开曝光典型问题36起。

【规范实施执纪审查】　全市共处置反映问题线索333件，增长35.92%。立案278件，增长49.46%。结案289件，增长44.5%。给予党纪政纪处分292人，增长41.06%。运用第一种形态70人次，占四种形态比例为19.28%；第二种形态197人次，占四种形态比例为54.27%；第三种形态46人次，占四种形态比例为12.67%；第四种形态50人次，占四种形态比例为13.78%。15个镇街建成标准“走读式”谈话室。认真贯彻落实《关于在查办党员和国家工作人员涉嫌违纪违法犯罪件案中加强协作配合的意见》文件精神，制定实施办法，健全纪检监察机关与公检法等部门之间信息沟通、案件移交移送等工作机制。

【严查基层“微腐败”】　督促全市各级党组织把整治和查处群众身边的不正之风和腐败问题做为工作重点，加大“小官大贪”、侵吞挪用、克扣强占等侵害群众利益问题的查处和督办力度，查办群众身边的腐败问题案件88起，给予党政纪处分116人，下发群众身边的腐败问题通报9次，通报典型案例36起。协助市委起草印发《关于开展市委常委督导重点镇（街道）集中整治和查处群众身边的不正之风和腐败问题工作方案》，突出问题导向，组织开展重点督导督办。全年移交问题线索44起，查结41起，处理56人，其中党政纪处分48人。开播第13轮行风热线，42个市直单位（行业）和21个镇街在电台直播间接听解答群众各类诉求173个，其中需要解决督办问题37个，群众满意度达到88%。在“五区一市”率先实行网上调查问卷和民主评议基层站所，对86个参评部门单位和行业分4类进行测评，收到评议代表提出的问题1079件。

【扶贫领域监督执纪问责】 成立专项治理工作领导小组，印发《关于开展全市扶贫领域腐败和作风突出问题专项治理的工作方案》《关于实行扶贫领域监督执纪问责沟通协调机制的通知》，凝聚监督合力，统筹推进工作，先后召开3次工作推进会，督促扶贫攻坚“1+33”政策方案涉及部门履行职责职能，开展自查自纠。设立“24小时专项举报电话”，在中国滕州网开设举报专区，综合运用“信、访、网、电”方式，及时受理群众举报；建立市镇两级扶贫领域问题线索专门台账，进行集中管理和动态调整；开展明察暗访，组织2个明察暗访组，集中开展为期1个月的明察暗访，发现问题线索14个。坚持扶贫领域有腐必反，有贪必肃，查处扶贫领域违纪问题19起，给予党政纪处分27人。其中，被责任追究6人，被依法追究刑事责任4人，下发扶贫领域违纪违规问题通报4次，点名道姓曝光典型问题14起17人。

【反腐倡廉宣传教育】 成立由市纪委班子成员、部室主任和市委党校专家组成的宣讲团，宣讲33场次，受教育干部达10000余人次。紧盯关键时间节点，发送廉政短信1万余条。联合市人民法院，分批次、分层次组织不同岗位人员参加庭审旁听警示教育活动8场次，受教育人数达400余人次，撰写心得体会382篇。组织镇街、市直部门、国企等单位党员干部到枣庄监狱等廉政教育基地接受警示教育，受教育党员干部达4000余人（次）。编印《结合案例 学党纪明规矩》读本3709册，下发至全市副科级以上干部和镇街部门负责人。挖掘廉史资源，拍摄完成《铁面

《铁面御史王东槐》专题片在中纪委网站《中国传统中的家规》栏目播出

御史王东槐》专题片，先后在省纪委网站《齐鲁好家风》和中纪委网站《中国传统中的家规》栏目播出。传承优秀家风，《处事谦让为贵　做人诚信为本》《四句话　一辈子》《坚守》3件作品分别荣获由山东省纪委宣传部和大众网、齐鲁网联合开展的“爸妈的叮咛——我的家风传承”活动三等奖。先后组织镇街、市直有关单位负责人赴河北省唐山市、沧州市和北京市石景山廉政示范点进行实地参观考察，建设完成功能完善、设备齐全的西岗镇、姜屯镇、市地税木石分局3个廉政示范点。截至年底，全市创建省级廉政文化示范点3个，市级廉政文化示范点13个。

（市纪委研究室）

民主党派和工商联

中国国民党革命委员会滕州市总支部委员会

【思想政治建设】　组织参加民革枣庄市委举办的骨干党员、新党员培训班。组织全体党员学习中共十九大精神及新时代中国特色社会主义思想，努力提升党员的理论水平。以“继承先烈报国志，撸起袖子加油干”为主题，举办参观“滕县保卫战遗址”和祭奠王铭章将军的活动、参观薛城铁道游击队纪念园暨纪念中共“五一口号”发布69周年活动。

【组织建设工作】　建立滕州总支党员活动之家，先后开展法律咨询、心理咨询、顾老师课堂、读书会等一系列丰富多彩的活动。加强优秀人才的发展和后备人才的培养。2017年发展党员1名，总支党员的总人数达到34人。加强活动小组建设，调整组成人员，成立议政小组、社会服务小组和文体活动小组、滕县保卫战和王铭章将军研究小组。总支对党员进行动态量化管理，及时收集议政建言、岗位建功方面的成绩。

【参政议政】　总支共有各级政协委员19名，在第十五届一次政协会中提交提案36份，其中重点提案3篇。换届以后提交社情民意28篇，其中王茜的《关于创建“互联网+”进一步推进精准扶贫的建议》被省政协和民革山东省委同时采用，王明华的《关于发展旅游观光农业的建议》《关于加强网络订餐　食品外卖安全的建议》被民革山东省委采用。提交《我为幸福滕州献一策》调研报告9篇。有8篇宣传信息被民革中央采用，10篇被民革山东省委采用。围绕信访难点问题，成立10人调研小组，经过近4个月的调研，形成《滕州市基层社会矛盾化解调研报告》，上报滕州市委统战部和民革枣庄市委。

【祖国统一工作】　认真学习领会中共中央对台工作的大政方针，深入思考开展对台工作的新思路，及时了解海峡两岸形势的新动向、新变化。开展与台属企业的座谈交流活动，为在滕州台属企业提供服务。积极联系在台亲属，宣传国家对台政策，维护国家统一，坚定反对“台独”。

【社会服务】　坚持“一月一活动”，举行庆“三八”文艺汇演等多种形式的活动。筹办博爱志愿者团队，坚持将社会服务工作与弘扬中山精神相结合、与开展“同心”实践相结合、与民革自身发展相结合，通过特色化、基地化、常态化的博爱志愿服务活动，不断夯实社会服务基础，筑牢“博爱”这个品牌。

（王　茜）

中国民主同盟
滕州市总支部委员会

【学习培训】 学习中共十八届六中全会、全国两会和盟省委、盟市委有关会议精神。各支部组织召开学习中共十九大会议精神座谈会，并进行现场讨论。组织全体盟员前往江苏淮安参观周恩来总理纪念馆开展教育实践活动。选派3名盟员参加在浙江大学举办的滕州市统一战线骨干成员培训班；组织盟员参加枣庄盟市委组织的“不忘合作初心，继续携手前进”为主题的培训班和在延安举办的“继承优良传统，深化政治交接”培训班，提升盟员自身素质。9月，高标准建设集交流、学习、展示、服务等功能于一体的“盟员之家”。当年盟总支被评为山东省先进基层组织。

【组织发展】 收到入盟志愿书20余份，发展盟员8人，全部为本科以上学历。盟员担任两级市人大代表、政协委员的28人，其中两级市人大代表5人，两级市政协委员23人（滕州政协常委8人）。两位盟员分别被市审计局、市教育局聘请为特约审计员、教育观察员。严格执行入盟积极分子递交入盟申请书同时上报社情民意和提案的规定，提高盟员参政议政能力。

【参政议政】 2017年市“两会”期间，提交提案38件，其中集体提案4件，《关于加快培育特色小镇建设的建议》《关于规范我市社会教育培训机构的建议》被列为重点提案，提案数量创有史以来最高；全年上报社情民意29篇，其中社情民意《关于律师参与信访工作的建议》被枣庄市政协《社情民意》第8期采用并得到枣庄市副市长宋丙干的批示。加强与市教育局的对口联系，找准切入点，选好题目，开展联合调研，共同推进全市教育现代化改革。一中支部盟员到龙阳镇调研社会主义新农村建设，为龙阳镇特色小镇建设提出意见和建议。

【品牌活动】 一是送教下乡。5月2日，一中支部、二中支部到滕州三中送教，提高农村教师教学技能。二是多样化送医。学院支部组织内科、外科、皮肤科、传染科等医疗专家在龙泉广场举行义诊服务。卫生支部坚持“全国爱牙日”义诊活动，免费给滕州善国学校学生检查牙齿，组织专家在龙阳镇卫生院举行专业讲座。

【盟员业绩】 一是热心盟务做表率。副主委张纯峰代表枣庄民盟参加“翰墨泰山——喜迎十九大暨庆祝山东民盟建立组织70周年书画展”。两位盟员参演枣庄市统一战线庆祝十九大胜利召开文艺演出。在《不忘合作初心 继续携手前进》征文活动中两位盟员的作品分别获二、三等奖。民盟滕州总支荣获“优秀组织奖”。二是立足大局做贡献。盟员主动参与全国卫生城市创建工作，书画家盟员为弘道公园文化墙添彩。三是工作创佳绩。1名副主委被评为山东省中小学教师正高级职称，1人荣获山东省书画学会第四届“百杰”小书画家比赛优秀辅导奖；陈长选主编的《当代外科诊疗指南》一书出版；丁鹏荣获山东大学临床医学博士学位；梁军的面塑作品被山东艺术学院收藏等。

（民盟滕州总支）

中国民主建国会
滕州市基层委员会

【参政议政】 向各级人大、政协提交议案、提案30件，其中有4件提案获得优秀提案，3件提案被列为重点提案，1人被市政协评为宣传工作先进个人。向上级各级组织报送各类活动信息、社情民意、征文20余篇，其中6篇在民建山东省网站刊登。组织企业调研3次，提交调研报告2篇。《关于加强大气污染联防联控 着力改善空气质量的建议》被滕州市政协列为重点提案，并召开专题协商座谈会，主委刘忠立获枣庄市2017“参政议政”十大年度人物荣誉称号。组织编制近五年来滕州民建界政协委员提案汇编、团体提案汇编、优秀提案汇编，供会员们学习和参考，提高履职水平。

【学习实践】 组织召开学习贯彻中共十九大精神、习近平总书记系列重要讲话精神及理论学习座谈会5次，围绕“五个聚焦”，提升学习境界。开展“读一本书活动”等读书增知活动。组织民建界政协委员参加全市政协委员第二期学习论坛报告会。组织会员参加枣庄市统一战线“同心林”建设启动仪式暨雨季植树活动。高标准建设200余平方米的民建滕州基层委员会“会员之家”活动室，分为可容纳100余人的会议室和集学习室、资料室、档案室、议政室、展览室为一体的多功能室。收集整理各类学习资料1000余册。

【社会服务】 组织开展“学雷锋，献爱心”走进北辛敬老院活动，免费为老人做眼睛检查，并赠送老花镜。“六一”儿童节前夕，组织会员企业为东郭镇后李岭小学全校137名学生送去价值1.3万余元的校服。“6.6”爱眼日，山东大华眼镜有限公司赞助总价值3万余元的100副防蓝光高清镜片、50副眼镜，开展“视力保健校园行”系列公益活动，第13次走进校园，分别为龙泉小学、红黄蓝幼儿园和凤凰苑、中央城两个居民社区免费开展护眼知识和眼睛保健专业问题咨询、视力筛查和视功能检测、“视力健康中国行爱眼护眼”讲座。会员企业山东中科蓝天新能源股份有限公司与齐鲁工业大学进行校企合作、实践基地签约，为大学生实习、实训、就业提供平台，校企双方通过“校企合作”平台，不断培养高素质、高技能的应用型人才。

（马洪伟）

中国农工民主党
滕州市总支部委员会

【参政议政】 2017年，在两级市人大、政协换届中，农工党滕州总支有1人当选枣庄市人大代表；5人被推荐为枣庄市政协委员，其中1人当选枣庄市政协常委；顾天鸽和王延生当选市人大代表；19人被推荐为市政协委员，其中4人当选为政协常委。

【活动开展】 8月4日，枣庄市支持民主党派加强自身建设现场会在滕州举行。与会人员一行听取农工党滕州总支主委、滕州市政协副主席、滕州市中心人民医院副院长李培永的介绍，实地参观党员活动室、乡镇医生继续教育培训基地等。5月6日，农工党滕州总支“同心助医”实践基地揭牌仪式在滕州市第二人民医院举行。枣庄市政协副主席、农工党枣庄市委员会主委艾百灵，滕州市委书记邵士官，市委常委、组织部部长、统战部部长高鹏，市委常委、市委办公室主任薛登峰，滕州市政协副主席、农工党滕州总支主委李培永等出席揭牌仪式。艾百灵、邵士官共同

2017 年 5 月 6 日，艾百灵（中）、邵士官（右）共同为农工党滕州总支“同心助医”实践基地揭牌

为农工党滕州总支“同心助医”实践基地揭牌。

【关爱行动】 1 月 15 日，农工党滕州市总支到 6 位 80 岁以上老党员家中，开展春节走访慰问活动。9 月 2 日，枣庄市政协农工党无党派界别小组、枣庄市党外知识分子联谊会联合滕州市中心人民医院，在鲍沟镇圈里村开展送医下乡活动，为村民提供义诊服务。

（赵逢念）

九三学社滕州市基层委员会

【思想政治建设】 2017 年，先后多次召开主委会议、全委扩大会议，集中学习中共十九大精神。参加社市委召开的十九大精神宣讲报告会和十九大征文活动，在社微信圈内刊登社员学习十九大心得体会文章。3 月，集中学习党的十八大六中全会精神；8 月，参加枣庄市统一战线“同心林”建设启动暨雨季植树活动；11 月，组织部分班子成员参加社市委组织的赴北京参观“砥砺奋进的五年”大型成就展。根据社市委下发的《九三学社枣庄市委开展“不忘合作初心，继续携手前进”主题教育活动方案》，举办九三学社讲堂，50 余名滕州社员参加活动。

【参政议政】 一是按时参加中共滕州市委、市政府举行的座谈会、通报会和协商会，围绕学习贯彻习近平总书记系列重要讲话和中共十九大精神、市政府工作报告等事关经济社会发展的重大事项，认真调研、精心准备，提出有较强针对性和切实可行的意见建议。二是制订《参政议政工作管理办法》，成立参政议政专委会，进一步改进参政议政工作机制。加强与市农业局、市科技局等对口联系部门合作，开展专题调研，完成调研报告 2 项。《关于滕州争创“全国文明城市”的建议》《关于“在我市实施传统工艺振兴计划”的建议》转化为社集体提案，其中《关于滕州争创“全国文明城市”的建议》被市政府采纳，写入市政府工作报告。三是全年上报社情民意信息 11 篇，枣庄、滕州两级人代、政协会议上，上报提案、议案 35 篇，其中《关于整合城区 IC 卡 高效建设智慧城市 更好实现便民服务的建议》被列为重点提案。

【民主监督】 多名同志分别被有些单位聘为特约审计员、枣庄市政协提案督办员、特约税务监察员、特约教育督导员、人民法院陪审员、特约国土监察专员，各级特约人员积极履行民主监督职责，参加各类视察、调研、旁听庭审、党风廉政建设监督等活动，提出意见、建议。

【社员风采】 2017年，社员获得滕州市级奖励2人次，枣庄市级科技奖励一等奖1人次，二等奖3人次，三等奖2人次；获实用新型专利1项；发表SCI和EI论文4篇，省级论文5篇，专著2部。社员单金凤撰写的《不忘初心、执着追求》通讯文章在《联合日报》发表，并获九三学社山东省委2017年思想宣传工作优秀作品新闻报道类三等奖。社员张桑的书画作品入选“喜迎十九大、同心永向党”统一战线书画展。在滕州市政协组织的“读书增智”征文活动中，社员樊海燕获得一等奖，单金凤、丁志坚获得二等奖，许淼获得优秀奖。开展社会服务品牌活动，连续两次走进实验幼儿园，为儿童开展义务查体。开展“代理妈妈活动”，关爱农村留守儿童。

（唐河阳）

滕州市工商业联合会

【教育引导】 组织开展市工商联十四届一次常委会暨大讨论学习考察活动、市工商联十四届二次执委会议暨新任执委履职培训班和市工商联学习贯彻党的十九大暨全国工商联十二大精神宣讲报告会，帮助非公有制经济人士准确把握中央和省、市有关重大决策部署，引导他们认清形势，提振信心。继续开展非公有制经济人士理想信念教育实践活动，下发《关于深化以“守法诚信、坚定信心”为重点的非公有制经济人士理想信念教育实践活动的实施意见》，引导他们进一步增强“四信”。注重年轻一代非公有制经济人士教育培养，组织收听收看年轻一代全国民营企业家理想信念报告会，推荐15名青年企业家担任枣庄青年企业家商会理事。继续开展向非公有制经济人士推荐赠书活动，全年赠送《从0到1》《新动力》《创富有道》《定位》《黑天鹅》等涉及经济管理类书籍600余套。

【服务经济】 开展市工商联机关干部联系基层商会及非公有制经济代表人士活动，制定下发《滕州市工商业联合会关于开展机关干部联系基层商会及非公有制经济代表人士活动的通知》，明确市工商联机关科级以上干部分区域联系全市21个镇街商会、开发区商会，9个直属商会和98名担任执委以上职务的非公有制经济人士，了解情况、帮助工作、解决困难。组织起草《关于加强市级领导干部联系服务非公有制企业 构建新型政商关系的实施意见》，并以市委办公室名义下发，市级领导干部联系服务1～2家非公有制企业，着力优化营商环境。组织19名企业家实地考察苏州石川制铁有限公司、德胜苏州洋楼有限公司、好孩子集团公司、苏州力华米泰克斯胶辊制造有限公司、浙江杭一电器有限公司等企业，面对面与企业负责人座谈，沟通情况、交流经验，宣传滕州招商引资政策，寻求合作意向。组织部分非公有制企业参加山东省—山口县经贸洽谈会、中蒙俄马经贸交流会等活动，加强对外交流交往。与昆山市工商联、绍兴市柯桥区工商联、睢宁县工商联、丰都县工商联建立友好商会，交流工作，互通信息，加强合作。

【服务社会】 引导非公有制经济人士参与光彩事业、精准扶贫等公益活动，广大会员企业帮助贫困户解决生产生活中的实际困难。在以“民企送温暖、爱心促和谐”为主题的节日走访活动中，有20余家会员企业热情参与。在各级慈善基金会捐助活动中，工商联会员企业更是踊跃带头，积极捐献，捐献资金、实物折合60余万元。开展与重庆市丰都县东西扶贫协作活动，与丰都县工商联对接，召开扶贫协作座谈会2次，组织部分非公有制经济人士赴丰都县考察，形成初步合作意向3个。认真做好工商联机关干部帮包贫困户工作，年内走访贫困户5次，累计捐赠财物8000余元。

【参政议政】 走访调研非公有制企业65家，组织工商联界政协委员和市工商联部分执委，结合贯彻中发〔2017〕25号和鲁发〔2017〕21号文件精神开展调研活动3次，引导会员、会员企业中的各级人大代表、政协委员做好“两会”期间的议政发言，撰写议案提案60余件，部分议案提案引起有关部门和社会的关注，市工商联团体提案《关于优化我市营商环境的建议》，被列为市政协2017年度重点提案。

（市工商联）

（朱贺/摄）

人民团体

People's Organizations

责任编辑：李　明

滕州市总工会

【工匠评选】　联合市直有关部门组织开展全市首届“滕州工匠”评选活动，评选出“滕州工匠”36名，其中“滕州十大名匠”10名，市委、市政府进行隆重表彰，形成尊重技能人才、争当技能人才的浓厚氛围。

【维权维稳】　继续深入推进全市企业工资集体协商工作，印发《关于开展2017年工资集体协商“集中要约”行动的通知》，努力推动三方协调机制，切实维护职工自身利益。做好厂务公开民主管理工作。召开推进企业工会与行政沟通协商机制建设调度会议，研究部署推进企业工会与行政沟通协商机制建设工作，以建立企业工会与行政沟通协商机制为重点，打造“推行协商民主强化社会责任”工作品牌，推进建立以职代会为基本形式的厂务公开民主管理制度。

【劳动竞赛】　在十大行业36个工种项目中举办滕州市第十二届职工职业技能大赛，除保留传统工种项目外，新增供水管道水表安装、燃气具维修等服务民生的比赛项目。

【服务职工】　重点推进职工服务组织建设工作。配合完成枣庄市总工会对21个镇街职工服务站的验收表彰，继续做好职工服务中心的各项工作，发挥爱心超市、爱心传递站的作用，抓好困难职工的日常救助和帮扶工作。推进企业文化及职工文化建设，全市建成全国职工教育培训示范点单位2家，全国职工书屋5家，藏书数量达120余万册以上，图书借阅量达30万人次以上。开展丰富多彩的职工文化体育活动，举办“庆七一”全

2017年10月12日，举办滕州市第十二届职工职业技能大赛燃气具维修技能竞赛

市职工乒乓球比赛、羽毛球比赛、“安全文化进企业”“最美劳动者”职工书画摄影展、象棋大赛等活动；联合市直机关党工委、市体育局等单位举办庆元旦市级机关干部越野长跑比赛；组队参加全市第三届全民健身运动会篮球、羽毛球、登山等项目比赛，充分展示广大职工的精神风貌，促进全市职工体育运动蓬勃开展。按照全总、省总有关职工之家建设要求和市委党的建设领导小组办公室关于党建带群建共建共享工作部署精神，把更多服务职工、展现工会职能特色的内容融入职工之家建设中，在人和天地社区党群服务中心和部分镇街建设职工之家10余处，展出庆“五一”活动、劳模风采、职工建功立业、“四季服务”活动、职工技能大赛、单身交友联谊等体现工会工作特色的工作介绍及图片等。配备健身器材（跑步机、握力器）、棋艺休闲娱乐（围棋、象棋、五子棋、跳棋、羽毛球）用品和工会报纸杂志等体现工会特色的相关书籍，便于职工了解工会工作，促使工会更好地服务职工。

【劳模管理】 4月28日，召开全市庆祝“五一”国际劳动节暨劳动模范表彰大会，命名表彰90名劳动模范。4～5月份，开展“中国梦·劳动美”系列宣传活动，集中在滕州电视台、中国滕州网开辟《中国梦·劳动美》专栏和专版，全方位、多角度、深层次宣传各行各业涌现出来的各级先模代表，大力营造学习劳模、宣传劳模、争做劳模的浓厚氛围。认真做好劳模接访工作，先后接待前来咨询劳模津贴的各级劳模50余人次，及时为17名劳模办理荣誉津贴。

【“金蓝领”工程】 突出服务全市机械机床和煤化工两大产业集群发展，着力全面提升产业工人技术技能素质，组织实施职工技能提升培训（“金蓝领”工程）。坚持突出实用性、增强针对性原则，顺应经济转型升级需要和企业职工需求，有计划、有步骤地付诸实施。举办“金蓝领”培训3期，有效提升参训学员的专业技能水平，千余名一线职工迅速成长为高技能人才。2017年，威达重工股份有限公司职工王亮获得“全国五一劳动奖章”，成为十多年来枣庄市青年职工获得的最高荣誉，提升滕州市机床产业技术工人的知名度和影响力。

【帮扶救助】 开展各种主题救助活动，元旦、春节期间通过省总、枣总领导和市级领导走访慰问、即时救助等方式救助困难职工3000余人，发放救助金300余万元。举办“金秋助学”活动，发放助学金6.2万元。开展全市“互助保障情暖会员”慰问活动，为家庭特别困难的会员职工发放互助互济金40万元，实现互助互济金真正救到急处、救到难处、救到实处。互助会共有参会单位400余家，6.5万人次参加互助保障活动，累计为3000余名职工给付互助金284万元，继续为入会农民工送“安全关爱险”，累计办理7万余人。

（市总工会）

中国共青团滕州市委员会

【概况】 共青团滕州市委员会不断增强政治性、先进性、群众性，形成具有滕州特色共青团品牌活动，全年各项工作和建设发展取得新成效。先后荣获省助力县域科学发展工程先进集体等荣誉，涌现出获得中国青年创业奖、省优秀共青团干部、第十一届中国青年志愿者优秀个人奖等一大批各行业优秀青年典型。

【思想引领】 一是政治引领。认真贯彻落实习近平总书记系列重要讲话精神，以中国梦主题教育实践活动为统揽，在学雷锋日、“五四”“六一”、建队节等重要时间节点，举办“红领巾喜迎十九大”“我向习爷爷说句心里话”“和武警叔叔一起观影”、七年级建队仪式、少先队鼓号操大赛等集中活动10余场，参与青少年5400人次，打牢广大青少年的理想信念基础，培养社会主义事业接班人。二是价值引领。开展第三届“滕州美德少年”评选活动，大力选树“向上向善好青年”“十佳少先队员”“小名士”等青少年可亲可学的身边榜样，引导青少年做社会主义核心价值观的自觉践行者，省青年五四奖章获得者魏彦君在省纪念五四运动98周年暨建团95周年主题活动上作典型发言。三是网上引导。大力推进“青年之声——滕州”平台建设。组建620人的专家队伍，及时为青年人在线释疑解惑；充分发挥“双微”平台在共青团网络舆论引导中的主阵地作用，开展中秋国庆遇书展“滕小青这厢有礼”“我和共青团有个约会”“争做环保小卫士微信集赞”等活动。

【服务社会】 一是推进青春扶贫。深化实施“百号百企助百村”“青年文明号助千家”“农村贫困中小学生健康成长工程”“金晖助老”“牵手关爱”等行动，举办300人的青春扶贫志愿者行动志愿者培训班，对123名农村贫困中小学生、150名建档立卡的留守、失独贫困老年人、450名贫困、留守青少年，开展结对救助，实现登记在册贫困青少年全覆盖；深化“希望工程圆梦行动”，筹集资金7.3万元、行李箱等物品50份，救助大学新生107人，建成希望图书室1所；扶持滕州市义工协会联合东郭镇磨石山村党组织实施“义启推磨”扶贫项目，探索走出一条“社会组织+村集体+项目”的扶贫之路，该项目案例也是滕州市唯一被《山东省脱贫攻坚实践篇》刊发的优秀扶贫报道。二是打造志愿服务项目品牌。争取资金20万元，在级索镇级索社区、微山湖湿地红荷景区等4处新建省级青年志愿服务站，先后开展“志愿同行·情暖滕州”志愿服务活动、“绿动青春·文明滕州”志愿服务活动等，组织高校、志愿服务组织等2000余名志愿者捡拾垃圾、擦拭公共自行车、清理小广告、劝阻不卫生行为，助力国家卫生城市创建。70余名志愿者服务首届“滕州书展”。50余名春运志愿者提供引导咨询、秩序维护、重点帮扶、便民利民和应急救援等志愿服务，进一步提高志愿服务品牌效应。三是强化青年岗位建功。组织动员共青团界别政协委员、青商会员开展互观互学，加强交流，助推全市经济发展；依托青年文明号创建、团员先锋岗创建、青年职业技能大赛等载体，推动青年通过开展岗位培训、竞赛选拔形成争创一流工作业绩的浓厚氛围，承办枣庄市争创省级团员先锋岗示范活动，联泓新材料有限公司荣获山东省首批团员先锋岗，市政务服务中心成为枣庄市首家未启动行业的国家级青年文明号，辰龙集团鲁南机床装配二车间获评省级青年安全生产示范岗。四是开展青春绿色行动。组织开展绿化、护水、清洁环境、健康出行等环保活动30余次，充分发挥共青团动员优势，广泛发动团员青年、少先队员等开展“绿动青春·美丽滕州”系列植树活动，累计组织3350名青少年在清水湾公园、莲青山、青龙山绿道等9地开展集中植树活动，在上善公园高标准建设青年林，2017年建成枣庄市青少年绿化基地

2个，滕州市青少年绿化基地1个，种植各类树木7.66万棵。

【服务青年】 一是推进青年就业创业。搭建创业平台，新建滕州市级“青年就业创业见习基地”12家，滕州市班墨众创空间被评为全省首批青年众创空间，提供见习就业岗位560个；开展创业培训，依托各类团属青年创业平台组织举办电子商务培训班12期，培训青年1080人次，专为建档立卡贫困家庭青年举办青春扶贫电商创业培训班1期；提供金融支持，依托“贷你圆梦”创业青年培养计划，重点扶持带动能力强的创业青年，发放贷款65笔，共790万元，节省利息17.72万元，为13家小微企业争取870万元“基准贷”项目贷款，节省利息37.84万元，争取财政资金为8家青年创办的小微企业贴息10.6万元，培养发掘创业典型，涌现出以“全国农村青年致富带头人”刘恒涛等为代表的一批优秀青年企业家，“互联网+SBAF”污水处理系统在山东省青年创新创业大赛中获得优秀项目奖。二是深化青少年维权工作。开展“共青团与人大代表、政协委员面对面”活动，就农村青年电商培育工程进行调研、座谈；加强与“预青”专项组成员单位间的联系沟通，举行检察院开放日活动；加强青少年事务专业社工人才队伍建设，与上善、中和等青少年社工服务团队开展购买服务工作，加强合作，共同实施社区青少年事务社工服务项目。帮助1名大坞女孩诉讼讨公道，最终获赔50余万元。三是健全团属青少年服务平台。依托党建工作阵地汇聚整合党政、群团等各方面资源，通过阵地共建、资源共享、活动共办等方式建设和运行青年之家，着力解决基层团组织建设“四缺”难题，在青年之家普遍设立青年志愿服务站，为志愿服务搭建平台，提供场地，优化服务项目，为群众提供多样化的志愿服务活动。积极开展扶贫帮困、创卫攻坚、爱心511、绿动青春等主题活动，其中“志青春·用爱点亮文明城”志愿服务广泛动员社区群众积极参与全国文明城创建，获省志愿服务项目金奖。建成青年之家11处，命名科圣路社区等青年之家示范点4个，投资30万元在滕州市青少年科技馆新建滕州市级青少年综合平台1处，在建人和天地社区等青年之家6处，确保活动有场地，服务有站点。7月，中央政治局委员、国家副主席李源潮视察科圣路党群服务中心青年之家，对滕州摸索出解决办法、基层群团工作有人管、活力强、积累丰富经验的做法给予赞许。

（殷　悦）

滕州市妇女联合会

【概况】 从推动解决妇女最关心、最现实的问题入手，履行组织妇女、服务妇女、维护妇女儿童权益职责，做好各项工作。滕州市被评为“枣庄市妇女儿童工作先进集体”，市妇联被省委、省政府评为“全省妇女儿童工作先进集体”，被省妇联评为“幸福进家”活动示范单位。

【巾帼建功】 贯彻落实“双创”战略、精准扶贫工作部署，搭建平台，引领妇女在服务大局中建功立业。妇女创业就业推进。与人社局联合开展“春风行动”女性专场，为589名妇女提供就业岗位；推动发放小额担保贷款1176万元，扶持121名妇女创业发展；举办手工、家政、电商等培训班127场，免费培训妇女38750人，安置妇女就业29670名；深化巾帼创业创新行动，重点培树申通物流、翔宇物业等一批巾帼创业品牌。张汪镇大宗村元宝枫合作社入选省十大优秀妇女创业创新项目，妇女创办（领办）农家乐13家。巾帼脱贫行动精准到位。突出妇女居家创业就业脱贫和关爱帮扶两大重点，开展“小康路上·姐妹同行”活动；依托天华贝贝服饰、湿地渔家、葫芦套村等创业就业项目服务点，吸纳贫困妇女居家创业就业；加强技能扶贫，举办手工、家政、电商等培训班19场；实施爱心扶贫，开展“百企联百村千岗连千户”活动，筹措帮扶资金3万余元；组织女企业家参与大学新生助学活动，募集资金7.2万元，资助24名贫困大学生；开展贫困母亲资助工程，为680名贫困妇女购买安康保险、资助80名建档立卡贫困妇女发展家庭种养业和手工加工等居家创业就业项目。

【幸福家庭建设】 组织妇女积极开展文明和谐幸福家庭创建，做暖人心、聚人心、稳人心的工作，形成谋发展、促和谐的合力，共同推进社会和谐稳定。立足家庭促和谐。通过开展“晒、议、讲、评、秀”等寻找“最美家庭”活动，吸引全市2万余个家庭参与，晒家庭照片7000余张，评选出各类“最美家庭”1200个。强化宣传聚人心。“三八”妇女节期间开展“巾帼心向党·扬帆新征程”宣传教育活动，在新闻媒体开设《巾帼风采》《最美家庭》《最美女性》等专栏，活动有126人报名，65人优秀事迹在枣庄市妇联官微展播；在网站、微信公众号、微博等宣传平台推出“砥砺奋进的五年”“喜迎十九大·新旧对比看变化”等系列宣传活动；各级妇联组织“巾帼心向党，建功新时代”学习十九大精神宣讲会，掀起学习贯彻党的十九大精神热潮。文明创建有成效。围绕全市“乡村文明行动”总体部署，推进“美在农家”评选活动、“新农村·新生活”培训，举办“新农村·新生活”培训班127期，培训人数3.8万人；组织巾帼志愿者广泛开展创卫服务、反家暴、禁毒宣传、法律宣传等活动400余次，参与人员5万余人；组织女企业家到消防大队慰问消防官兵，到龙阳镇敬老院慰问孤寡老人，送去慰问物品9000余元；引导广大女职工立足岗位，争做标兵，市地税局纳税服务中心被授予“全国三八红旗集体”称号。

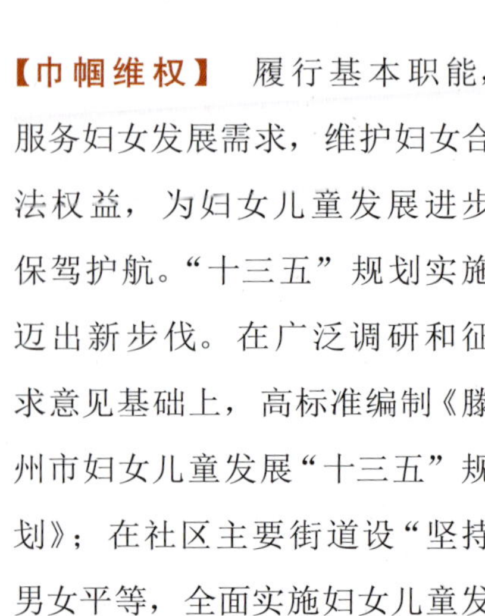

【巾帼维权】 履行基本职能，服务妇女发展需求，维护妇女合法权益，为妇女儿童发展进步保驾护航。“十三五”规划实施迈出新步伐。在广泛调研和征求意见基础上，高标准编制《滕州市妇女儿童发展“十三五”规划》；在社区主要街道设“坚持男女平等，全面实施妇女儿童发

2017年9月19日，省妇联副巡视员盛巧俐（右二）到滕州调研

展'十三五'规划”宣传站，扩大新规划的社会知晓率。12月29日，召开全市妇女儿童工作会议。维护妇女权益工作取得新突破。编印1万册“12338”妇女维权热线记事本，宣传“12338”热线，接待来电来访92件、参与涉及妇女儿童案件70余起，群众满意率100%。举办《反家庭暴力法》实施一周年纪念活动；与市司法局、枣庄律师协会滕州分会成立维护妇女儿童合法权益律师志愿团，吸纳成员50余人，开展巾帼维权志愿者进妇女儿童家园活动；举办巾帼志愿者法律宣传进社区进家庭到身边讲座5场。关爱困境妇女儿童推出新举措。积极开展“爱心妈妈”结对帮扶、义工支教、爱心义诊、文艺演出等关爱留守儿童活动，募集爱心物资及捐款24.9万元，帮扶留守困境儿童508人。与民政、团委等部门联合成立“美丽女孩”关爱中心，第一批结对帮扶10名困难女孩。发放各级妇联“两癌”救助金58.6万元，救助贫困“两癌”妇女134名。投入10万元新建留守儿童快乐成长活动站5处。

【强基固本】 深入贯彻党的群团工作会议精神，坚持重心下移，强化基层基础，增强妇联组织的凝聚力、战斗力。妇联改革思路科学清晰。准确把握改革方向，积极与市委组织部、市编办、市财政局等部门对接协调，研究起草《滕州市妇联改革实施方案》，并于9月份下发。7月3日，中央政治局委员、国家副主席李源潮到滕调研群团改革工作。8月26日，在全国群团改革工作座谈会上，市委书记邵士官作经验介绍。义乌市、天津市滨海新区等地市到滕学习考察群团改革工作。基层组织建设整体跃升。坚持党建带妇建，将妇联组织拓展到行政事业单位、国有企业、非公经济和社会组织等领域，在市政务服务中心、翔宇物业管理有限公司、广场舞协会、妇女健身协会等成立妇联，建立起“小妇联”撬动“大单位”“小核心”辐射“大周边”的组织格局。推进村（社区）妇代会改建妇联，扩大村级妇联组织和工作覆盖，1250个村（社区）全部完成“会改联”工作，并召开全市基层妇联组织建设现场推进会。阵地服务功能发挥良好。新建省、枣庄、滕州三级妇女儿童家园9处，开展“妇女儿童家园+”建设，将政府购买社工服务项目引进到妇女儿童家园，开展主题宣传活动246场次，培育发展社区巾帼志愿者540人，直接受益社区居民4万余人。

（市妇联）

滕州市残疾人联合会

【康复工作】 搞好残疾人精准康复服务。为加强残疾人精准康复服务，培训社区康复协调员100人，新增残疾人精准康复支持性服务定点机构2处，完成精准康复支持性服务1000人；筛查出有基本康复需求的残疾人10653名，已完成康复的残疾人7989名，完成率75%。依托残疾人康复职业培训中心和市妇幼保健院等定点康复机构，救助脑瘫、智力、听力、人工耳蜗和孤独症残疾儿童129名。400名精神病患者实施免费服药，50名精神病患者实施免费住院。实施精准康复基本辅助适配890人，残疾人家庭无障碍改造61户，完成白内障复明手术500例。

【培训就业】 开展残疾人职业技能培训和“扶残助学”“励志助学”活动，救助贫困残疾新生和贫困残疾人家庭子女49人。推荐上报省市级残疾人创业标兵6人，残疾人致富能手8人，枣庄市级优秀基地1处。

【精准扶贫】 加大政策扶持力度，深入开展精准扶贫工作，落实社会兜底保障政策，配合民政部门进行“两项补贴”审核。全市8388名残疾人享受困难残疾人生活补贴，13411名残疾人享受重度残疾人护理补贴。为826名建档立卡的贫困残疾人提供精准脱贫服务，走访慰问建档立卡贫困残疾人826户，为他们购买轮椅、助行器、拐杖、电饭锅、米、面、油等物品；为方便有贷款贴息需求的残疾人就近办理，将扶贫贷款贴息项目资金16.95万元拨付到各镇街，由镇街实施；为310名残疾人提供每年260元的燃油补贴；利用春节、中秋节、爱耳日、助残日等节日，开展走访慰问、助听器验配、假肢安装、辅助器具发放等活动，发放各类辅助器具2056件。

（市残联）

滕州市红十字会

【组织建设】 定期召开全市红十字会工作会议，对全市21个镇街红十字办公室、志愿者服务队、红十字青少年学校的负责同志进行系统业务培训，明确工作目标，不断提高红十字会队伍的综合素质和业务能力，推进“三救”“三献”工作，并实现基层组织和团体会员单位稳步发展。12月，枣庄市红十字会基层组织现场会在滕州市召开，参会领导观摩鲍沟镇红十字会办公室、北关小学红十字青少年学校、和家园社区红十字会、红十字尚善志愿者服务队四个现场。先后被评为山东省红十字会“信息化工作先进集体”“造血干细胞捐献先进集体”“天使救助项目先进集体”。

【志愿者服务】 红十字尚善志愿服务队陆续组织举办“关爱麻风病康复村”“植树造林·环保宣传走进莲青山”“关注留守儿童”“急救白金十分钟——邻里守望”等系列活动。参与全国卫生城市创建活动，开展街巷、小区等路面垃圾清捡、不文明行为劝导等活动。召开红十字尚善志愿服务队优秀志愿者表彰大会。累计开展活动150余次，平均每月至少活动12次，受益人数10000余人。

【知识宣传】 加强与媒体合作，通过中央电视台、山东卫视、《齐鲁晚报》《滕州日报》等主流媒体和《中国红十字报》、中国红十字会网站、中国人道网等红十字会系统宣传阵地，对“三救”“三献”工作情况进行深入报道和主题宣传。其中，“5.8”红十字博爱月集中活动启动仪式在中央新闻频道、山东省新闻频道播出。市红十字会网站建设和管理更加规范，工作信息和捐赠款物情况及时发布。“滕州市红十字”微信公众号成为发布信息、交流经验的重要平台。

【应急救护培训】 市政府下发《滕州市人民政府关于加强全市应急救护培训工作的意见》（滕政发〔2017〕47号），并成立滕州市应急救护培训工作领导小组。开展“白金十分钟——邻里守望”全国自救互救志愿服务联盟公共空间救护普及公益活动，联合市中医医院，组织市红十字尚善志愿服务队于每个月月末的周六在龙泉广场、真爱商品城、荆河公园等人流量密集的公共场所举办宣传活动20余场，通过摆放展板、发放宣传资料、现场表演和演示操作技能等方式扩大自救互救的社会影响力，提高大众自救互救率。完成中国红十字会公益彩票基金生命健康安全教育项目。根据项目要求，组织开展“学校＋社区”安全健康培训工作。在滕州市中小学素质教育培训基地举办初级救护员培训班12期，培训初级救护员600人。举办生命安全健康教育课堂4期，培训中小学生2000余人。中国红十字总会训练中心负责人王琦、山东省红十字会赈济救援部部长金桥到滕调研、验收时均给与高度评价。按照《关于做好2017年应急救护培训工作的通知》（枣红字〔2017〕5号）的要求，在市机关党工委、市开发区、枣庄科技职业学院、山东化工技师学院、滕州钢帘线集团等单位培训初级救护员1000人，为全市农村、城市社区党组织书记、市科级领导干部、中小学校开展普及型培训班12期，受训1万余人。学生军训期间，陆续在山东化工技师学院、枣庄科技职业学院开展“应急救护培训进军营”活动，为5000余名新生普及救护知识，提高安全意识。在红荷湿地挂牌成立滕州市红十字“湿地水上应急救援队”，是枣庄市首支红十字湿地水上救援队。聘请枣庄市蓝天救援队专业老师对近100名景区队员和工作人员进行水上救援相关知识培训，并进行现场演练。

【救灾救助】 利用红十字学校、博爱超市等平台，对困难家庭青少年学生给予人道救助。携手国威商贸有限公司开展“博爱助学大坞行”活动，为贫困学生代表送去学习用品、文体活动用品，为全市150余名贫困学生发放价值3万余元的学习文化用品；携手荆西书店在龙阳镇中心小学隆重举行“博爱助学捐书活动暨应急救护普训走进校园”活动。为全市乡镇小学赠送图书1万余册，价值20余万元。以“博爱送温暖”为品牌，携手“龙济天下基金会”为级索镇贫困村民发放价值3万余元的慰问金和慰问品；携手山东真爱置业有限公司开展爱心捐助活动，捐赠爱心毛毯200余条，价值3.2万元。筹集爱心款物40余万元。建立红十字尚善志愿者博爱服务站。在级索镇、南沙河镇敬老院建立博爱服务站，为更多的爱心人士、志愿者提供奉献爱心的平台。石家庄以岭药业捐献价值5万余元的连花清瘟胶囊发放到各镇街。宣传并组织“小天使基金”“天使阳光基金”等各项基金申报工作。报送“小天使基金”申请表12份，“天使阳光基金”申请表10份。

【干细胞与器官捐献】 中国造血干细胞捐献者资料库已经有滕州市血液5000余份，寄出高分辨血样5份。5月10日，召开“林彬同志捐献造血干细胞欢送会”。5月10～16日，林彬在山东省千佛山医院实施捐献。全市有7名志愿者实现造血干细胞捐献，涉外捐献者2名。在伤骨医院组织开展2017年造血干细胞血样采集活动，采集血样120例。加强对遗体（角膜）捐献工作的宣传力度，新增遗体（角膜）捐献登记志愿者6人。

（市红十字会）

（宋贺　摄）

法治 军事

Rule by Law Military Affairs

责任编辑：李 明

社会治安综合治理

【概况】 全市政法综治系统推进综治中心规范化建设、矛盾纠纷多元化解、立体化治安防控体系和特殊人群管理等工作，提升综治平安建设水平。全年排查各类矛盾纠纷1972起，处结1820起，调处成功率92.3%。滕州市被中央综治委授予全国平安建设先进市。

2017年4月8日，市委政法工作暨平安滕州建设大会召开

【“平安滕州”建设】 4月8日，市委召开市委政法工作暨平安滕州建设大会，表彰综治平安滕州建设先进单位118个，先进个人168名；下发《2017年全市综治暨平安滕州建设工作要点》；表彰在党的十九大召开期间有突出贡献的先进集体、先进个人。全年筹备召开推进、调度、总结等各类会议22次，组织网格化管理、住宅小区治安防范、铁路护路联防、校园安全等工作专项督导检查36次，编发督查通报24期。

【综治中心规范化建设】 推动市镇村三级综治中心标准化、规范化建设。研究下发《关于推进全市各级综治中心标准化建设与管理实施意见》《镇（街道）、村（社区）综治中心建设的指导意见》，统一门牌标识、上墙制度等基本内容，明确进驻部门和职责任务，规范设施设备和运转程序。5月23日至24日，市综治办组织部分镇街、市直有关部门的负责同志，赴临沂市考察学习区（县）、镇（街道）、村三级综治中心标准化建设及“雪亮工程”建设经验。明确市级综治中心建设的规划选址、科室设置和职责制度，依托“智慧滕州建设”，谋划“雪亮工程指挥中心”创建。在镇街综治中心建设上，按照“综治+综治信息系统+信访+司法+多元化解+专职调解员+N”的建设模式，东沙河镇、南沙河镇、洪绪镇先行先试，完成综治中心新建工作。其中，南沙河镇、洪绪镇综治中心被枣庄市综治委授予“示范综治中心”称号。其他镇街在现有基础上，对照国家标准，升级改造综治中心。在村级综治中心建设上，全市524个村（居）完成村（居）综治中心标准化建设。10月30日至11月3日，检查验收镇、村两级综治中心建设，并将检查结果纳入年度综治平安建设考核。每月收集汇总各镇街综治中心工作报表，掌握工作进展。

【治安防控体系建设】 全市实现视频监控全覆盖，并加大维护管理和联网应用的力度，推进城乡视频监控一体化。组织各镇街全面检查村（居）视频监控系统运转情况，保持全市视频监控系统良好运行。开展社会治安突出问题集中整治活动，整治治安混乱部位61个，打击处理盗窃、抢劫等违法犯罪问题93起，整改村（居）治安防范工作47项。加强新建小区治安防范设施建设。审核亿丰和家园二期、上善玺园等2个新建小区治安防范设施建设方案，检查验收龙泉首府一期、保利海德佳园A区一期、滕州德意君瑞城南区等12个竣工小区治安防范设施25次，对中央公馆、上善玺园2个暂不符合标准的小区提出整改方案。

【网格化服务管理】 实现全市村（居）网格化服务管理全覆盖。在全市1246个村（居）选配基本网格长、基础网格管理员、网格指导员，定期组织学习教育和业务培训，及时妥善处置并报告网格内遇到的矛盾纠纷和问题。排查整治安全隐患2360余起，排查化解一般性矛盾纠纷4700余起，联系走访重点人员25000余人次，开展法规宣传50000余人次，为群众办理服务代办事项3200余件。使用“社会治理综合信息系统”录入信息12万余条，收集社情民意6460条，社会治理水平提高。

【矛盾纠纷调处化解】 以市矛盾纠纷多元化解中心为平台，受理登记矛盾纠纷1482件，分流、转办各类矛盾纠纷222件，指派专家参与矛盾纠纷化解683人次，直接调处38件，督办83件。审核定补卷宗788件18.96万元，申报枣庄市调解员化解个案奖励卷宗129件8.74万元。化解重大复杂矛盾纠纷和信访积案20余件。市医患纠纷调处中心受理咨询164件，立案调处医患纠纷74件，调处成功并达成调解协议68件，实际赔付金额250.5万元。

【见义勇为工作】 以《滕州日报》为主阵地，报道全市见义勇为事迹，刊发稿件16篇。收集整理山东省见义勇为模范刘近春、费玉坤先进个人事迹材料和孙卓旗“最美滕州人”候选人事迹材料。调查核实徐进步、彭括等见义勇为先进事迹5起7人。

【铁路护路联防】 做好铁路沿线重大节点安保维稳工作。市护路办落实24小时值守制度。铁路沿线各有关镇街开展铁路沿线村（居）易肇事肇祸精神障碍患者、涉毒等各类特殊人群入户随访工作和安全隐患防范四类风险排查整治。举办铁路护路联防培训班，邀请路地公安派出所为护路队员专题授课，指导护路队员加强内务管理、自查自纠和日常考勤。三夏三秋期间组织各镇街清理铁路沿线500米范围内所有秸秆、杂草。在南沙河镇举行平安铁路建设宣传月暨爱路护路进村庄活动启动仪式现场会，各有关镇街张贴海报、发放爱路护路礼品、播放爱路护路电影等。

【烟草市场整治】 组织市公安局、市工商局、市烟草专卖局开展卷烟市场集中整治活动2次，出动执法人员503人次、车辆204台次，对全市各镇街主要街区、主要路段、重点区域、重点目标进行集中检查和清理，检查零售户364户，查获各类涉烟违法案件51起、卷烟1510条，涉案金额16.2万元，依法取缔无证经营户13户。

【校园安全】 3月初，召开全市校园安全工作会议，制定下发《关于进一步加强校园及周边安全防范工作的意见》《关于印发〈2017年全市校园安全大检查的实施方案〉的通知》。是月底，抽调综治、教育、公安等部门人员利用7天时间，检查验收全市校园安全工作，检查校园231所，下发整改意见书226份，提出整改意见793条。5月中旬，抽调综治、教育、公安、交通、食药等部门督查全市校园安全检查整改落实及校车安全工作，督查校园72所，下达整改意见书49份，提出整改意见89条。4月中旬和8月底，综治、教育、食药、公安等部门联合在墨子中学和滕东中学举办全市校园食品安全管理、安保以及校园欺凌心理辅导等方面的培训班。11月，联合市教育局调研滕东中学、实验小学永昌校区、第四实验小学英才校区等校园的安全稳定工作；对枣庄市2017年上半年检查中存在问题的3所学校进行督导整改。全年开展“校长抓安全”和“平安校园创建”两项工程，落实校园安全各项措施。

【严重精神障碍患者服务管理】 打造治疗绿色通道，对于家庭困难的严重精神障碍患者，采取先治疗后付费的方式，由相关医院无条件接收治疗。对于因病致贫的家庭，民政部门纳入最低生活保障范围。组织辖区派出所、卫生院精神康复巡防医生、社区网格员成立监护组，实行网格化管理，落实管护责任人。全年应急处置重性精神病人12例。对3起肇事肇祸事件，协调保险公司，分别进行赔付，共赔付51000余元。组织各镇街对2016年度签订有奖监护协议的1251名严重精神障碍患者，除肇事肇祸和监护人自愿放弃的12人外，兑现奖金495600元。继续落实监护人责任保险和有奖监护制度。8月26日，召开全市严重精神障碍患者工作推进会议，组织各部门和镇街分类实施有奖监护政策。对52名登记录入“国家严重精神障碍患者信息管理系统”的一类患者与其监护人签订2400元的有奖监护协议，对其他纳入管理的1306名二类患者签订600元的有奖监护协议。

（市委政法委）

公　安

【概况】 市公安局推进“打、防、管、控、服”各项措施的落实，提升驾驭社会治安大局能力和警务工作效能，公安工作和队伍建设开创新局面。在枣庄市局年度考核15项业务考核项目中，13项名列第一，总成绩连续三年蝉联各分（市）局第一名，被评为枣庄市优秀公安局。在全省社会治安满意度调查中，得分91.43分，比上年增长5.46%，在枣庄市增幅最高。被评为全省十九大安保维稳工作先进集体、全省三年禁毒人民战争成绩突出集体。全局被授予2017年度荣誉称号的集体27个，立功受奖或受上级表彰的民警145名。全省“三打击一整治”现场会、枣庄公安刑事情报信息暨刑侦工作现场会在滕州召开。开展“守纪律、转作风、严执法、保稳定”整顿活动，从严治警，深化以受立案制度改革为重点的执法规范化建设，在枣庄市局年度执法质量考评中，排名第一。

【安全保卫】 加强情报信息研判预警重点人员排查管控，做好重大节点安全保卫工作，实现“三个不发生”和“五个不发生”目标。

【刑事案件】 命案攻坚，全年7起命案全部破案。扫黑除恶，打掉恶势力犯罪团伙40个，抓获黑恶霸痞人员134名。开展禁毒人民战争，破获涉毒案件18起，其中公斤级大案2起、省督案件3起。打击食品药品环境领域犯罪，侦办案件18起，刑事处理35人。

【治安防控】 天网工程、网络社会防控体系完善，社会防控能力增强。交通管理勤务改革形成“四位一体”的精准勤务模式。建成大同路消防站，组建镇级志愿消防队14支，配发消防车15部，消防救援实现城乡全覆盖。持续开展火灾隐患排查整治，整改隐患4641处，处置火警和抢险救援1223起，全市火灾起数、受伤人数和直接财产损失同比下降17.75%、100%、38.83%，全年未发生一起亡人火灾事故。

【服务经济】 围绕全市重点项目、重点工程建设，实行多警种“组团式”上门服务、“警企共建”、社区警务“四驻”等措施，编织经济发展的“绿色屏障”。深化户籍制度改革。严打经济犯罪，开展“云端2017”专项行动，立查案件75起，发起全国集群战役8起，挽回经济损失1.3亿元。

2017年2月6日，枣庄市政府党组成员、公安局党委书记、局长宋丙干（前排右二）到滕州市调研基层基础工作

【基层基础】 开展“基层基础建设三年攻坚战”，规范辅警、警务助理、镇街交通管理员三支队伍建设。完成技侦工作站建设，以指挥中心、情报信息中心、图网中心、刑事科学技术中心、案管中心为支撑的“数字警务”框架基本搭建完成。

（冯　青）

检　察

【概况】 市检察院依法履行检察职能，推进司法责任制改革，各项检察工作得到新发展。被最高人民检察院评为“全国检察文化建设示范院”，被省委、省政府评为“全省社会治安综合治理先进单位”，被省高级人民检察院评为“全省检察机关‘六型’建设示范院”，连续15年保持“省级文明单位”称号。

【服务大局】 出台《服务和保障

宜居宜业富裕美丽文明新滕州建设的意见》，参与整顿和规范市场经济秩序活动，办理非法经营、侵犯知识产权等严重破坏市场经济秩序犯罪案件68件；深化检察官联系重大项目、专项检察监督等工作举措，办理行贿犯罪档案查询1094件，开展预防咨询、提出检察建议19件次。与市法院会签《关于办理破坏环境资源保护罪刑事附带民事公益诉讼案件的意见》，组织开展水源地保护专项检查活动，针对马河、户主水库水源地污染问题，实施行政执法检察监督并提出检察建议。监督纠正环保执法领域违法行为4件，惩处非法排污、滥伐林木等破坏环境资源犯罪20人。办理非法吸收公众存款、电信诈骗、网络诈骗等犯罪164人。立查发生在群众身边、严重侵害基层群众切身利益的小官贪腐犯罪16人。参与法治惠民工程，检察人员被聘为村（居）法治副主任62名。

2017年5月23日，开展对公诉人的出庭评议活动

【法律监督】 批准逮捕各类刑事犯罪嫌疑人438件639人，提起公诉729件966人。进行未成年人社会品行调查25人次，深入校园开展法制宣传33次，被省高级人民检察院确定为全省未成年人检察工作联系点。立查各类职务犯罪案件30件35人。开展“预防职务犯罪邮路”专项预防活动，举办廉政教育讲座18次。监督纠正侦查活动违法16件，监督立案6人，追捕追诉29人。提请刑事抗诉6件9人，法院改判或发回重审4件7人。监督纠正刑事执行等违法23件次，办理羁押必要性审查案件47件，释放或变更强制措施47人，被省高级人民检察院评为“全国羁押必要性审查优秀案件”1起。设立社区矫正检察室，开展社区矫正检察85次。办理民事行政监督案件80件，向市法院提出检察建议36件。针对“流动加油车”非法销售运输成品汽柴油、幼儿园无证从事食品经营等问题，提出诉前检察建议32件。

【“六型”检察院建设】 深入推进规范司法行为专项整治工作，深化执法检查、案件质量评查等活动，组织评查案件251件，发现纠正问题24项；建设高标准规范化刑检办案区；开展对公诉人的出庭评议活动，在庭审后现场评议，组织活动15次，发现纠正问题43个。应用远程视频提讯、语音智能识别自动生成笔录、远程视频庭审监督指挥等信息化系统；与市司法局对接研发社区矫正网上检察平台，实现对监外执行人员监督全覆盖。加强派驻基层检察室工作，审查起诉轻微刑事案件63件，提供法律咨询和法制宣传169场次，化解矛盾纠纷35人次。

（张贻伟　徐　军）

法 院

【概况】 市法院依法履行审判职责，稳妥推进司法改革，从严管理干警队伍，各项工作取得新进展。新收各类案件11451件，同比下降3.2%，审执结12055件（含旧存），同比上升5%，为全市经济社会发展提供有力司法保障和服务。被评为省级“文明单位”。

【刑事审判】 受理刑事案件770件，审结822件，判处罪犯1214人。打击危害社会治安的犯罪，审结聚众斗殴、寻衅滋事等妨害社会管理秩序的犯罪案件151件，审结“两抢一盗”等多发性侵财犯罪案件155件。严惩破坏市场经济秩序犯罪，审结非法吸收公众存款、合同诈骗等犯罪案件49件。加强对未成年人的司法保护，审结性侵未成年人犯罪案件17件。参与网络犯罪治理，审结电信网络诈骗案件5件。坚持法治反腐，加大打击社会保障、涉农资金等民生领域的职务犯罪，审结贪污贿赂、渎职犯罪案件19件。

【商事审判】 制定服务创新驱动发展、保障国有企业改革、支持非公有制经济发展等意见，开展“法官进企业”活动，深入企业调研23次，为中盛化工、开元生化重组并购提供司法服务。审结买卖、担保、加工承揽等合同纠纷3714件，依法受理破产案件3件，审结民间借贷、金融借款等案件2046件。

【民事审判】 坚持调解优先、调判结合，审结民事纠纷案件3445件。审结劳动争议、社会保险等案件288件。审结房屋买卖、租赁和物业服务合同纠纷等案件640件。升级改造诉讼服务大厅，新设法官接待室8个，推行网上办案、电子送达，建立线上线下无缝衔接的诉讼服务机制。坚持院领导工作日接访制度，干警24小时值班，初信初访化解率达90%以上。

【行政审判】 审结行政诉讼案件133件，维持行政行为34件，撤销、变更或确认违法59件，当事人撤回起诉40件。审查涉及土地、环保、社保等领域的非诉执行案件101件。推动行政机关负责人出庭应诉，行政机关负责人出庭应诉率64.8%。

【案件执行】 执结各类案件2842件，执行到位金额5.6亿元，同比分别上升36.8%和31%。滕州市委、市政府出台《支持人民法院基本解决执行难的意见》，构建综合治理执行难的工作格局。配备执行干警40人，建立执行指挥中心，开展“百日执行攻坚”专项活动，加大网络查控系统应用，建立立审执配合机制，常态化开展集中执行。纳入失信被执行人名单库3305人，采取搜查措施187次，拘留拘传783人次，5人涉嫌拒执犯罪被移送公安机关侦查，让被执行人“一处失信、多处受限”。执行收结案、强制措施实施等节点信息全部录入管理系统，执行工作全程网上运行、全程留痕记录。推行网络司法拍卖，网拍各类财物70余宗，成交额5275万元，实现资产价值最大化和司法拍卖零费用。案件执行的滕州经验被山东电视台、《山东法制报》专题报道，在全省法院基本解决执行难攻坚交流会上作经验介绍。

【司法改革】 实行人员分类定岗，科学划定法官、司法辅助人员、司法行政人员比例，将92%的人员集中到办案一线。建立以员额法官为中心的审判执行团队，74 名员额法官全部编入团队办案，法官人均办案 163 件，实现司法资源的优化配置。深化矛盾纠纷多元化解，在法院、法庭和部分村（居）分别设立诉调对接中心、诉调对接站、诉调对接点，健全完善“辅分调审”工作机制，选任特邀调解员 24 名驻庭调解。诉讼辅导各类纠纷 1953 件，分流 594 件，诉前调解成功 497 件。经验做法被省高级人民法院推广。开展家事审判方式改革试点工作，制定实施方案和审判规程，建立婚姻冷静期、人身安全保护等工作机制，审结婚姻家庭、财产继承等家事纠纷案件 1691 件。

【审判质效】 推进案件繁简分流，设立速裁团队，简易程序适用率为 85.4%。实施审判提速工程，加强审判业务指导，每周通报各业务庭收结案情况，对临界审限的案件预警提示，实现收结案良性循环。案件结收比为 105.3%，结案率为 87.2%。建立与质量评查、绩效考核相配套的法官业绩评价机制，一审服判息诉率为 91.7%。

【法治宣传】 全面落实“谁执法谁普法”普法责任制，选派法治副主任 104 名，抽调 38 名干警驻村开展社情民意大调研，提供法律服务，排查化解矛盾纠纷。与市纪委联合举办“旁听现场审判、接受警示教育”活动。定期举办“法院开放日”活动，设立青少年法治教育基地，开展“法佑青春”“反家庭暴力”等主题宣传，送法进学校、进社区、进军营。

（市法院）

2017 年 12 月 27 日，市法院举办“法院开放日”活动

司法行政

【概况】 市司法局紧扣“干在实处、走在前列”的目标定位，按照“五抓”工作思路，维护社会公平正义和谐稳定，司法行政工作取得进步。市司法局被枣庄市委、市政府评为“全市党的十九大安保维稳信访工作先进集体”，司法行政系统 11 人当选“两代表一委员”。在全市党风政风行风评议中，市司法局获得行政执法类第三名。

【矛盾调处】 推进矛盾纠纷多元化解工作，做好各级“两会”、省市党代会、重要节点、敏感时期及党的十九大召开期间的矛盾纠纷排查化解、重点值班备勤和信访维稳安保工作。完善滕州中立和解法律服务社运行机制，落实律师值班制度，加大律师参与化解和代理涉法涉诉信访案件的工作力度，提供法律咨询 800 余起，委托律师代理 22 起，提供法律援助 14 起，参与化解信访案件 11 起。3 月 22 日，省委政法委副书记、综治办主任李娥到滕州调研矛盾纠纷多元化解工作。党的十九大召开期间，按照“三个一切”的工作要求，实现“四个到位”。参与化解处置信访事件280余起，维稳安保活动40余次；先后抽调知名干警、律师50余名配合滕州监狱化解原徐庄煤矿退危人员信访案件；排查各类矛盾纠纷739起，调解成功率98.3%，其中调处非正常死亡纠纷23起，成功率100%。

【公共法律服务体系建设】 推进“一村（社区）一法律顾问”工作，调整选聘525名法治副主任深入535个村（居、社区），充分发挥“五员”作用，服务群众“零距离”。8月21日，中国法学会会长王乐泉到滕州视察法律服务进基层工作。9月，组织开展法律集中服务月活动，化解矛盾纠纷，开展法律服务。法律顾问入村（居、社区）开展工作4686次，入户走访群众93775人次，开展法治宣传2552场次，化解矛盾纠纷279件，审查修订合同3605份，解答法律咨询4728人次，提供法律意见建议1560条。依托“山东公共法律服务网”，加强公共法律服务网络平台和“12348”热线平台建设，推进与实体平台融合共建。完成张汪、木石、鲍沟、洪绪、南沙河等司法所升级改造；配备业务信息管理系统个人移动数据终端。

【普法依法治理】 全市部署落实“七五”普法和“六五”依法治市工作。制定出台《关于2017年科级领导干部理论及普法学习的意见》《关于建立“谁执法、谁普法”普法责任清单制度的意见》等文件。在市青少年法治宣传教育中心开展法治教育，轮训中学生1.5万名。推进法治文化建设，市青少年法治宣传教育中心申评首批国家级法治宣传教育示范基地；在市图书馆建设全省县级首家市民法治宣传教育基地，被枣庄市评为法治文化建设示范点并推荐申报全省法治教育示范基地；在市民公园、弘道公园、市区公交站点及人群密集区域设置普法微信二维码标识牌，推进新媒体普法。开展妇女权益保护、消费者权益保护、三夏安全生产、国家宪法日宣传等专项“送法下乡”活动，联合市柳琴剧团编排《情暖高墙》《六尺巷》等普法文艺作品，举办以“弘扬法治精神，建设法治滕州”为主题的全市“七五”普法文艺晚会。市司法局报送的作品在司法部、全国普法办开展的“我与宪法”优秀微视频作品征集展播活动中获优秀奖。

【法律服务】 推动法律服务业转型升级，发挥律协分会职能，组织执业律师开展业务培训和公

2017年8月11日，滕州市“七五”普法文艺晚会在滕州剧院首演

益活动496场次；全市律师事务所担任法律顾问692家，代理诉讼案件2280件，办理非诉讼案件98件，接待咨询和代书7265件。市公证处为全市的民生工程、重点项目提供现场监督117场次，年度办理公证10655件，办证总量、人均办证量均居全省县级公证处前列，获得“山东省优秀公证处”称号。市法律援助中心办理各类法律援助案件1204件，提供法律咨询3000余人次，为困难群众挽回或避免经济损失1770余万元，更多困难群众获得优质法律援助服务。各基层法律服务所担任法律顾问269家，办理各类法律服务事项2188件。各企事业司法办公室开展普法宣传活动300次，调解纠纷510起，代理法律事务760件，审修合同4800余份，避免和挽回经济损失9000余万元。

【社区矫正和安置帮教】 加强执法规范化建设，社区矫正管理局机关设置“五科一队”，配齐配强社区矫正专业队伍；发挥联席会议制度职能，加强与公检法机关衔接配合；开展社区矫正、安置帮教安全隐患专项整治活动，在枣庄市检察院和枣庄市司法局联合开展的社区服刑人员防脱管、漏管专项检查复查中获得第一名。加强监管机制建设，开展集中宣告活动，启用省厅统一规范的入矫词、解矫词；完善分级管理仪、手机定位系统等技防措施；严格执行报到、报告、外出、居住地变更等监管制度，与各司法所提醒、核对信息150余次，提请书面警告65人次，对4名社区服刑人员进行训诫谈话。加强教育矫正机制建设和适应性帮扶机制建设，深化教育改造与安置帮教一体化工程，借助社会资源协调解决临时性救助等实际问题。衔接安置帮教对象894人；累计接收社区服刑人员5303人，期满解除4469人，在管834人，在册在管社区服刑人员无脱管、漏管和重新违法犯罪现象发生。

（张　蓉）

人民武装

【政治建军】 严格党内生活，狠抓党性锻炼，把握政治建军要求，抓好思想政治建设。持续推进“两学一做”学习教育常态化制度化。坚持“专题式设计、问题式牵引、课题式研讨、对策式深化”思路，组织部党委机关理论学习。结合民兵整组、基层武装部长集训、工作例会等时机，抓好全体专武干部和民兵预备役人员对党的十九大精神和习近平系列重要讲话精神的学习领会。学习贯彻《廉洁自律准则》和《纪律处分条例》，加强党员干部教育管理；严格党风廉政建设责任制，持续加强对兵员征集、经费使用等重点领域的监督。根据全军统一部署，及时制定部“维护核心、听从指挥”主题教育方案，以“‘维护核心、听从指挥’主题教育要点”为基本教材，对教育活动区分阶段、明确重点、严格落实。人武部党委坚持把学习贯彻党的十九大精神作为头等大事，专题研究学习宣传贯彻实施方案，并印发各基层单位，抓好贯彻落实。组织观看电视直播和参加授课辅导，并组织氛围营造、笔记展评、理论考核和讨论交流等配合活动。结合大项任务，先后编印《征兵工作简报》《基干民兵军训快报》10期，完成中央级20篇、省级30篇的新闻报道。市人武部被上级表彰为“先进团级单位”。

【战备和军事训练】 1月，组织全市民兵情报信息员骨干进行业务集训，提高各级情报信息骨干情报意识和军事能力。3月，组织镇街武装部长集训，在军分区组织的基层武装部长集训中成绩位居前列。5月上中旬，组织常备应急分队集中强化训练。下半年，重新调整规划战备器材库、应急器材库、警卫室和值班室，实现部机关与军分区值班室视频系统的互联互通。加强民兵情报信息员队伍建设，受到省军区通报表彰信息3条。9月，组织现役干部、基层武装部长、民兵应急分队和民兵教练员进行轻武器实弹射击集中训练和考核。11月，组织全市基干民兵进行军事训练；人武部现役干部参加军分区组织的年度军事训练考核，成绩优异。12月，组织基层武装部长参加军分区组织的专武干部集训。军训枣庄科技职业学院、滕州职教中心、滕州一中、滕州二中、北辛中学、尚贤中学等8所院校新生17000余名。对市环卫处、市公路局、市体育局、枣庄市烟草专卖局等单位新入职人员进行军事训练。指导民兵任务分队开展森林灭火演练，组织各镇街民兵参加“三夏”“三秋”防火。勘察全市各主要河流，并督导各镇街组织民兵应急分队实施针对性防汛演练。

2017年9月，举行欢送新兵入伍大会

【征兵工作】 开展“兵役登记进校园”“征兵宣传进校园”“征兵宣传进考点”等活动，做好征兵准备工作。3月14日，“滕州市开展兵役登记工作”的经验做法在省《征兵工作简报》上刊发。5月底，全市年满18周岁男性青年的兵役登记率首次达到100%。7月至10月，组织召开全市征兵工作会议，组织专武干部、体检医生、政考工作人员、廉洁征兵监督员等工作人员业务培训。紧扣目测初检、上站体检、政治考核、役前教育训练、定兵输送、新兵回访等节点，精心安排部署征兵工作，协调市卫计局在市人民医院建设高标准征兵体检站。组织适龄青年进站体检和政治考核，依托市至善中学组织预定新兵进行役前教育训练，认真做好新兵回访工作。

【安全稳定】 落实“三委”联动抓安全工作机制，围绕“人车枪弹密、水火电钱网、酒油黄赌毒、涉外涉地方”等17个方面工作重点，促进安全管理责任末端落实。及时传达学习上级下达的有关安全管理方面的通知、事故通报等；开展“四反”、法纪教育，加强人员遵纪守法意识和自我管控能力。加大对外来人员、车辆的检查力度；警卫人员24小时轮流站岗执勤。加强保密文件、涉密载体、加密计算机和印章管理。部值班员每天电话查岗直属队，直属队负责人每天向值班室汇报，部首长定期检查。

【基层建设】 3月初，下发《民兵组织整顿工作指示》，部署民兵整组工作。4月下旬，检查督导民兵整组工作，下发整改通知书21份，指出具体问题71个，集中观摩展评民兵整组工作资料，规范内容、统一标准。5月份，迎接军分区交流任职干部检查调研暨民兵整组检查。

（刘河江）

2017年5月12日，开展防空防灾宣传活动

人民防空

【依法行政】 严格执行防空地下室易地建设费征缴规定，加大人防易地建设费征收力度，清欠征缴防空地下室易地建设费，超额完成征缴任务。人防审批窗口办理项目审批3件。开展人防行政执法和宣传教育185次，普查建设项目46个。

【工程建设】 开工建设人防工程2处，完成各类人防工程31处，竣工验收13处。人防指挥中心建设完成前期征求意见和论证工作，结合“五馆一中心”同步建设；全市人防工程建设规划编制工作有效推进；启动城市地下空间规划编制前期工作。开展人防工程安全生产和质量监督管理工作，组织华汇购物广场举行安全应急疏散演练，制定安全应急预案，组织开展“安全隐患大排查快整治严执法”集中活动和安全生产月活动。

【指挥通信和宣传教育】 按照军事斗争应急准备要求和城市发展实际，以指挥通信建设为重点，提升组织指挥效能，实施多品种、全覆盖布局，不断调整完善防空警报器安装位置，全市各类防空警报器总数达到105台。全面检查警报系统，完成“9•18”防空警报试鸣活动。在“9•18”防空警报试鸣日、“5•12”防灾减灾日、国防教育日，设置宣传站，制作宣传展板，印制宣传手册，发放宣传资料。开展人防法律法规、防空防灾知识、人防“五进”宣传教育工作。在北辛植物园建成市级机关人口疏散基地，完成《滕州市防空袭预案》修编工作。

【安全管理和质量监督】 新建结建人防工程开展质量监督检查。配合枣庄人防质量监督站对香舍水郡和郡城龙泉湾进行质量监督检查。主体验收伦达安置区、滨江御园结建人防工程。指导单建人防工程安全生产和已建成人防工程安全监督管理。开展“大快严”“企业安全生产主体责任落实”“重大节假日及两会安全大检查”“冬春火灾防控”“夏季防汛检查”“安全生产月”等活动，保障全市人防工程安全使用。

（市人防办）

财政 税务

Government Finance Taxation

责任编辑：李 明

财 政

【概况】 市财政部门立足职能，支持工业、城市、农业、民生、生态经济转型发展，为全市经济社会发展和民生改善提供财力保障。全市一般公共预算收入完成70.36亿元，增长3.5%。全市一般公共预算支出84.07亿元，完成预算的102.1%。加强财政内控机制建设，继续保持“省级文明单位”称号。

【财源建设】 落实市委招商引资、重点项目、园区建设“三位一体”工作机制，及时拨付市直部门招商引资工作经费938万元。支持实施“265”产业培育和“62131”企业梯次培育工程，统筹市级工业转型升级等专项资金3亿余元。建立财源建设考核激励机制，落实招商引资落户项目市镇税收分成激励措施。通过国有至能投资担保公司为企业担保贷款7355元，提供过桥还贷周转资金9900万元，利用“助保贷”帮助小微企业贷款9427万元。谋划组建财金控股集团，设立规模2亿元的财金产业投资基金。

【治税管费】 推进国地税信息共享，建立市级税收增长激励机制。建立镇街税收收入增长奖励机制，兑现镇街税收增长奖励资金1.55亿元。推进税收共治，组织开展物业管理行业税收专项治理，按月组织发票摇奖活动。起草市级非税收入征收激励办法，按8%的增幅安排征收计划。

【保障重点】 坚持把保障和改善民生放在突出位置，全市民生支出61.3亿元，增长0.8%，占比72.9%。落实耕地地力保护补贴、美丽乡村建设、扶贫攻坚等各项支农惠民政策，支持国家卫生城市创建，提升城乡基础设施建设水平。控制压缩“三公”经费支出规模，提高财政资金使用效益。抓好单位资产管理，有效盘活存量资产，提高资产使用效率。加强政府采购和财政投资评审，完成政府采购资金8.9亿元，节支率6.2%；完成各类评审项目184个（次），评审金额9.03亿元，审减金额1.19亿元。

【项目对接】 落实2017年度争取上级资金考核奖励，完善考核办法，调动部门工作积极性。引导部门、镇街吃透政策，谋划项目，形成合力。争取上级无偿资金28.97亿元。新增地方政府债券6亿元。在城市基础设施建设和公共服务领域推广运用PPP模式。

【改革增效】 研究上级财税改革精神，谋划水资源税、环保税开征工作。深化预算管理改革。及时公开2017年度部门预算及“三公”经费预算。扩大国库集中支付范围，促进公务卡制度改革。推动国有企业监管体制改革，做好国有企业职工家属区“三供一业”分离移交，加强与央企合作，推进国有企业新旧动能转换。印发《关于深入开展调查研究工作的通知》，提升财政管理服务水平。

（市财政局）

国家税务

【税收收入】 抓住重点税源，集成各种税收共治资源，堵塞“跑冒滴漏”。全市国税收入53.3亿元，完成年初计划的118.33%，占枣庄市国税收入的55.06%，同比增长39.31%，增收15.04亿元。落实各项税收优惠政策，减轻企业负担、增强发展动能，全年兑现各类优惠66099万元。

【“放管服”改革】 抓好实名办税，打通“纳税服务—税收征管—风险预警”管理渠道，开展实名办税业务59816户次。深化纳税服务一体化改革，构建“1+10+N”办税资源总体布局，采取“前台后室”特色服务模式。推进无纸化办税。深化税银互动合作，发放小微企业贷款43993万元，惠及企业177家。

【依法治税】 构建全市税收共治网格化管理模式。整合国地税资源，实现国地税业务全市通办、一窗通办。做好税收执法全过程记录试点工作，研发“执法全过程记录电子档案管理系统”，规范权力运行。试点后，全过程音像记录覆盖率、税务文书使用纠错率均达到100%。

（耿丽媛）

2017年1月11日，市委书记邵士官（中）调研国税工作

地方税务

【概况】 2017年，市地税局组织开展“岗位大练兵、业务大比武”活动，在省局纳税服务类考试选拔中枣庄市局综合成绩第一名，入选枣庄市局纳税服务类岗位能手4人，占全系统入选人员的44.44%。在全市党风政风行风评议中，综合得分96.87分，取得在全市86个参评部门得分和行政执法类单位排名“双第一”的好成绩。

【组织收入】 以“措施、分析、风控、考核”为重点，集成建立“四位一体”的组织收入工作新机制。制定《“强征管、防风险、促收入”十二项管理增收措施》，编写《行业税源监控分析报告》，编印《税收票证管理环节风险控制》。建立动态化绩效考核激励机制，把组织收入工作纳入绩效考核范围。完成各项收入40.06亿元，增收2.92亿元。地税部门地方级一般公共预算收入占全市一般公共预算收入的47.35%，占全市地方级税收收入的61.05%。

2017年12月7日，举行“全国三八红旗集体”揭牌仪式

【税收征管】 开展课题攻关，推进组织收入等工作。在成立滕州市财税管理服务中心的基础上，各镇街成立财税管理服务中心，形成税收共治网格化管理机制。运行“征、管、评、查、督、责”工作机制，采取“六步清欠法”“微处罚”手段清理欠税。运用“基层普查、市局抽查、督导评查”“三查联动”方式全面开展税源调查，调查纳税人10018户，新增应税土地面积473.3万平方米，年新增应税房产原值66284.69万元。强化稽查工作，全面推进电子查账，采集第三方信息。加强税警协作，建立会议协商、信息共享和打防联动机制。

【税收服务】 简化审批和备案程序，落实国务院6项减税政策。减免企业所得税1680.84万元。持续开展“征信互认·银税互动”活动，与建行联合推出助推小微企业发展的“个税贷”。推进实名办税，做到信息共享，搭建“国地税联合实名办税管理平台”。开展便民办税春风行动，做好税法宣传。纳税人学堂开课86次，辅导纳税人160余次，开展“请来小记者，走出税宣员”“玻璃工艺绣花服务”“借助鲁班节匠心宣税法”“税法走进马铃薯节”等服务活动。纳税服务中心荣获2017年“全国三八红旗集体”。

【法治地税】 落实“三项制度”，强化执法证据管理，搭建执法证据管理系统，完善税收执法过程监督。建立执法证据管理中心，税收执法行为实现全程留痕和全面规范。6月份，枣庄市地税系统推行税收执法全过程记录工作现场会在滕州召开；12月份，执法证据管理系统上线推广。与法院建立联席会议制度，解决破产程序和执行程序中涉税政策性问题。

（市地税局）

经济监督管理

Economic Supervision and Management

责任编辑：李　明

发展和改革

【概况】 以供给侧结构性改革为主线，加快推进新旧动能转换，统筹抓好稳增长、调结构、优环境、惠民生、促和谐等工作。生产总值实现1150.37亿元，比上年增长6.5%；地方财政收入实现70.36亿元，比上年增长2.8%；固定资产投资完成667亿元，比上年增长7.7%；社会消费品零售总额达到446.2亿元，比上年增长10.3%；城镇居民人均可支配收入、农村居民人均可支配收入分别达到33116元、15229元，分别比上年增长7.9%、8.7%。统筹抓好新旧动能转换、规划计划编制实施、重点项目建设、对上资金争取、投资管理、体制机制改革等各项工作，推动经济社会持续稳定健康发展。

【新旧动能转换】 成立由市政府主要负责同志为组长的新旧动能转换重大工程领导小组，拟定高端装备制造、高端化工等9大重点产业动能转换推进小组。承办枣庄市新旧动能转换推进交流工作会议。开展装备制造业、化工产业、信息产业、现代农业、旅游业、文化产业等10项产业调研，初步确立各产业的发展思路和发展目标。起草形成《〈滕州市新旧动能转换重大工程实施规划〉编制工作方案》，稳步开展新旧动能转换规划编制工作。上报省重大项目办公室新旧动能转换项目37个，入选省先期新旧动能储备项目库12个，经济开发区纳入省新旧动能转换重大工程“七区示范”范围。市新旧动能转换项目库储备项目112个，总投资1681亿元。

【规划计划编制】 制订2017年发展计划，完善“十三五”规划推进机制，加强与“一带一路”、西部经济隆起带、县域经济提质增效、淮河经济带等战略的对接，编制完成大运河经济文化带规划。完成鲁南高科技化工园区总体发展规划及产业规划编制，做好枣庄（西岗）循环经济产业园、大坞生物医药产业园等化工园区审核认定。

【重点项目建设】 出台《关于进一步加强招商引资、重点项目及园区建设工作的意见》《滕州市重点项目推进管理办法》等文件，完善“四个一”的重点项目工作推进机制。确定实施重点项目269个，其中瑞达化工聚丁烯、大中型农业装备制造、妇幼保健院新院等142个项目竣工。20个枣庄市重点项目完成投资45.2亿元，超年度投资计划6亿元。省重点项目地表水厂及配套管网建设工程完成投资1.06亿元。

2017 年 3 月 6 日，市委副书记、市长刘文强（前排右三）调研新旧动能转换重点项目建设情况

【资金争取】 发改系统 13 个项目争取上级无偿资金 1.16 亿元。其中，8 个保障性安居工程项目争取中央预算内资金 9370 万元，枣庄国家"千人计划"专家产业技术研究院项目争取省级资金 500 万元。上报重点采煤沉陷区治理项目 3 个，批准后能够争取资金 9590 万元。滕投公司 8.5 亿元企业债券已申报至国家发改委待批。田陈富源煤矸石电厂2×350 兆瓦发电机组扩建工程在省发改委核准立项并开工建设，滕州新港在枣庄发改委核准立项。组织申报西部经济隆起带急需人才引进、墨研中心升级改造等国家、省重大专项。富源生物质发电工程、光大国际滕州环保能源发电项目被列入上级专项规划。

【投资管理】 全年立项项目 473 个，总投资 352.2 亿元。其中，登记备案类 417 个，总投资 215.4 亿元；核准类项目 33 个，总投资 78.5 亿元；审批类项目 23 个，总投资 58.3 亿元；拒绝办理不符合产业政策和资本金制度要求的项目 40 余个；所有审批零差错，零投诉，无延期。节能审查项目 147 个，其中节能登记表 136 个、节能报告表 8 个、节能报告 3 个。强化项目管理，编报重大投资三年滚动计划和重大项目储备库，核查温室气体排放的重点企业 15 家，验收曹庄煤矿竣工的安全改造项目，逐一排查地条钢制售行为。招商引资的鲁华物流中心 10 兆瓦屋顶分布式光伏电站项目竣工发电。

【体制机制改革】 起草制定全市《关于深入推进供给侧结构性改革的实施意见》，定期督查调度"三去一降一补"任务落实情况。完善《滕州市社会信用体系建设工作方案》《社会信用体系建设规划（2017—2021 年）》，搭建完成公共信用信息平台和"信用滕州"门户网站。归集行政许可和行政处罚信用信息目录 4289 项。开通滕州政府门户网站"双公示"专题，公示 16 个单位 1973 条信息。出台《滕州市行业协会商会与行政机关脱钩实施方案》，开展 66 家行业协会商会脱钩工作。加快推进国家级农民工等人员返乡创业试点工作。

（种　凯）

国土资源管理

【概况】 全市土地总面积 149513.78 公顷。其中，耕地 87163.48 公顷，园地 1035.96 公顷，林地 7996.17 公顷，草地 1828.88 公顷，城镇村及工矿用地 29040.40 公顷，交通运输用地 6933.96 公顷，水域及水利设施用地 8574.15 公顷，其他土地 6940.78 公顷。

【土地规划】 完成国土资源"十三五"规划布局，新增建设用地空间217公顷，核减基本农田面积3519公顷。开展《土地整治规划》《第三轮矿产资源规划》编制及数据库建设，并通过市级审批。按照省国土资源厅“一张图”建设的部署，规划数据库建成。完成建设项目用地预审16个。市国土资源局被省文明办评为“省级文明单位”。

【耕地保护】 全面完成永久基本农田“落地块、明责任、设标志、建表册、入图库”等五项任务。坚持“先补后占”“占一补一”，探索引入社会资本投资土地整治项目，完成本级土地整理复垦项目17个，实现新增耕地160公顷，建设高标准基本农田10333公顷，连续17年实现耕地占补平衡和总量动态平衡。

【土地利用管理】 报批建设用地11批238.9公顷。供应土地33宗，面积125.7公顷。其中工业用地12宗，成交价款0.89亿元；商服用地21宗，成交价款28.6亿元。存量建设用地上，收储国有建设用地73.2公顷；实施增减挂钩项目4个，节余用地指标40.7公顷。禁止建设花园式厂房，鼓励企业利用现有土地扩大生产规模，盘活存量建设用地73.5公顷。

【不动产登记】 全面推进农村土地确权发证，调查测绘村（居）1015个，测绘宅基地面积175.1平方公里，收集权利人身份证明等材料33万余份，发放宅基地使用权证书31.9万份。集中设置房屋交易与不动产登记、缴纳税费等业务，实行一站式办理，登记办结时限由法定30个工作日缩短到20个工作日内，受理办结各类登记、证明13万件。

【矿产资源】 全市发现矿产21种，矿产地70余处。其中，煤炭资源最丰富，石灰岩、花岗岩、建筑用砂分布面积大、质量好、储量丰富。石灰石约52.89亿吨、花岗石约28.25亿吨、白云岩约7.5亿吨。结合第三轮矿产资源规划和矿产品市场供需情况，出让羊庄镇大山区域采矿权1宗。

【地质环境】 以“三区两线”破损山体修复治理为重点，开展山体绿化、美化工程。修复京沪高铁沿线东沙河镇狐山段、龙阳镇龙山段、京台高速公路沿线官桥镇北官庄段、木石镇笃山口南侧、滨湖镇东古村、东郭镇谷山、羊庄镇南马山等破损山体7处，基本完成京台高速603—608段破损山体修复和绿化。

【测绘管理】 辖区测量标志91个（不含军控点）。其中，三角点14个，GPS连续运行站1个，GPS点20个，水准点56个。落实《测绘法》《测量标志保护条例》和《山东省测量标志巡查工作管理办法》，建立由国土资源部门主管，市、镇、村三级联动的管护网络。测绘资质单位8家，测绘从业人员约500人，年产值约8000万元。实施“智慧滕州”地理信息空间框架建设，新增共建共享单位9家。

（刘　何）

工商行政管理

【优化环境】 以推进注册登记便利化为重点，放宽条件，简化流程，促进市场主体持续快速发展。新注册登记个体工商户12611户，企业3936家；新核准冠省行政区划企业名称928家，无行政区划企业名称24家；9月29日，全市首张“多证合一”营业执照颁发仪式在市政务服务中心举行。截至年底，

2017年9月29日，全市颁发首张“多证合一”营业执照

新发放“多证合一”营业执照2282张。

【年报公示与“个转企”工作】 全市申报2016年度年报信息的企业14759户、农民专业合作社1453户、个体工商户47071户，年报率分别为86.5%、73.5%和44.5%。研究制定扶持政策19条，支持个体工商户转型升级。完成“个转企”1102户，培植打造“个转企”样板100家。

【品牌战略】 指派专人服务确定的驰名商标、地理标志证明商标、马德里商标国际注册等重点培育对象。有效注册商标9172件，其中中国驰名商标10件、山东省著名商标23件、地理标志证明商标1件。正在申请认定中国驰名商标2件，正在申请认定地理标志证明商标2件，均与第三方签订协议；申请认定马德里商标国际注册的企业2家，被国家商标局受理；荣获“山东名牌产品”称号的企业6家8个产品，入围“枣庄市市长质量奖”企业2家；“全国中小机床品牌示范区”创建工作进入验收阶段。

【“三押一推”工作】 深化动产抵押、股权质押、商标专用权质押和向金融机构推荐信誉良好企业工作。办理动产抵押登记119件、为企业融资7.65亿元，办理股权质押登记22件、融资3.25亿元。

【专项执法】 开展特种设备、计量器具、农资、成品油、童车童床、纤维制品、洗化用品、三轮车四轮车、合同格式条款以及烟草市场、农村商品市场、校园周边环境、节日市场等专项整治行动，立案查处一般程序处罚案件393起。

【维护消费者合法权益】 围绕“网络诚信、消费无忧”主题举办“3•15”国际消费者权益日活动。完善网上受理平台，畅通“12315”“12365”电话专线。受理投诉举报事项3515件，其中咨询事项2122件、投诉事项1238件、举报事项155件。制定出台《投诉举报受理处理工作规范》。

【法治建设】 严把案件立案、核审、当事人陈述申辩、案件集体讨论等关口，保证案件质量。审核或建议修订政府及部门联合行文5件。梳理工商行政管理许可、处罚、裁决、确认、强制等权限531项，并建立动态管理制度。为工作人员统一配备“即传式执法记录仪”。

（刘海鹰）

安全生产监督管理

【概况】 市安全生产监督管理局开展安全生产"大快严"集中行动，做好重点行业专项整治、隐患排查治理、双体系建设、打非治违、宣传教育等工作，全市安全生产形势持续稳定。市政府被省政府评为"全省安全生产先进县"，市安全生产监督管理局被评为"全国安全生产监管监察先进单位"。

【制度保障】 坚持"党政同责、一岗双责、齐抓共管"制度和机制。市委书记、市长经常听取安全生产汇报，定期深入企业视察；市委常委会议、市政府常务会议定期研究部署安全生产工作。坚持每月召开一次安委会成员扩大会议，领导干部每月一次带队检查安全生产。修订完善《滕州市安全生产"党政同责、一岗双责"暂行规定》，调整市安委会和12个专业安全生产委员会，细化明确安委会和各专业安委会工作职责，实现党政同责、一岗双责、齐抓共管的新格局。坚持月动态考核、年度综合考核相结合，严格目标管理考核。调整安全生产"一票否决"和《安全生产工作事前问责暂行规定》，对发生生产安全责任事故的，按照"四不放过"原则，对相关单位和责任人员给予处罚。

【专项整治】 编制滕州市"十三五"安全生产规划，并纳入国民经济和社会发展总体规划。落实高危行业安全生产许可制度，严控新上高危企业和项目。推进化工企业"新建入园"，组织开展化工园区区域安全风险评价，严格安全生产和职业健康"三同时"。组织开展化工"三评级一评价"和非煤矿山企业"四评级"工作。在矿山、烟花爆竹、危化品、道路运输、建筑施工等重点行业领域和元旦、春节等重要节点开展专项检查督查活动。坚持"四不两直"和重大隐患挂牌督办制度，实现隐患排查整治全覆盖。加强职业病危害项目申报工作，996家用人单位进行职业病危害申报，针对汽车制造、化工、铅蓄电池制造企业职业危害进行专项治理。

2017年国庆期间，市委书记邵士官（左三）视察企业安全生产工作

【打非治违】 组织安监、环保、公安、市场监管、综合执法等15个部门成立两个联合执法组，抽调100余人，开展"打非治违"百日攻坚集中整治行动，集中检查319次，查处违法行为572起，清理土小企业247家，清理违章104起，移交公安部门侦办3起，查封扣押车辆25部。

【基层基础】 开展"安全生产基层基础工作夯实年"活动，以落实企业安全生产主体责任为核心，推进企业安全标准化、安全班组、安全文化示范企业、应急管理示范点“四项建设”，督促企业做到安全责任、安全投入、安全培训、安全管理、应急救援“五到位”。形成“3＋X”监管模式，构建220余人的安全生产专业执法队伍，被《中国安全生产报》头版头条刊发推广。在车改中各镇街保留安监执法车辆，统一喷涂安监标识，提高基层执法队伍装备水平。在枣庄市安全生产执法监察队伍岗位练兵竞赛获得第一名的成绩。

【预防体系建设】 推进安全生产风险分级管控与隐患排查治理双重体系建设，开展“两个体系”试点工作，被选为省级标杆企业7家，其中滕州中联水泥有限公司等4家企业承接全省“两个体系”行业指南标准编制起草工作。全省非煤矿山、危险化学品“两个体系”现场会、非煤矿山“两个体系”培训会先后在滕州召开，265家企业注册使用安全生产隐患自查自改系统。

【教育培训】 组织各类教育培训活动40次，参训人员8000余人。6月份，邀请国家安全监管总局黄毅到滕州作《强化红线意识，促进安全发展》专题报告，全市副科级以上领导干部、重点企业管理人员参加讲座。对全市1600余名新任副科级干部和所有镇街村（居）、社区党组织书记进行安全生产专题培训5次。组织企业主要负责人、安全管理人员和特种作业人员培训，督促企业开展全员培训。

【应急管理】 重新修订完善全市非煤矿山、烟花爆竹、危险化学品领域生产安全事故应急救援预案。兖矿鲁南化工有限公司被国家安监总局评为全国应急文化建设试点，指导非煤矿山企业创建省级应急管理示范点2家、创建枣庄市级应急管理示范点1家。组织267家重点防火单位开展消防安全“大培训、大演练”活动，各类应急演练1.1万余次。组织滕州市级应急救援队伍应急拉动演练。

（贾福永）

物价管理

【价格调控】 新增主要工业产品、主要建筑材料价格监测，同时根据国家政策及市场变化情况，重点开展食盐、防疫物品及重要时期民生商品价格应急监测工作。加强价格信息发布。通过市物价局网站、手机价格通等平台，每日更新监测到的农贸市场商品价格、马铃薯田头价格等各类价格信息。围绕价格热点，撰写发布物价宣传、价格监测、价格惠民服务等方面信息和调研报告200余篇，其中被《中国价格

2017年7月27日，滕州市污水处理费调整听证会召开

监管与反垄断》《山东物价》《齐鲁晚报》《枣庄日报》等采用20余篇，被中国经济导报网、中国发展网、枣庄大众网等采用60余篇，市物价局被评为全国价格监测信息工作先进单位、全国价格宣传工作先进单位等。实现价格调节基金均衡平稳入库，清收2014～2015年欠缴价格调节基金301万元。

【价费管理】 启动全市污水处理费价格调整听证程序，差别化制定居民、非居民、特种行业用水、自备水源污水处理费征收标准。居民生活用水污水处理费征收标准由原0.7元/立方米调整为0.95元/立方米，非居民生活用水污水处理费征收标准由原1元/立方米调整为1.4元/立方米，特种行业用水污水处理费征收标准由原1.1元/立方米调整为1.5元/立方米，自备水源污水处理费征收标准由原1.2元/立方米调整为1.7元/立方米。将热源企业直供非居民用户的供热价格由政府定价管理开放为市场调节价管理模式，出台非居民两部制热价。调整非居民管道用气价格3次，经过两降一升，非居民管道用天然气价格由2.99元/立方米的政府定价调整为3.12元/立方米的最高限价；车用天然气价格由3.6元/立方米调整为3.8元/立方米。编制《2017年滕州市行政事业性收费收费目录清单》《2017年涉企行政事业性收费目录清单》《政府定价政府指导价的涉企经营服务收费目录清单》，增强收费信息公开力度。制定国运长途车站停车收费标准、城区停车收费标准、县级公立医院综合改革部分医疗服务价格标准。取消或停征涉企行政事业性收费30余项、涉及个人等事项的行政事业性收费6项，降低公民出入境证件费、机动车行驶证工本费、临时入境机动车号牌和行驶证工本费、水土保持补偿费等。保留行政事业性收费15类，涉企行政事业性收费8类。印发《关于在市场体系建设中建立公平竞争审查制度的实施意见》，建立公平竞争审查联席会议制度，召开全市公平竞争审查工作联席会议第一次全体会议。

【价格监管】 开展节日市场、电商价格、停车收费、药品市场、供暖收费、农村市场、涉房价格、幼儿园收费、涉企收费等专项检查，查处各类价格违法案件11件，收缴罚没款160.5万元。针对电商价格举报投诉增多的情况，组织人员到滕州市伦达大学生创业孵化基地、滕州市大学生创业园等电商集中地调研，开展授课、发放价格法规政策材料等活动，引导电商经营者规范价格行为。开展两批“明码实价店”创建活动，评选出“明码实价店”50家；联合市文明办开展“价格诚信单位”评选活动，评选出“价格诚信单位”57家，其中获评“枣庄市价格诚信示范单位”荣誉的26家。规范“12358”价格举报电话受理流程，接受价格举报、投诉和咨询339件。立案查处价格违法案件2件，实施经济制裁11265元。联合市司法局制定价格争议行政调解处理工作意见。

【价格服务】 完善马铃薯目标价格保险试点，春、秋两季马铃薯目标价格保险参保面积3.39万公顷，争取省级补贴3887万元，参保农户9.5万户次，获得赔付7441万元。监管平价蔬菜店、价格惠民药店、价格监测系统及便民价格服务平台正常运行。内测并修改马铃薯价格指数软件运行，印发《滕州马铃薯价格指数监测点管理办法》，按时上传马铃薯生产者指数和产地批发指数价格信息，马铃薯价格指数试运行平稳推进。服务窗口接待咨询与受理办件100余人次，办理行政审批件21件。行政审批电子监察系统差错率为零，按时办结率100%，群众满意率100%。组建美铭家居建材广场、滨江国际花苑、中房·缇香郡价格监督服务站。开展“价格服务面对面”活动，宣传价费知识。

【基础工作】 完成华电滕州新源热电有限公司供热定价成本监审，审减金额773.73万元；完成滕州市深水深滕污水处理有限公司等4家污水处理有限公司定价成本监审，审减金额17.07万元。完成农产品成本常规调查、农户种植意向调查、农户存售粮调查、农户购买农资情况调查、小麦成本收益直报调查、生猪上半年成本收益调查等任务，撰写调查报告20余篇。健全调查户动态管理机制，重点培训新增加的7个农本调查品种36个调查户，常规巡查与指导原有调查户。完成各类业务4541起，标的总额15.8亿元。其中，完成二手房价格评估4191套，认定纳税标的额18.55亿元。

（颜秉楠）

质量技术监督管理

【质量强市】 出台《关于加快推进品牌建设的实施意见》，品牌建设纳入经济社会发展综合考核；制定出台《关于加快质量强市建设工作的意见》，承办2017年枣庄市质量月启动仪式，邀请质量专家为全市120余家规模企业质量负责人开展质量和品牌专题讲座。新增“山东名牌产品”8个、“枣庄市市长质量奖”2个。“全国中小机床品牌示范区”创建工作进入验收阶段。省玻璃标准委员会获准筹建，机床产业集群团体标准建设项目被省质监局列入试点项目，新增山东省服务业标准化试点1家、枣庄市服务业标准化示范单位2家，加入全国工业玻璃和特种玻璃标准化技术委员会1人。主导或参与制定国家标准3项、发布实施行业标准1项，推动企业采用国际标准检验检测48项。完成省、枣庄市对滕州的质量工作考核。全市拥有山东著名商标23个、山东名牌31个、山东省服务名牌1个，山东省优质产品生产基地3个、省市长质量奖13个，省级标准化技术委员会3个。质量强市建设工作连续三年受到枣庄市政府表彰。

【能力建设】 国家机床质检中心被评定为国家最高等级Ⅰ类实验室，被列入优秀国家质检中心目录，加入国家“一带一路”技术服务促进平台。为机床企业提供检测参数1000余个，解决共性技术难题100余项，检测业务量同期增长32.4%，辐射北京、吉林、广东等10余个省市。山东省玻璃质检中心检验能力覆盖90%的玻璃产品；与齐鲁工业大学签订合作协议，共建玻璃工程技术中心。山东省童车童床质检中心完成前期论证，建设场地、仪器配置等工作有效推进。

【特种设备安全】 制订年度监督检查计划，组织开展节假日期间安全大检查，加强日常和节点检查。重点加大对涉氨制冷企业、液化石油气充装站、电梯、游乐设施等特种设备安全监管，开展特种设备“安全隐患大排查快整治严执法集中行动”“百日攻坚”“安全生产月”等专项行动。检查各单位2000余次，下达安全监察指令书90余份，立案31起，发现整改隐患400余起。举办危化品、大型游乐设施、电梯应急救援演练，增强应急救援处置能力。

【产品质量安全】 开展电线电缆、建材、食品相关产品、小轧钢、水泥等重点工业产品监督检查，检查生产企业121家。开展童车童床专项整治，召开全市童车童床专项整治动员会议，成立以分管市长为组长的领导小组，印发《实施方案》；对童车童床生产企业开展摸底排查、监督检查、质量抽查等，出动执法人员200余人次，检查童车童床及其配件生产企业49家，立案10起。举办童车童床标准宣贯暨质量分析会议，邀请专家详细解读童车童床生产标准等，安排企业签订承诺书。开展纤维制品、挂车、三轮车及四轮代步车专项整治，打击违规违法生产行为，立案4起。举办全市纤维制品标准宣贯会议，规范企业生产。做好“12365”举报投诉。受理举报申诉90余起，满意率达98%。

【计量管理】 加强计量器具监管，检定、修理500余家企事业单位的计量器具5万余台件。其中，强检计量器具4.8万台件，非强检计量器具近1万台件。校验安全阀3642台件。开展“计量110”服务，有效检定、调试和维修计量失准的汽车衡241台。

（市市场监督局）

食品药品监督管理

【示范创建活动】 市食品药品监管局开展“食安山东”“食安枣庄”品牌引领行动，创建“食安山东”示范单位33家，“食安枣庄”示范单位27家，全市共有今缘春酒业、鲁南美食城、育才中学食堂、正德康城等147家企业和单位荣获“食安山东”“食安枣庄”称号。滕州市被省食安委表彰为全省首批“食品安全先进市”。

【日常监管】 借助国家卫生城市创建平台，排查城区食品加工小作坊、小食品店、小餐饮店，实施规范提升，整改达标8500家，强制关停500家。实行检查人员、检查对象“双随机”检查模式，检查625家药品企业的生产经营，建立监管档案，纳入信用体系，实行分类管理。升级完善“食品药品电子监管系统”，建立电子二维码追溯系统；搭建远程电子监管平台，为200家大中型食品药品企业安装远程监控终端，实施全时远程监管。

【综合治理和专项整治】 制订2017年食品药品抽检计划，加大监督抽检批次、频次，重点抽查粮食加工品、蔬菜制品、肉及肉制品、食用油、调味品、豆制品、中药饮片等产品。完成技术检测1857批次，处罚不合格品种的生产经营业户54批次，并追究相关人员责任。开展学生小

2017年3月15日，开展食品安全宣传周集中宣传活动

餐桌、学校幼儿园托老机构食堂、杏花村嘉誉市场周边加工户、酒类、食用油、医疗器械、中药饮片、疫苗等专项整治，解决食品药品安全突出问题。组织开展专项稽查，打击制假售假黑窝点，查处案件182件，罚没款520万元。

【产业状况】 全市药品生产企业6家，药品批发公司7家，药品零售连锁企业16家，单体零售药店及连锁门店400家，医疗器械生产经营企业50家，各级各类医疗机构1000余家，食品生产企业200余家，食品流通、餐饮服务单位5600余家，小餐饮、小食品店、食品加工小作坊等“三小”单位10000余家，化妆品、保健食品经营单位1000家，累计监管对象18000余家。

【宣传培训】 在滕州电视台、《滕州日报》、滕州电台等媒体开设食品药品专题专栏，在景区、公交港湾、公交报站及出租车LED广告屏上设置、播放食品药品公益提示，营造宣传氛围。多次邀请国家局、枣庄局及滕州市专家教授开展培训，提升从业人员业务水平。利用“3•15”“3•31”和食品安全宣传周等节点宣传食品药品安全知识，提高市民食品安全意识。

（陈　龙）

综合检验检测

【概况】 全市综合检验检测工作，重点推进省级食品实验室资质扩项认证，参与各级能力验证，中心进入省级农产品质量安全监督抽查和风险监测平台，实验室能力水平提升，检验检测质量管理体系完善，检验业务量突破性增长，完成各项承检任务。发布食品、马铃薯、茶叶、灌溉用水质量安全专项监测分析报告5次。

【实验室资质】 3月26日，通过省级专家组现场评审，完成省级食品实验室资质2次扩项认证，实验室检验项目参数由原2358项跃升至15800项，农产品、食品检验检测水平步入全省县级市前列。6月，完成国家实验室废止标准更新有关项目的重新认证考核。

【检验平台】 5月，通过山东省农业厅2017年第二次农产品质量安全检测能力验证，取得省级农产品安全监督抽查任务承检机构资质；承担山东省农业厅2017年度全省第三季度农产品质量安全监督抽查任务，业务范围辐射到全省。

【飞行检查和能力验证】 5月11日，完成省质监局计量认证专家评审组2017年度检验检测机

2017年3月26日，滕州市综合检验检测中心实验室资质认定专家组现场评审会议召开

构飞行检查和现场评估任务；6月，通过省质监局2017年水质和食品中着色剂检验能力验证工作。

【实验室硬件】 划拨市人才创新驱动中心实验室场地500平方米用于药品、化妆品、水产品资质认证，实施实验室扩容及改造；完成气相色谱仪安捷伦7890B调试安装，招标采购价值100万元的美国赛默飞电感耦合等离子体质谱仪。

【交流培训】 赴南京、郑州、青岛、杭州参加微生物检验国家标准解读、国家级品酒师、理化检验国家标准更新、国家级品茶师、实验室质量控制等专题培训11人次；赴新泰市、蒙阴县检验检测中心学习考察12人次、赴枣庄农产品质量检测中心、枣庄食品药品检验中心学习交流15人次；邀请枣庄市农产品检测中心专家培训指导检验检测操作。

【检验检测】 开展夏、秋两季马铃薯质量安全风险评价检验，覆盖8个镇街马铃薯主、副产区，种植专业合作社（业户）70家。

（李　峰）

政务服务中心管理

【概况】 市政务服务中心办理各类事项14.08万余件，按时办结率保持100%。实现所有非涉密的行政许可事项全部纳入全省动态管理系统。全市33个部门（单位）的266项行政许可事项上网运行，其中事项公开率5.59%、网上申办率8.96%、在线办理率2.24%、全程网办率83.21%，受理办结行政许可事项18487件。获得“全国青年文明号”“省级文明单位”等称号。受到省内外各级领导、同行参观学习71批次。

【公共服务事项】 协同市编办梳理编制市级63个部门（单位）公共服务事项718项，21个镇（街道）公共服务事项2731项，经第十八届六次市政府常务会议审议通过并面向社会公开。15个部门（单位）43项公共服务事项完成进驻工作。

【创新优化】 探索“一窗受理”政务服务新模式，制定《滕州市政务服务“一窗受理”工作实施细则（试行）》；参与《山东省行政许可地方标准》的意见讨论、试点验证、评审等环节，提出意见建议17条，其中被采纳11条。建设启用滕州市纳税服务中心，实行“国税+地税，一个窗口全办结；前台+后室，涉税事项全集中；规范+齐全，设计标准全统一；有线+无线，智能办税全方位；自助+人工，办

政务服务中心工作人员指导群众填写表格

税辅导全覆盖”，形成“集约化、智能化、高效化”的纳税服务一体化新格局。实行“一号通、一张网、一体化”，即：以公民身份证号码作为唯一标识，推行网上办事“一次认证、单点登录、多点互联、全网通办”，实行网上大厅、实体大厅、政务服务微信无缝衔接。召开全市“山东政务服务网中介超市”调试工作培训会议，11个行业主管部门的27项中介服务事项全部入驻山东政务服务网中介超市。

【公共资源交易】 实行统一信息发布、统一进场交易、统一接受监管，实现管办分离，完成交易项目406个，交易总额26.49亿元。建设一体化平台，投资18.85万元配备新型电脑、打印机、音响等硬件设备设施。推行电子招投标，对接枣庄市电子交易平台，全面推行政府采购电子招投标。强化运行管理，优化进场操作流程，制定代理机构场内管理办法；电子监察工作实现交易场所全覆盖。加强信息管理，采集进场中介代理机构的信息入库。

【软硬件升级】 投资40余万元，实施视频监控项目整体改造，分批次分阶段优化审批系统、电子查岗系统、信息发布系统等15套软件系统及更新换代取号机、叫号器、服务器硬盘等硬件设备。投资22.2万元，实施区域调整系统改造。

【监督回访】 强化窗口人员管理，将不动产登记中心、市办税服务中心、枣庄市住房公积金滕州分中心、市房管局房地产交易大厅等新进驻及未纳入考核管理的窗口纳入中心考核管理，同时严把窗口人员进口关和岗前培训。实行自动化管理，实现对办件全程监控、预警纠错、绩效评估；接受群众评价48236次，满意48230次，基本满意6次，满意度达100%。抽查窗口办件案卷1500余件，电话回访1300余人，有效验证服务质效和评价结果的真实性与可靠性。

（刘衍兵）

审　计

【概况】 市审计局实施审计项目65个，承接配合省审计厅、枣庄市审计局审计滕州8项，参与实施上级审计机关审计项目16个，参与枣庄、滕州市委巡察工作，服务全市中心工作及配合有关部门开展专项检查活动6项。完成8个镇街15个部门的创卫投入和履职尽责情况、公务用车制度改革、一中二中学校资产负债情况、取消“三限生”收费等专项审计4个。配合有关部门开展检查或专项审计11项。获得“全国审计宣传工作先进集体”“全省审计宣传工作先进单位”称号，保持“省级文明单位”称号。

【跟踪审计】 先后审计“鼓励社会投资”“简政放权放管结合优化服务”等政策措施落实情况。围绕存量资金管理、简政放权、政策落实、风险防范，结合当前经济社会发展实际，持续进行跟踪审计。

【财政审计】 重点审计7个部门2016年度预算执行和财政资金管理使用情况，开展盘活财政存量资金政策措施落实情况跟踪审计，加大对所属二三级单位及重点资金、专款的延伸审计力度。6月29日，市十八届人大常委会第五次会议听取并审议通过《2016年度市级预算执行审计及其他财政收支审计工作报告》。

【政府投资审计】 跟踪审计保障性安居工程，重点审计住房城乡建设、发展改革、财政、国土资源、规划局、民政局等有关部门，以及住房委员会办公室、住房公积金管理中心等经办管理机构，并延伸调查22个村的50户农村危房改造家庭，检查38个安居工程项目的建设管理情况。实施审计滕州市实验小学文体楼建设项目。

【领导干部经济责任审计】 市委市政府出台《关于进一步深化领导干部经济责任审计工作的意见》，全面规范和深化领导干部经济责任审计工作；受市委组织部委托，经济责任审计党政主要领导干部32名，重点关注领导干部在经济社会发展、民生改善等领域的权力运行情况；开展自然资源资产离任审计试点工作，审计官桥镇等原主要领导干部自然资源资产责任履行情况。

【专项审计】 开展非税收入征缴情况专项审计调查。重点全面审计全市57个市直部门（单位）执收管理的4大类36项非税收入，审计期间查补非税收入3700余万元。开展国有企业资产负债损益审计。重点实施跟踪审计调查市属17家国有房地产开发企业开展资产负债情况，提出“合理控制企业债务规模、积极推进减债降息、建立债务风险预警机制、多措并举提高偿债能力”等债务瘦身、防范风险的建议，督促企业整改，整体负债水平下降15%，有效降低企业风险。

【村居干部经济责任审计】 整合政府审计、镇街审计、社会审计三方面力量，推进村（居）审计工作，突出审计经济强村、问题村难点村、三类班子村，审计完成村（居）1141个，占村（居）总数的91.3%，为村（居）和城市社区“两委”成功换届奠定基础。

【能力建设】 实施审计能力、审计质量“双提升”工程。组织开展企业金融审计、审计实务、审计案例分析、村（居）审计、纪检监督与审计监督相融合等专题培训5次，参加上级组织教育培训40人，累计参训人员380余人次。10月下旬在南京审计大学举办审计专业培训班1期。被抽调参加上级审计机关组织的重大审计项目26人，学习大项目审计的方法技巧和组织管理经验。继续推进“双资格”“双十佳”“两双”培养评选活动。市审计局具备中、高级专业技术资格31人、占77.5%。审计信息被上级各类媒体采用131篇（次），其中被国家级媒体采用47篇（次），位居全省县级审计机关前列。受到省审计厅表彰项目1个，被评为枣庄市优秀审计项目4个。

【规范化建设】 推进“研究式”审计和审计项目精细化管理工作。强化审计现场管理，落实审计项目组长负责制，优化业务流程；推进审计“四份清单”制度；建立大数据应用攻坚小组，比对分析大数据进行审计；建立实施重大审计项目（事项）预审制度；与纪检、检察、公安等部门建立协调沟通机制；建立审计疑点信息库制度；完善法制审理和审计业务会制度；建立审计问题整改工作机制，实行整改销号管理。确定7月、12月为“审计集中整改月”。

（市审计局）

统　计

【概况】 市统计局按照全市五大经济转型发展总体思路，开展经济社会发展数据核算，精心组织实施第三次农业普查，稳步推进统计方法制度改革，深入开展统计分析和监测预警，推动统计工作持续健康发展。全市有2名同志被评为“全省统计系统最美基层统计人”，1名同志被评为“全省统计系统道德模范”。被省人社厅、省统计局、省公务员局评为“全省统计系统先进集体”。

丰富多样的统计产品

【统计调查】 组织3批次近20名人员参加国家局和省局举办的统计知识培训班；邀请专家教授和市委市政府两办、市纪委领导授课，全面提升统计人员的综合素质。认真开展工业、建筑业、房地产业、批发零售和住宿餐饮业、重点服务业等“四上”企业的联网直报，按时完成月度、季度和半年报、年报统计报表任务。在组织实施企业联网直报的同时，做好固定资产投资、农业、畜牧业、文化产业、城镇化、人口、科技、劳动工资、节能减排、开发区等专项统计，全面准确地反映全市经济运行和社会发展情况。加强部门协作、上下联动。搞好与部门、镇街的沟通衔接，及时查询异常数据变动原因，准确把握全市经济发展形势，较好地反映各领域、各行业的发展变化，统计数据的协调性、匹配性进一步增强，数据质量稳步提升。

【国情国力调查】 第三次全国农业普查基本完成。组织近4000名普查员和普查指导员，历时3个多月时间，深入农户和农业生产一线，顺利完成21个镇街、1146个行政村、2117个农业经营单位、2672户规模农业经营户、32.7万户普通农户的现场登记、数据采集上报工作，全面反映农村经济发展情况。年度1%人口抽样调查工作顺利进行。全面调查全市21个镇街104个调查小区，基本摸清人口数量、素质、结构、分布以及居住等方面的变化情况，为城镇化发展、人口性别比和小康社会建设提供翔实的数据参考。

【服务社会】 丰富统计服务载体。创办《决策参考》和《滕州统计信息》，为市委、市政府和各级领导提供第一手统计信息资料。制定出台信息工作考核办法。对科室（中心）具体量化撰写任务，制定奖惩措施，信息报送和采用情况每月一汇总，每月一通报，调动科室人员撰写统计信息的积极性和主动性。全年被市委、市政府两办采用的信息分析110余篇。及时发布统计信息。按月编发《数据快报》《统计月报》，印发《数据滕州2016》《滕州统计年鉴2017》，在《滕州日报》上刊发《2016年滕州市经济社会发展统计公报》，并通过统计信息网、统计微信、微博等媒体定期向社会发布主要统计数据，向各级各部门、社会公众提供详实的统计信息服务。

【“四上”企业入库】 市委市政府把“四上”企业的培育入库作为全市重点工作来抓。抓好综合协调、业务培训和督导调度，“四上”企业入库情况一周一调度、半月一通报。指导企业提报新增入库所需手续资料，确保符合条件的“四上”企业及时入库。全年完成入库“四上”企业122家。其中，工业39家、服务业32家、批发零售业27家、住宿餐饮业16家、房地产业2家、建筑业6家。

（市统计局）

（朱贺/摄）

城乡建设 环境保护

Urban and Rural Construction Environmental Protection

责任编辑：李 明

城乡建设

【概况】 全市城乡建设结合新型城镇化发展要求，围绕建设宜居宜业城市，着眼提升城市功能和品质，增强城市集聚力和辐射力，推动城市经济转型发展，加快新型城市发展步伐，开工建设城建项目130个，完成投资115亿元。

【基础设施建设】 围绕打通断头路，实施科圣北路北延、荆河东路、振兴路跨荆河桥、文化中路等城市道路工程。结合创建国家卫生城市，实施荆河西路、府前中路、杏坛路、新兴北路、平行路、大同北路、笃西路、青啤大道、北门里街等总投资5亿元的城市基础设施提升工程，新建改建城市道路32条、总里程120余公里；体北二巷、安居东街、安居西街、昌茂街、安乐街六巷等10条城区背街小巷升级改造工程全面完工。围绕补齐城市短板，推进城区供热设施及城区北线高温热水复线管网建设工程；新建、改造城区和镇域天然气管网90公里；完成总投资2.25亿元的游泳馆主体工程；市公共服务设施综合馆完成立项、可研批复、环评、能评等前期工作。实施总投资5000万元的清水湾公园一期续建工程，公园西区竣工开放。启动实施中轴线区域景观绿化工程。

【棚户区改造】 出台《滕州市人民政府关于进一步做好未经登记的建筑调查认定处理工作补充意见》《滕州市人民政府关于增设国有土地上房屋征收“片区奖”的批复》《滕州市人民政府关于进一步做好“城中村”集体土地上房屋搬迁补偿工作的补充意见》等文件，完善房屋征收工作的政策体系。按照棚户区改造三年行动计划，确立棚改由碎片化向区域化转变、由城区向园区延伸的思路，实施赵楼区域等棚户区改造项目11个，完成搬迁7224户，开工建设安置房8506套、约102万平方米，征收补偿总投资约49亿元。申请办理棚户区项目专项贷款59亿元。申请发放到位10.5亿元。争取“中央、省、市三级财政专项奖补资金”和“保障性安居工程基础配套中央预算内投资资金”两项棚改项目奖补资金2.8亿元。

【村镇建设】 年初印发《关于全面做好2017年度农村无害化卫生厕所改造工作的通知》，年底完成年度改厕任务6.9万户。完成《滕州市农村生活污水处理专项规划（2016—2030年）》《滕州市农村供暖专项规划（2017—2030年）》编制工作；通过评审、批复，建设完成4个试点村生活污水治理项目及西岗镇供暖试点建设任务；在龙阳镇焦庄村就零耗电生态过滤床污水处理系统进行整村试点。西岗镇成功被纳入省级新生小城市试点，西岗科技新材料小镇入选国家级特色小镇创建名单，滨湖微山湖湿地古镇、鲍沟工艺玻璃小镇先后被列入省级特色小镇创建名单，洪绪温泉生态养生小镇、官桥古薛历史文化小镇、姜屯古滕善国花卉小镇被纳入枣庄市级特色小镇创建名单。完成危房改造任务327户，累计完成改造3200余户，惠及农村贫困人口8600余人，有效改善农村五保、低保和一般贫困群众的居住条件。

【房地产业】 全市房地产业继续保持健康平稳发展态势。1～12月，在建房地产开发项目41个，完成投资76.66亿元，同比增长18.08%；累计商品房销售面积181.15万平方米，同比增长14%。商品房期房、现房库存总面积203.6万平方米，同比下降27.3%，商品住宅去化周期约5个月，低于合理去化周期（8～15个月）。住宅小区建设的整体品质提升。亿丰和家园、大同天下G区项目通过国家2A级住宅性能认定终审，东城国际等3个项目通过初审。开展“物业管理提升年”活动，重点围绕配套公共服务设施建设、电梯管理、卫生保洁、二次供水、车位建设管理、违法违规行为查处等六大重点环节开展专项治理，提升社区治理水平。开展“物业文明服务年”活动，在40余个小区建立物业管理恳谈会、调解会、联席会制度，在130余个小区建立物业服务公示栏。完成10个老旧小区改造工程，整治面积约26万平方米，受益居民2006户。建筑面积1万平方米以上的老旧小区全部完成整治。

振兴路跨荆河大桥及振兴路贯通工程

【振兴南路棚户区改造】 项目总占地约66公顷，征收1600余户、40余万平方米，涉及4个村、10余个单位，是西部城区更新的重要节点工程。通过增设每户3万元的“片区奖”、实施“模拟搬迁”等制度创新，实现整个区域“推进快、无信访”局面。实施“一路一桥”新建改造工程，打通振兴南路，新建振兴南路大桥，有效改变西部城区城市环境。依托该项目靠近啤酒厂的地利条件，规划建设近2万平方米的啤酒文化一条街。

（朱开校）

城乡规划

【规划编制】 启动滕州市城市总体规划评估与修编，完成实施评估报告和规划纲要初步方案；完成《滕州市“多规合一”暨城乡总体规划》《滕州市书院街历史文化街区保护规划》及完成铁路沿线综合整治规划；开展历史文化街区认定和历史建筑确定工作，基本完成疑似历史建筑现状测绘；指导龙阳、姜屯等10个镇开展新一轮镇总体规划修编，其中木石、大坞两个镇完成规划成果；组织各镇街开展村庄规划全覆盖工作，联系知名设计单位分别为滨湖镇、大坞镇志愿编制村庄规划，并形成评审成果；配合完成邮政网点布局规划、智能交通安全系统专项规划、通信基站专项规划；完成新型农村社区和新农村发展规划、乡村建设规划、北部片区城市设计、龙泉广场区域城市设计；基本完成城市色彩、专业市场发展规划；完成滕州市经济开发区申报国家级经济开发区规划工作及鲁南高科技化工园区、滕州市生物医药产业园、枣庄市循环经济产业园省级化工园区认定规划方面工作；完成解决中小学“大班额”问题的规划审批工作，研究确定学校建筑外立面色彩，为全市中小学校建设提供出规划保障。

滕州综合馆北侧沿规划路透视

【审查监管】 做好建设项目“一书三证”的审批发放工作。明确规划批前、批后监管办法，加强违法建设行为性质及程度认定；对城区建设工程进行日常规划巡查，纳入规划执法监管范围工程项目36个，严把规划放线、验线、验收关口。完成省城乡规划遥感督察相关工作，核实上报省下达的疑似违法建设图斑75处。研究土地储备项目51个、建设用地选址项目14个、建设工程项目48个、市政工程项目3个、建设用地性质调整项目4个、规划方案论证项目3个、专项规划5个、卫星遥感违法图斑处理整改项目1个。办理《建设项目选址意见书》6件、《建设用地规划许可证》47件、《建设工程规划许可证》34件、《建设工程竣工规划验收合格证》20件。出具用地规划条件45项，出具市政工程规划意见16项，完成规划放验线55次，对12个建设项目出具违法建设性质及程度认定意见、对7处违法建设形成违法建设专报。

【规划管理】 开展全市公共服务配套设施现状调研，研究制定居住社区公共服务配套技术管理规定。修改完善《滕州市规划管理技术规定（试行）》；出台《关于切实加强和改进城乡规划工作的实施意见》（滕政发〔2017〕93号）；出台《滕州市城市建筑外立面色彩管理规定》。

【技术质量提升】 市规划设计院完成各类设计项目110余项。保利海德佳园修建性详细规划、龙阳镇卧龙庄村传统村落保护发展规划分别获2017年枣庄市优秀城乡规划设计一、二等奖。市测绘院完成地形图测绘65项，约10.5平方公里；放验线测量

73 项，约 165 万平方米；竣工测绘 21 项，约 296 万平方米。完成市政道路及管线施工图设计 4 项，岩土勘探业务 2 项。完成枣庄市测绘信息局、枣庄市安全局的涉密及资质检查。在枣庄市优秀工程勘察设计及论文评选活动中，市测绘院 10 个项目获奖。实现业务总收入 323.19 万元。

（市规划局）

城市管理

【管理体制】 市综合行政执法局理顺城市管理体制，调整加强涉及 53 个部门和镇街的城市管理委员会，加强城管委办公室力量，集中研究解决城市管理重大问题；出台《关于进一步加强城市管理工作的意见》《关于进一步明确城市建成区内市政园林环卫设施管理养护责任的实施意见》，明确城市管理相关部门职责权限，实行“五定”措施，进一步落实网格化管理；探索推行路长制、街长制，完善社会监督，提升工作效能。建立完善综合行政执法部门与国土、文广新、旅游等职能部门和各镇街的协调联系，建立业务协助、执法信息通报、案件移交等制度，实现监管与执法工作有效衔接。

【市容市貌】 成立创卫突击队，集中整治。与相关部门、街道社区人员开展 100 人以上的大型集中整治 160 余次，取缔流动商贩 900 余家，规范店外店、骑门店 2.2 万处，整治规范露天烧烤 320 余家，拆除乱搭乱建、违章棚厦 1810 余处，清理乱贴乱画小广告 9 万余处，查处各类交通违法行为 8000 余次，规范车辆停放 3.9 万余辆次，施划停车泊位 1.8 万个，办理各类投诉建议 8000 余件，乱搭乱建、乱停乱放等“十乱”现象得到遏制，一些城市顽疾得到根本解决。

【城区环境】 全面推进道路机械化深度保洁工程，城区主干道和公共广场机械化保洁率达到 90%，每天城乡 1000 余吨生活垃圾实现日产日清、无害化处理；新建公厕 15 座、改造公厕 3 座，新增垃圾桶、果皮箱 2500 个；启动生活垃圾分类处理，实现资源回收利用的新探索；严格按照“6 个 100%”的要求加强城市建筑垃圾管理，引导国有企业成立专业渣土运输队伍，更新渣土运输车辆 200 辆。

【园林绿化】 实施鲜花靓城、裸露土地绿化、绿化带超高土治理等重点绿化工程，补植各类苗木 78 万余棵，修剪草坪、绿篱 50 万平方米，栽植时令鲜花 200 万余株，铺装裸露树穴池 8500 余个，播种草坪 3.2 万平方米，综合整治城区超高土道路绿化带 18 条，解决“因裸致脏、由露扬尘”城市生态问题，新增绿化面积 70 万平方米。

【市政设施管理】 升级改造善国北路、荆河路、腾飞路等道路 20 余条，完成道路复铺 108 万平方米，维修破损路面 3.8 万平方米，修复人行道 49 公里，整修路沿石 6.2 万米，完成城区桥梁的粉刷；加强路灯管理，保持主次干道灯明率 98% 以上；实施荆河水环境综合治理工程，清挖淤泥 96 万立方米，基本实现“清淤见底、寻源治污、一河清水、两岸绿色”的目标；实施重要节点、广场、楼体亮化工程 130 余处。

【违法建设管控】 坚持“控”“拆”“防”并举，开展城市违法建设治理行动，抓好土地规划卫片执法监督检查，查处各类违法行为 370 余起，拆除存量和新增违法建筑 44 万平方米，拆除复耕土地 62.7 公顷，清理复

市综合行政执法队伍举行换装仪式

耕土地47.8公顷；全程动态监管城区房地产开发及其他公建项目，查处违规违法案件10余起，实现对违法建筑“零容忍、零增长”目标。

【综合行政执法】　开展非法开采矿产资源、文化市场整治、粮食流通执法、商务执法等专项行动30余次，查纠各类问题1500余件，立案处罚1054件。接收移送案件、涉嫌违法线索210余起，移送其他部门案件50余起，公安机关追究刑事责任10起。开展联合执法检查活动180余次，立案查处40余件，解决露天烧烤、三四轮车乱象、油烟污染、噪音扰民、大气污染等热点难点问题。以迎接中央环保督查为契机，办理交办案件28件，办结率100%，群众满意度100%。

【城乡环卫一体化】　开展农村人居环境、铁路沿线环境综合整治，规范城乡环卫一体化市场化运作，建立农村环境卫生长效保洁机制。实施“双随机一公开”检查，排名通报各镇街城乡环卫一体化工作，兑现奖惩，群众满意度明显提升。

【规范化建设】　建立执法全过程记录机制；7月21日，市综合行政执法局在全国城市管理执法工作推进会上作综合行政执法全过程记录典型发言。以统一换发全国制式服装为契机，开展“强基础、转作风、树形象”专项行动，提高群众满意度。开展“城市文明在行动”“我在创卫一线”等主题宣传活动，宣传典型事例，曝光不文明行为。

（王思存　杨运明）

建筑业

【概况】　全市建筑业企业130余家，其中一级资质企业17家，占比12%；建筑业产值突破200亿元，其中一级资质企业产值占比超过50%；建筑业实缴税金突破10亿元大关，其中一级资质企业税金占比近60%。山东三维钢构、雄狮装饰发挥“新三板”上市优势，扩大融资渠道，品牌实力增强，鲁班装饰、腾飞塔吊等特色品牌企业逐渐壮大，专业承包企业越做越优。全市建筑业骨干施工企业施工区域遍布全国27个省、市、自治区的100余个地区，并打入美国、朝鲜、俄罗斯、印度、安哥拉、刚果（布）、刚果（金）、新西兰、澳大利亚等15个国外市场，实现外出施工产值44.56亿元，同比增长6.9%。市卷烟厂易地技术改造项目获得“鲁班奖”，妇幼保健院项目获得“华东奖”。全市建筑业获得“国家装饰奖”、国家级工法、国家级QC成果等质量、科技奖项10余项，获得省级工法、省级 QC 成果、“泰山杯”等奖项近 20 项。

【装配式建筑】 出台《滕州市人民政府关于大力发展装配式建筑的实施意见》，装配式建筑发展顶层设计初步完成；连云山 PC 工厂申报成为国家级装配式建筑产业基地；利用装配式建筑解决“大班额”项目建设，6 所学校 12 万平方米的装配式建筑主体框架全面封顶，项目实现“零”突破，创造“滕州模式”。

【安全文明生产】 持续开展“安全生产责任落实年”活动，落实工程质量治理两年行动，构建安全生产文明施工网格化管理体系。参与创建国家卫生城市迎检，开展建筑施工扬尘污染治理工作，投入资金 1000 余万元，实现施工现场道路全硬化、车辆冲洗设备和扬尘监测系统全设置、裸露土地全覆盖或绿化，城区在建工程落实扬尘治理“六个百分之百”。10 月，联合市综合行政执法局、市环保局组成大气污染整治办公室，集中开展建筑施工领域大气污染防治工作，实现对全市在建工程项目、商品混凝土企业检查督导的全覆盖。创建省级安全文明工地 9 项、枣庄市级安全文明工地 20 项。

【市场秩序】 实行季度化诚信考核，加强招标投标监管，严肃查处围标串标等违法违规行为；完善全市建筑业企业数据库建设，完成全省建筑市场监管与诚信信息一体化平台对接运行，健全完善诚信体系建设。

【保障培训】 加大养老保障金催缴力度，做到应收尽收，保障建筑职工的合法权益。与人社部门联合开展办理建筑工人工伤保险缴纳活动。以市建协建设职业培训学校和建筑施工特种作业人员实操基地为依托，开展教育培训工作，培训枣庄范围内的建筑电工、架子工、塔吊司机等 11 个特殊工种及关键岗位人员近 7000 人。

（张　明）

安全文明标准化工地——冯河学校项目

房地产管理

【房地产交易管理】 完成商品房转移监理 5833 件，办理房地产抵押监理 8790 件，二手房交易 4426 件；完成 35 个小区的预测、实测工作，房产测绘面积 511 万平方米；办理各项住房置业担保业务 5146 件。做好中介机构、营销机构的登记备案，4～5月，开展房地产中介市场专项检查行动，完成备案中介机构 74 家（含分支机构），从业人员 341 人。12 月 25 日，率先在鲁南地区启动存量房交易资金全面监管工作，实现“钱证两清”。完成房屋安全检测鉴定 12 件。

办理二手房交易资金监管业务

100余万株，乔木、灌木2000余棵。清水湾公园（西区）由山东兴滕置业有限公司投资建设，东起柳屯路，西至柳屯路以西200米，南起解放路，北至韩桥村南侧生产路，总占地面积6万平方米，总投资约1000万元。完成苗木栽植160余种27万余株，草皮11000余平方米，铺装石材2500余平方米，已竣工开园。

（刘恒楠）

配合各房屋征收指挥部，做好程堂、赵楼、鲁机、木石、滕西学校、小岗等12个征收区域的房屋摸底丈量、产权确认等工作。依托房屋交易系统，完善优化房产测绘系统、二手房交易网签系统、经纪机构从业主体和从业人员管理系统、二手房资金监管系统、个人住房信息查询系统、业务数据统计系统、档案三维库房等管理软件，实现房产测绘成果数字化、产权信息电子化、查询统计多元化、图文管理一体化，提高房地产管理的现代化水平。

【公房管理】 收取公房租金97.7万元，公房完好率95%以上。办理公房房改3户，核减公房面积147.86平方米，办理房改房过渡10户。

【金融服务】 市金融服务中心完成各类投资、信贷、典当、拍卖、担保、登记等业务总量超过10亿元。获批山东省首批开展受托资产管理和不良资产收购处置两项新业务。

【国企代建市政项目】 奥体中心游泳馆由市房地产综合开发有限公司出资代建，总投资约2.25亿元，规划建设面积2.83万平方米。截至年底，完成主体施工，主体结构获得“山东省建筑工程优质结构奖”。荆河东路道路工程由市瀚石地产有限公司投资，市远景市政工程有限公司承建。该工程西起沿河路，东至龙泉路，全长约1450米，挖运土方13万余立方米，回填种植土3.5万立方米，栽植地被植物

环境保护

【概况】 全市围绕“改善环境质量、保障环境安全、服务科学发展”主线，整体推进，综合施策，环境治理能力显著提升，环境质量进一步改善。环境空气质量指标SO_2、NO_2、PM10、PM2.5比上年分别改善2.7%、8.1%、5.4%、7.7%；河流出境断面水质基本达到三类水质标准。

【大气污染防治】 市委、市政府成立以主要领导任总指挥的大气污染防治指挥部，统筹推进全市大气污染防治工作。印发《滕州市大气污染防治分线攻坚实施方案》，实施11项分线攻坚行动；建立考核督查通报制度，开展联合督导检查，构建党委政府

主导、部门各司其职、镇街属地管理、企业依法施治、社会积极参与的工作格局。建设多功能环保监控平台，在 19 家重点废气污染源、41 家建筑工地安装高清视频监控、PM10 在线实时监测设施及超标自动报警系统。布设安装 10 个微观空气自动监测站点，实时监测城区 10 个重点区域的 PM10、PM2.5 等空气质量指标。完成 7 家企业 14 台 10 万千瓦以下燃煤机组以及 11 家 23 台 10 蒸吨以上燃煤锅炉超低排放改造。购置机械化保洁设备 22 辆，城区道路机械化保洁范围扩大到 700 余万平方米，主、次道路每天洒水频次增加。全面清理取缔“三区两线”两侧可视距离范围（禁储区）内和无土地手续、环保设施不达标的经营性储煤场。整治建筑工地扬尘，城区建筑工地设置围挡 3.8 万米，硬化现场道路 5 万余米；配备车辆自动冲洗设备 170 台套，各类现场洒水降尘车 200 余辆，自动喷淋设施 51 套；设置接入云平台的远程视频监控 41 套，安装 PM10 检测设备 41 套。清理取缔 10 蒸吨及以下燃煤锅炉，减少燃煤锅炉 419 蒸吨，减少标煤使用量 45.3 万吨。

重点排污单位监控系统

【水污染防治】 在全市 35 处主要河道、水库实施“河长制”管理，16 名市级领导担任河长，125 名镇街负责人担任河段长，包干整治河道环境。实施总投资 6200 万元的农村环境连片综合整治项目，在 17 个镇街建设农村污水处理设施和农村饮用水水源地保护项目。北沙河人工湿地（后续工程）已竣工验收；荆泉水源地上游人工湿地、新薛河人工湿地（官桥片区）和郭河人工湿地（南沙河段）及中水回用工程完工。排查荆河、界河、北沙河等 8 条河流入河排污口 226 处，建立入河排污口登记台账，并分类综合整治。荆泉、羊庄水源地划定一级、二级和准保护区，设立保护区界桩及宣传标志牌，并在 48 处地下水位监测点实行 24 小时监测。编制完成《滕州市荆泉等十二个地下水型饮用水源保护区划分方案》，获得省环保厅复函同意。

【项目监管】 取消建设项目环评初审环节，建设项目环评审批由两次受理减少为一次受理。建立全市重大建设项目环保专人跟踪协调服务制度。定期邀请省环科院专家“全方位体检”重点排污企业。

【执法检查】 开展专项行动，排查“散乱污”企业，建立“散乱污”企业数据库。按照“两断三清”标准，关停取缔不符合产业政策、不能稳定达标排放、治理无望、民众反映强烈的“散乱污”企业。专项检查经济开发区、鲁南高科技化工园区、大坞镇生物医药基地、级索工业园区、鲍沟玻璃基地等工业企业聚集区，出动执法人员6000余人次，检查企业1500余家次，立案266件，处罚1754.2万元。依法移送拘留33件，移交环境犯罪案件3件。清理取缔土小企业170家次，办结各级环境信访案件1845起。

【整治突出问题】 6月份，督促滕州金晶玻璃有限公司4条生产线全部使用天然气作为熔窑燃料。查处国宁化工工作人员利用改装罐车向排污管道偷排强酸的违法案件，并封堵解放西路、小清河南岸的馍馍庄污水大干渠所有溢流口，有效解决困扰城区居民的异味污染问题。搬迁盛隆焦化公司防护距离内的大满庄居居民679户和兖矿鲁化公司防护距离内的木石一村、木石二村、东沂河村村民780余户。

（张众 马聪）

高铁新区建设

【概况】 采取“全流程+综合”规划理念，完善“一纲二十目”综合规划体系，科学引领高铁新区开发建设；委托深规院、华北院、中电院等单位实施完善地下空间开发与利用、海绵城市、城市家具、城市色彩、夜景照明、公共标识、户外广告等专项规划，打造精品工程。高铁新区启动实施建设项目23个，完成投资约22.1亿元；招商引资项目6个，总投资约202亿元。高铁新区被评为“山东省绿色生态示范城区”。

【项目建设】 实施飞龙大道、瀓河南路、上善大道等13条道路及配套管网建设和朝阳街跨小洪河、宫河路跨小洪河2座桥梁建设，完成上善大道综合管廊主体建设、墨子湖隧道及引道工程湖区段主体施工，推进荆河220千伏变电站、天然气南线北线改造工程及天然气配套管网建设工程。山东化工技师学院新校区正式揭牌启用；完成北大附属滕州实验学校项目规划设计、公司注册、土地指标批复等前期工作；完成滕州科技职业高中新校区规划设计、手续办理、选址和土地征收等工作；六合社区6栋楼完成主体封顶，3栋楼加快主体建设；六合学校中学宿舍楼、小学教学楼以及中心卫生院门诊楼、住院楼完成主体封顶。光大环保能源发电建成运营；奥特莱斯生态购物小镇完成A区主体建设；凤凰乐园竣工投入运营；提档升级的高铁新区产业园完成初步方案编制、房屋搬迁；“绿城·明月江南”完成土地出让、公司注册及部分前期手续办理。推进荆河、瀓河、小洪河河道治理和水系景观打造以及南水北调调蓄水

2017年12月30日，山东化工技师学院新校区启用揭牌

库（墨子湖）景观建设；抓好狐山山体治理和土地整理项目，实施狐山休闲公园、墨子湖城市公园、小洪河自然景观带状公园和高铁防护公园规划建设。

【招商选资引智】 引入“绿城·明月江南”、北大附属滕州实验学校、山东理工滕州职业学校等项目落地建设，正威国际集团新材料加工、山东汉旗科技公司半导体集成电路智能制造、好孩子儿童用品代工生产基地、轨道交通暨生产制造基地等项目达成合作意向；实施“筑巢引凤”工程、“人才联合培养”计划，加快高铁新区人才队伍建设和储备。

【融资投资】 采取长期贷款、发行债券、融资租赁等形式实施建设融资，对接落实被列入融资计划的项目。综合管廊、水系治理以及北大附属滕州实验学校、六合社区 PPP、EPC 融资建设项目稳步推进。

【发展保障】 深化“区镇一体”管理体制和工作模式，优化新区建设队伍和环境；规范理顺联迪集团组织框架，提高公司信用评级等级。通过土地指标分配、联合收储等方式争取土地指标，完成 3 个区域 43 公顷的土地征收、约 3 万平方米的房屋搬迁及 6 家企业搬迁工作。落实《优化经济发展环境加快高铁新区建设“十条禁令”》《关于加强土地管理和村镇建设监管工作的实施意见》等文件，打击干扰企业正常经营的违法犯罪行为；健全完善制度，落实“五个一”项目帮包责任制，为企业提供跟踪服务、上门服务、全方位服务。

（刘　梅　潘瑞雪）

（米贺／摄）

工 业

Industry

责任编辑：李　明

工业综述

【概况】 坚持“工业强市、产业立市”不动摇，抓项目、抓技改、增实力，纵深推进“265”产业培育和“62131”企业梯次培育工程，谋划和推动新旧动能转换，工业经济保持稳中有进、稳中向好、稳中提质的发展态势。新增规上工业企业39家；规模以上工业增加值同比增长7.5%；规上工业企业实现主营业务收入1250亿元，同比增长12%；实现利税103亿元，同比增长15.3%；实现利润65亿元，同比增长18%。

【产业培育】 培育煤化工、机械机床两大千亿产业集群，推进国科控股资本链、中科院创新链、联泓新材料产业链实现“三链融合”，国科控股新材料中试基地项目落地，中峰化学醋酸酯纤维素生产等项目投产。装备制造（机床）·滕州经济开发区创建成国家新型工业化示范基地；威达重工被评为2016中国机床工具行业“30强”，VMC850D高速立式加工中心被评为“中国机械工业名牌产品”，山森数控被评为“中国机械工业质量诚信企业”；执行省化工产业安全生产专项行动“八条断然措施”，关停15家总评“差”和未参评企业，启动化工企业“四评级”工作；煤化工、机械机床两大千亿产业集群分别实现主营业务收入608亿元、702亿元。六大百亿板块实现主营业务收入392亿元，其中现代玻璃产业集群被认定为山东省先进制造业特色产业转型升级示范基地。五大新兴产业实现主营业务收入190.1亿元，中材锂电池隔膜一期建设项目首条生产线于8月30日投入试生产，成功引进总投资20亿元的北玻院科技成果转化基地项目，9月8日首套智能风电叶片模具成功交付。

【企业培植】 出台实施《关于全面推进“62131”企业梯次培育工程的实施意见》，建立小升规、上市挂牌等后备企业资源库，实行“一对一”精准帮扶，推进“个转企、小升规、规改股、股上市”；推荐大明消毒科技有限公司等6家企业申报首批省制造业单项冠军企业；纳入枣庄市级重点培育龙头骨干企业名单9家，华能线缆成为滕州首家主导制定国家标准的企业；小微企业总数突破1.9万家，联泓新材料、恒仁工贸、腾达不锈钢等20家企业主营业务收入超过5亿元。在市中小企业服务平台成立企业挂牌上市专家委员会，开展股改和上市辅导等活动；推进中小企业管理提升，精选5家企业开展精益生产服务项目；中小企业公共服务平台服务企业超过1200家，建立企业服务档案380余个，兑现企业服务补贴券补贴企业120家、41万元，帮助企业节约费用300万元。组织企业参加北京国际机床展览会等20余个国内外展会，补助50余家企业展位费59万元；新增14家电力直接交易试点企业，年可节省电费8000万元；新源热力、鼎源电力等4家售电公司可直接参与全省电力直接交易用电量135亿千瓦时；为30家企业提供超过1亿元建行"助保贷"担保贷款，帮助40余家企业（项目）置换或配置南水北调水源每年2360万立方米。组织企业家230余人次、中层以上管理人员850余人次参加省中青年培训班、浙江大学枣庄市企业经营管理领军人才培训班、浙江大学枣庄市创新发展企业家培训班、清华大学高级研修班及出国培训等活动。编印《工业脊梁——2016年度滕州优秀企业家风采录》。

【技术改造】 出台《关于加快推进工业企业三年技术改造工作的实施意见》，每年设立1000万元技改专项资金，引导企业围绕设备改造、智能装备等五大方面开展技改。召开技改工作推进会，成立领导小组，及时协调解决重大事项。协调国土部门帮助中科蓝天等9家企业解决项目用地22余公顷。为东方钢帘线废水综合利用工程等15个技改项目办理备案手续，争取上级技改创新和转型升级、提质增效专项扶持资金3400余万元。工业技改投资完成248亿元，同比增长17%；实施过千万元重点技改项目170个，竣工投产项目132个，被列入省技改导向目录项目20个。

2017年1月11日，全市工业企业技术改造三年计划工作会议召开

【创新驱动】 设立1000万元科技创新专项资金。实施技术创新项目262项，完成230项；65家企业的74个项目被列入省技术创新项目计划。6个产品被列入2017年度省首台套技术装备及关键核心零部件目录产品。联泓新材料、耀国光热创建成省级企业技术中心，全市拥有省级企业技术中心达到31家。享受研发费用税前加计扣除政策企业44家，落实2016年度减免所得税额度1950万元，分别同比增长232.7%、42.9%。高新技术企业发展到53家，新认定省、枣庄市级创新创业示范基地2个、"一企一技术"创新企业和研发中心7个，被认定为省首批中小企业创新转型优胜企业4家。十方机电和大学生创业园被评为"山东省中小企业发展新经济示范单位"。推荐山东益康药业股份有限公司申报2017年度国家技术创新示范企业。构建"政产学研金服用"技术联盟创新体系，建成市人才创新驱动中心暨科技创新创业基地，分别与北理工、北航合作成立北

理工鲁南研究院、北航机床创新研究院，并规划建设智能制造军民融合和高端功能性材料军地融合两个产业化基地。

【跨界融合】 实施智能制造示范带动提升行动，威达重工、腾达不锈钢实施数字化工厂建设，带动20余家企业实施“机器换人”技改和智能化管理提升。辰龙集团和耀国光热被列入2017年山东省两化融合管理体系贯标试点企业，腾达不锈钢完成国家两化融合管理体系贯标试点评定工作；32家企业完成2017年度山东省企业两化融合整体性评估工作，3家企业被评为“2016年度枣庄市两化融合示范企业”。推荐中材锂膜的“湿法高性能动力锂电池隔膜智能制造新模式应用”申报2017年国家智能制造新模式应用项目，联泓新材料、威达重工、山森数控、中材锂膜被认定为“2017年枣庄市智能制造示范（试点）企业”。

【绿色发展】 万元GDP能耗同比下降3.94%，超额完成上级下达的目标任务。深信科技的工业循环水处理系统等2套装备被列入省节能环保产业新技术装备（产品）推广目录，华能线缆通过清洁生产审核验收，东郭水泥的固体废弃物综合利用建材企业循环经济发展模式被列入省循环经济典型模式目录，滕州经济开发区循环化改造实施方案通过省评审。5个项目被列入2017年省太阳能集热系统财政补贴项目建设计划，14个项目争取到各级节能资金715万元；新能源装机容量达到275兆瓦，占全市发电总装机容量的19.3%。依莱特硅业、丰华玻璃2个项目被列入枣庄市2017年度工业行业淘汰落后产能目标计划。建立完善打击“地条钢”长效机制，开展排查整治“地条钢”和违法违规新增钢铁产能工作，拆除铸造行业冲天炉35台，大宗航峰通过国家检查验收组验收。

【安全稳定】 开展安全生产监察检查活动46次，专项治理6次，下达检查记录89份，查出安全隐患186条，现场整改165条，限期整改21条。开展“荆泉水源地油品（柴油）渗漏应急演练和安全宣传”活动；验收销号港枣线13处新增隐患；验收销号鲁宁输油管道滕州城区新改线段较大隐患6处。青岛啤酒完成省安全生产标准化创建工作；滕州卷烟厂、鲁南中联水泥创建成省级安全文化示范企业；盛隆化工、鲁南中联水泥创建成省级应急管理示范点。联合安监、消防、气象部门全面检查加油站84家，检查出241处安全隐患并全部整改；取缔非法加油站（点）62家，流动加油车2辆。重视群众来信来访的处理反馈，办结率90%，满意率70%以上。

（杨国桢　胡修鑫）

地方煤炭工业

【概况】 全市监管的6个煤矿销售原煤301.2万吨，同比增长21.25%；实现销售收入12.86亿元，同比增长63.34%；实现利润1.4亿元，同比增加2.1亿元。争取到上级财政资金15068万元。市煤炭局继续保持“省级文明单位”称号。

【安全生产】 下发安全生产一号文件，签订安全目标责任书，完善监管企业各级管理人员、职能部门和岗位人员的安全生产责任制。制订安全生产标准化年度达标计划，指导煤矿企业开展新标准先行先试活动。东大煤矿作为全省5对试点煤矿中唯一地方煤矿，通过国家煤监局一级安全生产标准化现场验收，成为山东省第一批一级安全生产标准化矿井。锦丘、金达煤矿通过省煤炭局一级安全生产标准化矿井验收。深入开展“机械化换人、自动化减人”工作。锦丘煤矿新装备的综采工作面，综采机械化率达100%；东大煤矿投资1500余万元装备高标准综采工作面，投资180万元更新原综掘工作面设备，投资300余万元升级改造安全监控系统；金达煤矿在地面输煤栈桥安装集控系统，人员由49人压缩为24人；曹庄煤矿新装备高档普采工作面1个。辖区所有煤矿提前完成高危作业场所作业人员比2015年下降30%以上的任务。开展煤矿自查、市局督查并配合省政府安委会组织的全面安全“体检”。在规定时间内，辖区煤矿全部进行安全“体检”工作，检查出的问题全部整改到位。在金达煤矿试点基础上，指导各煤矿建立全覆盖、无盲区的立体风险管控网络体系，针对排查出的风险点形成“一企一册”，分级管控。组织进行季度隐患排查、安全风险措施管控落实及相关材料备案工作。聘请专家对辖区煤矿进行隐患排查。全年排查重大危险源23条、较大及以上风险93条，需长期进行治理；排查隐患108条，已全部整改完毕。开展“大快严”集中行动、百日攻坚、安全生产专项整治、汛期专项检查等检查活动。检查煤矿96矿次，下达处理决定书96份，发现问题1003条，处罚3矿次。配合上级部门安全检查51矿次，复查验收隐患925条。突查矿井领导干部值班带班情况21次。开展雨季“三防”检查20矿次，因灾害性天气下达预警预防及停产撤人指令9次，强制煤矿停产撤人31矿次，撤出7800人次。在全省煤炭管理部门调度管理工作会议上做调度管理典型发言。八一煤矿10月份完成矿井关闭工作，提前2个月完成“去产能”任务。争取到上级奖补扶持资金4628万元，解决已关闭郭庄、刘村煤矿的历史遗留问题。监督检查煤矿安全培训制度制定、年度培训计划落实、安全培训经费提取和使用等工作；严格煤矿安全管理人员资质审查，从业人员全部持证上岗；现场抽查从业人员业务知识。指导兴安煤炭培训中心提高培训场所条件。开展“安全生产月”“安全生产咨询日”“警示教育周”“安康杯”知识竞赛、《安全生产法》宣传周和安全生产书画展等活动。

【项目建设】 北京禾能能源科技公司投资1.2亿元建设年产20万吨洁净型煤生产线和济宁嘉鸿科技环保装备有限公司投资5500万元环保装备生产等2个项目实现当年建设、投产、见效。引进上海电力公司，与市政府签订“光伏领跑者示范基地”

2017年4月11日，省煤炭局局长乔乃琛（左五）调研滕州采煤塌陷地综合治理工作

合作协议，项目已申报至国家发改委待批。

【塌陷地治理】 编制完成《滕州市采煤塌陷地综合治理专项规划》，启动实施治理项目18个，投入资金1.86亿元，完成塌陷地治理1413公顷。滕州市采煤塌陷地综合治理工作经验被省采煤塌陷地综合治理工作协调小组在全省及国家专题会议上推广。申报滕州市为国家重点采煤沉陷区综合治理工程试点，获得第一批中央无偿扶持资金9590万元。

【储煤场整治及煤炭清洁利用】 开展为期两个月的储煤场集中整治攻坚行动。两次集中行动清理取缔经营性储煤场208家，清理存煤100万吨，拆除洗选煤设备128套，腾出土地174余公顷；17家煤矿自有储煤场实现规范提升。引进清洁煤炭生产供应企业和节能环保炉具销售企业2家。提前超额完成枣庄市下达的工作任务，争取到枣庄市财政专项补贴资金850万元。

（市煤炭局）

化工工业

【概况】 全市各类化工企业230家，其中危化品生产、经营、使用、储存企业196家，专业危化品运输企业3家；全市油气管道4条，长约150公里，涉及镇街13个、行政村（居）97个。盛隆化工、联泓新材料、鲁南化工、新能凤凰、瑞达化工等多家骨干企业在行业内形成大企业集团。年生产能力为焦炭240万吨、尿素55万吨、甲醇147万吨、醋酸75万吨、烯烃100万吨、醋酸衍生物40万吨、纯苯12万吨、聚丙烯20万吨、聚乙烯10万吨、环氧乙烷10万吨、表面活性剂10万吨、聚丁烯3万吨。煤化工产业集群实现主营业务收入608亿元，其中规模以上企业实现主营业务收入376.5亿元，同比增长13.1%。

【产业链条】 全市形成的煤化工产业链主要包括：盛隆化工、盛源宏达的原煤→焦炭、焦油、粗苯→精苯、苯制品产业链；鲁南化工的原煤→合成气→甲醇、醋酸→醋酸丁酯、醋酸丁醇、醋酸乙烯产业链；新能凤凰、联泓新材料、中盛化工的甲醇→DMTO→EVA产业链、瑞达化工1-丁烯→聚丁烯产业链等，企业上下连接、产品相互衔接，产品附加值提高，产业竞争力增强。

【技术创新】 全市拥有水煤浆气化及煤化工国家研究中心、山东省煤气化及煤化工工程技术研究中心、山东省氨基模塑料工程技术研究中心；17项技术成果分别通过省科技厅、省经信委、中国石油和化工自动化应用协会鉴

2017年7月25日，省化工产业安全生产转型升级专项行动第三督查组到滕督查

定达到国际先进水平，拥有各项专利 55 个。

【园区审批】 鲁南高科技化工园区、滕州市生物医药产业园分别聘请资质机构编制、完善园区总体规划、产业规划、环评报告、安全评价报告、水资源论证报告，完善污水统一处理体系、集中供热体系，建设污水排污口及配套工程、安全环保在线监测监控工程、地下水水质监测预警系统。鲁南高科技化工园区通过省级专家组现场审核，滕州市生物医药产业园开展申报省级专业化工园区的前期准备工作。

（周　明）

机械工业

【概况】 机械机床产业集群实现主营业务收入 702 亿元，其中规模以上企业实现主营业务收入 355 亿元，同比增长 13%；实现利税 26 亿元，同比增长 15.1%。滕州机械机床产业集群成为山东省重点培育的产业集群，获得省财政 1000 万元的产业扶持资金。滕州装备制造（机床）产业基地被列入“国家新型工业化产业示范基地”名单。

【运行状况】 加强行业重点监测企业生产经营，威达重工、三合机械、普鲁特机床、山森数控、喜力机床、腾达不锈钢、常发工贸等机械机床企业增加产品研发投入，加速新产品产业化进程，高新技术及特色产品订单增加较快，生产经营稳定增长。其中，三合机械实施差异化发展战略，实现主营业务收入 2.6 亿元，同比增长 19.4%；常发工贸根据市场需求提高大型拖拉机产量，提升产品档次，实现主营业务收入 2 亿元，同比增长 79.4%，利润 2200 万元，同比增长 89.3%。全行业下行压力仍然较大，部分中小企业各项经济指标下降较快。

【技术改造】 机械机床产业技改项目 38 个，完成投资 8.5 亿元，分别占已开工项目的 23%、14%。威达重工有限公司工业机器人关键部件智能制造、山东腾达不锈钢制品有限公司不锈钢线材节能技术改造、三合机械有限公司研发中心大楼建设、山东普鲁特机床有限公司精密微小型车铣复合加工中心建设等重点项目进展顺利。总投资 1.6 亿元的山东德森机器人科技有限公司一期项目实现投产。新储备 2018 年机械技改项目 31 个，项目总投资 13.68 亿元。推动鲁南机床与葛洲坝集团合作，葛洲坝集团两次到滕州考察。

【技术创新】 被列入山东省技术创新项目计划 33 个，占全市总数的 55%。威达重工的门式高速立式加工中心和立式加工中心、山森数控的机床操作面板、三合机械的等离子切管机、普鲁特机床的激光焊接管螺纹数控车床等 7 个产品被列入《山东省高端技术装备新产品推广目录》。北京理工大学鲁南工业研究院、枣庄北航机床创新研究院正式投入运营。腾达紧固件、鲁班机械科技等 2 家企业已申报枣庄市级企业技术中心。威达重工、山森数控被认定为枣庄市智能制造示范企业。

【招商引资】 4 月 8～15 日，滕州赴台经贸考察团赴台湾开展经贸考察活动。鲁南机床与台湾臻赏公司达成机床刀库贸易意向；达因重工与台湾钟佳公司达成汽车维修工具生产合作意向；喜力机床与台湾领航科技公司达成加工中心生产合作意向，威达重工公司达成精密机床功能部件合作项目。

【市场开拓】 以国内外重要展会为平台开拓国际国内市场。组织10家企业参加北京国际机床展览会，威达重工获得“2016中国机床工具行业30强”称号。组织15家企业参加山东国际装备制造业博览会，滕州市获得“最佳组织奖”，威达重工、鲁南机床等5家企业获得参展展品金奖，喜力机床、新大川机床等5家企业获得参展展品银奖。

【行业培训】 承办中国机床工具协会数显分会，组织企业参加全国制造业与互联网融合发展深度行（山东站）暨第二届中国制造业与互联网融合发展高峰论坛、枣庄市创新发展企业家培训班、山东省品牌创新建设及创新优惠政策宣贯研讨会、2017泰山科技论坛等重点行业会议，增强企业发展的内生动力。在“2017年全国机械工业质量品牌提升大会”上，山东山森数控技术有限公司获得“中国机械工业质量诚信企业”称号，山东威达重工股份有限公司的VMC850D高速立式加工中心获得“中国机械工业名牌产品”称号。

【产业工会】 市机械电子工会被山东省国防机械电子工会评为“工匠文化建设”优秀单位；腾达不锈钢、威达重工各有一人获得滕州市首届“滕州工匠”称号；组织工会干部参加山东省国防机械电子系统工会干部培训班；举办机械电子行业职工职业技能提升“金蓝领”培训班2期。

（郭旭洋）

2017年3月3日，全省产业集群升级年启动仪式暨智能制造论坛在滕举行

建材工业

【概况】 全市规模以上建材企业59家，包括水泥生产企业9家（含粉磨站6家）、原片玻璃生产企业1家、水泥制品生产企业4家、玻璃深加工生产企业10家、新型墙体材料生产企业16家、商品混凝土生产企业11家、各类新材料生产企业8家。建材行业形成生产、加工、销售、物流等环节完整的产业链条，企业间互融合作，行业整体竞争能力及抗风险能力显著增强。集群实现主营业务收入189亿元，其中规模以上企业实现主营业务收入131亿元。

【规模优势】 玻璃、水泥、墙材、混凝土等基础建筑材料生产企业分散布局，37家企业均匀分布在17个镇街，销售范围完全覆盖滕州本地，并辐射到周边区域。玻璃产业基地被中国轻工业联合会评为“中国制镜业基地”，规划占地面积3平方公里，内有大小玻璃企业300余家，从业人员2万余人，可年产各类玻璃深加工产品3.2亿平方米，包括钢化、中空、镀膜、夹层等60余个品种2000余种规格。建筑装饰装修玻璃和艺术玻璃产量居全省第一、国内第三，玻璃制镜产品占全国产能的31.7%。

【工艺研发】 水泥行业拥有旋窑生产线4条，具备年产熟料540万吨、水泥1390万吨的生产能力。华海新型保温材料公司产品运用于水立方、世博会、杭州地铁站等多个重点大型项目。玻璃深加工企业进口设备使用率较高，产品质量、工艺水平及技术研发能力强，拥有省级技术中心2家，枣庄市级技术中心3家，企业拥有发明专利72项，实用新型及外观专利226项。金明玻璃连续三年被评为“全国玻璃十强企业”，生产的无铜环保镜畅销欧洲市场。

【出口创汇】 全市玻璃企业拥有自营出口权21家，玻璃产业完成出口贸易近3000万美元。其中，金明玻璃创汇650万美元，邦美镜业创汇600余万美元。

（周　明）

电力工业

发　电

【概况】 华电滕州新源热电有限公司完成发电量49.49亿千瓦时，电量计划兑现率完成101.72%，位列山东公司首位；实现盈利1470.27万元，同比减少1.73亿元；供热量完成441.83万吉焦，同比增加26.78万吉焦；完成综合厂用电率8.22%；实现3个连续安全运行一百天，连续安全生产实现7390天，突破二十周年，在集团公司73家40万千瓦及以上企业中位列第二。

【经营管理】 增收节支，提质增效，推行全员营销。利用优势题材争取电量计划7.6亿千瓦时；科学调整机组运行方式，向大机组转移电量2.85亿千瓦时，节约生产成本975万元。优化资金管理，办理各项贷款16.21亿元，资金成本率完成4.02%，位于山东公司前列。与枣矿集团签订长协煤供应协议，加大肖家洼煤矿燃料采购力度，采购55.8万吨，弥补低硫高热煤采购缺口。消耗燃油425.3吨，同比减少54.72吨，实现历史最优。

【安全生产】 建立安全风险分级管控和隐患排查治理双重预防机制，开展重大危险源等专项检查21次，整改消除隐患674项。实施供热管网精益运维管理，加大供热系统隐患排查力度，完善供热应急预案。加强网络信息安全管理，荣获“山东省电力行业网络与信息安全管理先进单位”称号。实施精益化检修管理，完成四台机组检修5次；开展设备隐患排查，消除重要设

2017年12月，清洁能源项目柴胡店光伏电站并网投产发电

备隐患20余项。开展"技术监督提升年"活动，组织专业技术分析80余次，下发技术措施60余份，成功解决#1主变低压侧直阻不合格等问题34项。加强缺陷管理，设备缺陷发生4585条，同比减少3658条。加强机组参数管控，细化运行"四重"管控办法，实现班组自主规范管理。加强机组能耗对标，公司#3机组荣获2016年全国火电大机组竞赛二等奖。全年环保设施实现"零非停"，6月21日取得排污许可证，2016年度环保电价扣减完成19.7万元，实现连续二年降低。完成南水北调技改和水处理改造项目，煤场封闭、废水零排放、厂界噪声治理等环保技改稳步推进。获评2016年度"山东省发电企业环境污染治理先进单位"。

【项目发展】 推进北线复线建设，完成山东公司立项决策和集团公司立项审批，并获市发展和改革局核准。柴胡店10兆瓦地面式光伏项目一次并网成功，是山东公司唯一当年取得指标并实现并网发电的项目。完成经济开发区工业蒸汽趸售业务拓展，实现送汽一次成功。大型燃机热电联产项目被列入滕州市"十三五"发展规划和山东省油气中长期规划。与菏泽东明县签订《东明生物质热电项目合作开发协议》，已取得集团公司项目发起决策批复意见。在临沂市郯城县开展风电项目宏观选址和前期收资工作。

（华电滕州新源热电有限公司）

供　电

【概况】 全年完成售电量28.58亿千瓦时，同比增长6.96%；综合线损率完成6.07%，比计划降低0.35%；平均电价完成660.69元/千千瓦时，电费回收19.71亿元，完成率100%。滕州供电部被评为"山东省用户满意企业"和"全国用户满意工程先进单位"，连续30年保持"省级文明单位"称号。

【安全生产】 开展"安全生产大整顿"，明确"九项重点"任务清单，排查消除隐患803项。加强春、秋检计划刚性执行，坚持开工会"一学三交"、收工前"一通三清"，严格安全积分、作业联责、追责问责、计划公示和工作记实"五制"管控，安全高效完成检修任务234项。严格落实值班带班制度，常态开展"四不两直"督查。查禁违章307起，考核316人次，考核金额9.34万元。持续开展"六项治理"专项行动和"三电"设施安全保护宣传月活动，做好电力通道"百日清障"及特种车辆防外破工作，砍伐树木10070棵，修剪树木8600余棵，发放电力设施保护宣传材料7600余份，排查统计特种车辆3952辆，制止违章建房、施工28处，签订安全协议27份，输配电线路跳闸降低18.1%。深化配网"四项治理"，承办公司"配网管理提升年"第一次现场会，完成12条配电线路、44条电缆段、91个配电台区标准化治理，安装电缆标识桩、标识牌等3200余块，专项整治重过载设备线路324台（条），抢修工单降低33%。治安、保卫、消防、交通安全良好，企业实现安全生产24周年。

【电网建设】 规划布点220千伏荆河、110千伏杨村、种寨变电站，配合完成《枣庄市城乡电网规划》并获枣庄市政府批复。完成1000千伏枣庄特高压工程国家核准、500千伏衡枣双线贯通送电、500千伏枣金线建设的项目前期、属地协调工作。2座单变单线变电站（110千伏仙庄、

2017 年 3 月 16 日，供电员工在 35 千伏岗头变电站春检施工

级索站）供电薄弱问题得到解决，4 座变电站（35 千伏姜屯、鲍沟、级索、级东）30 度进线角差和 3 座变电站（110 千伏善国，35 千伏级索、岗头站）、4 条输电线路（35 千伏滕姜、杜鲍、田张、杜级线）重过载问题完成治理，110 千伏杨村线路入选国网公司示范工程创建试点。联合实施滕州中心村建设帮扶活动，完成 763 个机井通电和 68 个小城镇（中心村）电网改造升级任务，“两年攻坚战”全面告捷。温庄站 10 千伏党山线被评为国网公司“百佳工程”，滨湖七所楼等两项工程被评为省公司“优质工程”，清华园二期、亿丰和家园被评为公司居配工程示范小区。

【优质服务】 积极推广掌上电力、电 e 宝等自有渠道和各种新型缴费方式，居民客户非现金交费率完成 93.32%，降低客户临柜次数。坚持敏感问题日收集和投诉说清楚制度，持续开展入户再走访活动，消除敏感问题 420 余件，受理 95598 转办客户投诉 133 件，万户投诉率完成 2.039，连续三年在市公司最低。供电部在全市党风政风行风评议活动中获得年度免评。营业班和柴胡店供电所实现全年服务“零投诉”，营业班被评为“全国用户满意服务明星班组”。采取优质客户投资界面延伸至红线，制定专属报装策略及后期增值服务套餐，全年高、低压业扩送电 9296 户，容量同比增加 3.17 万千伏安。做好新能源应用和电能替代等工作，完成光伏并网 2537 户，装接容量 9.27 万千伏安，完成 4 个供电所的地源热泵、碳晶取暖和 5 处电动汽车充电桩的建设、38 处新增电动汽车充电桩的选址工作，跟踪服务高铁新区奥特莱斯、西岗清洁采暖示范项目。“三供一业”国有企业家属区框架协议签订率完成 100%，其中富盛园、鲁南装备两个小区完成户表安装。

【运营管理】 开展运营指标晾晒，加大各项对标指标管控力度。抄表管理规范率、营业窗口服务规范率等 17 项指标完成全省最优值，2 个供电所被评为“省公司标杆供电所”，3 个供电所被评为“省公司进步供电所”。加快全能型供电所建设和星级供电所建设，推行营业厅综合柜员制，南沙河供电所被国网公司命名为“五星级供电所”，洪绪供电所入选省公司全能型试点供电所，并被授予“智能作业样板班组”称号。深入实施“鲁班在行动”，23 个班所与民营企业结对共建。

【能力建设】 累计申报专利8项，授权4项。其中发明专利2项，4项创新课题在省公司获奖，成果“配网三相负荷不平衡自动有载调节装置”被评为省公司“十佳”技术创新成果。鲁班工作室被评为“感动枣庄十佳人物”，被全国总工会授予“全国示范性劳模创新工作室”称号。被评为山东省首届“齐鲁工匠”1人。在各级媒体发表稿件403篇，其中省级以上191篇，品牌贡献度累计7个月排名第一。“三全六送菜单式”特色服务被国家电网报、省公司媒体等广泛报道。

（李广欧）

轻工业

【概况】 全年市直轻工企业完成主营业务收入7.45亿元，同比增长8.5%；实现利税1.49亿元，同比增长12.7%。食品加工、纺织服装、家居装饰三个产业板块分别完成121亿元、52亿元、38.2亿元。

【重点产业】 “265”产业培育工程涉及的食品加工、纺织服装、家居装饰三大轻工产业经济运行良好，均完成年度发展目标。食品加工产业集群实现主营业务收入121亿元。其中，规模以上企业实现主营业务收入70.1亿元，同比增长11.9%；实现利税7.5亿元，同比增长14.3%。纺织服装产业集群实现主营业务收入52亿元。其中，规模以上企业实现主营业务收入38.8亿元，同比增长13.2%；实现利税3.7亿元，同比增长9.4%。家居装饰产业集群实现主营业务收入38.2亿元。其中，规模以上企业实现主营业务收入20亿元，同比增长11.4%；实现利税2.3亿元，同比增长17.3%。

【重点项目】 今缘春酒业异地扩建项目完成投资3.49亿元，主大门、物流大门、成品库、包装车间、食堂、二号人工洞白酒库及东侧、南侧、西侧围墙工程主体已完工，设备全部完成招标订货。恒仁工贸6万锭针织生产建设、中天门业升级改造、中科蓝天空气能热水器二期、吉路尔轮胎裁断机挤出机成型机技术改造、大宗生物年产10万吨淀粉糊精等项目加快实施。

【服务指导】 组织规模以上纺织服装企业统计上报近三年来生产、销售、研发及用工等情况。筛选、审核、上报部分重点技改项目名单。参加省轻工集体企业联社在淄博召开的全省特色产业助力扶贫攻坚工作交流会和在济南召开的五届二次理事会议暨新旧动能转换论坛。

（赵 恒）

纺织工业

【概况】 全市纺织服装企业达到130余家，不断实施技术改造，推进转型升级，各项指标均保持稳中有升、稳中提质的发展态势。实现主营业务收入52亿元。其中，规模以上企业实现主营业务收入38.8亿元，同比增长13.2%；实现利税3.7亿元，同比增长9.4%。

【转型升级】 实施重点技改项目7个，完成年度总投资8210万元。其中，大彦纺织高档功能墙布生产、大千纺织棉纱精织技改、化纤纺织机械设备技改、永喜无纺布年生产5500吨SS无纺布、大展化纤化纤纺织技改等5个项目建成试运行，恒仁工贸6万锭针织生产建设项目实施基础土建，三晶纺织新上喷气箭杆织布设备项目部分车间安装调试。

【企业改制】 4月19日，市法院依法裁定山东华棉纺织有限公司、滕州天元纺织有限公司破产案件终结。自两公司宣告破产至案件终结，为794名职工办理退休手续，为1582名职工办理失业手续，为92名破产前退休人员兑付个人垫付的社会保险费，为105名破产前退休职工人兑付个人垫付的医疗保险费。将华棉公司独生子女父母退休一次性养老补助列为省属困难企业补助范围，为629名符合条件的职工兑付资金761.78万元。

【调研服务】 调研重点企业，了解企业工人返流情况及订单情况，帮助企业恢复生产。调研规模以上纺织服装企业，摸清行业底数，了解各企业设备水平及生产能力。帮扶重点项目建设，每月调度艾贝姆服饰等技改项目进展情况，确保项目按时投产达效。

（赵　恒）

烟草工业

【概况】 山东中烟工业有限责任公司滕州卷烟厂（以下简称滕州卷烟厂）生产经营实现产量、项目建设、营销“三个突破”。全年生产卷烟23.7万箱，产品各级抽检合格率100%，实现历史最高产量。批发鲁产卷烟32.49万箱，实现税金12.27亿元，其中地方留成2.65亿元。易地迁建补偿款3亿元落实完毕，完成解放街厂区的资产移交。易地技改项目获得中国建设工程“鲁班奖”。开展“三千工程”全员营销活动，累计销售“泰山”品牌卷烟37万条，销售额4900余万元。

【生产组织】 建立物流和信息流相结合的生产管控模式，健全生产预安排工作机制，全面推进6S管理。万箱卷烟用工作日9.38天，同比节约3个工作日。构建“精益十字”设备精益管理模式，强化TSPM设备管理信息化系统建设，完善设备现场运行维护管理。卷接机组、包装机组运行效率同比分别提升1.81、1.75个百分点。落实新版《卷烟工艺规范》，开展重点规格感官质量优化工作，建立新线质量保障体系、质量考核体系和质量风险防控体系，卷烟制造过程总体西格玛水平4.2，卷包车间乙工段被评为“2017年度全国质量信得过班组”。开展修旧利废和自主维修，实施能源网格化管理，推进全员节能。原辅材料单耗均实现同比降低，万支卷烟综合能耗比全年考核指标低0.05公斤，修旧利废完成年度定额的210.1%。

2017年7月17日，省经信委党组成员、副主任王万良（前排右二）在滕州卷烟厂调研产业转型升级工作（徐文博／摄）

【市场营销】　完善营销模式，强化考核激励。分不同层级对济宁、菏泽、枣庄三地市公司及26个区县多次走访协调，有针对性解决存在的困难和问题。精准市场分析，优化品牌布局。在新产品培育方面开展上市预热工作，严格控制调拨量和投放量，重点抓好“泰山”(细支白将军)、“泰山”(颜悦)(蓝版)等产品的宣传引导。

【基础管理】　坚持源头预防，开展法治宣传，提高员工的风险管理意识和应对能力。开展科技创新、精益管理、QC活动等基层创新工作；取得优秀创新成果400项，其中获国家级奖励3项，省级和公司级奖励17项。开展管理文件评审梳理，加强风险管理。完成“六无一控”安全生产目标。

（袁　瑞）

民营经济

【概况】　全市民营经济总收入实现4130亿元，增长12.6%；民营经济单位新增1.65万个，累计13.67万户，同比增长11.2%；民营企业新增3312家，累计19831家，同比增长20.1%；民营从业人员51.88万人，同比增长12%；民营注册资金累计达到773.47亿元，同比增长34.4%；民营经济实现税金66.52亿元，同比增长29.8%，占全市税收的71.5%。

【优化环境】　落实省、市关于加快民营经济发展和支持非公经济健康发展的实施意见；组织开展政策宣传月活动，印制发放政策汇编，开展政策宣传解读。设立专项资金，在小微企业培育、产业转型升级、科技创新、质量品牌培植、企业家培训和公共服务体系建设上，给予资金和政策支持。全年减半征收中小企业所得税受惠企业4877家、金额3634万元，暂免增值税受惠企业14165家、金额91841万元；政府采购8.67亿元全部来自中小企业。

【特色培育】　实施传统产业改造提升、新兴产业培育计划。承办山东省中小企业产业集群升级年启动仪式，工信部中小企业局副局长田川、省中小企业局局长王兆春出席并观摩滕州中小机床和现代玻璃产业集群。拥有特色产业集群（镇）18个，鲍沟镇入选山东省特色产业镇动能转换20强镇。滕州被认定为国家新型工业化产业示范基地（装备制造•机床），中小机床产业被列入全省新旧动能转换重大工程实施规划。现代玻璃、机械机床分别被认定为山东省先进制造业特色产业集群和枣庄市支柱产业集群。

【创新驱动】　鼓励开展产学研合作，推进民营经济技术创新。创建省级企业技术中心2家，创建枣庄市级企业技术中心4家；被列入省技术创新项目计划74个；被列入《山东省高端技术装备新产品推广目录企业和产品名单》企业6家7个项目；入选省级两化融合管理体系贯标试点2家。新增省级中小企业“一企一技术”研发中心和创新企业2家、枣庄市级4家。新认定省市“专精特新”企业26家。被认定为山东省中小企业创新转型优胜企业5家。新认定省市创新创业示范基地2个，十方机电和大学生创业园被认定为山东省中小企业发展新经济示范单位。美铭广场电子商务创业园被认定枣庄市小微企业创业创新基地；新认定枣庄市创业辅导师7人。威达公司入选山东省首批中小企业“隐形冠军”；被认定为枣庄市骨干民营企业9家，被认定为枣庄市高成长性民营企业20家；入选枣庄市百强纳税民营企业49家。引导企业先后参与制定国家标准19项、行业标准10项；拥有中国名牌产品1个、中国驰名商标11个、山东省著名商标23个、山东名牌产品52个。

【培训管理】 组织230余名民营企业家和高层管理人员举办研修班。承办全省中小企业管理者巡回大讲堂。组织外出培训学习10余次，培训企业家和企业管理人员超过2000人次。推进中小企业管理提升项目，精选5家企业开展精益生产服务项目，带动企业超过40家。

【服务引领】 推进中小企业公共服务平台建设和运营，完善管理运营和绩效考评机制。支持各类服务机构建设，新认定山东中小企业服务机构4家。创新企业服务补贴券发放，兑现企业服务补贴券补贴企业120家、41万元。举办预约式专家私聊下午茶16期、转型升级大讲堂8期和企业管理提升观摩实训活动1期。承办山东省中小企业"一企一策"滕州行，参与企业1100余家次、参与人员1700余人次。成立滕州企业上市专家委员会，开展股改和上市辅导等活动。全年服务企业超过1200家，建立企业服务档案380余个，帮助企业节约服务费用300万元。公共服务平台、北斗导航和郁朗国湖产品等3个服务平台被评为枣庄市优质服务平台。

（赵崇国）

（朱贺/摄）

农　业

Agriculture

责任编辑：朱广亚

农业综述

【概况】 坚持以“两区一试点”建设为统领加快农业现代化进程，农村改革实验区建设综合得分83.57分，位列全国十强；被列为“山东省休闲农业与乡村旅游示范县”“山东省生态循环农业示范县”；“滕州马铃薯”被评为“2017百强农产品区域公用品牌”“山东省首批十大知名农产品区域公用品牌”；“北大仓”面粉被山东省农业厅授权使用山东省放心农产品商标，龙阳绿萝卜被评为优质免检农产品，红荷花咸鸭蛋获绿博会畅销产品奖。

【产能提升】 继续实施粮食高产创建项目，建设高产示范方提升粮食综合生产能力，全市81万亩小麦平均单产573公斤，再创历史新高；82万亩玉米平均单产630公斤。以农业供给侧结构性改革为主线调优种植结构，出台《关于进一步调整优化种植业结构的实施意见》，实施总投资1653万元的高效特色农业发展项目，大力发展青贮玉米、专用玉米、小杂粮等特色高效作物，构建“粮—经—饲”三元种植结构，加大种植业结构调整力度；争取上级资金1000万元，实施农作物秸秆综合利用项目，解决“两薯一粮”产区秸秆难题。

【现代农业】 成立滕州市马铃薯产业发展和品牌培育领导小组，组建滕州马铃薯产业发展品牌培育研究所，制定《滕州马铃薯产业发展规划（2017—2021）》，实施马铃薯产业百万亩规模、百亿元产值、百年品牌“三百”工程，加快推进马铃薯良种繁育体系、标准化生产体系、加工体系、营销体系、品牌体系、文化体系建设；制定出

2017年4月18日，中国蔬菜流通协会会长戴中久（左二）、山东省农业厅副巡视员姜卫良（左一）、枣庄市政府副市长张成伟（右二）、滕州市委书记邵士官（右一），共同为“中国（滕州）马铃薯交易中心”揭牌

台“滕州马铃薯”整体品牌形象包装标识使用管理办法，统一商标、统一包装、统一标准，进一步叫响“滕州马铃薯”品牌，提高市场竞争力；成功举办第九届中国（滕州）马铃薯节，中国马铃薯交易中心落户滕州。

【标准化生产】 制定《滕州市农产品品牌建设规划（2017—2020）》，设计制作滕州品牌农产品整体形象标识，新建恒裕食品等放心农产品标准化生产基地4个，新增标准化面积1.7万亩，标准化面积覆盖率达到60%以上；新增“三品一标”认证13个、续展7个，创建国家驰名商标1个、山东省著名商标2个、山东老字号商标2个，全市“三品一标”认证总数达到223个；新增省级农业龙头企业3家、枣庄市级9家，3家企业获枣庄市农业产业化龙头企业培育发展资金，2家企业申报全国主食加工示范企业，3家企业申报全国农村创业创新园区，2家企业申报全国农村产业融合发展项目。

【重点项目】 农业项目建设实现新跨越，成立农业项目评审、监督评价委员会和丰谷云农、云岭田园、鲁班小镇项目建设推进领导小组，滕州马铃薯现代农业产业园被列入省级产业园扶持对象，滨湖红荷花等6个项目被列入大运河文化带建设规划，成功申报枣庄市级现代农业示范镇3个、农业可持续发展试验示范镇3个、农产品质量安全监管示范镇3个，亿佳田园农业科技公司、鑫润泽旅游开发有限公司等10家经营主体入选第二批枣庄市精品特色园；农业招商谱写新篇章，先后与中化集团、首农集团、希森集团、中国薯网、社员网等签订战略框架协议，争取中化集团智能配肥项目、首农集团冷链物流和千亩马铃薯基地建设等项目落户滕州，与上海农信公司共建马铃薯大数据平台，与上海洪久农业公司合作建设云岭田园现代农业综合体，与台资上海沃立达合作建设丰谷云农科技示范园，与中煤能源合作建设古薛农业文化主题公园，与北京尚华合作开展土壤修复及面源污染治理工程，与徐州特种蔬菜研究所合作发展特种蔬菜。

【科技创新】 实施“信息进村入户工程”，培训新型职业农民2000人，开展农民手机APP应用技能培训100人次；成立好丽农植保飞防大队，新引进植保无人机10架，开展无人机操作员培训100人次；推进“互联网+”现代农业行动，加快建设亿佳田园农产品展销中心、盛世红荷乡村淘宝等“互联网+农业”电子商务集群；做好土壤墒情监测、病虫害预警、农产品质量检测、《滕州农业》编辑等工作，全方位提升智慧农业服务水平；建成滕州农业局、滕州马铃薯微信公众号等滕州农业网络宣传平台，做好测土配方施肥、有机肥、生物肥、微生物菌剂的试验示范和推广，实现农业节肥减药、提质增效，保障现代农业质量安全；建立农资监管长效机制，与农资经营单位签订目标责任书，实现农资经营全程记录、全程监控、追溯管理；开展农资市场专项整治行动，严厉查处无证经营、假冒伪劣等违法行为，审查农资经营单位800家，抽检肥料农药样品52个，查处违法案件10起，查获不合格农资2.2吨，确保农产品质量安全。

（市农业局）

农业经营管理

【概况】 2017年，推进农村土地承包管理、农村集体“三资”管理、农民负担监督管理、新型农业经营主体培育，促进全市现代农业发展和农村经济社会和谐稳定，农村集体产权制度改革顺利通过省级考核，被评为省级试点单位、第一批全省农村集体“三资”管理规范化建设试点单位。

【国家农村改革试验区建设】 健全完善农村产权流转交易体系，拓展农村产权流转交易范围和品种，依法依规办理《农村产权交易鉴证书》，开展权属变更、抵押担保和金融贷款等服务，通过交易平台开展农村产权流转交易事项1861宗，涉及金额2.97亿元；办理《农村产权鉴证书》68笔，发放他项权证13笔，抵押贷款2343万元。审慎开展农村合作金融改革，抓住山东省首批新型农村合作金融试点县机遇，稳妥推进信用互助试点，全市有13家农民合作社通过金融部门资格认证，互助资金规模达到2034.8万元，社员人数764人，借出资金961.5万元。围绕病虫害统防统治、农机作业、秸秆回收、粮食烘干等重要领域和关键环节，选择南沙河镇、西岗镇开展政府购买农业公益性服务机制创新试点。

【农村集体产权制度改革】 建立联席会议制度推进改革，召开动员会、培训会、现场观摩会，健全“党委统一领导、部门凝聚合力、群众积极参与”改革机制，创新实践“两类三型”改革模式，对1158个涉农村居分为保护类和发展类两类，稳妥推进农村集体产权制度改革。保护类主要开展集体资产清产核资，摸清家底，建立管理台账，完成清人分类，成立集体经济组织，实现村稳民安；发展类在完成集体资产清产核资、清人分类工作的基础上，依托现有资源条件，因地制宜一村一策，发展高效现代农业、乡村旅游、商贸、物业等多种路径，促进集体经济发展和群众增收，实现强村富民。通过“两类三型”模式，全市成立村居集体经济组织254个，量化资金1499.52万元、资产2.16亿元、资源3.6万亩，改革村居年集体经济收入达到6011万元，分红1354.52万元，圆满完成省试点和枣庄市年度改革任务，在全省现场推进会上作典型发言。

2017年6月8日，省农业厅政策法规处一行到滕州调研农村改革试验区工作

【新型经营主体培育】 加大新型经营主体培训力度，承办全省第一期农民合作社规范化发展暨信息员培训班；增强合作社品牌建设意识，选择优秀合作社、家庭农场、专业大户等典型入选《枣庄农业品牌文化丛书》，编印《滕州市新型农业经营主体图册》，积极对外宣传推介；实行农民合作社、家庭农场名录管理，未列入名录的不得参加示范评选和申报项目扶持，名录内的

新型经营主体实行财务报表季报制度，枣庄市级以上示范社定期开展账务审计；挂牌“十佳合作社”和“十佳家庭农场”，通过典型引路、以点带面，推动新型经营主体培育工作开展，新发展农民合作社180家、家庭农场80家，全市累计达到2142家、257家；培植创建国家级示范社9家、山东省级示范社27家、枣庄市级示范社78家。

【集体“三资”管理】 健全“三资”委托代理制，市、镇（街）两级建立农村集体“三资”委托代理中心，涉农村居全部实行“三资”委托代理服务，部分镇（街）实行聘任兼职会计的方式开展记账业务，实现有场所、有制度、有人员、有设备、有平台规范化管理，全年代理资金16.46亿元。抓好“三资”自查整改，针对村居借款等“三资”九类重点问题，下达整改意见，逐项落实整改。结合村居“两委”换届，组织开展村级财务自查自纠活动，专项治理和查处白条列支、篡改单据、手工账和网络账不符等违规行为。认真落实业务指导责任，加强日常监管，完成换届前村居账务轮审，对检查发现的问题，分别向镇（街）下达一镇一单整改通知，推进“三资”常态化规范管理。

【土地确权与流转】 成立指导组和督导组深入镇村开展专题调研，现场调度进展较慢的镇村和测绘机构，推进确权登记档案的数字化扫描工作，形成纸质和电子“双档案”，建立农村土地确权登记颁证成果数据库，并将数据库信息导入农村土地承包登记信息管理平台，推进承包信息网络查询，完成确权登记颁证省数据库汇交，加强农村土地承包经营权信息化管理工作。推行土地承包经营权流转“一法一制”（流转金前置法和票决制）管理试点，提高农民群众知情权、参与权，保障流转金及时足额兑付。全市新增土地流转面积4.8万亩，累计44万亩，流转率达到38.26%。

【农民负担监管】 落实党的强农惠农政策，开展小麦种植面积和种粮大户初核工作，全市小麦种植面积69.26万亩，种粮大户280户、面积4.51万亩。完善农民负担日常监管，充实调整市减负领导小组成员，严格执行“一票否决制”，抽查10个镇街，限期整改查出的问题，防止农民负担反弹；实行涉农收费和价格“公示制”，以镇街为单位统一制作展示涉农价格收费项目公示表1185个，维护农民知情权和监督权。稳控涉农信访，坚持涉农信访登记、转办、查处、通报、责任追究等制度，受理涉农信访案件28起，处结率100%，有效维护农民群众合法权益。

（市经管局）

农业综合开发

【概况】 围绕国家现代农业示范区和国家农村改革试验区建设，实施农业综合开发项目20个，年内完成10个，完成投资3344万元，建设高标准农田1.6万亩；扶持涉农企业2个、农民专业合作社6个；获枣庄市农业综合开发综合绩效考评第一名，代表枣庄市接受省级验收核查和绩效评价获得优秀等级。

【项目建设】 完成农业综合开发项目10个，建设高标准农田1.6万亩，其中土地治理项目5个，产业化发展项目5个。其中，姜屯镇高标准农田建设项目投资602万元，改造治理土地5000亩；洪绪镇高标准农田建设项目投资604万元，改造治理

农业综合开发高标准农田项目区

土地5000亩；山东龙振生态农牧业科技有限公司高标准农田建设项目投资1002万元，改造治理土地4000亩；滕州市笔架山粮食种植专业合作社高标准农田建设项目投资142万元，改造治理土地1000亩；滕州市泓安马铃薯专业合作社高标准农田建设项目投资141万元，改造治理土地1000亩；年出栏3000只肉羊养殖基地扩建项目投资175万元，由滕州市运成种羊养殖专业合作社承担实施；10000吨马铃薯初加工及仓储新建项目投资159万元，由滕州市万恒马铃薯专业合作社承担实施；年出栏30万羽肉鸡养殖基地扩建项目投资202万元，由滕州市春雨养殖专业合作社承担实施；年产24万吨高档营养小麦粉深加工贷款贴息项目，中央贴息资金112万元，由滕州市北大仓面粉有限公司承担实施；2000吨马铃薯储藏保鲜新建项目投资205万元，由滕州市建信农产品产销专业合作社承担实施。

【机制建设】 实行项目建设公开招标制、项目法人制、县级报账制、项目公示制、工程监理制、项目管理目标责任制，市农业开发办承担项目建设的监督管理，财政部门加强对资金使用的监管，项目单位组织项目实施和建成项目运行管理，监理单位控制工程质量、工程进度和投资规模；按照严密的规章程序做好项目规划和前期准备工作，提前建立项目库，将备选项目编制成项目建议书入库存档，实行公平竞争，择优立项；严把规划设计关、标准质量关、资金管理关和项目验收关，制定切实可行的项目实施方案，每项方案均由技术专家现场勘测设计、评审论证，保证项目选择的科学性。

【项目效益】 项目区农业生产条件得到显著提升，建设桥涵、整修农田道路，方便农用机械进入田间作业，埋设节水管道，实现农田灌溉管道化，项目区改造成田成方、林成网、旱能浇、涝能排的高标准农田；项目区农业综合生产能力显著提高，促进土地流转和种植结构的调整，粮食亩增150公斤以上，人均纯收入增加360元；项目区农业科技含量显著增加，农业、林业、水利等生产管理新技术推广普及率及良种覆盖率均达到100%；项目区生态环境显著改善，农田林网建设改善田间小气候，对农田起到有效的生态防护作用。

（赵崇欣）

林 业

【概况】 2017年，围绕创建国家森林城市实施“四绿”工程，全市新增成片造林3.2万亩，完成全年任务的118.5%；新建农田林网 3.35 万亩，新发展花卉苗木 6000 亩，新建义务植树基地 70 处，林业总产值达到 46 亿元。滕州市被授予“全省花卉产业重点县”，市林业局被评为“2017 年度全国集体林权制度改革先进集体”。

【重点工程建设】 以“提档次、补断带、扩绿量”为重点，实施绿色城镇、绿色乡村、绿色青山、绿色交通干线“四绿”工程建设。围绕绿色城镇，高标准实施清水湾公园建设、中轴线区域景观工程等 12 项城市绿化工程和大坞镇、西岗镇等 12 个镇街驻地绿化；围绕绿色乡村，推进城乡一体绿化，建成东滕城村、沙东村、东王庄等镇村绿化亮点；围绕绿色交通干线，打造“车窗风景线”，投资 500 万元，重点实施京台高速公路、京沪高铁沿线林带补植提升，抓好红荷路、笃西路等道路绿化提升，实施龙山龙湖绿道、灵泉山绿道和青龙山绿道建设提升，全市新建提升绿色通道 300 公里，形成“四横六纵”十大绿色通道；围绕绿色青山，打造生态屏障，利用国家长江防护林项目资金 650 万元，重点实施灵泉山、莲青山、狐山、罗汉山、青龙山等区域荒山绿化，争取枣庄 280 万元的重点区域生态修复项目，新增荒山造林面积 1.3 万亩，完善提升莲青山、灵泉山、龙山、善山等十大森林公园。

【国家森林城市创建】 实行国家级森林城市、省级森林镇村、市级森林镇村“三级同创”，以城市、镇村、山丘、水系、通道、平原六大森林体系为平台，开展造林绿化精品工程评比，全市有 12 个镇街、117 个村居实施森林镇村创建工作，界河镇和沙东村、龙庄村等 8 个村成功创建省级森林镇和省级森林村，姜屯镇东滕城村获得“山东省生态文化村”称号；先后组织 100 家单位参与认建认养等义务植树活动 48 次，建成“政协林”“同心林”等义务植树基地 70 处；举办“森林城市·绿色家园”摄影大赛，开展古树名木保护和树木科普挂牌等活动，加快国家森林城市创建步伐。

【林业产业发展】 坚持造林绿化与生态经济发展互动共促，争取国家农业综合开发项目和国家林业科技推广项目资金 380 万元，建成优质核桃示范基地 1300 亩，建成大宗集团元宝枫基地 10000 亩，并围绕拉长产业链条，研发元宝枫食用油、茶叶等产品。新发展经济林 8600 亩，新增艺格实业、万泽农业、强盛食品 3 家省级林业龙头企业，滕州市汇财元宝枫种植专业合作社被评为省级林业专业示范合作社。争取省级 300 万元的现代农

2017 年 2 月 10 日，全市创建国家森林城市暨春季绿化工作会议召开

业苗木产业项目，强化林业科技支撑作用，推动全市种苗产业向“名特优新”转变。在世纪通康园林公司建成美国红枫、北美海棠等名贵彩叶树种基地2000亩；以国有西岗苗圃为依托，建成全市首家林业组培实验室，推广轻基质容器育苗、空气切根、幼化处理等先进技术，生产黑松、侧柏、五角枫、红叶石楠等轻基质容器苗木30万株；新培育繁殖萨米托樱桃、突尼斯石榴、金手指葡萄等果树新品种11万株。发展花卉苗木6000亩，省林木种苗协会来滕州考察学习苗木产业发展经验。

【林业经营改革】 以林地经营权流转改革为抓手，激发林业发展活力，促进林地规模经营，发放林地经营权流转证3起，流转土地1.2万亩，招引东润公司、易通公司等15家公司，投资1.6亿元发展林业，建设锦天牡丹园等林业基地18处；按照中央、省、市关于国有林场改革的要求，积极推进“场圃一体化”国有林场改革，明确国有木石林场和国有西岗苗圃、实验苗圃的生态公益责任，改进森林资源培育管护方式，科学确定国有场圃的人员编制和资金保障，形成资源整合、优势互补的发展格局。

【森林资源管护】 利用国家森林重点火险区综合治理项目资金490万元，新建防火专业训练场、营房和森林防火指挥中心2处，护林房18处；新修建防火通道10公里，建成远程林火视频智能监控系统，安装视频探头21处，重点防护林视频监控率达到85%以上；完善市、镇、村三级森林防火队伍，健全防火值班备勤制和日常巡逻制度，全市没有发生一起森林火灾；投资60万元建成林业有害生物处理厂，投资160万元完成飞机喷药防治美国白蛾26万亩，累计防治春尺蠖、天牛等林业有害生物70万亩次；加大对乱占滥用林地、乱砍滥伐、非法捕猎贩卖野生动物及制品等违法行为打击力度，出动执法车辆200辆次，办理行政案件8起，移送刑事案件11起；严把程序依法行政，办结各类林业审批项目221件，其中，林木采伐许可证205件、种子生产经营许可证6件、野生动物驯养繁殖许可证3件、野生动物经营许可证2件，办理征、占用林地审批5件。

【湿地保护与恢复】 充分利用中央和省项目资金，投资600万元实施微山湖国家湿地公园、荆河省级湿地公园、郭河省级湿地公园、鲁班省级湿地公园、薛河省级湿地公园和墨子湿地公园、范蠡湖湿地、龙湖湿地等湿地保护与恢复建设，新建水源涵养林5000亩，栽植杞柳、芦苇等5万株，建成荆河、郭河、鲁班、墨子等十大湿地，全市湿地保护与恢复面积达到11.5万亩，湿地保护率达到80%以上，北沙河湿地公园被评为“省级湿地公园”。

【生态文化建设】 大力传播“绿水青山就是金山银山”生态发展理念，弘扬塞罕坝精神，营造“全民动员、全民参与、植树护绿、共建家园”的林业生态发展浓厚氛围，在鲁班湿地公园新建枣庄市生态教育科普基地1处，利用世界湿地日、植树节、爱鸟周等节日，举办灵活多样的专题科普活动5次，动员市民到全市70处义务植树点参加义务植树活动，为创建国家森林城市增光添彩；在“中国·滕州”“滕州林业微信公众号”宣传平台及时发布更新创森和林业信息200条次，与滕州电视台合作制作并播出《加快发展看滕州》林业专题报道，与滕州日报社合作刊发《生态科普专版》，中央电视台《走遍中国》栏目组到滕州拍摄国家森林城市创建情况，并在中文国际频道黄金时间播出。编印《滕州林业》杂志3期，编辑《滕州墨子国家森林公园探秘》，与《滕州日报》、摄影家协会联合举办“森林滕州·绿色家园”主题摄影大赛，弘扬滕州林业生态文化，展现全市创森和绿化成果。

（李　慧）

果　业

【果业开发】 抓住春季果业开发时机，集中人力、财力、物力提高山区半山区果业种植覆盖面，在东郭镇赵坡村发展葡萄200亩，小党山、上户主发展桃300亩，柴胡店镇簸箕掌村发展苹果400亩，羊庄镇自庄发展黄金蜜桃基地300亩，西岗镇后寨村发展桃400亩，龙阳镇冯庄村发展桃、樱桃300亩，上善公园补植发展桃600亩，洪绪镇金庄农场发展樱桃、梨、草莓等各类果树200亩，全市新发展各类果树种植面积8600亩，推广果业标准种植技术6项，创建和提升果品标准园、精品园10处，超额完成全年任务。

【国家梨产业示范园建设】 与国家梨产业技术体系专家对接，建立长期合作关系，借助省果树研究所研究平台，在做好柴胡店万亩梨园特色园区的同时，在南沙河镇北池村发展映雪黄梨800亩，邀请专家先后来滕州现场技术指导6次，示范园基地在土肥水管理、修剪、病虫防控等方面进行技术整合，南沙河北池村梨园被列为国家梨产业技术体系示范基地，创建全国梨标准园。

【果树技术培训】 3月16至17日，全省2017年第二期果树行业关键技术培训班在滕州成功举办，薛城、山亭、市中、峄城、台儿庄等区果业人员，滕州市各镇街林果站长、部分果树种植大户、果业协会会员、合作社社员、贫困户等200人参加培训。9月19日，山东省农科院滕州农科讲堂挂牌开讲，采取课堂授课、专题讲座、现场指导、田间示范、入户帮扶、网络教学、新媒体教学等多种形式，开展农技培训和推广服务活动，全年举办2期，培训人员300人次。

【果品销售与引资】 与周边城市果品市场、超市对接，做好果品销售引导，定期发布有关果品销售信息，扩展果品销售渠道，全年果品价格趋于平稳，销售顺畅；招引食品添加剂生产项目，总投资1亿元，在木石化工园区分三期建设，一期计划投资3000万元，完成投资1100万元，超额完成引资任务。

（市果树服务中心）

畜牧业

【概况】 2017年，全市存栏畜禽1500万头只，出栏畜禽4600万头只，其中猪出栏63.9万头，鸡出栏3404.2万只，兔出栏324.3万只，肉蛋奶总产量16.1万吨，畜牧业产值实现28.5亿元，增加值12.2亿元；争取惠农资金1145.8万元，实施生猪生产大县、粮改饲试点项目、美丽生态养殖场创建、生猪产业健康养殖示范县、现代畜牧业示范县等项目6个。

【畜牧业生产】 严格落实畜禽养殖布局规划，创建国家级标准化示范场4处、省级标准化示范场3处、枣庄市级标准化示范场5处，示范带动新建、改建养殖场101处；鼓励发展草食家畜，加大秸秆青贮和有机肥利用，推广粮草兼顾、农牧结合、种养一体的新型农牧业发展模式，发展粮改饲种植面积4600亩，培育种养一体化示范农场100个，新增青贮池1.8万立方米、有机肥场1处，年青贮玉米16万吨，生产有机肥20万吨；通过宣传引导，组织6家养殖场积极申报无公害产地和产品认证，其中4家养殖场顺利通过无公害认证。

【养殖污染治理】 做好禁养区内畜禽养殖场户关闭搬迁工作，落实“一场一策、一场一档”措施，禁养区养殖场户执行“两断三清”，顺利完成禁养区养殖场户关闭搬迁任务；做好非禁养区畜禽养殖场户整治和肉鸭养殖场专项整治，推广养殖废弃物处理和资源化利用技术，督促养殖户改造治污设施，全面推行肉鸭发酵床养殖模式，规模养殖场粪污处理设施配建比率达到82%，畜禽粪便处理利用率和污水处理利用率分别达到86%和62%。

【动物疫病防控】 落实重大动物疫病强制免疫措施，强制免疫畜禽1350.54万只，检测2580份血样抗体100%合格，保持无重大动物疫病发生的防控成效；成功应对H7N9疫情，启动2次攻坚防控，普查家禽2000万只、消毒1200万平方米、检测样品8000份，实施检测检疫家禽160万只，H7N9疫情得到有效防控；统筹开展人畜共患病防控工作，采购分发狂犬病疫苗10万头，全部进行集中强制免疫；完成布病普查3500只，检测样品539份，对检出布病阳性病羊全部进行无害化处理，维护公共卫生安全。

【畜产品质量安全监管】 实施生猪产品“撤点并厂、定点配送”试点项目，落实“飞行模式”一周一夜查制度，开展屠宰行业检查活动30次，查处违法案件1起；全面规范检疫工作，完成畜禽屠宰检疫2254万头只，抽检80家畜产品生产企业样品364个批次；加强动物诊疗机构监管，开展专项执法检查2次；推进病死动物集中无害化集中处理，建立畜禽无害化处理和畜牧业保险联动工作机制，集中无害化处理病死动物12.2万头只；加强动物防疫条件监督管理，审核注销养殖场《动物防疫条件合格证》172件，整改提升养殖场动物防疫条件120家；开展饲料兽药专项整治活动4次，查没假劣饲料、兽药400公斤，全面启用兽药追溯系统，对54家兽药经营企业安装追溯系统，提升畜牧投入品监管工作水平。

（邓 勃）

水产业

【概况】 2017年，全市渔业生产形成高效生态渔业增养殖区、采煤塌陷地标准鱼塘治理区、滨湖现代渔业示范区、工厂化高效养殖示范区和以秀美荆河为依托的休闲渔业旅游观光带“四区一带”发展格局，水产养殖面积达到10.8万亩，产量达到62078吨，渔业经济总产值实现97704万元，成功创建全国渔业健康养殖示范县。

【示范县创建】 把创建全国渔业健康养殖示范县纳入政府中心工作，成立技术推广、病害防治、环境监测、质量检测机构，保障产前、产中、产后等社会化服务，建立健全养殖场数据库，水产苗种生产许可证、渔用饲料和兽药经营许可证核发率达到100%；建立健全水产苗种产地检疫、乡村兽医备案制度，检疫阳性样品生产场的阳性苗种依法处理率达到100%；加大科教兴渔力度，开展渔业职业教育和技术培训，发展高效、生态、健康渔业；推进水产品市场信息和物流体系建设，完善水生动物防疫、水产品质量安全标准、检验检测体系、认证认可体系和生产全过程质量监管体系，保障安全、优质、充足的水产品有效供给。9月5日，顺利通过农业部验收组考核验收，成为全国第18个、全省第4个渔业健康养殖示范县。

高标准养殖池塘项目

【重点项目建设】 山东龙振生态农牧业科技有限公司承担建设的优质鱼产业项目，成功引进南美白对虾进行养殖，顺利通过省厅验收。3月份在微山湖红荷湿地启动渔业资源增殖放流活动，放流红草、锦鲤等苗种良种20000尾。争取省财政扶持资金60万元，实施“淡水池塘鱼菜生态高效种养技术”“草鱼人工免疫技术”推广项目，9月份通过省站组织的专家验收。10月份举行秋季渔业增殖放流活动，在红荷湿地、马河水库、界河鲁班公园、木石墨子湿地、荆河公园、龙泉广场等7个放流点同时进行，投放各种规格的草鱼、鲢鱼、鳙鱼等鱼种120万尾。渔业扶贫项目完成签约，联合滨湖镇共同实施，将省海洋与渔业厅下达的全市渔业财政扶贫项目资金69.5万元以基金形式注入滕州市嘉利康生物科技有限公司，通过项目资金的扶持带动，打造“渔业项目+龙头企业+贫困户”的产业精准扶贫模式，带动建档立卡贫困户44户130人脱贫。

【渔业技术服务】 春季组织技术人员入户指导养殖户制订全年养殖计划，搞好苗种调剂和苗种余缺信息发布，确保足额足量投放苗种；结合送科技下乡、基层渔技推广与示范项目，通过入户实地走访、发放技术资料等指导养殖户搞好鱼池清毒、鱼种投放、鱼病防治和生产管理，抓好现代渔业示范点建设，加快渔业发展；围绕渔技推广体系改革与建设项目，组织科技人员下乡驻塘，举办渔民“池塘学校”，开展清塘消毒、苗种放养、水质管理等关键环节技术指导服务，全年举办座谈会4次、渔民池塘学校培训6期、规模集中培训2期，累计培训人员600人次。

【质量安全监管】 贯彻落实水产品监管“五项制度、两项登记”，定期检查全市养殖企业，实现养殖生产全过程质量可追溯；严格落实“两制一书”制度，与全部养殖户签订《水产品质量安全责任书》，落实责任追究制；开展放心农资下乡进村宣传周活动，印发宣传资料1000份，为大型渔业养殖园区制作鱼塘巡视、渔用饲料管理、苗种选用管理、水产养殖用药等上墙制度30块，印制无公害养殖基地养殖生产日志、投入品使用等记录手册700份，发放水产品质量安全知识手册、健康养殖明白纸、禁用渔药须知等宣传资料，指导养殖户正确使用鱼药并完整做好生产记录、用药记录、销售记录；不定期检查池塘日记记录情况、饲料和渔药等水产品投入品购置使用情况、存放是否符合规范、有无违禁药物等，督导按技术规程开展养殖生产，做到产品无公害和质量可追溯。全年迎接上级9个水产品样品65个批次强制性抽检任务，抽检合格率100%。

【渔业执法管理】 开展渔业法律法规宣传和渔政执法专项整治活动，在茂源大桥、龙泉广场、荆河公园、上善公园等人员密集场所和渔业违法案件多发区域，安装钢架宣传标语及条幅40幅，张贴各类宣传资料500份，拆除地笼网、迷魂阵网、抬网、拦河网等非法捕捞大小网30张，打击电鱼、毒鱼、炸鱼等破坏渔业资源的违法行为，保持全市良好的渔业养殖环境和安全形势的稳定；梳理行政审批3项、行政权力75项，编印服务指南手册，及时在网站公示，做好行政审批事项业务，方便群众办理审批事项。

（孙卓朋）

农业机械

【概况】 全市农机总动力达到138万千瓦，农业综合机械化率达到90%。滕州市荣获“全国主要农作物全程机械化示范县”称号；鲍沟镇鑫剑农机合作社被评为“全国农机合作社示范社”；东沙河镇、木石镇被省农机局、安监局命名为“全省平安农机示范镇”。

【农机化项目建设】 全年争取各级项目资金2850万元，确保党的各项惠农政策落到实处。其中，实施农机购置补贴政策，争取中央农机购置补贴资金2376万元，使用资金1723.74元，补贴各类农机具1013台（套），抽调推广、监理和监管有关人员组成联合工作组，开展上门验货、牌证“一站式”服务；认真实施农机化作业奖补政策，国家农机深松补助试点项目优选12家合作社承担任务，拨专款20万元为作业机械全部加装深松检测仪，严格监测作业质量，圆满完成6万亩的作业任务；实施省基层农机推广项目、现代农机化转型升级示范推广项目和农机实用技术、农机合作社带头人等培训项目，提升农机化水平；实施枣庄市“沃土工程”，张汪镇等6个镇被列入试点镇，推广小麦、玉米秸秆综合利用和深松深耕技术，为秸秆禁烧起到很好作用。

【农机科技创新】 支持农机企

推广应用马铃薯带芽机械化播种

业腾拖集团发展，组织召开服务企业发展座谈会，深入交流创新发展思路，引导企业加大技术创新，获得16项国家专利，60种产品进入国家农业机械购置补贴目录；创新发展马铃薯机械，与青州火绒、临沂华盛、海纳和山东农业大学、青岛农业大学等企业、院校联合研发马铃薯带芽播种机械，通过反复试验，取得初步成功，多次举办马铃薯全程机械化生产作业演示会。

【农作物全程机械化生产】 实施“机械化生态沃土”工程，强化绿色生态导向，推广“小麦机收—秸秆粉碎还田—机械灭茬—玉米直播”和“玉米机收—秸秆粉碎还田—土地深耕（松）—小麦宽幅精（少）量播种”两个“一条龙”作业，重点发展粮食烘干和高效植保技术，高效植保、粮食烘干等短板机械增幅较大，全市飞防面积达到20万亩，高效植保机械化率达到90%，建成产地烘干中心8处，发展粮食烘干机20台，年烘干能力达到20万吨，产地烘干率达到61%；强化技术指导，举办主要农作物全程机械化培训推进会议，邀请省农机局监管处处长贾建国做专题辅导报告，开展高效植保、粮食烘干等一系列现场观摩活动，示范带动提升薄弱环节农机装备水平；抽调骨干技术人员组成全程机械化技术指导组，三夏、三秋期间深入到田间地头进行技术指导，解决技术难题，为粮食生产全程机械化提供智力支持，全年开展巡回指导100次，接受咨询500人次。

【农机服务组织建设】 以农机合作社、农机4S店为重点的农机服务组织快速发展，推广“农机合作社+”五种农机农艺融合发展模式（“农机合作社+其他合作社”“多社合一”“农机合作社+科研机构”“农机合作社+示范基地”和“农机合作社+企业”），开展耕、种、收、还田、植保、烘干全程机械化作业服务，拓展农机服务领域，提升综合经济效益，农机合作社服务面积占全市作业面积的60%以上；加强规范化建设，开展农机合作社示范创建，举办农机合作社带头人培训班，引导农机合作社强化制度建设、作业质量、安全生产等工作，促进农机合作社规范发展。全市农机合作社达到135个，其中国家级示范社3家、省级示范社12家、枣庄市级示范社15家；加强服务能力建设，拓宽农机合作社发展渠道，鼓励农机合作社大力开展“两保”服务，建成维修服务中心6个，形成全市农机维修服务全覆盖。引导农机合作社与农机生产、销售企业合作组建农机4S店，全市农机4S店达到3个，其中东方红农机4S店一期投资达到1000万元。

【安全监管】 落实安全生产责任制，层层签订农机安全生产责任状，落实农机合作社、农机手的主体责任，健全农机安全生产责任体系；注重安全培训，坚持理论与实训相结合，到腾拖集团进行安全操作培训；狠抓规范化建设，组织开展变型拖拉机专项整治，从源头上规范牌证发放和使用行为；开展农机“安全生产月”、农机安全生产大检查、农机安全生产专项整治和隐患排查治理等系列活动，全年安全检查130次，查治隐患56个，全部完成整改；推广“监理站+”模式，与石油、银行、保险等部门深入合作，推出“三卡一保”“送检下乡”等服务，设立“流动监理站”，开通预约电话，进村入户办理牌证手续，在“最后一公里”搞服务，累计挂牌450副，办理驾驶证210个。

（张　允）

水 务

【概况】 牢固树立“绿水青山就是金山银山”的发展理念，稳步推进工业综合水价改革和河长制落实，落实最严格水资源管理制度，统筹配置利用各类水源，保障居民生活、工农业和生态用水需求，抓好污水排放管理和污水处理厂监管，城区污水集中处理率达93%以上，顺利通过国家卫生城市技术评估组核查验收，节水型社会建设、水利法治建设示范点通过省级达标验收，水资源管理获得枣庄市考核第一名。

【重点工程建设】 坚持全面规划、系统治理，实施一批国家、省市重点民生水利工程项目，其中，总投资15.5亿元的南水北调续建配套工程，是全市水利建设史上投资最多、规模最大的水资源配置项目，完成供水管网铺设及调蓄水库主体工程，向沿线企业供水，为全市经济社会发展提供7000万立方米水资源保障；年度投资2276万元的全国农田水利项目，铺设节水管道152公里，发展高效节水面积1.95万亩；投资1677万元的水利移民扶持项目，完成15个库区村基础设施建设，库区贫困人口有87人实现脱贫目标，回迁安置庄里水库西江村、后台村移民157户；实施淮河流域洼地治理、马河水库灌区节水改造等项目，积极争取总投资3.18亿元的城河、郭河、界河治理列入国家灾后薄弱环节治理项目，十字河纳入枣庄市级水生态环境治理规划；广泛发动群众开展农田水利基本建设，扩大改善灌溉面积3.6万亩，综合治理水土流失面积5平方公里。

【生态环保】 围绕打造“河畅、水清、岸绿、景美”的水生态环境，由水利部门牵头负责，按照“清淤见底、寻源治污”的要求，投资1.09亿元实施荆河13公里河道清淤、污水管网、河道拦蓄、南水北调管道四项工程，开挖外运淤泥108万立方米，铺设调水管道13公里，新建改造污水管网11公里，维修提升22处橡胶坝，拦蓄水量可达1100万立方米；利用南水北调、马河水库、户主水库等各类水源，实施荆河、小清河、小冯河生态补水，形成河道梯级拦蓄、水面连续的生态景观，实现河库湖水系联网互通、水源济贫补缺，为创建国家卫生城市营造良好水体环境；集中开展水污染防治攻坚行动，排查封堵入河排污口96处，规范沿河企业取排水123家，实施应急清淤工程，提升河流断面水质标准。

【防汛抗旱供水】 做好防汛工作，实施病险塘坝加固治理等度汛应急工程11项，科学调度洪水，确保全市安全度汛；抓好城乡饮水安全，投资1.36亿元实施马河水库地表水厂建设，日增供水能力40000立方米，47个村6.8万人的农村饮水安全工程竣工，全市城乡一体化供水人口达到126万人；为涵养保护荆泉水源地，实施户主水库向东郭工业供水工程，将地下水源置换为地表水源，日增供水能力20000立方米。

【水政执法】 按照水利综合执法要求，整合全系统执法人员力量，建设精干、统一、高效的专职水政监察队伍，在马河水库等单位设立水政（渔政）监察中队7个，明确市镇两级专兼职水政监察人员127人，举行执法培训班和正规化军事训练，建立起权责明确、行为规范的水政执法体系和长效监管机制，提高执法队伍整体工作水平和执法效能，依法查处各类水事违法案件52起，办理水行政审批事项91件，完成各类行政事业收费1.12亿元。

【深化改革创新】 成立市委市政府河长制办公室常设机构，建立起由1032名河长组成的三级河长组织体系，编制“一河一策”方案及市级河长手册，安装公示牌461块；开展“清河行动”，排查整治各类违章设施和违法活动585处，初步构建起五大流域、干支分明、分级分段、覆盖全境的河网管理保护体系，实现“每条河流都有河长”的目标，滕州市代表山东省顺利通过国家中期评估核查组的核查验收，河长制工作总体走在全国前列。稳步推进工业综合水价改革，按照统一调配水源、统一供水价格、统一市场管理、统一水费结算的原则，抓好工业水价落实及水源置换，南水北调管网全部铺至沿线供水企业，实现全线通水，新能凤凰等17家企业完成水源置换，执行新的工业水价。水利经营管理机制加快转变，通过创新经营方式、完善经营管理，加快发展水利经济，完成各类经营产值收入2.6亿元，户主水库被评为“省一级水利工程管理规范化单位”。抓好招商引资工作，牵头引进总投资10.3亿元的北京中科博联智能环保项目完成公司注册、土地审批等开工建设准备。

（市水利和渔业局）

城河河长公示牌

扶贫开发

【概况】 坚持把精准扶贫、精准脱贫作为打赢脱贫攻坚战的重中之重，多次召开市委常委会议和市政府常务会议专题研究扶贫开发工作，市、镇、村三级层层签订脱贫攻坚责任书，把扶贫开发工作完成情况纳入各级领导班子和领导干部年度考核，构建“三级书记一起抓、党政领导一起上、镇街部门齐参与”的大扶贫格局。按照“1+N”脱贫攻坚工作体系要求，对31个脱贫攻坚专项实施方案进行再完善、再细化，形成符合滕州实际的“1+31”脱贫攻坚政策体系。全市使用各级财政专项扶贫资金998.2万元，稳定脱贫贫困人口1303人，取得枣庄市2017年度区（市）扶贫开发考核第一名，圆满完成年度脱贫任务。

【产业项目】 规范提升2015、2016年项目管理，对2015、2016年项目实施和资金使用情况进行第三方审计，确保扶贫项目精准落地、阳光透明。全面完成2017年产业项目实施，按照《枣庄市财政扶贫资金项目实施推进管理办法（试行）》规定，确保贫困户需求摸底精准、项目选择论证精准、预期收益核算精准、明确产权归属精准、项目实施高效精准、资金使用安全精准。实施产业项目18个，枣庄市派第一书记帮包村项目12个，为贫困户实现长期稳定脱贫提供有力保障。

【金融扶贫】 稳步推进金融扶贫工作，安排财政专项金融扶贫资金788.5万元，发放小额扶贫信贷3668.1万元，其中富民农户贷90.1万元、富民生产贷3578万元，扶持贫困户53户、经营主体33家，带动751人脱贫增收。

【结对帮扶】 召开全市深化党员干部结对帮扶工作会议，充实调整市镇两级帮扶干部，组织全市3439名干部对1845户贫困户进行结对帮扶，进一步夯实扶贫开发工作基础。召开到户帮扶项目动员会议，使用到户帮扶资金47.2万元，帮扶贫困户472户。

【行业扶贫】 部门联动开展行业扶贫，为208户建档立卡贫困户实施危房改造；全面落实各项教育资助政策，实现学前教育到高中教育全覆盖；实现贫困人口医疗商业保险补充保险“一站式”即时结算，贫困群众自付费用比例降到10%以下；围绕基础设施建设、提升贫困村公共服务能力、“两区一试点”、贫困人口“三保障”和就业创业等重点领域，统筹整合财政涉农资金805.991万元。

【社会扶贫】 发挥统战、总工会、共青团、妇联、残联、慈善总会、红十字会、工商联等组织桥梁纽带作用，开展“金晖助老”“泛海助学”等富有实效的扶贫活动；积极探索孝善养老、邻里互助等扶贫模式，孝善扶贫覆盖249个村、受助贫困户476户，邻里互助覆盖69个村、受助贫困户88户。

（市扶贫办）

2017年11月14日，武警枣庄支队扶贫物资捐赠仪式在武警枣庄支队二大队三中队驻地举行

交通运输和信息业

Transportation and Information Industry

责任编辑：朱广亚

交通运输

【重点工程】 枣菏高速滕州段征地拆迁和软基处理全部完成，桥涵建设全面展开，“三线”迁改全面启动，土方工程开工；省道345滕州段完成全线66.66公顷土地征用任务，拆迁房屋196户、4万平方米，路基建设完成总量的68%，大中桥建设完成75%，完成枣滕BRT\B6线工程站点实地勘测；滕州新港浇筑码头前沿650米，开挖航道20万立方米，成为全省较大的千万吨级内河航运港口；完成京台高速改扩建工程工可报告审查，17项前期工程完成4项；完成省道104济微线、省道321枣梁线改建工程工可报告编制，项目前期设计完成50%。

【农村公路】 投资3.2亿元，完成566个村居农村道路“户户通”建设，两年新建“户户通”村居868个、2378公里，依托“户户通”建设，建成西岗镇高庙村等“省级美丽乡村”450个；投资1.2亿元，完成33.4公里的国泰道大修、红荷路改造、学院西路及枣济路白腊湾段复铺、联泓新材料厂区路及西岗驻地至刘仙庄道路大修、北留线上跨京沪高铁立交及龙泉路改造等工程，小修挖补县乡公路475公里；完成县乡公路安防工程370公里、村级公路安防工程2620公里；路政巡查40000公里，清除路面障碍物2000立方米，组织施划标线12万平方米，确保农村公路安全畅通。

【道路运输管理】 5月12日，开通界河、张汪、柴胡店、官桥4个方向5条城乡公交线路，全市农村客运线路公交化改造率达到100%，镇街公交覆盖率达到100%，累计投资5.3亿元，购置新能源公交车889部，淘汰老旧汽柴油公交车700部，所有城乡公交车实现更新换代，每年减少二氧化碳、氮化物1.5万吨，实现绿色公交科学发展，超标准完成“全省城乡公交一体化示范县”建设任务，12月13日通过山东省交通运输厅道路运输局验收。完善客运站场建设，建成使用滕州北客运换乘中心，建成港湾式公交站点27个、充电桩280个、站点牌106处。开展“道路运输管理规范化创建年”活动，组织业务培训会4次，开展联合执法92次，提升基层执法人员的业务能力。规范出租车管理，全年查处违规经营出租车386辆次，受理各级转办热线投诉110件，乘客反馈满意率近100%。开展“亲情服务、文明公交”活动，举办全省公交协会年会和大型文艺演出，召开“亲情服务，文明公交”一周年表彰大会，公交满意率提升到98%，投

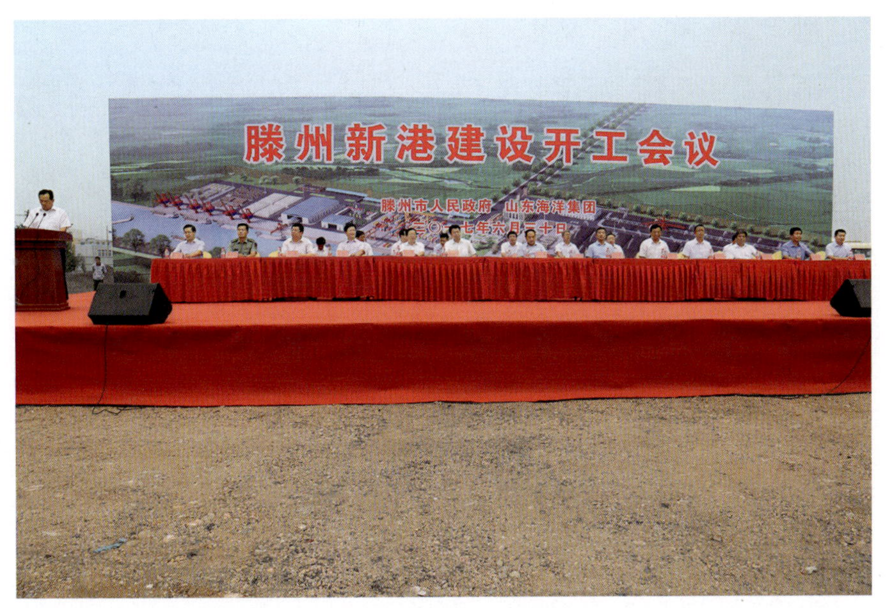

2017年6月30日，滕州新港滨湖作业区开工奠基

诉率下降65%。

【交通执法】 严格落实“一超四罚”，收到超限运输抄报434件，下达安全隐患预警整改通知书47份，责令停业整顿货运企业14家；集中实施超限车辆治理，检测超限超载车辆1471辆/次，卸载货物2.8万吨，车辆超限超载率下降到1%以下，对34家重点货运源头单位实施派驻或巡查管理；开展“打非治违”百日攻坚行动、“亮剑一号、二、三号”旅游包车专项检查行动，累计检查各类客运车辆941辆次，查处违规客运车辆43辆次。

【安全生产】 开展“两客一危”“化工产业转型升级‘大快严’专项行动”“运输管理规范化创建年”“省市专家查隐患”等集中整治活动，深化“六大市场整治”，累计检查道路运输企业435家/次，发现隐患1867处，下发隐患整改通知书509份；加强运输监管，投资200万元，全市339部“两客一危”车辆全部安装音视频动态监控系统；将滕州5190辆重型货车和半挂牵引车接入全国货运公共平台，实现车辆运行动态视频实时监控。

（王军　姚淑松）

公　路

【概况】 2017年，全市组织实施公路工程项目6项，合同总金额2.874亿元。其中，G206烟汕线、S241平滕线续建工程、S343北留线、级索同济大街、东郭桥维修改造等5项工程顺利完工，G104京福线大修工程完成施工组织设计及交通组织方案“双审”，进驻工地现场开始组织实施。

【公路养护】 服务全市“创卫”大局，抓好日常保洁，推行机械化养护和市场化养护相结合，建立“养护科—公路站—保洁公司”三级网络责任管养模式，加强公路巡查，做好路面保洁，每天派出清扫车3台、洒水车4台、人工280人次，清扫路容2159平方公里/日；加强路面病害处置，提升公路通行质量。投资167.18万元对京福线、枣济东线等五条线路进行路面小修，完成路面封油9018平方米、挖补油层12202平方米、挖补基层1950平方米、贴抗裂胶带49766米。提升公路安全设施减少道路安全事故，排查和整治所辖全部道路，施划标线16035平方米，维修护栏217米，封堵护栏开口60处836米，原护栏开口栽设立柱改造为人行道3处52米，补设示警桩及道口桩173根，增设标志6块，维修更换标志65块，治理标志遮挡171处，处置绿化侵占路肩16处、路基边坡坍塌1处。强化桥梁监管确保桥梁安全，加大桥涵巡查力度，汛期检查全部桥梁3次，清理桥下垃圾357立方米。投资66.07万元处置桥梁病害，维修桥涵6座，完成桥梁墩台护坡重新勾缝280平方米，修复护栏栏杆18米。加强应急保障，拉网式检查所辖道路，重点处置影响河道行洪的阻水障碍物，针对防汛、防滑、重点部位和重点时段，分类制定应对措施，提前备好防滑沙、融雪剂等应急物资，完成排水沟清淤285米，汛期砍伐损毁行道树87棵，雨雪天气后清理塌方976立方米，确保公路通行安全。做好公路绿化美化路域环境，投资85.8万元在京福线路肩栽植红叶石楠球3166棵，在北留线栽植行道树法桐7872棵、红叶石楠7872棵，完成京福线等路线绿化修剪7.8公里。

【路政管理】 深入开展“三基二化”建设，集中培训路政人员6次、1250学时，参加学习125人次，提升路政执法队伍综合素质和执法能力；开展“路政宣传月”和“公路执法服务大走访”活动，深入群众和沿线企业发放宣传材料5000份、路政事案举报联络卡100张，悬挂、粉刷宣传标语320幅，广播电视宣传2次；加大路政巡查力度，依法保护路产路权，查处各类事案25起，结案率100%，收取路赔收入103003.5元，路政巡查104989公里；专项整治“马路市场”、桥下空间占压、路面占压、车辆超限超载等违法行为，清理各类占压202处1655平方米、非公路标志3085块、集市209处、摊点4572处；优化路政审批程序，办理路政许可13件，收取国有资源有偿使用收入277900元。

【公路安全】 强化与市安监局、市交安委、交警大队横向联系，开展公共场所消防培训暨应急疏散逃生演练活动、安全警示教育学习活动，完成市安委会挂牌督办通知3件229条，向市安委会整理报送关于马路市场、占道经营、非公路绿化遮挡标志等问题的报告材料3份，对界河立交桥老桥桥面完善桥梁封闭标志标牌设置并连续观测密切监控，安全督查滕平线施工工地、北留线京福立交桥、枣济线、东郭桥危桥改造等路段7次，现场整改安全隐患12处，妥善处置突发交通事故5起，处置路树倾倒事件1起。

（市公路局）

邮　政

【概况】 2017年，滕州邮政实现业务收入9949.72万元。其中，金融收入实现7379.96万元；快递包裹发件量62万件，全年日均发件1698件，成功签约市中心人民医院病例寄递业务、市国税局发票寄递业务及农行、农商行、检察院等重点行业客户标块业务；成功举办高端集邮品鉴会、市集邮协会成立25周年庆典等系列活动，配合首届滕州书展，开发《上善滕州》邮册500套、形象年册900册；成功举办首届滕州“邮政学习报”杯少儿书法绘画大赛，开展悦邮书香图书展览进校园活动25场；买卖惠运营注册零售商户达到1887户，商品种类达到1271种，开展一县一品项目招商，邮乐小店注册达到7458户，亿佳公司成功上线邮乐网，滕州善长核桃油公司达成上线协议。

【平台建设】 选拔内训师、策划师及团队带头人，搭建腾龙、腾飞2支营销团队，腾龙团队当年业绩超过150万元；加快综合服务平台建设，建设商超型便民站1188处，全市行政村基本上实现全覆盖。建设旗舰店23处、易邮局2处，安装包裹柜3处、邮掌柜1268处，建设精品鸿雁合作社2处，标准鸿雁合作社7处，建成万亩示范田7333公顷，合作社会员发展1.8万户；增强网运投递能力，实现快递包裹与普邮段道两网分离、专段专投；开通县城—乡镇二频邮路，提高标快、包裹、信件等邮件进、出口处理时限，城区包裹快递电动三轮车配备达标率达到100%，更新普邮大户段道投递专用车1部，新配封发转运、快递包裹投递专用邮件处理笼车30辆；推进网点员工小家建设，装修改造网点达到全部网点的一半以上，提升支局形象和服务能力。

【基础管理】 继续开展“关注客户用邮体验提升客户满意度”活动，第三方暗查27个网点，平均得分高于枣庄市公司，19个支局达到省公司优秀网点标准，投诉总量比上年下降33.33%；强化红线意识、责任意识，加大邮件、资金安全和规范经营等检查力度，严格执行收寄验视“三个100%”制度，确保重大活动期间邮件收寄安全；组织开展营业服务规范管理达标评比、邮件收寄验视专项整治以及金融“飞行检查”等活动，机要通信实现60年质量全红，邮政服务质量不断提升。

（市邮政局）

通　信

中国移动滕州分公司

【概况】 2017年，中国移动滕州分公司致力于语音、数据、互联网、信息化、大数据、云计算等业务发展，自办营业厅达到17个，村级网点达到1800个，代理商达到2800个，从业人员10000人，全市移动用户达到100万户，其中4G客户达到60万户。

【宽带提升工程】 建成覆盖城乡的全新光纤宽带网络，宽带热点总数超过1960个，城区住宅小区基本实现100%覆盖，农村村庄覆盖率超过97%；全市移动家庭宽带用户超过14万户，其中50M以上宽带客户占比75%，100M以上占比20%，同时具备1000M接入能力。

【网络领先工程】 投入巨资加强滕州高层楼宇、地下车库、电梯等场景深度覆盖，完成NB-IoT窄带物联网建设，12月21日正式商用，为政企单位及居民提供专业实时定位、实时数据传送功能及智能家居、智能抄表、环境监测、车联网、工业制造等应用，推动物联网产业快速发展；配合滕州重大节日活动，调集应急通信车现场支撑“湿地红荷节”“滕州书展”“滕州啤酒节”“滕州春晚”等重大活动，确保通信畅通无阻；高度关注网络质量提升，畅宽渠道收集客户网络问题，及时跟进测试和优化，解决各类网络问题500处，客户语音、上网感知大幅度提升。

【提速降费工程】 贯彻落实网络提速降费要求，推出提速降费四大行动：提供“不限流量套餐”及超牛卡、冰激凌等多款大流量产品供客户选择，开展“流量用到爽”“飞享套餐大升级”等一系列提速降费活动，流量资费大幅下调；推出极光宽带提速升级行动，免除一切初装费和材料费，主推“百兆光纤入户”，推广200M、1000M宽带入户，为客户提供速度更快、资费更优的宽带体验；集团单位推出中小企业优惠行动，实施“速率倍增”，下调互联网专线资费，专线资费下调15%～20%。针对产业园区、商务楼宇、“双创”企业等，推出“小微宽带”，资费优惠超过50%；取消长途、漫游费，全国接听全免费，大幅下调70个国家和地区的国际长途直拨资费，全面下调“一带一路”沿线国家和地区漫游资费，国际热门、重点方向长途资费降幅最高超过93%。

【信息化工程】 争取专项资金近4亿元，用于滕州大数据产业中心、滕州政务云、滕州市指挥中心、智慧城管、智慧公安、智慧民政、智慧医疗、智慧高校等信息化项目建设，其中滕州大数据产业中心作为中国移动全国唯一的县级大数据产业基地项目，满足滕州市及周边地区在宽带资源、存储空间、大数据开发等方面需求，推动滕州市信息产业发展和传统产业转型升级。滕州政务云项目试运行，提高政府办公效率；智慧城市指挥运营中心项目为全市重点机关单位开通云视讯业务，创新会议新模式。积极参与政府民生服务项目建设，为市政府开通“8012345”市长热线，与滕州市公共汽车公司采用“以租代建”模式开展“智慧公交”项目合作，配合滕州市民政局完成12349民政居家养老服务中心项目，推动阳光服务型政府建设。继续深入开展“智慧校园”框架建设，与山东化工技师学院签订“智慧校园”项目合作协议，为在校师生提供校园无线网、宿舍宽带等服务，提升学校信息化水平。

【客户满意工程】 打造“满意100”客户服务体系，在全市范围内开展“十分满意”调查活动，强化各类社会营销渠道电话用户实名登记政策的监督检查、违规处罚和责任追究，推动老用户补登记和新客户实名入网，指导督促营业窗口采取联网等各类身份信息核验措施，提高用户登记信息准确率。建立服务监管体系，以现场咨询、进厅体验等形式，加强与客户面对面沟通，面向企事业单位发放《满意度征集函》《民主评议意见征集表》2000份，征求用户对移动服务满意度、网络通信质量、计费准确度、集团产品等方面意见和建议，提升服务能力和水平。拓展线上线下多种服务渠道，线下建设21家自办营业厅和400余家移动手机卖场，满足客户手机终端需求；线上开通中国移动官方网站、官方微博和微信，建立24小时10086热线服务电话，开发中国移动手机客户端APP掌上营业厅，通过线上渠道自主查询和办理各类业务。

（董衍科）

中国联通滕州分公司

【全光网建设】 重点解决移动网城区深度覆盖问题，完成安康花园三期、人和天地二期等24个新建小区的通信设施配套建设，新增分光器1100个，新建FTTH端口10420个；完成本地17个环网IPRAN双上联及10个IPRAN站点的光缆改造，IPRAN成环率达98.37%，超额完成目标；完成26个IPRAN与MSTP设备共站站点的割接改造，下电冗余MSTP设备26台；完成15台9306万兆上联升级改造及5328交换机割接；完成2台BAR2.4万个IP地址的CGN改造；完成3.16万户NGN用户割接，保障华为NGN设备退网；撤并29个非综合业务接入机房，退网各类设备92台；整治杆路210公里，完成各级重保任务16次。

【4G 网络建设】 加大 4G 网络建设投资，新建开通 4G 基站 89 个，新建山东化工技师学院、大润发、妇幼保健院新院等室分 11 个，优化弱覆盖小区 89 个、室分 14 个，完成 3G BBU 扩容 31 个，配套布放各类光缆 200 皮长公里，提升 4G 网络覆盖范围和网速，在高校校园、风景区、高速高铁以及城区主干道、交通枢纽、核心商圈、住宅小区、医院等地区打造 4G 精品网络；在用户密集区域开通基站 CA 功能，基站下载峰值 300Mbps/s，第三方监测数据在运营商中排名第一；通过大规模拉网式测试，找出农村存在弱覆盖和无覆盖的区域，进行有针对性的基站规划、建设，加强农村区域基站覆盖的广度和深度。

【互联网 + 信息化建设】 秉承助力地方信息化“强政、助企、惠民”理念，在互联网 + 政务方面建设综合政务执法平台等信息化平台，实现随时随地执法；在互联网 + 企业方面，建设幸福工厂、智慧工地、智能巡检、物联网平台、齐鲁兴业云、中小企业双创云平台等多个信息化平台，促进全市工业企业发展；在互联网 + 民生方面，建设“平安校园”平台，集“平安短信”“亲情通话”“家校沟通”“电子学籍”等多项功能于一体，搭建学生与家长、老师与家长的零距离沟通；在智慧交通方面，完成交警监控专线 161 条，开通城区公交车 4G 视频监控，将公交车实时运行“可视化”监控图像通过 4G 网络即时传输到调度指挥中心，实现调度中心、公共汽车以及乘客间的实时信息交换。

【客户服务】 开展客户口碑 NPS 专项提升和客户感知专项攻坚、“我用百分努力换您 10 分满意”、服务“零容忍”和“我服务、我快乐”服务竞赛活动，认真落实“宽带 480 服务”标准，受理无条件装机工单 3614 件，完成率 88.95%；开展防范通讯信息诈骗专项行动，加强技术管控力度，完善技术支撑手段，遏制虚假主叫传输与改号软件传播，及时切断非法 IP 电话平台、非法经营的呼叫中心、非法网络改号服务器等设备接入线路，配合做好涉嫌通讯信息诈骗的号码协查、关停、调查取证等工作，设立 10010 举报专线推进防骚扰提醒服务，降低电话诈骗事件发生率，通过手机实名制、黑卡治理、防诈骗知识普及等有效手段，解决通讯信息诈骗给用户带来的干扰，有效防范和打击通讯信息诈骗。

（市联通公司）

（朱贺／摄）

商务　旅游

Commercial Affairs Tourism

责任编辑：朱广亚

商贸流通业

【概况】2017年，全市大力发展现代流通方式，完善城乡流通体系，构建多种经济成分、多种市场流通渠道、多种经营方式并存的商品市场格局，实现社会消费品零售总额446.2亿元，比上年增长10.3%。

【电子商务】坚持把电子商务作为新旧动能转换的“加速器”，制定出台创建省级电子商务示范县实施方案，引进中国薯网、农村淘宝项目等平台，构建市、镇、村三级电商服务体系。抢抓“互联网+”发展机遇，积极组织万盛德食品、盛世红荷藕业等公司做好互联网品牌创建工作，万盛德食品被省商务厅列入重点打造的50个在全国有较强影响力和市场竞争力的电商名优品牌。全年建成市级电商服务中心1个、镇级电商服务站16个、村级服务站点126个，实现电子商务交易额170余亿元，滕州市被评为“山东省电子商务示范县”，入选“中国快递服务五十佳县”，位列第30位。

滕州市被评为第三批省级电子商务示范县

【民生商务】加快冷链物流改造升级，3家省级冷链物流试点企业完成标准化、信息化改造，并与省冷链监控平台实现对接。引导传统商业企业加快转型升级，积极申报省级老字号，滕州鼎盛酿造有限责任公司、姜屯镇李店中医正骨院两家企业荣获“山东省老字号”称号。推进智能快件箱进社区、进楼宇、进校园、进机关，安装智能快件箱92组560列。

（杜合营）

服务业

【概况】2017年，全市服务业

阿里巴巴农村淘宝营业

增加值实现496.36亿元，占全市GDP的比重达到43.1%，比上年提高0.4个百分点。其中，现代服务业增加值186.89亿元，占服务业增加值的40.7%。服务业增加值对GDP增长贡献率为49.3%，拉动GDP增长3.2个百分点；服务业实现投资304.86亿元，比上年增长3.7%；服务业税收实现44.17亿元，比上年增长41.7%，占全部税收比重的47.3%；服务业从业人员占全社会从业人员的47.7%；社会消费品零售总额实现446.2亿元，比上年增长10.3%；滕州市入选山东省重点服务业城区。

【商贸物流业转型】 提升商贸零售业品质，围绕专业化、品牌化建设，以引进国内外知名品牌为重点，加快商贸集群布局，打造核心商圈，保利万达广场落户滕州，中万国际广场（大润发超市）、居然之家、金源建材装饰大世界二期开业运营，区域性商贸中心城市效应逐步显现。优化专业市场布局，实施现有专业市场布局调整和整合改造，加快培育有区域性影响、专业化经营的专业批发市场，推进滕州（义乌）真爱商城、百地茂商城、汽车4S园等项目建设，促进市场向集群化发展。真爱商城入驻商户3100家，日均人流量超过3万人，日均营业额超过2500万元。滕州嘉誉商贸城被认定为省重点服务业企业。全市各类专业批发市场达到47处，其中年交易额过100亿元的3处，形成干杂海货、家居建材、玻璃制品、童车童床、水产粮油、百货副食、钢材、花卉等专业市场群。加快发展现代物流业，农副产品物流中心三期投入运营，滕州新港、滕州国际冷链物流产业园二期续建工程进展顺利，鲁华物流园被省发改委认定为省重点服务业园区。

【现代服务业发展】 电子商务迅速崛起，阿里巴巴农村淘宝滕州服务中心投入运营，魅力滕州、滕州商城、滕州童车网、来自购、优正商城等电商平台运行顺利，培育鲁华、嘉誉等10家电商创业园区，与浪潮集团合作成立浪潮大数据产业公司，与中国移动合作建设大数据中心，滕州被评为省级电子商务示范县。现代金融发展迅速，引进青岛银行、交通银行，日照银行、中信证券、浙商保险等金融机构，全市银行业金融机构发展到13家，保险机构发展到37家，证券公司营业部发展到2家，银行网点数量达到166个；建设全省面积最大、标准最高的滕州市民间融资登记服务中心。科技服务业加快推进，80%以上的规模以上工业企业开展产学研联合、建立研发机构，益康药业研发中心被认定为省晶型药物重点实验室，成为枣庄市第一个省级重点实验室。北京理工大学鲁南研究院、矿大科技园滕州分园暨滕州科创园项目推进。会展经济繁荣活跃，红荷节、墨子文化节、鲁班文化节、梨花节、马铃薯节、油菜花节、温泉节等成为知名节会品牌。养老服务业加快发展，慈铭体检中心建成运营，养老综合服务中心项目稳步推进，规模养老服务机构达到30余家，养老床位8500余张。其中，民办养老服务机构10家，床位总数3000余张；规划在建规模社会养老服务机构3家，设计养老床位2000张；建成城市社区老年人日间照料中心21处，建成农村幸福院79处。

【服务业重点项目建设】 全年实施投资过5000万元的服务业重点项目98个，总投资368.1亿元，年度计划投资121.9亿元，完成投资123.5亿元。滕州新港、董村花卉小镇、城市新空间等20个项目被纳入枣庄市服务业重点项目。服务业企业培育入库成效显著，新增规模以上服务业企业32家，限额以上住宿餐饮企业15家。

（市旅服局）

商　业

【概况】 商业系统全年实现经营总收入25.2亿元，比上年增长9.6%；完成增加值1.2亿元，比上年增长11%；实现利润3100万元，比上年增长8%。

【龙头企业】 山东春藤食品有限公司实现销售收入6亿元，比上年增长9%；累计出栏生猪3.6万头、屠宰生猪31万头、加工肉制品2.6万吨、生产调味品7600吨；投资60万元实施枣庄市美丽生态养殖场创建工程，投资70万元实施枣庄黑盖猪养殖场改扩建工程，撤点并厂、定点配送工作稳步推进，撤销小型屠宰点6处，设立生猪产品配送点4处；完成黑盖猪申报国家农产品地理标志认证，“鼎盛牌”调味品被评为第四批“山东老字号”产品。

【商业特行】 山东天合拍卖有限公司举办政务公车、企业废旧物资等各类拍卖会50场，实现拍卖收入1亿余元；滕州市商业典当有限责任公司强化业务扩展和债务清欠工作，全年完成典当金额2000万元；滕州商业幼儿园投资130万元开办少年宫分园，容纳400名适龄儿童入园。

【重点项目】 百货总公司引进总投资1.2亿元打造集餐饮、会议、住宿于一体的综合服务体时代美食广场项目一至三层美食广场建成开业运营，四至六层班品

2017年9月1日，市商业幼儿园少年宫园开园

时尚酒店后期装修接近尾声；五交化公司与南京善水湾市场管理服务有限公司签约引资6000万元建设新能源电动汽车4S店，建筑面积达到9000平方米。

【民生民本】 全年缴纳职工养老医疗保险金1350万元，比上年增长10%，实现下岗职工生活费按时发放并逐年增长，在职职工互助保险覆盖率达到80%；组织职工健康查体1100人次，争取上级工会、慈善机构39.3万元救助大病职工、特困职工200人，自筹资金80万元于中秋、春节两大节日走访慰问困难职工400人；组织"专家查隐患"16次，整改隐患110次，化解重点案件10起，接访职工200人次，确保商业系统安全稳定；服从服务全市创卫工作大局，组织人力1300人次，投入资金200万元，改造旱厕6处，整治占道经营50户，清运垃圾10吨，清理卫生死角200处，为全市创卫做出贡献。

（龙　涛）

供销合作商业

【概况】 2017年，全市供销合作系统实现商品总销售18.73亿元，利税1345万元；承担的农村改革试验区供销合作社综合改革试验任务顺利通过验收，全省供销合作社深化改革现场推进会、农业补充商业保险现场会在滕州召开，先后有43批1182人次来滕州考察学习综合改革经验；山东省供销社综合改革培训基地落户滕州，并成功举办4期培训班，培训全省系统内干部职工500人次；滕州供销合作总社被评为"全国供销社系统先进集体""全国百强县级社"，滕州市被评为"全省供销合作社综合改革试点工作先进单位"。

【深化为农服务】 合作经济组织进一步规范。新领办参办农民合作社21家、农民合作社联合社2家，总数分别达到237家、18家。东王庄土地股份合作社"保底+分红+新型职业农民+为农服务中心+农业保险"五位一体的运作模式，获省供销社党组书记、理事会主任侯成君批示，在全省进行推广。农业社会化服务手段进一步延伸。年内开工建设4处为农服务中心，羊庄中黄沟为农服务中心建成投入使用，已建为农服务中心功能作用发挥良好，培训新型农民1.4万人次；开展土地托管面积3.3万公顷，在龙阳李沙土村建成水肥一体化科技推广示范基地；18个高毒农药定点经营单位配齐设备并有序经营；开通为农"e服务"业务，开展"网上订购、线下实体作业"，服务订单达300个，破解农业科技推广"最后一公里盲区"难题。农村现代流通网络

2017年5月10日，全国供销总社党组成员、理事会副主任杨沩（前排右四）到滕州市东王庄土地股份合作社调研

进一步巩固。新发展日用品、农资等各类连锁经营网点50家，建设村级电商服务站87家，有效对接全国、山东“供销e家”，发展B2B业务、B2C业务，线上销售额实现1亿元；与宇佳（中国）物流公司合作，成立滕州市乡村通物流有限公司，发展乡村物流服务站35个，织起城乡物流配送服务网；滕州供销电子商务公司被推选为山东农村电子商务产业联盟副理事长单位，获评“十佳县区”。信用互助业务进一步扩展。新发展信用互助合作社3家，总数达到20家，互助金总额发展到3243万元，开展社员互助422户次，发放互助金1189万元，争取到各级信用互助扶持资金55万元；在6家合作社试点开展“政策性保险+补充商业保险”模式，增强合作社抗风险能力。村社共建进一步深入。新发展村社共建村40个，开展共建项目100个，总数达到302家、612个；深入实施“供销产业扶贫”工程，认领贫困户400户，通过共建扶贫项目、结对帮扶、“三脱四助”等方式帮助336户实现脱贫。

【提升企业管理】 研究出台加强企业管理的“七个意见、两个办法、一个规定”等十项管理制度，进一步规范工作程序、堵塞跑冒滴漏，提高经营管理水平；注重社有资产运营管理，对企业资产进行摸底建档，完善社有资产监督管理机制，加强处置资产资金监管，确保资金安全高效使用，特别是抓住农行处置债权的时机，以1200万元回购系统在农行的贷款本息1.2亿元，活化抵押资产。理顺重组长城宾馆，盘活资产，增加企业收入，解决拖欠十多年的职工待遇等问题；加大专项资金监管力度，申报各级各类项目6个，争取专项资金186万元，通过自查和专项检查2013年以来的项目资金，规范完善手续，确保专款专用，杜绝挪用专项资金违规建设等现象发生；全覆盖开展内部审计监督，落实“三会签”“三层次”管理法，强化以资金为重点的监管，全年累计审计检查单位69个（次），向被审计单位下发书面整改通知，提出审计意见建议190条，约谈企业3个，责成写出书面检查企业1个，给予责任人员行政处分2人。

（郭启相　邓庆喜）

粮油购销

【夏粮收购】 制定《2017年全市粮食工作要点》，将国有资产管理、放心粮油工程、危仓老库改造等工作重点部署，出台《关于做好2017年夏粮收购工作的意见》，确定工作流程和工作模式，与有关粮库签订政策性夏粮收购协议、承诺书、风险抵押联保等。坚持提早部署，筹备足额夏粮收购资金，组织业务骨干人员参加省、市粮食局举办的质检、仓储培训班，满足夏粮收购需要。提前与种粮大户联系对接协议收购事宜，签订购销协议。引导各粮库在购销价格及经营模式上及时调整思路，按照“购得进、销得出、能盈利”原则，开展自营收购，早收粮、多收粮、多储粮，在经营中创造效益。以滕州市嘉禾粮油有限公司为龙头，采取统一组织、统一贷款、统一质量标准“三统一”和严格资金、标准、票据、库存管理“四个管理”的方法，遵循“五要五不要”的收购准则，严格执行国家粮食收购政策，坚持“理性收购、敞开收购”，确保夏粮收购工作顺利进行。

【粮食安全责任制】 市粮食局作为粮食安全省长责任制牵头单位，积极与市粮食安全责任考核工作组各部门协调配合，多次召开沟通协调和自查评分会议，在规定时间内对照考核标准，迅速查漏补缺，做好自查自纠，认真研究落实措施，精心做好迎接考核的各项准备，在枣庄市粮食安全省长责任制考核中排名第一。

【粮食监督检查】 加快粮食行政执法规范化进程，推行粮食监督检查人员行为规范和粮食行政执法过错追究，确保粮食行政执法工作零差错、零投诉；加强粮食流通市场监督检查，加大违规查处力度，开展粮食流通市场、放心粮油和小麦质量监督检查工作，抓好粮食收购资格、节日市场监管等专项检查工作，严厉打击无证收购、违法收购粮食、损害农民利益的行为，维护粮食流通市场秩序；开展粮食库存清查，按照“有库必到、有粮必查、有账必核、查必彻底”的原则，检查辖区内中央储备粮、国家临时存储粮、地方储备粮以及国有粮食企业的商品粮库存，并顺利通过全省粮食库存检查。

【粮食安全保障】 督促基层粮库严格落实保粮制度，做好粮食仓储管理责任制落实情况检查，重点检查各基层粮库坚持“一、三、七”查仓制度和月末汇查制度，确保储粮安全。加强粮食储备管理，全面落实储粮安全责任制，督促地方储备库和基层粮库严格执行粮食仓储管理的制度规定，杜绝库存粮食结露、发热、霉变、虫害等储粮安全问题的发生，保质保量完成地方储备小麦轮换补库任务，实现储备粮推陈储新和保质增效。精心实施粮安工程，启动基层粮库智能化升级建设项目，全市投入资金358万元升级改造15个基层粮库粮油业务管理信息系统，配备电脑、打印机、扫描仪、一卡通等硬件设备，提升粮食收储能力。

（市粮食局）

食盐专营

【概况】 抢抓国家盐改政策落地发展机遇，科学引领食盐消费和安全供应，全年实现各类盐销售22614吨，占年计划的101.8%，其中小包装食盐4123吨；合格碘盐覆盖率达95%以上；市盐业总公司被评为“省盐业系统先进单位”。

【食盐购进管理】 贯彻落实国务院《盐业体制改革方案》，积极适应政策变化，调整食盐购进工作，从2017年1月1日起，在食盐购进中取消食盐准运证，安排业务部门指定专人负责，根据市场需求，均衡购进各类盐产品20656吨，占年计划的102.7%，保持合理库存，保证城乡供应。

【碘盐配送管理】 完善食盐批发环节专营制度，放开所有盐产品价格，允许现有食盐定点生产企业进入流通销售领域；按照“全域覆盖”原则，21个镇（街）设立食盐零售店3665个，做到每村1～3个店，基本实现横到边、纵到底经营网络无缝覆盖，在全市食盐零售户中优中选优，设立放心盐专柜202个，实行加碘盐和无碘盐同时供应，满足不同消费者和特殊人群的需求；规范网点经营行为，实行合同制管理，落实“网格化”管理，开展访销送货服务，加大资金投入升级电脑软件等设备，把全市食盐零售网点、食品加工户、餐饮业户、工业盐用户等信息收录、分类、汇总，实行购、销、存数字化、动态化管理，6个区域客服部按地理位置分片包干，实行统一着装、统一胸牌、统一用语，提高公司信誉和形象；建立健全工业盐用户档案，加大送销服务与监督检查，销售各类工业盐7555吨，占年计划的102.3%，满足工农业生产需求。

【盐政知识宣传】 集中开展“3·15”国际消费者权益保护日和“5·15”防治碘缺乏病宣传日活动，参加全市“食品安全周”启动仪式，联合卫生等有关职能部门利用2天时间集中宣传，每天出动宣传彩车3辆，在各镇（街）巡回宣传，向群众发放《防治碘缺乏病知识》《科学用盐知识》《致全体市民的一封信》《健康生活从多品种盐开始》等宣传材料7000份，在真爱商城设置盐业违法案例展板4块，张贴食用不合格盐产品造成健康危害宣传画5幅，在城区人员密集场所悬挂宣传标语、设立咨询台3处，摆放真假包装的盐产品供群众辨认，讲解识别真假碘盐的方法；创新宣传模式，开展进村庄、进集市、入户、入校、入店、入企“二进四入”活动，通过进村入户发放宣传材料和查看灶台盐罐子等形式，现场讲解私盐的危害性和食用碘盐的好处，传授碘盐的储存办法；印制国务院《盐业管理条例》宣传册，在集贸市场、社区、村居、超市等区域广泛宣传，达到家喻户晓、妇孺皆知，提高群众抵制私盐意识。

【食盐市场安全】 建立和落实食盐质量事故责任追究制度，加强碘盐调运、储存、配送、零售等各个环节质量监控，质检员跟踪分批次检测做好监测记录，层层落实责任制，确保食盐质量安全；抓好餐饮业用盐管理，对全市宾馆、饭店、学校、厂矿企事业单位食堂、小吃部、建筑工地食堂等依次进行春季、夏季、秋冬季专项检查，净化全市餐饮业用盐市场；完善盐政执法长效机制，以“堵源头、打惯犯、挖窝点、清市场”为重点，与公安、卫生、食药等有关职能部门配合建立健全联合执法机制、信息共享机制和举报奖励机制，抓好重点区域、重点市场、重点用户的监督管理，严厉打击以不合格盐充当食盐和制售假冒食盐包装的不法行为，全年查获盐业违法案件309起，没收违法盐产品10吨，收缴罚款24万元，维护食盐市场安全。

（葛瑞存　甄忠启）

“3·15”国际消费者权益保护日开展碘盐知识和盐政法规宣传

烟草专卖

【概况】 全年销售卷烟48731.63箱，比上年增加921.79箱，增幅1.93%；实现销售收入13亿元，比上年增加6719万元，增幅5.42%；卷烟单箱销售额26855元，比上年增加888元，增幅3.43%。三项费用累计支出4651

万元，比上年下降3.94%。实现利税33593万元，比上年增加2116万元，增长6.72%。查获各类涉烟违法案件372起，其中国标网络案件2起；刑事拘留涉烟违法人员30人、批捕13人、判刑16人；查获卷烟11312条，查扣烟叶16780公斤、烟丝7780公斤，案值239.71万元。

【规范经营】 加强教育培训，深入学习“六条禁令”和违规经营案例，组织全员签订规范承诺书；新增设3个客户服务站，对人员、办公场所进行统一配置，实行稽查中队驻站，完善工作制度，发挥服务站职能作用；增强内部监管力量，充实内管派驻人员，配备车辆，以“堵内查外”为思路，采取“不固定人员、不固定线路、不固定时间”方式逐起逐户梳理排查现有案件，检查走访零售客户，收到异常订单信息898条，涉及零售户575户，逐户进行调查核实，走访检查重点区域零售客户626户，开展客户经理警示谈话12次，限时整改率100%，促进辖区内卷烟规范经营。

【卷烟营销】 培育鲁产卷烟品牌。强化泰山中高端品牌推广宣传，选取重点客户进行定点定量投放，拓宽民俗消费市场用烟的宽度与档次，鲁产卷烟占比达到40.49%，泰山系列比上年增长8.6%。提升电子结算。电子结算率达到90.40%，较年初提升14.86个百分点；电子结算成功率达到98.41%，较年初提升3.49个百分点；电子结算金额占比为95.72%，较年初提升11.01个百分点，完成电子结算“双90%”的工作目标。提升网上订货。发展网上订货4571户，占有效客户数的85.34%，较年初提升79.76个百分点。优化客户结构。按照省局（公司）“双灭红灯”要求，开展入户走访调研，制定《有效控制卷烟千条户实施方案》，大户数量比年初下降82.8%，大户销量比年初下降28.35%。推进价格自律小组建设。以提升零售客户盈利水平为出发点，分线路分片区进行价格自律小组宣传，成立价格自律小组83个，签订协议665户。

【专卖监管】 开展“齐鲁之盾”（2017）专项行动。联合公安、市场监管、邮政部门，实施为期30天的两次联合执法行动，组织开展物流寄递环节专项治理行动和无证户专项清理行动，有效打击涉烟违法违规经营行为。严厉打击存在“二次批发、左右价格、扰乱市场”违法违规行为大户，对98户一次违规户实施“行政处罚+停止供货”措施，17户两次违规零售户取消经营资格。相继查获“4·15”“4·21”两起国标案件，查办“10·22”“10·25”两起售假案件，查获假冒卷烟350条，案值累计20万元。修订《滕州市烟草专卖局烟草专卖零售许可证合理布局规定》，强化行政许可审核审批，新办零售许可证276户、延续130户、恢复71户、歇业183户、暂停86户、变更28户。开展“3·15”“6·29”“12·4”烟草专卖法宣传教育活动，发放宣传资料5600份。组织真假烟鉴别技能培训2次，行政处罚案卷文书培训4次，专卖人员法律法规培训6次，经营人员法律法规培训2次，参培人员2000人次。全年审核案卷372份，审查合同9份。

【企业管理】 开展精益管理、科技创新，提报精益课题1个、金点子18个、创新项目4个，其中创新项目全部通过立项，3个项目通过市局（公司）结题评审，获得二等奖2个、三等奖1个。开展困难职工救助、走访帮扶困难零售户、青年员工座谈会、妇女节趣味烘焙等多项活动，组织参加滕州市老年文体节书画比赛、离退休人员钓鱼联谊赛、赴淮安周恩来故居参观学习等活动，参加滕州市第27届老年人门球比赛，获得团体第一。履行企业社会责任，精准扶贫羊庄镇4户贫困户，提供生活帮助，促其成功脱贫。参与创卫工作，出动420人次开展街区卫生清理，助推“创卫”活动。

（市烟草专卖局）

石油供应

【概况】 全年成品油销售14.8万吨，其中汽油销售5.5吨，柴油销售9.3万吨；CNG加气量230万立方米，非油品业务销售收入4500万元，实现油非互促双丰收。

【经营服务】 坚持“为美好生活加油”品牌化服务，以客户为中心创效增量，开展“汽油会员日”“一站一策”“油非互动”等精准营销活动，满足客户多元化需求。推进“春耕惠农”“三夏”“三秋”期间柴油保供工作，

三夏送油到田间地头支农惠农

加油站保持24小时营业，开辟农机加油绿色通道，推出农机优惠卡，提供送油到田间地头服务，细化措施支农惠农，建立预警机制，保障资源供应，为滕州工农业生产加油助力。

【数质量管理】 秉承“每滴油都是承诺”的数质量管理理念，开展数质量检查，检查进油关、卸油关、储存关、加油关的每一个作业环节，严格操作规程；切实执行卸油十步法流程，确保数质量闭环管理；加强每月对加油机自检校验及铅封管理工作，防止出现数质量纠纷，不定期抽检化验加油站油品，确保质优量足。

【安全管理】 围绕“以人为本，安全第一”主题，持续开展安全教育和警示教育培训，增强安全管理“红线”意识，全面落实安全责任，开展从严管理年活动，提高全员安全意识，加强设备保养、检查和隐患治理，强化各种火灾实战演练及跑冒油、防洪防汛、防盗抢、防恐怖袭击预案演练，确保持续稳定安全经营。

（市石油公司）

对外经济贸易

【概况】 2017年，全市实现进出口总额33.18亿元，比上年增长24.7%。其中，完成出口30.38亿元，比上年增长19.8%，提前一个月完成枣庄市下达的任务，枣庄市政府专门发来贺信；完成进口2.8亿元，比上年增长124.2%。

【壮大主体】 坚持“扶大做强”工作思路，以骨干外贸企业为抓手，加强跟踪服务，推动企业做大做强。全年出口额居前五位的腾达紧固科技公司（含腾达不锈钢）、辛化硅胶公司、日盈食品公司、三合机械公司、东方钢帘线公司分别增长81.8%、36.3%、34.7%、23.4%、149.5%；实施“零进出口业绩企业唤醒行动”和“进出口业绩外流企业唤回行动”，对已备案无业绩企业及进出口业绩外流企业，逐个排查未能开展进出口业务的原因、存在的困难和问题，通过“一企一策”有针对性帮扶推进，全年新增进出口实绩企业36家，实现进出口额6462万元。

【催生新动能】 推进跨境电商综合服务中心发展，阿里巴巴LBS跨境电商服务中心落户滕州，帮助中小企业充分利用阿里巴巴国际站、一达通等平台资源开拓国际市场；骏驰外贸综合服务公司新开展外贸企业托管业务，签约服务企业10家；有110家企业与骏驰外贸、兄弟外贸等外贸综合服务企业和阿里巴巴等跨境电商平台签订合作协议。全年通过外贸综合服务平台实现出口6229万元。

【开拓市场】 认真研究省、市境内外重点展会安排计划，通过网站、微信等信息平台发布重要展会信息，为企业搭建国际市场开拓平台，先后组织50家企业参加香港婴童用品展、德国法兰克福春季消费品博览会、（大阪）中国山东出口商品展览会暨孔子家乡山东文化贸易展、俄罗斯国际机床展、印度精细化工展、广交会、北京国际玻璃展览会、美国亚特兰大玻璃展、德国汉诺威国际机床展等40个境内外知名展会，推动企业抢抓外贸订单，深度开拓国际市场。

【培育品牌】 鼓励引导有条件的企业积极开展境外商标注册、体系认证和专利申请，提升企业国际市场竞争力。做好现有“省重点培育的国际自主品牌”企业的品牌故事宣传，通过鲜活的典型事例带动更多外贸企业创建国际自主品牌，腾达不锈钢、三合机械、瑞宇蓄电池、箭波通信等4家公司新开展马德里商标国际注册；艾菲尔管业公司新获评“山东省重点培育的国际自主品牌”；日盈食品、东方钢帘线等16家企业开展国际认证19项。

（杜合营）

招商引资

【招商成果】 签约引进总投资12亿元的薛国枫情小镇建设项目、总投资5.6亿元的500吨钢模板生产项目、总投资4亿元的中药饮片生产项目、总投资3.66亿元的滕州现代农业产业园项目、总投资3.3亿元的养老服务综合体项目、总投资2亿元的年产3万米滚珠丝杠和6万副滚珠丝杠母项目；新开工建设招商引资项目154个，其中固定资产投资过5000万元项目80个，过亿元项目24个。

【创新方式】 开展全市对外开放、加快发展大讨论，出台《关于进一步加强招商引资、重点项目及园区建设工作的意见》《滕州市招商引资优惠政策》，形成全市上下抓招商强大合力。充分利用天南地北滕州人资源，发挥“小分队”招商快速、灵活、高效的优势，实行“点对点”招商、“上门”招商、“挂职”招商，盯紧靠上，提高招商成功率；突出专题招商，组团参加台湾经贸考察、杭州上海招商周和北京招商周等活动，取得丰硕成果，在杭州上海招商周活动期间，签约项目11个，项目总投资105.5亿元；在北京招商周期间，签订协议项目16个、签订合同项目6个，合同利用市外资金30.56亿元。

【招大引强】 围绕京津冀、长三角、珠三角等重点区域，瞄准国内外500强、央企、国企和大型民企，注重引进具有战略性、引领性、支撑性的重大项目，助推滕州产业转型升级、新旧动能转换，北大教育培训中心、煤科院环保装备制造等项目相继签约，腾龙不锈钢智能制造产业园、万达广场滕州店开工建设，中材锂膜项目首条生产线成功试生产，北玻院科技成果转化基地首套智能风电叶片模具成功交付。

【利用外资】 全市新批外商投资企业3家、增资企业2家，累计新增合同利用外资3086万美元；实际到位外资3365万美元，完成年度利用外资任务的112%，实际到位外资总额位于枣庄首位。新注册总投资2884万美元的台资企业山东京宇文体旅游有限公司项目，总投资8873万美元的半钢全钢子午线轮胎生产项目落地建设，总投资1946万美元的精密五金工具生产项目正式签约，总投资3080万美元的台湾风情街项目稳步推进，中峰化学、凯莱能源物流等重点项目实现增资扩股，大润发超市、威智医药等重点项目扎实开展。耀国光热项目积极准备在澳大利亚主板上市。

（杜合营）

2017年9月8日，北玻院科技成果转化基地首套智能风电叶片模具成功交付

旅游业

【概况】 大力推进旅游全域化发展战略，挖掘旅游资源，丰富旅游业态，完善旅游营销，提升“墨子鲁班故里·湿地红荷之都”城市品牌形象，全年接待游客695.21万人次，比上年增长9.93%；旅游消费总额61.61亿元，比上年增长14.03%。滕州市入选“2017中国全域旅游魅力指数排行榜”区县级前20强，获评“中国最美文化生态旅游城市”。

【重点旅游项目】 中心城区休闲游：以创建全国文明城、国家卫生城为抓手，实施绿化美化亮化净化工程，城市新空间、清水湾公园建设进展顺利，格林豪泰、7天、万朋、万禧等品牌酒店进驻滕州，城市品质大幅提升，休闲宜游功能不断增强。西部湿地温泉游：微山湖湿地对照国家5A级景区标准，持续加大投入，提升景区质量和服务水平，建成开放党性教育基地，成功举办第14届微山湖湿地红荷节；龙园古镇引入农家和川陕美食，丰富游客体验；新盈泰温泉度假村吸引力持续提升。北部山

龙山景区全景

水生态游：龙山旅游区新修运动休闲绿道30公里，新增8处园林景观，建成开放轮胎乐园、锦天牡丹园、龙湖精神党性教育基地等景点，被批准为省自行车运动基地；鲁班湿地公园温泉水世界项目开业运营；莲青山景区升级改造漂流、滑雪场等项目。中南部历史文化游：薛国故城保护工程一期竣工、二期启动，北辛文化遗址公园建设顺利，范蠡西施风情园一期建成，启动墨子纪念馆、墨砚馆、新博物馆陈列布展工作。

【旅游产业融合】 鲁班小镇、云岭田园等农旅融合项目开工建设，董村花汇小镇、金庄农场、金沙山家庭农场等进展顺利，古石汤泉一期开业试运营；姜屯镇东滕城村被省旅发委和省农业厅评为"山东省美丽休闲乡村"，龙阳锦天牡丹园获评"齐鲁美丽田园"；规划设计盈泰集团食品加工旅游参观路线，加快建设今缘春生态酿酒园；官桥镇被命名为"省旅游强乡镇"，官桥镇北辛村、西岗镇东王庄村、柴胡店镇刘村、滨湖镇西古村等4个村被命名为"省旅游特色村"，柴胡店镇安后村葡萄采摘园、滨湖镇桃花源山庄采摘园等2个单位被命名为"省精品采摘园"，龙阳镇弥香园家庭农场被命名为"省开心农场"，洪绪镇百果园农家乐、滨湖镇渔家风情园等2个单位被命名为"省星级农家乐"。

【旅游服务设施】 建设智慧旅游监管服务平台，国运旅游集散中心建成运营，开通至台儿庄古城、刘村梨园、龙山、莲青山、山亭石头部落等多条一日游路线，开设至徐州观音国际机场专线；全市新建改建旅游厕所79座，新增旅游交通标识24块，三星级以上酒店达到6家，旅行社18家，特色旅游购物商店29家，旅游接待服务能力进一步增强。

【旅游发展环境】 加强旅游市场监管，成立旅游市场综合监管领导小组办公室，出台《关于加强旅游市场综合监管工作的实施意见》，不定期开展旅游市场检查活动，旅游市场投诉调解成功率达到100%；加强旅游安全教育培训，建立网格化安全管理体系，加大对重点企业、重要时段检查力度，提高应急处置能力，实现旅游安全无事故；提升旅游服务质量，组织乡村旅游带头人参加赴境外进行精准交流活动，学习发展乡村旅游的做法和经验，提高旅游致富能力。以旅游企业中高级管理人员、导游员人为重点，组织参加省、枣庄市开办的旅游规划和重点旅游景区培训、旅游商品管理人员培训、旅游市场培训、导游员IC卡年审培训等各类培训班，提高旅游从业人员素质和服务技能。开展旅游扶贫，累计争取上级旅游部门旅游扶贫资金140万元，采取“公司＋贫困户”“专业合作社＋贫困户”等模式，推动滨湖迭湖村、龙阳焦庄村等发展乡村旅游项目，带动贫困户脱贫。

【旅游宣传营销】 设计印制滕州旅游地图，打响“墨子鲁班故里·湿地红荷之都”品牌；在京沪高铁投放车厢座椅广告，增设高速公路大型广告牌、高炮广告；赴济南、青岛、郑州、石家庄等主要客源市场开展市场推广活动，组织微山湖湿地、鲁班天工木艺等企业参加第三届世界休闲博览会，宣传推介滕州旅游资源；开展十大“最佳乡村休闲旅游景点”评选，创新举办2017好客山东贺年会、第十四届红荷节暨2017山东省“送智下乡”旅游扶贫公益行、第三届鲁班文化节、第九届梨花节、第六届青岛（滕州）啤酒节、首届官桥历史文化旅游节、龙园古镇菊花节等活动，推出旅游便民资讯和优惠措施，拓展旅游市场。

（市旅服局）

微山湖湿地管理

【概况】 2017年，微山湖湿地景区突出绿色生态和红色教育两大特色，多元投入提升软硬件建设水平，多角度挖掘人文内涵，影响力和美誉度持续攀升，打造闻名全国的旅游目的地，成功迎接全国政协副主席卢展工、刘晓峰考察和全省旅游规划培训会代表到景区观摩活动，圆满完成中央环保督察组督察任务，新增“中国最美休闲度假胜地”“华东最佳人气景区”“全域旅游山水人文品牌景区”“山东省旅游服务名牌”“山东最美湿地”“山东省青年文明号”等品牌荣誉。

【5A景区创建】 对照国家5A级旅游景区标准，按照北京万诺普编制的《微山湖旅游景区创建国家5A级景区提升规划》，完成深度设计和达标整改；实施全员素质提升工程、“金牌导游”“营销先锋”引领工程、“金盾卫士”“服务标兵”培育工程、游客服务中心改造及体验区提升工程，规范票务中心，增设会议中心、餐饮中心、影视厅等，新增电子显示屏5处，购置高档音响和讲解设备70套，铺设沥青路面30000平方米，安装造型景观灯30个；高标准建设景区安全运营指挥中心，新安装电子眼100个，实现电子监控全天候、全覆盖；复新观光车60部、游船30艘，更新电瓶车导播系统60套；引进微湖十大碗特色餐饮，设立158党员雷锋服务站6处，增设游客候车点5处，在电车站、游船码头等游客聚集区域安放电视30台、电扇50个，新上移动基站2座，布设二维码电子导游和手绘地图导引70处；抓好旅游厕所革命，加强景区旅游秩序与环境管理，推进国家5A级旅游景区创建工作。

【营销宣传】 在央视1套、央视4套、旅游卫视、山东卫视进行滚动宣传，在京沪高铁投放车厢广告，在高铁北京南站、济南西站、青岛、淄博等高铁站播出湿地宣传片，在青岛、郑州等主要客源地的公交线路投放车体广告，在新华网、新浪网、中国旅游新闻网等国内高端媒体进行专题宣传；开展万人旗袍观荷会、摄影大赛、垂钓大赛等一系列大型特色主题活动，派出47个营销小分队赴63个各线城市开展市场推广，举办北京、上海、青岛、济南等专题推介会16场，组团参加山东旅游年博会、杭州西湖休博会、中国首届睡莲文化节等，先后与崂山、黄河口、太阳部落等37处风景区、32家大型旅游组织以及600余家旅行社和旅游网站达成合作协议，中央电视台、新华网、全国百家党报等高端媒体“聚焦微山湖”，景区影响力空前高涨，吸引大量旅行社、网络媒体和游客到景区游览。

【景观提升】 邀请国内一流园林专家现场指导，设置“运河纤夫”“捕鱼归来”等景观小品20处，启动四季花海、湿地修复、绿荫停车场改造等项目；实施完成盘龙岛码头及木栈道提升、湿地漂流园修复工程，修复激情漂流、山谷探险、水车乐园、姓氏图腾园等景点，重现郁郎亭、烟雨亭、不染亭等景点风采；新建拓展训练营地、善水阁、鲁班云梯等27处，建设天一岛、天鹅湖、爱情湖、烟雨长廊等新景点；湿地博物馆免费开放，天鹅

2017年8月5日，第十四届中国（滕州）微山湖湿地红荷节开幕暨2017年山东省“送智下乡”旅游扶贫公益行活动启动

湖和功勋火车头相映生辉，成为“山东省第一批中小学生研学实践教育基地”；与中科院武汉植物园合作，实施荷花精品园提升工程，秋荷、冬莲等名优荷花、睡莲扮靓景区，荷花精品园成为游客重要游憩场所。

【红色教育基地建设】 深入挖掘景区丰厚的人文、历史、生态底蕴，依托当年鲁南铁道大队湖上革命根据地红色印记和刘少奇、陈毅等老一辈革命家过微山湖的红色故事，把丰富的红色资源、生态资源转变为有效的教育资源，6月中旬开始，以景区钓鱼岛为核心区，精心规划建设面积11.33公顷的党员干部党性教育基地，建成胜利之路展览馆、十柳渡广场、“小溜子”船桥、唱和台等10处教学点，成为中共山东省委党校教研基地、曲阜师范大学教学实习基地，先后接待80批次、6000名党员干部现场学习，受邀参加北京刘少奇诞辰119周年纪念座谈会。

【项目建设】 坚持“盯紧靠上守住”不动摇，协调对接国家林业局和省发改委、旅发委、国土资源厅等部门，争取湿地保护、基础设施建设等上级各类补贴资金1000万元；实施以资源招商选商战略，对接天津森林旅游管理公司、南方电网、北部湾旅、北京上造影视公司等国内知名企业，洽谈合作景区提升项目，让游客进得来、住得下、留得住，投资2亿元的生态康养基地项目完成立项和环评手续，抓紧进行

基础维护修复。

【第十四届红荷节】 8月5日，成功举办第十四届中国（滕州）微山湖湿地红荷节开幕式暨2017年山东省“送智下乡”旅游扶贫公益行活动，以“中国梦·滕州情”为主题，突出生态特色、公益定位、惠民理念，精心策划中国（国际）汽车旅游大会、第十二届华东六省一市电视主持新人赛、万人旗袍观荷会、滕州市第六届啤酒文化节、湿地报告会、运河文化电视论坛、玻璃产业高峰论坛、中国（滕州）奇石盆景博览会等“十大主题活动”和“六大系列活动”，进一步凸显特色，强化推介，助推滕州“五大经济”转型发展，为加快建设宜居宜业富裕美丽文明新滕州提供更大的旅游文化支持。

（滕州微山湖湿地管理委员会）

开发区建设

Construction of Development Zone

责任编辑：朱广亚

【概况】 全年规模以上企业总产值实现683亿元，利税65亿元，分别增长10.8%、16.1%。滕州经济开发区获评国家新型工业化示范基地，在全省131家省级经济开发区发展综合评价中连升2位，位居第三。国家级开发区创建实现重大突破，综合申报材料已经省政府报至商务部，等待批复。

【招商引资】 先后组织参加“长三角招商周”经洽会、“北京招商周”经洽会等招商活动40余次，锁定有投资转移意向的重点目标企业30余家。接待来自台湾协佑、北京景控、松下能源、上海距马科技、上然建设、德意控股等企业客商来滕考察100余人次，有序承接发达地区和国际产业转移，引进一批拥有核心技术、补链强链的大项目、好项目。依托机械机床、化工新材料等支柱产业和中材科技、腾达不锈钢等龙头骨干企业，开展产业对接活动，通过技术合作、股权转让、并购等多种形式，推动招商引资工作。全年引进过亿元项目11个，其中过10亿元项目3个，投资总额达97.8亿元。成功引进总投资40亿元的腾龙不锈钢智能制造产业园、总投资20亿元的北玻院科技成果转化基地、总投资10.6亿元的山东圣奇奥高性能子午线轮胎等一批大项目、好项目，为开发区经济发展提供新的增长点。

【项目建设】 坚持“保姆式、一站式”服务，明确专人协助办理从项目选址、审批、工商注册、银行开户、税务登记到开工建设整套手续，力争在最短的时间内让企业落地建设。严格落实项目帮包责任制，实行“一个项目、一名帮包领导、一个责任单位、一抓到底”工作机制。坚持重点项目联席会议制，成立由管委会、市直部门、项目方为成员的协调推进领导小组，深入项目现场，及时解决相关问题。中材锂膜项目1#、2#生产线已经投产运营，3#、4#生产线加紧设备安装。北玻院科技成果转化基地项目，从入驻到首套智能风电叶片模具成功交付仅历时108天，创造出项目建设的新速度。德森机器人一期精密丝杠、钟佳精密扳手及套筒生产、北航机床创新研究院等一批高端智能制造项目投产达效，圣奇奥高性能子午线轮胎、精密铸造中心、华杰豪医疗器械等重点项目进展顺利。

【产业培育升级】 结合全市“265”产业培育和“62131”企业培植两大工程，依托开发区产业链部，围绕产业链完善、价值链提升、创新链打造，不断推进机械机床、化工新材料两大支柱产业改造提升，推动食品轻工、家居装饰等优势产业膨胀规模。机械机床产业集群被评为

"省先进制造业主导产业转型升级示范基地"，化工产业集群被认定为"省化工新材料创新型产业集群"。三合机械、鲁南机床等9家企业获评"枣庄市龙头骨干企业"。联泓新材料、腾达紧固科技等企业主板上市工作全面展开，吉田香料成功在新三板挂牌，园区挂牌企业发展到3家。人才建设取得新成绩。益康药业孙海鹰、梁浩入选"泰山产业学者领军人才"，鲁南机床孙健获评"齐鲁首席技师"，华能线缆夏和生等3人当选"枣庄英才"，中材锂膜刘颖等29人入选枣庄市"1515"企业家工程名单。

【科技创新】 开发区人才创新驱动中心获评"首批全省开发区创新创业公共服务示范平台"，与13名国家"千人计划"专家建立长期合作关系，成功孵化高科技企业11个。重点推进的70个重要技改项目，开工和续建68个，开工率达到97%。其中，威达重工工业机器人关键部件智能制造产业化、腾达不锈钢线材生产线节能技术改造等16个项目被列入省企业重点技术改造项目导向目录。晨晖电子高性能单晶铜键合引线等6个项目获评省首台套技术装备及关键核心零部件产品。

【集约发展】 在省国土资源厅公布省级开发区土地集约利用评价成果中名列第三。开展节约集约用地评价工作，坚持"腾笼换鸟""筑巢引凤"，清理祥源制衣、建亚铸造等5个闲置项目，新上圣奇奥高性能子午线轮胎、绿色环保精密铸造中心等4个项目，让闲置资源重新焕发生机。全年盘活闲置土地1138亩、厂房25万平方米，超额完成市政府下达的"盘活利用闲置土地500亩以上"年度任务目标。

【园区建设】 体制机制改革逐步深化。明确开发区四至范围，构建以综合工业区为"一体"，智能制造产业园和鲁南高科技化工园为"两翼"的"一体两翼"发展格局，调整后的开发区面积约为87平方公里。结合滕州市"十三五"规划，开展开发区总体规划和产业发展规划的编制工作，鲁南高科技化工园顺利通过枣庄市级化工园区认定。争创山东省食品加工生产基地，申报材料已上报至省食品安委会办公室。基础设施日趋完善。实施益康大道、顺河路等8条道路升级改造，完成中材锂膜供水、供热、供气等管网建设，实施中材锂膜35千伏供电线路和中峰化学10千伏高压供电专线架设。

（市经济开发区管委会）

中材锂膜试生产推介会

金融　保险

Finance　Insurance

责任编辑：朱广亚

金融业

【概况】 2017年末，全市共有银行业金融机构13家，保险机构37家，小额贷款公司3家，融资性担保公司3家，证券公司营业部3家，民间资本管理公司2家，民间融资登记服务中心1家，开展信用互助业务的农民专业合作社8家，社区性农村信用互助合作社5家，新三板挂牌企业3家；银行存款余额669.18亿元，较年初增加33.55亿元，增长5.28%；银行贷款余额438.47亿元，较年初增加40.62亿元，增长10.21%；保费收入实现73.27亿元，比上年增加6.07亿元，增长9.04%；保险理赔及给付23.83亿元，比上年增加2.85亿元，增长13.59%。

【金融服务体系】 引进太平财险、日照银行、招商证券、上海合晖保险经纪公司等来滕州设立分支机构。1月，太平财产保险有限公司枣庄市滕州支公司开业，5月，日照银行枣庄滕州支行营业，8月，招商证券滕州营业部营业，12月，上海合晖保险经纪有限公司枣庄分公司营业；推动银行加强助农服务点建设，提升农村金融服务能力，全市助农服务点发展到110家；支持信华民间资本管理公司将注册资本金增加到2.01亿元，信华和嘉润两家民间资本管理公司累计投放资金5亿元，服务中小企业发展；支持山东至能融资担保有限公司增资扩股将注册资本金增加到5亿元，至能、方盈和明建三家融资担保机构为企业提供贷款担保49笔2.57亿元。

【企业上市挂牌】 研究制定《关于全面推进“62131”企业梯次培育工程的实施意见》，建立股改企业资源库，多次召开企业上市挂牌股改培训会（座谈会），实行企业上市挂牌市级领导帮包制度，帮助企业完善土地和建筑物登记手续，推进耀国光热赴澳大利亚主板上市，艾菲尔管业、山森数控、恒瑞磁电先后与中介机构签订上市服务协议，稳步推进联泓新材料、鑫迪门业、辛化硅胶、雄狮装饰、威智医药等企业上市工作，3月吉田香料在新三板挂牌，全市新三板挂牌企业达到3家。益康药业、海吉雅环保、大明消毒启动新三板挂牌。鑫佳能源装备、大川重工机床、新金明包装、恒达品牌包装、天圣源置业在青岛蓝海股权托管交易中心展示板挂牌，全市区域性股权交易市场挂牌企业达到16家；企业股改方面，山东万仕康养老、山东腾旋能源科技等21家企业完成股改，艾菲尔管业、海吉雅环保等12家企业启动股改，股份制公司达到49家。

【信用互助试点】 年末，8家农民专业合作社互助资金规模达到1624万元，参与社员人数413人，累计借出互助资金99笔358.4万元；5家社区性农村信用互助专业合作社开展业务153笔，发放信用互助金额538.1万元。

【金融生态环境】 开展互联网金融机构排查整治，规范全市互联网金融企业发展。开展非法集资宣传月和涉嫌非法集资风险专项排查、涉嫌非法集资广告资讯排查清理等活动，提高群众风险防范意识。发挥金融法庭快速、专业的优势，加大对逃废金融债务行为的打击力度，强化银企诚信经营意识，优化金融生态环境。加强部门协作，深入研判金融形势，及时预警金融风险，针对苗头性问题及时处置，多措并举，防止系统性、区域性风险发生。

（市金融办）

银行监管

【非现场监管】 强化非现场监管监测和预警作用，认真履行审核职责，通过非现场监管报表，分析银行业机构经营中的异常变化，重点监控法人银行业机构发展过程中出现的异常现象和问题，通过分析风险状况、问题成因，着力提升非现场监管报告的针对性，做好风险监测和早期预警，守牢风险防控前沿。

【机构监管】 加强辖内银行机构数据信息监测分析，抓好全面信用风险防范，配合枣庄银监分局做好辖内法人银行机构监管工作，重点调度滕州农商行年底前监管指标完成情况，督促化解信用风险。密切关注辖区银行业动态、经营管理状况，掌握辖内银行机构经营数据变动情况，分析风险，持续提升监管有效性。

【回归本源】 督促法人机构按照监管要求，深化供给侧结构性改革，优化和创新小微企业金融产品，做好普惠金融和金融扶贫工作；督促滕州农商行调整信贷投向，坚持支农、支小、创新产品和服务；督促滕州建信村镇银行聚焦支农支小市场定位，加大产品创新，下沉经营重心，提升金融服务水平；加强与地方政府沟通，完成各类报告报送，取得对银行业发展和监管工作的理解支持，为辖区银行业发展营造良好的外部经营环境，确保辖区金融秩序稳定。

（孙　超）

中国人民银行滕州市支行

【概况】 2017年，全市存款保持高位增长，本外币各项存款余额达到669.19亿元，比上年增加33.55亿元，增长5.28%；贷款恢复性增长，各项贷款余额438.47亿元，比上年增加40.62亿元，增长10.21%。

【落实稳健货币政策】 结合辖区发展实际，指导金融机构加大对实体经济的支持，促进地方经济转型升级；充分发挥“融资服务网络平台”作用，发布企业融资需求信息313条，银企成功对接53次，对接资金26.02亿元；推进农房抵押贷款试点增量扩面工作，全市农房抵押贷款余额达到3.99亿元，比年初增加3.56亿元；探索实施“让利贷”金融扶贫模式，发放“让利贷”4430万元，带动297户贫困户脱贫增收。至年底，全市金融机构扶贫贷款余额16300万元，较年初增加2354万元，增长16.88%，山东省副省长王书坚对滕州金融扶贫“让利贷”做法作出批示全省推广。

【维护金融监管秩序】 落实权力清单制度，规范金融监管执法行为，开展现场监督检查工作，先后完成农发行、枣庄银行重大事项报告执法检查，邮储行支付结算、代理国库和人民币管理检查，中国银行代理国库业务检查；现场考评辖区金融机构人民币现金收付和反假业务，开展7家保险业机构反洗钱监管走访，财险公司进行反洗钱执法检查，切实维护辖区金融机构良好的金融秩序。

【优化金融生态环境】 优化金融风险防控体系，制定《金融机构新增50万元以上不良贷款清单》《中国人民银行滕州市支行金融机构突发事件应急预案》，加强金融稳定重大事项报告管理；开展大企业担保圈、产能过剩行业、僵尸企业、地方政府债务等领域的风险监测；加强2家地方法人银行风险管控，地方法人银行开展贴身监测；加强银警联动，打击金融诈骗，有效堵截诈骗案件4起，堵截诈骗资金11.3万元。

【提升金融服务质效】 建成启用新综合服务大厅，推行“五个公开”，促进优质服务标准化，提升窗口服务水平；稳步推进普惠金融服务站建设，将原有的助农取款点升级改造成为“十位一体”的普惠金融服务站，建成标配版服务站86家、高配版服务站7家，农村金融支付环境进一步优化；深入开展硬币自循环工作，建立“硬币自循环”自动调剂平台，实现金融机构、公交公司和用零大户之间硬币自循环体系，优化现金流通环境；加强外汇管理和服务工作，办理企业名录登记55家，现场核查3家企业、2家外汇指定银行；开展金融知识宣传，在金融消费者权益保护日和征信记录关爱日，联合金融机构深入农村大集开展征信、国债和防电信诈骗金融知识宣传，到枣庄科技职业学院开展“征信知识进校园”和“金融知识普及月”宣传活动，面对面普及金融知识。

（市人民银行）

中国农业发展银行滕州市支行

【概况】 截至年末，农发行滕州支行存款余额达到18.7亿元，比年初增加9.6亿元；批复各类贷款13.65亿元，发放贷款8.04亿元，贷款余额达到22.74亿元，比年初增加6.72亿元；不良贷款为零；实现帐面利润8164万元，同比增加3797万元，增幅86%，增量居全省县支行第1位。先后被农发行省分行授予“2017年度先进单位”“金牌行”等荣誉称号。

2017年6月8日，省农发行一行到滕州调研夏粮收购资金供应情况

【支持粮棉油收储】 支持地方储备粮油轮换，实现地储粮油轮换2.7万吨，有效调节粮油市场价格，保证市场供应及安全；按照“钱随粮走、购贷销还、库贷挂钩”原则，及时收回并发放县级储备粮贷款3161万元，用于小麦收储；分别为440万元县级储备油贷款、4739万元县级储备粮贷款、2450万元县级储备粮扶贫贷款办理展期，展期期限均为一年；严格落实按旬查库制度，通过实地查看，确保账实相符、数量真实、质量良好、存储安全。

【支持基础设施建设】 年内发放棚户区改造贷款7.39亿元，分别为荆河东路程堂居区域改造工程放款3.29亿元、小清河（前后洪）区域改造工程放款2.3亿元、东城东新社区（一期）改造工程放款1.8亿元，支持滕州市基础设施项目建设。

【支持商业性客户】 调节贷款结构，发展商业性贷款，支持地方实体经济发展，为3家商业性客户有效授信3300万元，增加产业化龙头企业的有效投入。创新扶贫方式，协调山东恒仁工贸有限公司采取银行让利、财政补贴、企业捐赠的方式筹集40万元，推出“让利贷”金融扶贫方式，为200人没有劳动能力的建档立卡贫困人员每人每年提供2000元资助，带动增收脱贫，助力脱贫攻坚。

（张　源）

中国工商银行滕州支行

【概况】 截至年末，中国工商银行滕州支行存贷款规模突破166亿元。其中，各项存款余额88.85亿元，较年初增加8.59亿元，增量四行占比第1位；各项贷款余额76.94亿元，贷款余额四行占比居第1位；实现营业利润2.8亿元；实现中间业务收入8053万元；不良贷款余额1.34亿元，不良率控制在1.75%。

【支持实体经济】 充分发挥职能优势，支持滕州实体经济发展，发放公司贷款12.39亿元；支持全市重大项目建设，完成医院、电力、供水及城市公共事业等多个领域项目贷款审批5个，贷款金额13.76亿元，实现投放6.2亿元，通过预审待上报审批流程项目1个，涉及贷款金额8亿元；重点支持先进制造业、现代物流业及服务文教卫领域企业，实现流动资金贷款投放6亿元，其中小企业贷款12247万元；坚持维护实体经济平稳过渡不动摇，采取转让、续贷、展期、再融资和新增贷款转化等综合措施，维护地方金融市场稳定，帮扶实体经济体平稳渡过难关；持续稳健发展个人住房贷款业务，截至年末，个人住房贷款增量5.29亿元，累计发放9.58亿元。办理公务员分期1541万元、家家乐分期3701万元、普通分期4370万元、汽车分期付款2197万元。

【普惠金融服务】 主动适应经济金融新常态，以高科技战略、多元化产品、精细化服务为支撑，加大普惠金融推广力度，推进“普惠金融＋定制金融＋社交e-ICBC”三平台、一中心与线上线下互动经营格局，借助工行“融e行”“融e联”“工银e生活”强化客户关系管理，加大线上POS商户和小微商户逸贷发展力度；创新业务发展模式开展普惠金融服务，加大对制造业、加工业、批发和零售业、商务服务业等行业小微企业的支持力度，小微企业客户发展到62户；加大对现代特色农业产业的支持

2017年5月1日至4日，工行滕州支行参加市房博会宣传房贷业务

力度，重点支持公司化模式经营的粮油、果蔬、渔、牧等加工及购销企业，涉农贷款余额达到2.14亿元，加快农业产业化步伐；拓展消费金融供给渠道，积极营销个人住房贷款、个人商用房贷款、个人小额贷款等多样化的金融产品，满足居民多层次金融消费需求，个人贷款余额达到43亿元，占总贷款规模的55.9%。

【创新服务平台】 创新服务平台管理，新增离行式自助银行10家，智能化网点改造实现“全覆盖”，各网点各类自助设备达到160台（套）；设立绿色服务通道、老人及残疾人窗口，为客户提供差异性、人性化服务；依托工行“三大产品线”，推广融e购电商平台，抓好优质企业上线入驻工作，开展移动银行业务精准服务，实现“互联网+移动金融”大格局；举办文明优质服务示范竞赛活动，加大对外服务监督力度，客户对柜面服务的满意度达到99.82%。

【助推金融扶贫】 认真履行扶贫职责，深入官桥镇东康留村等5个偏远贫困村入户开展贫困户帮扶，先后赠捐助物资、资金10000余元；为部分企业发放“富民生产贷”250万元，发放精准扶贫个人贷款53笔860万元。大力开展社区共建、赈灾救危等社会公益活动，各类爱心捐助物款折合近10万元。

（苗永峰）

中国农业银行滕州支行

【概况】 截至年底，中国农业银行滕州支行各项存款余额126.31亿元，较年初增加5.76亿元，其中，个人存款余额104.15亿元，较年初增加4.16亿元；对公存款余额22.16亿元，较年初增加1.6亿元。发放个人住房贷款2.59亿元，较年初增加7595万元；个人消费贷款1.85亿元，较年初增加1406万元。

【业务拓展】 以网点转型为契机，充分运用系统工具，做好个人客户维护、营销，持续增强客户粘性和价值创造能力；结合“扩户提质”活动，认真做好对公账户拓展、维护和质量提升工作，新增人民币结算账户开户514户、法人折效客户580户；加强法人客户营销，拓展传统大户，成功营销土地整治项目贷款1.8亿元、山东化工技师学院1.5亿元等重点项目和客户，其中土地整理项目实现投放1.2亿元，系全省同类业务首笔投放；强化分期业务营销，办理专项分期业务38笔431万元、现金分期2540笔2014万元。

【风险管理】 推进不良贷款清收处置，加快不良贷款清收核销，处置自营不良贷款 18843 万元。其中，自主清收本息 1787 万元；现金收回已核销贷款 1530 万元；核销 10163 万元；批转法人不良贷款 3 户 7028 万元。针对高风险客户，在退出部分金额、追加部分有效担保情况下，实行风险化解再融资方式进行风险化解，全年化解周转 9 笔、金额达 1.58 亿元贷款。稳步推进诉讼清收，抓好“老赖”名单纳入工作，利用法律手段催收不良贷款。截至 12 月底，支行不良贷款余额 25483 万元，较年初减少 17642 万元，不良贷款占比下降 3.3 个百分点，不良余额和占比实现“双降”。

【网点转型】 深化网点转型工作，加强员工业务技能培训，增强网点营销骨干力量，提升网点综合金融服务能力；创新超级柜台布放和使用方式，提高分流率，提升工作效率，有效减少客户等待时间；为营业网点增配服务设施，优化功能分区，提升客户体验，完成汇丰、善国、东郭、荆泉四个网点的装修营业，完成安乐街复业和矿中心撤并以及高铁滕州东站取款机、东沙河自助银行、学院东路自助银行迁址。

（姚　腾）

中国银行滕州支行

【概况】 截至年底，中国银行滕州支行本外币时点存款余额 39.16 亿元，较年初新增 1.75 亿元。其中，本外币储蓄时点存款余额 20.84 亿元，较年初新增 0.24 亿元；本外币公司时点存款余额 18.31 亿元，较年初新增 1.5 亿元；各项外币存款余额 2528 万美元，较年初增加 87 万美元。本外币贷款余额 42.56 亿元，较年初新增 6.73 亿元，增长率为 18.78%。其中对公授信余额 26.25 亿元，较年初增加 5.31 亿元；项目贷款余额 24.51 亿元，较年初增加 4.64 亿元；贸易融资余额 1.67 亿元，较年初增加 1.66 亿元；票据贴现余额 677 万元，较年初减少 9973 万元。对私授信余额 16.31 亿元，较年初增加 1.42 亿元。实现国际结算量 22393 万美元，跨境人民币 11872 万元，远期结售汇 5674 万美元，实现账面营业净收入 12760 万元，账面税后净利润 6487 万元。

【市场开发】 坚持以客户为中心，加强金融机构客户、县域行政事业客户、跨国企业、“走出去”企业、优质中小企业客户群拓展，持续做好网点对公结算渠道建设，做好棚改项目对接与沟通，推进已报和已批未放大公司、中小企业项目；营销票据贴

2017 年 9 月 19 日，中国银行山东省分行一行到滕州考察

现业务，做大坐实票据资金池业务；加强国际结算客户营销力度，上门宣传外汇政策及优势产品，重点维护千万美元客户；把中银E贷作为个贷发展的拳头产品，挑选优质单位进行白名单准入，重点拓展分期业务，提升银行卡中间业务收入，加大公积金归集的营销力度，提升委托贷款手续费收入；紧抓重点项目，提前铺排校园、社保项目需求，做好定制化服务，探索校园嵌入式营销项目，强化社保行业应用，提升激活率，做好重大项目招投标效益分析及后评价。加强与公司部对接，紧盯新旧动能转换项目，做好个人产品服务切入；围绕"调结构、建队伍、细管理、树品牌"，有步骤、有重点展开助农服务点建设；紧盯智能车牌改革，做好ETC项目统筹规划。

【运营管理】 坚持依法合规经营不动摇，落实主动风险管理和内控体系建设，严格执行贷款新规，加大对贷后管理工作的检查和监控力度，做到"重贷重管"；强化全覆盖、规范化的内控管理，组织观看警示教育片，要求员工签订远离民间借贷承诺书，提高员工风险防范意识；落实案件防控责任制，参加"银行工作人员职务犯罪预防"专题教育讲座，开展辖内干部员工思想教育、职业道德教育，完善常态化防控体系，加强一、二道防线联动，有效防控重点业务、重点环节、重点岗位案件隐患，实现安全稳健运营。

（方　兴）

中国建设银行滕州支行

【概况】 2017年，中国建设银行滕州支行一般性存款日均新增12.93亿元，年底时点余额达到94.58亿元，时点新增4.48亿元，日均余额及新增均居四行第二位。其中，对公存款新增6.3亿元，年底时点余额35.02亿元，均居四行首位；个人存款新增5.63亿元，年底时点余额59.56亿元，均居四行第一位；实现中间业务收入7435.36万元，比上年新增825.79万元，增幅为12.49%；各项贷款余额达到68.39亿元，当年新增8亿元，余额四行第二，新增跃居首位；全年代发工资16.34万人次，代发金额32.8亿元，代发资金年沉淀率为26.27%。支行在全省建行"县域综合贡献奖"评比中获一等奖，荣获建行山东省分行"平安建行优胜支行"荣誉称号。

【信贷业务】 在传统信贷持续投放的同时，积极寻找新的融资渠道，通过母子公司业务联动，成功为兖矿鲁南化工有限公司投放融资租赁贷款4.2亿元；丰富针对小微企业的信贷产品，通过

建行滕州支行与省分行巡视办开展结对共建活动

"小微快贷""云税贷"为34户小微企业办理授信962万元，投放贷款602万元；落实转型要求，发展个人资产业务，年末个人贷款余额达到35.43亿元，当年新增9.78亿元，有效扭转贷款总量持续下滑的被动局面。

【压缩不良贷款】 全面加快压缩不良贷款处置进度，全年核销贷款12966.98万元，其中大中型一户6000万元、小企业累计6966.98万元，超额完成市行不良和逾期管控计划。年末，不良贷款额5200万元，不良率0.76%，分别较年初减少3708万元和下降1.44个百分点，大中型贷款不良和逾期实现清零。

（邵长宝）

中国邮政储蓄银行滕州市支行

【概况】 截至年底，各项存款余额573575万元，较年初增加55218万元，增长10.65%；各项贷款余额156713万元，较年初增加26919万元，增长20.74%。全年实现业务收入5956.36万元，同比增加374.98万元，增幅6.72%；利润3057.17万元，同比增加546.78万元，增幅21.78%。在全省召开的"邮储十周年"大会上，滕州市支行被省分行授予"先进单位"荣誉称号。

2017年10月18日，邮储银行山东省分行调研组到滕州调研

【业务发展】 小额贷款实现突破，累计小额贷款规模达到1.31亿元，全省排名第8位，净增5760万元，全省排名第1位。三农团队依托特色市场和特色行业进行深度开发，抓住界河土豆销售季节农户需要，集中开展土豆贷款营销，实现放款1000万元；扶持农村产业链，引入涉农政策性担保公司和农业保险公司，为涉农贷款提供担保，扶持农业龙头企业，支持羊庄美国白芦笋、龙振集团生态农业等农业现代产业集群发展；将建档立卡贫困户作为扶贫小额信贷的重点服务对象，帮助贫困户脱贫致富，实地走访贫困户200户，年发放扶贫贷款400万元。企业贷款稳步发展，新增小企业贷款2200万元，贷款结余1.28亿元，被省行评为"小微金融服务先进支行"。把符合产业政策、有发展前景的企业作为重点支持对象，重点为机床产业提供金融支持，为山东鲁南机床有限公司提供贷款1800万元，被上级行授予"机床产业"特色支行称号。对接辖内大中型企业，完成鲁南中联水泥有限公司项目贷款授信工作，授信额度1亿元，放款3000万元；完成华电滕州新源热电公司授信工作，放款1.65亿元；支持公共事业单位升级改造，先后为滕州市中心人民医院、滕州市中医医

院、滕州市妇幼保健院发放民生贷款8000万元，民生类贷款累计授信1.5亿元，支用5000万元，被省行评为“民生类限时开发先进支行”。

【服务提升】 加大硬件设施投入，全方位、高标准改造营业部，推动新型自助设备使用，布放自助设备5台，推广移动展业终端5台，支行营业部荣获2017年中国银行业文明规范服务五星级网点；积极研究产品创新，为百姓提供全功能金融消费服务，针对企事业单位工作人员推出“邮薪贷”“优享贷”等信贷产品，线上申请、随时放款，满足客户购车、装修、旅游等多种消费需求；支持大学生创业，发放大学生创业贷款、再就业担保贷款1.6亿元，产生良好的社会效益。

（苗 勇）

滕州农村商业银行

【概况】 截至年末，各项存款余额172.24亿元，比年初增加5.72亿元；各项贷款余额106.19亿元，比年初增加6.99亿元；资金规模达到64.17亿元，比年初增加5.17亿元；拨备前利润32915万元，比上年增加9676万元。

【业务发展】 抓好存款组织。转变营销理念，加大旺季存款营销力度；实施异业联盟，加强业务培训，提升服务质量，增强资金实力。加强信贷管理。优化组织架构，充实信贷队伍，完善零售类信贷产品，先后推出“二手房特色办贷”“惠民分期贷”“白领贷”等信贷产品10个，“鲁青基准贷”获评中央金融团工委优秀银团项目。拓展中间业务。开展中间业务产品创新，面向同业、票据等金融市场，培育新的利润增长点。发展电子银行业务。加快建设“智e购”商城旗舰网点，开展二维码扫码支付工作，拓展商户23000户，支付交易金额1.23亿元，电子银行替代率达到64.9%，有效减轻柜面压力。强化清收处置。组建专项清收组，强化现金清收，加强依法诉讼，全年累计清收处置不良贷款4801万元。

【网点建设】 加快网点转型升级，对全市53家网点和111个农村金融服务点转型进行定位、功能分区和岗位配置，完成4家支行和3家农村社区金融服务点转型升级工作。加强渠道建设，推广“家庭银行”商业模式，依托“异业联盟”实现互利共赢；全面上线“快贷客服系统”和“无纸化办贷系统”，提升办贷效率。提升网点营销水平，以网点营销效能提升培训为契机，训练出一批优秀内训师队伍，引导各网点转变营销思路，固化营销流

市农商行工作人员深入田间地头宣传普惠金融业务

程，推进转型发展。

（滕州农村商业银行）

枣庄银行滕州支行

【概况】 截至年底，枣庄银行滕州支行各项存款余额32.48亿元，较年初新增34314万元，增幅达到10.56%；各项贷款余额15.69亿元，较年初减少15778万元；银行卡发卡量达到78468张，当年新增10068张；POS机安装商户达到556户，惠农服务网点49家；7月，被评为“省级银行业星级网点”。

【金融服务】 树立“服务树形象、品牌赢口碑”理念，加大对中长期贷款支持力度，针对客户实际经营状况和不同资金需求，在谨慎经营、严格管控风险的基础上为中小企业客户制订不同的金融方案，助推民企转型升级；在理财产品营销中，运用理财平台对客户进行差别化服务，提高高端客户满意度；进一步发展普惠金融，宣传营销支行周边的“城中村”，将业务延伸到村镇，打造金融惠农的品牌和亮点，在大坞、滨湖、级索、姜屯、东沙河等17个镇48个行政村建设银行卡助农服务点49家。7月，枣庄市政府副市长周宗安到枣庄银行吕坡村助农服务点调研普惠金融及金融扶贫工作，对枣庄银行完善普惠金融服务网点、拓宽服务覆盖面的做法给予充分肯定。

【市场营销】 根据所处区域位置特点，灵活掌握社区、幼儿园、各类市场、广场等人流密集的时间点，分时段进行宣传营销；将客户市场细分，采取不同的营销策略，调研确定区域商户银行卡及POS机安装需求后，再出具移动终端为商户现场办理开卡及POS业务，得到商户好评；集合滕州辖区7家支行共同开展“滕州土豆节展销会”“携手789商会，感恩母亲节”“大宗村助力儿童书画比赛”等一系列营销活动，提高枣庄银行在滕州辖区的社会影响力，树立良好的品牌形象。

【公益营销】 积极履行社会责任，组织青年员工到福利院进行卫生清理活动，向在校贫困学生捐赠图书及学习用品，在“慈善一日捐”“见义勇为基金捐赠”等公益活动中踊跃捐款；认真开展反假币、反洗钱、打击非法集资、防电信网络诈骗和3.15消费者权益保护等公益宣传活动，定期组织员工深入社区、学校、企业进行金融知识公益宣传；在一年一度高考时节，为考生准备爱心座椅、免费饮水区、考试用具等，向家长介绍幸福卡等金融产品，开发潜在客户资源；联合枣庄义工联盟、滕南医院开展“益献光明”白内障复明工程，使数十名患者获得救治。

（枣庄银行滕州支行）

济宁银行枣庄滕州支行

【概况】 截至年底，济宁银行枣庄滕州支行各项存款余额124715万元。其中，对公存款余额56359万元，储蓄存款余额68356万元；各项贷款余额82550万元。其中，公司类贷款余额68330万元，个人贷款余额14220万元，中小企业贷款余额54330万元。

【金融产品创新】 破解小微企业融资难题，根据小微企业无抵质押品、无正规财务报表、资金需求“短小频急”特点，专门设计5000元到100万元不等的信贷产品，推出“小微信贷工厂——微贷宝”，为小微企业提供一揽子综合化金融服务，对流动资金周转贷款到期后仍有融资需求的小微企业，及时办理续贷手续，打造“小微企业主办银行、小微企业首选银行”，帮助小微企业发展。

【化解不良贷款】 积极争取政策核销和处置不良贷款，重点企业采取一户一策方案，组织专人服务企业，为27家企业进行转贷、借新还旧等方式方法化解问题贷款2.3亿元；成功将至能担保公司准入，拓宽企业融资方式；在信贷领域充分发挥经营机制灵活、管理链条短优势，在风险可控的前提下，简化审批手续，减少审批期限，提高办贷效率，节约企业贷款成本，满足企业贷款“短频急”需求。

（济宁银行枣庄滕州支行）

保险业

中国人民财产保险股份有限公司滕州支公司

【概况】 公司全年实现整体签单保费收入9662.14万元，比上年增长8.78%。其中，车险整体签单保费收入6795.03万元，增幅5.74%；农险签单保费收入1788.29万元，增幅15.81%；非农非车签单保费收入1078.82万元，增幅18.35%。缴纳各项税金380万元，代收代缴车船税460万元。

【渠道建设】 注重车商团队建设，强化驻店人员服务意识，提升一站式服务能力，持续深化车商渠道管理，推动车商理赔联动，合理分配资源，运用送修资源杠杆置换车商产能，开拓新的车商合作店，实现车商、大小二网、修理厂渠道全覆盖，提升人保财险滕州支公司在城区的新车市场份额；加强续保团队建设，设立续保管理岗，充实呼出坐席人员，建立竞争机制，提高坐席人员人均产能，发挥续保团队本地化优势，加强续保管理，加大续保率考核，确保续保责任落实到人、考核到位；建立非车险团队，推进政府推动型业务发展，在稳固开展原有治安保险、医疗责任险、精神病监护人责任保险的基础上，非农非车业务固存量、促增量、开发新险源，力求环保责任险、安全生产责任险取得新突破。

【服务三农】 紧盯市场推进农险业务发展，稳固小麦、玉米等优质规模农险业务，保持农险市场地位；持续加大合作力度，深化多方合作互动，优化外部支持环境，开拓政策性险种；促进农村保险事业部、农村普惠金融事业部改革落地，理顺农险发展渠道，明确部门、人员，提升农险事业部服务三农能力。

（人保财险滕州支公司）

中国人寿保险股份有限公司滕州支公司

【概况】 公司全年完成首年保费1.25亿元。其中，长险首年标准保费3995.6万元，比上年增长14.53%；长险首年期交保费8231万元，比上年增长9.14%；短险保费2126万元，比上年增长0.76%；全年累计给付各类保险金近亿元；公司三渠九部持证人力达到1857人。

【业务发展】 突出抓好个险、团险和银保三大渠道建设，个险主渠道常态增员体系建设初见成效，新人四会常态运作，农网实现正增长，个险保持全省城区第一位次，区域拓展部位列全省前10强。团险渠道架构人力达到102人，月度平均举绩率745%以上；短险业务收取保费300万元，比上年增长310%；法人业务月度平均举绩率90%以上。银保渠道积极做好后续满期客户资源利用和再开发，做好前期服务拜访，把异议客户可能出现的问题提前介入消化在萌芽中，提升客户满期转保率；维护好现有四行一邮的渠道关系，做好客户经理的巡点和驻点服务，加大销售技能培训和辅导；理财队伍坚持每周两场创说会模式，采取长期增员面谈及集中增员方式，新进增员人力90人，达成各项指标。

【创新创业】 积极推动支公司青年创新创业，利用“创业说明会”“产品答谢会”“开门红”等创新创业大赛活动，成立国寿青年创新创业精英培训部，打造青年创新创业全新平台，建立孵化培育机制，贴心配备导师团，为创新及业务拓展给予技术指导，与滕州经济开发区、兖矿鲁化、建工局、老龄办及银行等部门展开合作，推动建立“青创板”，提供孵化培育、规范辅导等综合金融保险服务，通过构建“基地、基金、机制、机构”四位一体支持体系，结合“创二代二次创业”计划，吸引优秀创新创业青年来公司就业。

（徐宜淦）

教育　科学

Education　Science

责任编辑：朱广亚

教　育

【概况】 全市有各级各类学校531处，在校学生250767人。其中，高中9处，学生30999人；初中39处（含体育学校1处，学生126人），学生44713人；小学218处（含教学点7处），学生117337人；特殊教育中心1处，学生95人；职业学院1处，学生8811人；中等职业学校4处，学生12483人；镇街职业成人教育中心21处；各级各类幼儿园238处，在园幼儿36329人。有在编在岗公办学校教职工13991人，民办学校教职工2950人。

【教育发展】 推进学前教育普惠发展，第二期学前教育三年行动计划顺利完成，累计投入资金8680万元新建改扩建幼儿园42处，广泛开展幼儿园结对联盟活动，建立学前教育教研协作区5处，创建复评省示范幼儿园16处，全市学前三年入园率提高到88%。推进高中教育优质发展，建立普通高中生均公用经费保障机制，全市高中段教育入学率达到97.8%。推进职业教育特色发展，枣庄科技职业学院创立鲁班学院、创业学院，被列为全省单独招生试点院校，荣获各级各类技能大赛奖项72项；山东化工技师学院新校区一期工程投入使用；第一成人中等专业学校顺利通过省规范化中等职业学校认定。

【改善办学条件】 把解决中小学大班额问题作为重中之重，加强统筹协调，攻坚克难，破解项目用地、征地补偿、融资贷款等制约瓶颈，创新举措加快项目建设步伐，全年20处学校建设项目，5处完工，6处主体完工，8处主体在建。累计完成投资17

市实验小学艺术楼投入使用

亿元，新增教育用地106.66公顷，竣工校舍面积39万平方米，新增学位3.1万个。巩固提升义务教育均衡县创建成果，现场办公，跟踪调度，农村学校“全面改薄”工程45个项目全部完工，完成投资6100万元，新建校舍3.3万平方米，其中教学楼19幢、食堂10处、厕所13处，改造中小学运动场地30处，城乡中小学办学条件进一步改善。

【教师队伍建设】 公开招考新教师196名，由滕州一中自主招录高层次人才15名。坚持把师德建设摆在首位，健全师德承诺宣誓、监督约束和考核问责机制，建立师德法规考试制度，随机抽测全市61处学校3600名教师。采取按需施训、专家辅导、异地学习等形式，累计培训校长教师2.2万人次。深入推进“一师一优课”“一课一名师”教研行动，全面实施语言教师笔耕计划，举办第四届教师技能大赛，提高教育教学业务水平，评选表彰优秀教师、优秀教育工作者、教学能手和三“十佳”教师551人，7人获评枣庄市特级教师，6人获评全省特级教师和齐鲁名师。

【教育综合改革】 研究制定《关于推进中小学教师县管校聘管理改革的意见》《关于推行中小学校长职级制改革的实施方案》《关于加强新形势下教师队伍建设的意见》等一系列综合改革文件，稳步推进镇街教委办转向学区体制，首批职级评定中小学校长73名。逐步推开“县管校聘”管理改革，组建“学校发展共同体”16个，成员学校增加到59个，组织教师交流轮岗320人。重新进行岗位设置，核定中小学教职工编制10602个，设置临时周转编制400个，为全面推行改革打下坚实基础。深化招生制度改革，义务教育学校招生实行“五公开”，试点推行网上登记报名。高中招生实行学业水平考试与综合素质评价相结合的录取模式，一中、二中起始年级班额均控制在50人以下。

【教育教学质量】 坚持育人为本、德育为先，全面加强社会主义核心价值观教育，广泛开展红歌传唱活动、喜迎十九大、学宪法讲宪法等活动，加强学生爱国、爱党、爱社会主义教育。深入开展文明校园创建活动，获评全省首批文明校园3处、枣庄市文明校园15处，获评全省首批家庭教育示范基地2处，市教育局荣获第二届全国青少年法治知识大赛优秀组织奖，获评全省教育信息化示范单位、未成年人思想道德建设工作先进单位、关心下一代工作先进单位、青少年爱国主义读书教育活动先进单位等。推进课程和教学改革，严格教学常规管理，完善教学质量评价体系，实施城乡学校发展共同体和教育信息化建设，促进优质教学资源共建共享，中小学教育教学质量持续提升。初中学业水平考试优秀率、合格率和平均分在枣庄市保持遥遥领先。高考本科录取5907人，高出全省平均水平10.6个百分点，其中文化课本科上线4136人，比2016年增加329人。

【坚持从严治教】 实施“红烛先锋”工程，推行积分量化管理，完善挂牌上岗、承诺践诺以及创建先锋岗、责任区等制度，广泛开展“送教下乡”“偏远支教”“名师示范课”“联系帮扶困难学生”等主题实践活动，推动全面从严治教向纵深发展；完善并落实述职述廉、廉政谈话等制度，深化财务、招生、收费、采购等重点环节制度建设，全面清理中小学债务，财务审计民办学校16处，委托中介事务所结算审计建设项目150个；坚持问题导向，严格正风肃纪，专项巡察学校食堂，开展师德师风、财务管理、收费招生、违规办班、有偿家教等专项整治活动，明察暗访学校52处，查处违规违纪干部教师11人；启动“零跑退”“只跑一次”事项办理，提升教育服务效能。

（曹　振）

枣庄科技职业学院

【概况】 全院有全日制在校生15000人，成教学员3000人，生源来自20省（区、市）。教职工830人，其中“双师型”教师212人、国家级优秀教师1人、山东省高校教学名师2人。开设机械设计与制造、电气自动化等39个高职专业，精心打造院级、省级、国家级重点专业、特色专业（群），拥有省特色专业建设点4个、省级精品课程20门、省级教学团队3个、省级品牌专业群1个、“3+2”对口贯通分段培养本科专业2个、中央财政支持实训基地3个。

【招生就业】 下达招生计划3200人，比上年增加500人，录取3119人，计划使用率97.46%，报到2701人，报到率86.59%；“三二连读”和五年制转段学生516人，全年录取专科生3217人；高职获批“山东省单独招生试点院校”，计划540人，录取538人，报到488人；中职春夏两季招生，实际报到1847人；成人函授及远程网络教育招生283人，在校生自考本科班注册新生233人。2017届大专毕业生2454人，总体就业率96.86%；中专毕业生1723人，整体就业率达到96.78%；创建滕州市创业大学暨学院创业学院，举行首场大学生就业创业服务月活动，举办两期大学生创新创业训练营和首次创业师资培训班，荣获山东省2017年黄炎培职业教育奖创新创业大赛团体二等奖和优秀组织奖。

【综合改革】 按照教育厅统一部署，统筹推进学院综合改革，先后推出四项改革措施，基本完成学院章程及配套制度建设，形成章程为统领、20项核心制度为支撑、各项工作规章制度为基础的制度建设体系；学院人员编制总量控制备案制、岗位设置方案先后通过枣庄市审批，年底正式启动职称评审工作，评选教授3人、副教授35人、讲师45人、助教2人，转评副教授7人、讲师3人；完成学术委员会、理事会成立筹备工作。

【教学工作】 启动2017年内部质量诊断与改进工作，制订完善《枣庄科技职业学院学分制教学管理办法（试行）》及相关配套制度。举办第九届班墨论坛，开展新一轮人才培养方案评估修订工作，组织专家组进行评审；深化课堂教学改革，推进省级精品资源共享课建设、人文素质选修课建设和教学信息化建设，实施一体化教学、翻转课堂，采用微课、慕课等先进教学手段；完成学前教育、早期教育、中医学专业的设置申报工作，其中中医学专业顺利通过教育部评审；撤销电机与电器、眼视光技术和煤炭深加工与利用等3个专业；完成药学现代学徒制试点申报工作，医药护养专业群入选山东省第二批品牌专业群建设项目，土木建筑工程专业群通过省教育厅专家组验收评审。5门课程立项为山东省职业教育精品资源共享课程。中职新增焊接技术、旅游服务与管理、电子商务、音乐等4个专业，机电、护理专业被评为“枣庄市十大品牌专业”，护理专业入选“山东省品牌专业建设项目”，3门课程被确定为山东省职业教育精品资源共享课程立项。

【师资建设】 高度重视人才引进与培训，公开招聘高学历高水平中职教师11人，组织教师参加各级各类培训293人次，提高师资队伍整体素质。开展名师评选活动，入选山东省名师工作室2个、山东省教学名师1人、山东省青年教学技能名师2人、枣庄市有突出贡献中青年专家1人，评出专业带头人3人、中青年教学与科研骨干教师5人、教学团队1个、双师型教师18人、“我心目中的好老师”10人。组织教师参加各类教学大赛，高职教师获得全省职业院校信息化教学大赛一等奖1项、三等奖3项，全国行赛二等奖2项，获第四届山东省高校青年教师教学竞赛三等奖1项；中职教师获全国职业院校信息化教学大赛一等奖1项、二等奖1项，获山东省职业院校信息化教学大赛二等奖2项、三等奖4项，获枣庄市中等职业学校公共基础课程优质课比赛一等奖2项、二等奖5项、三等奖10项。加强教科研工作，获得山东省优秀科研成果奖、山东省教育科学研究优秀成果奖、枣庄市科技进步奖成果奖等各类奖项45项。

【育人水平】 坚持“四好”育人标准，通过升旗仪式、毕业典礼、社会实践、技能大赛、主题班会、社团活动、两史教育、法制教育等形式，培养“德厚技高能强”的高素质技术技能人才。深化思想政治教育和思想品德建设，发挥“两课”教育主渠道作用，做好社会主义核心价值体系和中国特色社会主义理论体系“三进”工作，开展理想信念教育、爱国主义教育、中华优秀传统文化教育和革命传统教育。高度重视学生技能大赛，高职获得各级各类技能大赛奖项86项，其中国家级一等奖1项、二等奖2项。中职承办2017年枣庄市4个项目技能大赛并获5个一等奖，获得山东省职业院校技能大赛三等奖3个。加强校园文化建设，通过成功举办志愿服务活动、社团文化活动、辩论赛、校园主持人大赛、曲艺大赛、文明风采大赛等活动，营造积极向上的校园氛围。做好学生资助工作，完成资助项目16项，评选发放各类奖助学金1012.95万元。

【校园建设】 完善校园整体建设规划，实施校园道路复铺工程，完成机电实训楼工程建设及配套工程，采购安装价值2000余万元的实训设备。完成学院物业管理的招标和交接工作。学院被评为市食品安全管理先进单位，学院第一餐厅被评为“省级示范餐厅”。

【社会服务】 深层次合作企业达78家，高中职开设订单培养班个数达到40个。与市公交公司、枣庄市人社局、市建工局、民政局等合作，举办驾乘人员、失业人员、关键岗位人员等各类培训，全年累计培训6000人次。结对帮扶困难群众36家，派出14名驻村干部，深入农村，服务群众，开展社情民意大调研。承办山东省“齐鲁工匠进校园”鲁西南片区高职院校启动仪式暨首场活动、山东省建筑产业现代化教育联盟2017年工作会议暨山东省装配式建筑教育联盟成立大会、全市职业教育活动周活动。

（李书文　翟祥傛）

科学技术

【概况】 全市实现高新技术产业产值364.27亿元，占规模以上工业总产值的27.95%，比上年增长2.36%；新认定国家高新技术企业10家，总数达到57家。

【产学研合作】 组织80余家企业赴清华大学、山东大学、中科院过程工程所、中科院长春光机所等高校院所开展产学研对接活动，30家企业和高校院所达成合作意向。盛隆化工有限公司、宏泰化工有限公司和清华大学合作，分别建立清华大学盛隆煤化工科研中心、清华大学无机硅技术研究基地。益康药业、威智医药2家企业被列入全省引进高层次人才重点支持企业名单。2人入选山东省泰山产业领军人才、1人入选山东省部人才培养计划、3人入选山东省西部经济隆起带基层科技人才支持计划。山东省级院士工作站比上年增加1家，总数达到8家；山东省级工程技术研究中心比上年增加1家，总数达到11家；枣庄市工程技术研究中心比上年增加7家，总数达到41家；新建枣庄市重点实验室5家。

【科技攻关】 累计申报市级以上科技计划项目77项，其中，鲁南机床有限公司和北京理工大学合作研发的“面向精密数控龙门镗铣床、精密立式加工中心的共性关键技术研究及示范应用”项目被列入省重大科技工程项目，获扶持资金300万元。威达重工、瑞宇蓄电池等14家科技型企业获各级研发费用加计扣除奖励补助569万元。

清华大学盛隆煤化工科研中心签约仪式

【知识产权】 专利申请1400件，专利授权697件，其中发明专利申请240件，授权66件，有效发明专利达到274件。

（刘尚玉）

科学技术协会

【启动系统改革】 研究起草《滕州市科协系统改革实施方案》，9月12日在市委全面深化改革领导小组2017年第六次会议上审议通过。7月28日，在中央政治局委员、国家副主席李源潮主持召开的青妇科侨解决基层“四缺”问题共建共用服务阵地经验交流会上，龙泉街道科圣路社区科协作为全国唯一的基层科协代表参加会议，并作经验交流发言。出台《关于加强和改进党建带科建的实施方案》，率先启动党建引领科普阵地建设，在科圣路社区和人和天地社区党群活动阵地建立社区科普馆，谋划并启动在国有大中型企业加强科协组织建设。以村（城市社区）“两委”换届为契机，与市委组织部联合下发《关于在村（城市社区）“两委”换届选举中健全科协组织的意见》。12月，山东省科协深化改革推进会在济南召开，滕州市科协作为唯一的县级科协代表在会上作典型发言。市科协被国家人社部、中国科协联合表彰为“全国科协系统先进集体标兵”。

【基层科普行动】 申报羊庄镇土城村果蔬种植专业技术协会等8个农技协和北辛街道双坛社区善南街道荆善南苑社区2个社区为枣庄市2017年基层科普行动计划项目；申报龙阳镇祥龙马铃薯协会为中国科协2017年基层科普行动计划项目。

【科普活动】 开展“庆三八”健康科普进社区活动，组织市中医学会专家为社区居民体检。利用科普路牌、推介宣传牌和科普宣传挂图，积极推介科普中国、山东科协、科普枣庄、滕州科协微信平台。围绕“创卫”开展系列科普宣传，制作固定和流动科普宣传板面、印制500份科普宣传页、开展科普定点宣传。在全国科普日期间，围绕“创新驱动发展，科学破除愚昧”活动主题，在滕北中学举办全国科普日活动启动仪式，在龙泉广场举办主题科普展，滕州机器人俱乐部展示机器人和无人机现场操作，科普志愿者向过往群众发放科普书籍100本，发放反邪教宣传资料、科普宣传手提袋1000份，悬挂标语横幅6个，科普展板25块。开展“科普图书进校园”活动，向南沙河中学和张汪镇实验学校捐赠价值5000元的科普图书。举办2017年青少年科技创新大赛和七巧科技竞赛，在省、市科技创新大赛中，滕州市选手获得省级一等奖5个、二等奖3个、三等奖3个；枣庄市级一等奖13个、二等奖11个、三等奖31个、优秀组织奖3个、1人被推荐参加全国比赛；开展枣庄市2017年科普大篷车进百校活动，600名中小学生体验山东省科技馆流动科普特效影院播放的特效科普电影；开展科普报告百校行活动，邀请山东省青少年科普专家团成员高月峰、黄大翔、赵历男3位专家来滕南中学等8所中小学作精彩科普报告，深受师生欢迎。

【科普设施】 联合市财政局制定《滕州市科普教育基地认定管理办法（试行）》，申报滕州市中小学素质教育实践基地等7家单位为枣庄市级科普教育基地。爱家豪庭消防文化主题公园、荆河消防文化主题公园、中央城消防体验室等3家单位通过枣庄消防支队申报，截至年底，全市有国家级科普教育基地5个、省级8个、枣庄市级20个。建成科圣路社区和人和天地社区科普馆，在建西寺院社区科普馆，筹划建设跻云桥社区科普馆，顺利接收申报成功的2017年中国科协科普大篷车。

（市科学技术协会）

气　象

【基础业务】 地面观测运行稳定，业务质量稳步提升，全年设备可用性为100%，资料传输及时率为100%，观测数据可用性为100%；3～11月土壤水分自动站传输率99.93%；加强区域站保障，及时传输数据，提升气象监测能力和现代化水平。

【决策服务】 做好决策气象服务，准确及时发布预警，主动搞好服务，发布各类预警信号54次，其中霾预警2次，大雾预警4次，大风预警2次，寒潮预警2次，暴雨预警5次，高温预警10次，雷电预警24次，暴雪预警3次，道路结冰预警2次。

【汛期服务】 准确预报7月6

2017年1月20日，春运气象专项服务启动

日、7月15日和8月2日的3次大暴雨过程，通过传真、手机短信、预警机、LED显示屏、网站等搞好公共气象服务；全市43个“三农”项目LED气象信息显示大屏全面更新换代，保障“三农”服务平台顺利运行；实时开展人影作业，人工增雨6次，发射火箭弹45枚。

【社会监管】 严格履行防雷安全监管责任，防雷安全检查全市化工行业，先后检查企业126家；履行行政审批工作，完善行政审批案卷，完成“双随机、一公开”“盖章证明类材料清理”“规范性文件清理”“深化放管服”“权责清单”等材料的编制上报工作。

（滕州市气象局）

防震减灾

【地震监测工作】 严格遵守各项值班、监测、数据上报制度，24小时不间断值守，保障监测数据准确上报和震情信息及时上传下达；做好监测台网升级工程，投资360万元升级改造地震监测设备，完善升级强震仪、测震仪、地震烈度仪、地下流体监测系统等专业仪器设备，新增视频会议终端硬件设备，监测环境得到改善，监测水平得到提高；开展地震群测群防，与新设立的莲青山、红荷湿地、马河水库、大坞国防教育基地4个地震观测点观测员签订工作协议，聘请枣庄市局专家培训观测员，规范开展信息收集、汇总、分析、归纳并上报。

【防震减灾宣传】 与滕州日报社、滕州电视台等新闻媒体整体联动，开设专栏专题宣传防震减灾科普知识及相关政策法规；推进防震减灾进学校、进社区、进重点企业活动，联合市教育局组织全市中小学校通过主题班会、专题讲座、知识问答、应急演练、安全隐患大排查、防震减灾知识有奖答卷活动等形式，提升师生防震减灾意识和自救互救能力，220所中小学校、17万名师生参加防震减灾疏散演练活动，累计发放防震减灾宣传手册、宣传单、书籍20万册（份），达到“教育一个学生，影响一个家庭，带动整个社会，确保一方平安”的目标；组织镇（街）在社区和农村人口集中地悬挂防震减灾横幅，张贴挂图、标语和宣传口号，办理宣传板报或橱窗，推动防震减灾知识进社区、进家庭。开展社区防震消防安全演练600次；指导化工、煤炭、运输等重点企业建立应急救援队100支，定期开展危险化学品泄漏、地震救援等宣传，全年组织应急演练活动50场次。

【依法抗震设防】 坚持依法行

“5·12 防灾减灾周”防震减灾知识科普宣传

政，举办执法业务培训，强化执法队伍建设，规范执法行为。全面落实抗震设防相关审批许可，加强与国土、住建、规划等相关部门协调配合，根据《中国地震动参数区划图》(GB18306-2015)及《山东省建设工程抗震设防条例》标准进行设防，保障新建建筑规划建设符合设防标准，旧房加固按设防要求施工，全年审批抗震设防许可项目38个，指导农村房屋抗震设防建设。

【应急避难场所建设】 年内新增市民公园广场作为规划应急避难场所，龙泉广场、市民公园全面完成地震应急避难场所建设，供水、供电、厕所等基础设施基本完善，全市规划应急避难场所（公园绿地）达到12处。加强与市应急办、公安消防等部门沟通和联系，强化应急救援队伍知识培训及训练演练，组织业务骨干参加国家局和省、市局组织的救援培训，持续推进地震应急志愿者队伍建设及地震灾情速报队伍信息化建设。

（市地震局）

文化 体育

Culture Sports

责任编辑：王洪波

文 化

【体系建设】 加快推进基层综合性文化服务中心建设。完成15个镇街综合文化中心免费开放经费拨付、240个村居综合性文化服务中心设备器材采购配送和1246个村居综合性文化服务中心志愿者招募；投资50万元补充更新2017年度农家书屋图书；创造性开展孔子学堂与农家书屋共建试点68家，滕州市荣获唯一的中华优秀传统文化传承发展示范区殊荣。加强市区文化阵地建设。实施王学仲艺术馆、滕州剧院升级改造工程，新博物馆建设取得实质性突破，启动建设以柳琴戏传承保护为主题的非遗文化广场。加大公共文化服务供给能力。首届“滕州书展”期间，举办书香家庭评选、非遗展、读书朗诵会、读书人沙龙等系列活动，加快推进书香滕州建设；利用重要节日节点，组织开展各类大型群众性文化活动和特色文化活动60场次；成功承办枣庄市第二届群众文化艺术节书画剪纸巡回展滕州展、枣庄市广场舞大赛；顺利完成“一村一年一场戏”“一村一月一场电影”文化惠民工程，实现送戏下乡1039场、送电影下乡12468场的文化惠民目标。全省一年一村一场戏“文化惠民”现场会9月在滕州召开，滕州市作典型发言。弘扬滕州文化影响力。柳琴戏《父女赶船》在北京民族文化宫成功参加全国展演；青年演员马安林参加在济南举办的第三届中国戏曲（黄河流域）红梅大赛决赛并荣获大赛金奖；王学仲艺术展首次走进山东省美术馆办展览；滕州汉画像石走进美国纽约中国艺术馆举办“汉人之魂——中国滕州汉画像石拓片展”；舞蹈《铁道游击队》《战情》分别获得泰山文艺奖一等奖、三等奖。

【遗产保护】 做好大遗址保护。薛国故城委托第三方评估机构对拆迁房屋进行评估并编制评审报告；北辛遗址保护与整治工程一标段管理用房钢筋混凝土主体框架以及二标段碑亭主体和院墙拆除清理、沿河驳岸治理、穴居茅草屋建设完工；官桥村南墓群保护与展示工程方案、西康留遗址保护规划通过省文物局组织的专家评审。做好古建修缮保护。洪振海烈士墓修缮保护工程方案通过省文物局组织的专家评审，中共滕县县委旧址修缮保护工程方案上报至省文物局待评审；柴胡店十间楼、官桥渠村堂楼、界河东曹西孟氏旧居修缮保护专项资金拨付到位，启动工程施工招标；刘氏家祠修缮保护工程方案通过省文物局组织的专家评审；龙氏旧居修缮工程启动施工；柴胡店钟氏家祠修缮保护工程完工准备竣工审计；姜屯兴国寺、张汪坝陵桥钟氏家祠、樾榛小学修缮保护工程通过竞争性磋商确定施工单位，签订施工合同；鲍沟陈氏旧居、姜屯生家大院修缮保护工程方案通过枣庄市文物局组织的专家评审并确定施工单位，着手签订施工及监理合同。做好文物考古发掘。主动协调沟通，组织开展庄里水库、345省道工程、枣荷高速等重点工程考古勘探发掘工作；大韩村遗址抢救性考古发掘项目获国家、省文物局正式批复，省文物考古研究院专业人员进驻工地实施考古发掘，完成7座甲字型、刀字型王侯级墓葬发掘；成功申报国家、省、市级文保项目8个，争取专项补助资金1300万元，累计9000万元。做好非遗保护。在“文化和自然遗产日”活动月举办非遗知识宣传活动，组织15个优秀项目参加首届滕州书展非物质文化遗产展，集中宣传展示全市非遗成果；开展全市第四批非遗名录的申报工作，完成第五批省级非遗项目代表性传承人申报；推荐30个项目参加第一批省级传统工艺振兴项目评选，组织30名传承人参加枣庄市第一届民间绝活绝技大赛；组织5位传承人参加文化部举办的非物质文化遗产传承人培训班；柳琴戏传承人王艳玲、生氏正骨术传承人生继广入选第四批省级非物质文化遗产代表性传承人，滕州木版年画传承人王振军和糖画传承人苗传科被邀请到山东美术馆展演，滕县木版年画参加香港非遗宣传展演；中央电视台“记忆中国”栏目组来滕州拍摄制作非遗专题片。

【文化产业】 扶持培育骨干文化企业，推荐龙园古镇、华瀚工艺、天工木艺等10家文化骨干企业重点项目入选“山东省重点文化企业项目库”；引导并督促华瀚工艺、腾海玻雕、三艺木雕等骨干文化企业建立互联网交易平台；在中万国际广场（大润发）项目引进时代院线投资5000万的金象影城。推动建设重点文化产业园区，加快推进葫芦套影视文化创意产业园、鲁班文化创意产业园、洪山口文化创意产业园、龙腾水郡文化创意产业园、龙园古镇文化创意产业园等文化产业集聚区建设。大力发展节会经济，成功举办墨子鲁班文化节、红荷节、马铃薯节等一批重大节庆活动，刺激文化消费；成功举办首届滕州书展、首届滕州动漫文化艺术节，初步形成具有滕州特色的文化会展品牌。开展文化产业基础工作，组织推荐微山湖古镇、龙园古镇申报“2017年度中央财政文化产业发展专项资金”；推荐滕州剧院、柳琴剧团、微山湖湿地景区、乐达影院、新蕾书店、鲁班天工木艺等25家单位成为“2017年山东省首届文化消费季签约商户”，数

首届滕州书展

量居全省县（市、区）首位；组织推荐葫芦套影视基地、一知己茶书阁、新蕾书店等5家单位申报“山东省新闻出版广播影视产业项目”。

（市文广新局）

墨子鲁班文化研究

2017年6月22日，第三届鲁班文化节开幕式

【第三届鲁班文化节】 经过市墨研中心严格程序申请，山东省政府正式批复（鲁政办〔2017〕33号）同意举办鲁班文化节。6月22日，由中国墨子学会、山东建筑大学、滕州市委市政府共同举办的第三届鲁班文化节在鲁班故里滕州市开幕，坚持“节俭、务实、惠民”的宗旨，突出“传承鲁班文化、弘扬工匠精神”主题，创新采取展陈、体验、表演、观摩等新的活动形式，精心策划举办开幕式、鲁班文化学术研讨会、滕州工匠颁奖仪式、鲁班锁拆解大赛颁奖仪式、全市职工职业技能大赛、传统文化讲座、文化惠民演出、大数据与社会治理专题报告会、鲁班故里行等主题活动，突出展示社会不同群体传承鲁班精神的实践活动、工匠知识与技能，推动鲁班精神贴近群众，推动工匠精神融入生活。新华社、《人民日报》《经济日报》、山东电视台、《齐鲁晚报》、大众网等20家重点媒体参与会议报道，滕州电视台、《滕州日报》等新闻媒体以及中国墨子网、中国鲁班网、墨学研究公众号等宣传载体对研讨会进行高频次、多角度宣传报道，极大提升鲁班文化研究和滕州知名度。

【墨子鲁班文化研究】 紧抓国家高度重视弘扬中华优秀历史文化传承的历史机遇，多角度、深层次挖掘墨子鲁班文化精髓，9月7日，“墨家文化挖掘阐释”被列入《山东省传承发展中华优秀传统文化工作方案》，标志着墨子和墨家文化被纳入全省文化建设和文化产业发展大盘子；先后出版发行《墨子训释》（墨经训释、墨守训释、墨论训释合辑）、《墨学大词典》《墨子大词典》《圣匠鲁班》《墨子研究论丛（十一）》《鲁班文化研究论丛》（第二辑）等学术著作，做好《墨子公开课》图书编辑和音频、视频的录制工作；加强对外文化交流与合作，与山东建筑大学联合面向社会开展第二批鲁班文化研究课题征集工作，与曲阜师范大学、广东顺德职业学院、天津渤海职业技术学院等开展文化交流活动，扩大“墨子鲁班故里在滕州”声音的对外输出；加快实施墨子鲁班文化数字化工程，依托高校和研究机构，收集整合各方信息资源，打造中国墨子网和中国鲁班网两大网站，聘请山东交通学院专业人员将100册、60000页的《墨子大全》全书上传到中国墨子网，推进建设墨学研究数字化资料库，充分利用墨学文化微信公众号，提高墨子鲁班文化宣传普及的覆盖面、精准性；创新《墨学研究》杂志编辑思路，精心调整栏目内容，在保证知识性、权威性的基础上，增强可读性、通俗化和大众化，坚持向国内部分高等院校，中央、省、枣庄市相关部门和全市各镇街、市直各部门、重点企业及中小学免费赠阅每一期杂志，把《墨学研究》杂志办成了解墨子鲁班文化研究最新成果、宣传普及墨子鲁班文化的重要窗口和平台。9月，在2017齐鲁阅读季暨首届滕州书展上，争取并精心设计、布置墨子鲁班文化研究成果展区，集中展出近年来出版发行的墨学研究专著和普及通俗读物，向全市人民全面展示墨学研究事业蓬勃发展的良好态势和最新成果，吸引更多的人关注墨学、了解墨学，扩大墨学文化的知名度和影响力。

【墨子纪念馆、墨砚馆升级改造】 多次赴省联络协调争取资金支持，申请专项文化扶持资金1000万元，墨子纪念馆、墨砚馆升级改造项目在省发改委进行立项，到位项目扶持资金500万元，按照30年不落伍的定位，兼容思想性、学术性、观赏性于一体，全面启动滕州城区历史文化片区重要组成部分的墨子纪念馆、墨砚馆升级改造工程，按照5A级景区的标准要求，加强各种配套、服务设施建设，在布展、外形、色彩各方面提升档次。

【接待服务工作】 加大墨子纪念馆、墨砚馆、鲁班纪念馆场馆设施投入力度，定期检查、维护、更换各场馆展品；聘请专业物业公司，维护和保洁场馆，时刻保持场馆内的环境优美、整洁；抓好讲解员队伍建设，专业培训讲解员普通话、表情、姿势等方面，加强考核考评，提高讲解员业务水平和综合素质。全年累计接待国内外嘉宾、专家、游客30万人次，完成各类公务接待任务1120场次。

（鞠文周）

文学艺术

【概况】 全市文艺事业繁荣发展，全年出版书画作品集10部，8名书画家作品入展全国展，1人创历史地加入中国美术家协会；20人在文学报刊上发表小说、诗歌、散文近100篇（首）；获枣庄市“榴花奖”舞蹈、戏剧、书画、散文集、小说等门类作品7部。

【协会建设】 坚持选优、选强，加强各协会人才队伍建设，深入协会了解情况，指导健全协会章程和各项制度，督促开展经常性工作；积极创造条件，服务全市文艺工作者，设身处地为他们解决难题，定期不定期组织讲座、笔会、作品研讨会，提高创作水平；协调场地，做好宣传，为书画家、摄影家搞好作品展出，调动其创作积极性，扩大作品影响力。

【惠民演出】 围绕全市中心工作、重点工作大局，筹划开展文化惠民活动，先后主办、联办“庆新春·闹元宵”少儿文艺晚会、春节民间游艺展演、元宵节彩车巡游、“舞比精彩·感动滕州”全市第二届舞蹈大赛、第三届鲁班文化节文化惠民演出等大型文艺演出近10场；开展“到人民中去——书画家走进滕州公交、走进滕南中学、走进北关小学”等文化惠民活动7场次，组织书画家150人次，为市民书写春联、送“福”字10000幅；全市“创卫”期间，组织书画家30人次，集中利用3天时间，书写文化墙壁800米近2000平方米；首届“滕州书展”期间，组织书画家20人次，现场送书画作品近千幅。

【创作交流】 开展文艺交流，主办、联办“美术馆里过大年——新春书画展”“桃李芬芳·教泽绵长——傅元亮新春书画展”“奋楫——陈伯舸书法篆刻邀请展”“文脉正传画展”等大型书画创作交流展览10次，丰富市民文化生活；与十堰市共同举办“书存山岳气画治终生心——王学仲书画艺术全国巡展十堰展暨丹青情缘2017滕州·十堰两地书画作品交流展”；在滕州举办“新中国美术家系列·山东省中国画作品展”，展示文艺创作成就，宣传滕州文化底蕴；为全市艺术家协调服务，帮助举办各类个人书画展10场次、文学作品集（长篇小说）首发式和研讨会2次。

（市文联）

广播电视

【概况】 滕州广播影视总台把握正确舆论导向，全年完成“振奋精神、抢抓机遇、加快发展”大讨论、“加快发展看滕州”、创建国家卫生城市、2017齐鲁阅读季暨首届滕州书展等重大宣传报道工作，广播宣传连续第28年获得省台先进集体一等奖，电视宣传连续第26年获得省台先进集体一等奖，被省新闻出版广电局评为“安全播出优胜台”。

【政治办台】 成立由总编辑、副台长分别牵头的会务报道组，全程跟踪报道全市人大、政协“两会”；邀请镇街党委书记、市直部门主要负责人做客直播间，确保新一届市委、市政府确立的发展思路以最快的速度传播到千家万户；全市“振奋精神、抢抓机遇、加快发展”大讨论和“加快发展看滕州”活动期间，《滕州新闻》栏目先后深度报道10个镇街和4个部门，营造提质增效、加快发展的舆论氛围；创建国家卫生城市的宣传报道期间，坚持紧跟主题力求实效，精心录制15个内容丰富、形式多样的宣传片（视频、音频），电视15分钟播出一次、电台每15分钟播出一次，编辑12条简明扼要、便于传播的游动字幕，12分钟播出1次，开设时长3分钟的《创卫在行动》电视专栏，每天在新闻中第一时间解读市委、市政府关于“创卫”工作要求，宣传先进典型，曝光脏乱差丑现象，引导市民积极参与“创卫”工作，提升广大市民的“创卫”获得感。与市卫计局、人民医院、中医院、妇幼保健院等单位联合开办《健康滕州》《善国善医》《健康来敲门》《妇幼保健苑》等栏目，全面普及健康教育和医疗卫生知识，得到国家卫生城市技术评估工作组专家的高度评价；落实党的十九大新闻宣传报道期间，通过专访人大代表、党员干部、工人、农民、专家等，以特写、侧记、通讯、观察等丰富多彩的节目形式，将深刻的理论阐释与鲜活的实例故事相结合，解读报告精髓要义和精神实质，11月20日晚，中央电视台《新闻联播》以“学懂弄通让十九大精神深入人心”为题报道十九大精神宣讲情况，把滕州市开展的千名干部下基层精准宣讲十九大作为山东唯一典型重点报道。

【承办活动】 承办“2017年滕州市春节联欢晚会”，举办全民选秀暨我要上春晚活动，在全市海选春晚选手，以天南地北滕州人为主要表演嘉宾，将新一届市委、市政府的工作思路贯穿始终，全面展现滕州的发展成就，丰富活跃市民文化生活，提升市民自豪感和满意度。举办“滕州市道德模范暨最美滕州人颁奖典礼”，采取“人物短片＋推选词＋颁奖词＋现场访谈”的形式，深入浅出诠释当代滕州人高贵的精神，弘扬讲道德、尊道德、守道德的良好社会风气。承办第十二届华东六省一市暨全国部分省市电视主持新人赛，12个省市的60名选手在滕州进行复赛、决赛，中央电视台著名主持人海霞、周宇等担任评委，中视协主席赵化勇、党组书记张显、12省市电视艺术家协会主席、副主席及滕州市领导担任颁奖嘉宾，有力提升滕州对外影响力和美誉度。先后组织、策划“暖冬”“开票有喜”“2017滕州春季房展”“幸福滕州”摄影大赛、“鲁班锁拆解大赛”“舞动青春绽放精彩——全市舞蹈大赛”“矩阵——中国当代艺术家作品国际巡回展”等各类大型公益活动。

【外宣创优】 按照“上联播、上头条”的工作思路，在枣庄台、省台、中央台共发稿2416条，位居全省前列和枣庄五区一市第一名。其中，《以书为伴　畅游书海》《滕州红十字会推动无偿献血器官捐献》等在中央电视台《新闻联播》中播出；《山东滕州女子心脏骤停　警车开道“生死营救”》在中央电视台新闻频道《新闻直播间》、财经频道《第一时间》2个频道9次播出；《滕州创新驱动工业转型发展》《经济稳中有进　运行质量明显提升》等一系列展示滕州发展成就的新闻在《山东新闻联播》中播出。先后15件作品分获省级和国家级奖项，其中，纪录片《诗路滕州》获中国纪录片国际选片会人文类三等奖、山东省电视艺术家协会十佳栏目；《花开白似银》《名企之窗》获省电视艺术家协会专题类一等奖；历时7个月联合市纪委监察局采制的专题片《铁面御史王东槐》，先后在省纪委监察厅网站《齐鲁好家风》栏目和中纪委监察部网站主页推介并播出；配合央视采录大型系列纪录片《中国影像志——滕州篇》，时长约45分钟，详细介绍滕州古今变迁及改革发展成就。

2017年滕州市春节联欢晚会现场

【关注民生】 坚持贴近群众、贴近生活，将更多的镜头聚焦到群众关心关注的热点、难点、焦点上，在市纪委指导下全面改版升级电台“政风行风热线”，与电视并机直播，并将上线时间改为早晨7:20～8:00。全市68个市直有关部门主要负责人和21个镇街镇长、主任先后上线，通过广播、电视，当场解答热心观众、听众提问，认真为市民讲解政策，解疑释惑，解决困难，接听群众热线咨询256次，为群众解决实际问题80件。民生频道《民生零距离》每天12分钟民生新闻，充分发挥舆论监督作用，代表民众客观发声，协调有关部门及时解决群众生产生活中遇到的困难和问题，电视《民生零距离》栏目和电台“政风行风热线”成为政府与市民沟通交流的桥梁。

（李庆　傅正坦）

滕州日报社

【概况】 2017年，滕州日报社坚持“四向四做”，改革报道形式，创新宣传内容，传播“滕州声音”，讲好“滕州故事”，推进媒体融合，打造“本土第一媒体、权威资讯第一发布、主流价值第一声音”新闻品牌，继续保持“省级文明单位”“省优秀县市报”等荣誉称号。

【重点宣传】 坚持“时政新闻平民化，社会新闻人性化，经济新闻生活化，民生新闻服务化”，增强报纸宣传权威性、可读性、知识性和服务性，为全市经济社会发展提供良好的舆论支持、精神动力和思想保证。深入宣传十九大精神，从9月开始，针对会前、会中、会后三个不同阶段，分别开设《喜迎十九大》《喜迎十九大说说心里话》“喜庆十九大》《深入宣传贯彻十九大精神》《新时代新气象新作为》等专栏，展示党的十八大以后5年间滕州经济社会发展取得的巨大成就、人民生活发生的巨大变化，反映全市人民新期盼，报道十九大报告对未来发展的全新描绘，解读习近平新时代中国特色社会主义思想丰富内涵，表达全市上下在十九大精神指引下进入新时代、展现新气象、实现新作为的信心和决心。深入报道新旧动能转换，积极组织谋划专题性报道，把重点做深、把热点做透、把亮点做大，围绕“建设宜居宜业富裕美丽文明新滕州”的总体定位和安排，组织采访力量和重要版面，推出为期两个月的《振奋精神，抢抓机遇，加快发展》大讨论专栏，先后邀请40余位镇街、部门的主要负责人谈改革、谈思路、谈目标、谈举措，明确任务目标，坚定发展信心；推出《加快发展看滕州》《加快发展看滕州半年报》《新时代新气象新作为重点项目巡礼》等专栏，报道各部门、各镇街和一批重点企业、重点项目在推进供给侧结构性改革、推动新旧动能转换、加快转型发展进程中取得的新经验、新成果，为全市改革发展造势助力；利用报纸和滕州日报微信、掌上滕州APP，在全市开展“加快发展看滕州”十件实事评选活动。

【公益宣传】 履行新闻媒体的社会责任，发挥报纸舆论导向

滕州日报社记者深入现场采访

作用，围绕社会民生开展形式多样、主题突出的公益宣传。围绕创建国家卫生城市开设创卫专版、健康专栏，刊发公益广告，报道全市各行各业创建动态，向市民普及健康知识，引导市民提升文明素质，参与城市管理，改变城市面貌，改善人居环境，提升城市品位，树立城市形象；结合鲁班文化节的宣传，具体承办首届“滕州工匠”评选，开设《寻找身边的工匠》栏目，组织记者深入基层、深入各行各业，采访各领域涌现出来的佼佼者，动员和激励全市上下人人争当新鲁班；发挥“媒瑰之约　爱心义工”组织优势，与社会各界互动开展形式多样的献爱心活动，开设“公益”新闻版，设计公益代言人“滕暖暖”，集中报道社会各界和义工组织关爱社会、捐资助学、访贫问苦等慈善公益行动，成风化人，弘扬正能量，推进社会公德、职业道德、家庭美德、个人品德建设，激励人们向上向善、孝老爱亲。

【报外经营】 以新闻供给侧改革为突破口，紧盯市场变化，调整经营策略，整合广告资源，打造品牌活动，拓宽增收渠道。按照市场多元化运作机制，拓展报外经营业务，发展小记者产业、从事公考培训、创办视频拍摄制作业务、举办优质商品惠卖活动等，在非报经营方面探索新路径。发挥全媒体优势，策划各类社会活动，创新性拓展营销企划，举办首届“滕州工匠”评选、鲁班文化节颁奖典礼、“滕州市第十五届房地产交易展示会”；打造滕州是“饺子发源地”品牌，与有关单位联合举办“过年还是饺子”征文比赛。推进“全媒体融合”经营，发挥滕州手机报、滕州在线网站、滕州日报官方微信微博、掌上滕州新闻客户端互联互通优势，开设《问政广场》《掌上服务》《掌上新闻》等栏目，举办线上线下活动，组织参与举办“最美滕州人”评选、“2017年十件实事”活动评选，吸引越来越多的用户参与，媒体关注度、品牌号召力越来越强；发挥报社技术优势，借助品牌效应，与镇街、部门联系合作进行网络专题片拍摄、三维动画、建筑动画等采编拍及后期制作，“全媒体融合”影响力日益显现。

（滕州日报社）

图书发行

【图书发行】 做好教材教辅发行，强化为教育、为学校、为师生和家长服务，发放中小学教材教辅近11万件，发行幼儿教材12万册。坚持以重点书、文教书和读书活动用书带动一般书销售发行，做好十九大精神图书征订发行工作，发行十九大报告单行本137册、《中国共产党章程》4332册、《十九大文件汇编》1625册、《十九大报告辅导读本》1169册、《十九大报告学习辅导百问》3403册、《十九大党章修正案学习问答》2587册。全年发行科级干部学习用书4498册，首次发行《继续再教育十三五规划》24927册。本着少花钱、多办事原则，顺利完成全市50家农家书屋的图书补充配送工作，配发图书42120册。

【首届滕州书展】 9月29日至10月3日，首届滕州书展在滕州体育中心体育馆隆重举行。书展以“读书让生活更精彩”为主题，坚持“倡导人们爱读书，服务人们读好书，引导人们善读书”的办展理念，推动全民阅读、建设“书香滕州”，市新华书店作为首届滕州书展的承办单位之一，在图书筹备方面采取展、销结合，积极与全国300家出版社联系，推荐展出近两年出版的各类优秀图书、畅销图书，特别是2017年度出版的优质图书，展出新书品种达到30000种以上；为方便读者选购图书，在场馆内设置多个图书展示区域、创客展示区、电子书展示区、读者休息区，全方位服务广大读者；邀请著名概率学家中科院严加安院士，中宣部图书阅评员、党史研究专家薛庆超，财经作家、国学学者、《中国家风》作者张建云，著名儿童文学作家安武林和商晓娜等走进书展现场开展公益主题讲座和签名售书活动，分享阅读感受。历时5天的滕州首届书展，为全市城乡读者营造良好的阅读空间，累计吸引观展人数超过12万人次，发行各类图书70000册。

【卖场转型升级】 1月23日，新华书店善国路善北书店完成改建盛装营业，面积扩增一倍，图书种类达到40000种，新增图书畅销榜、读书活动区、绘本阅读区、教育培训等多项文化体验服务。逐渐由做产品、做图书的传统图书经销商向做数字、做平台的综合文化服务商转变，全年为读者组织200余场图书展销、新书首发、名家签售、文化沙龙、亲子活动、手工制作、儿童画、故事会展演等精彩活动，为全市城乡读者提供丰盛文化大餐。

新华书店善北书店体验式阅读服务

【名家进校园】 3月8日至9日，邀请语言文字应用研究所研究员、《中国汉字听写大会》节目文化嘉宾张一清教授在两所小学和两所中学进行《汉字的魅力》讲授活动，销售图书1044册；6月8日，“辫子姐姐”——郁雨君老师与孩子们分享“爱上阅读、爱上写作”主题讲授课，征订图书2805册；9月9日，著名儿童文学作家朱自强老师与全市一线骨干幼儿教师分享“童话书与教育”主题讲授课，征订《亲近图画书》《经典这样告诉我们》614册。

（刘桂棠）

档　案

【业务指导】 深入市国土局、市妇保院、市国资局、滕投集团、市规划局、市结核病防治所等单位，业务指导档案目录著录、数字化扫描工作，对光大环保、红十字会等单位的文件材料收集归档和文书、实物、声像等各门类档案资料的收集范围、保管期限、归档要求进行安排，为市委巡察机构完善《档案管理工作规范》，全面保存历史资料；在做好农村土地承包经营权确权登记颁证档案管理、精准扶贫档案整理中，业务人员先后多次指导基层单位立卷归档工作，采取现场培训的形式，边讲解边示范，确保扶贫工作开展到哪里，档案指导服务就跟进到哪里；深入墨子研究中心提供服务，整理纸质档案、照片档案、音像档案光盘各两套，做好墨子文化节资料整理归档，推动鲁班文化传承；对照《山东省档案工作科学化管理测评细则》要求，逐一指导各申报创建单位，列出问题清单逐项落实，6家单位全部通过省档案工作科学化管理测评。

【资源建设】 发挥馆藏档案利用价值，开展档案利用服务，接待查档利用者418人次，利用档案2597卷、2220件，复印和摘录档案1585件6909页，为解决群众土地山林权属争议、企事业人员办理退休、知青落实工龄、婚姻家庭财产纠纷等，提供详实的凭证依据。重点抓好市直机关、镇（街）档案移交整理工作。接收归档市委、市政府、西岗镇、市总工会等单位到期文书档案907卷、244件，协助市委办公室清理1978～2012年公文278份；深入开展档案移交专项检查，通过移交工作进展排序、给问题突出单位下通报函等形式，提高基层移交档案的积极性、主动性，确保各类档案资料收集齐全、完整、准确。全面推进新领域档案资源和民生档案征集，征集“全国模范军队转业干部”殷召宏31张照片档案进馆；把涉及群众核心利益、老百姓最需要利用的档案优先纳入接收征集范围，重点抓好教育、医疗、分配、住房、交通、社保、就业等领域的民生档案规范管理，构建门类齐全、分类科学、内容丰富、有地方特色的档案资源体系。

【宣传创新】 积极向上级媒体投稿，及时跟踪采集档案信息，向《中国档案》《中国档案报》《山东档案》《枣庄档案信息网》等新闻和主管部门报送30篇，被国家、省、市级采纳6篇，编写《滕州档案信息》6期，扩大档案工作影响力；以“新形势下档案事业的全面深化改革”为主题，组织全市档案工作者参加档案论文征集活动，上报论文25篇；组织各镇街、市直部门开展内容丰富的集中宣传活动，走上街头、走进商铺、走进校园、走进田间地头，把档案宣传真正做到群众中间；充分利用微信等新型媒体进行宣传，“6·9国际档案日”当天，在市信息化服务中心的协助下，利用手机平台向全市机关、事业单位、社会团体人员等转发“6.9国际档案日”短信，在《滕州日报》刊登档案知识答记者问向社会各界普及档案知识，建立滕州档案交流群方便档案系统人员交流学习，分享档案法律法规、档案信息，使基层档案人员及时了解档案动态；举行广场宣传活动，市档案局和东沙河镇、市住建局联合设置宣传站，通过悬挂横幅、制作展板、发放资料、现场咨询等形式，现场发放宣传资料1000份，接受50位群众咨询；参加枣庄市档案局组织的业务技能大赛，荣获二等奖。

【数字化档案馆建设】 按照“存量数字化、增量电子化”要求，加快馆藏档案数字化进度，完成市公安局、东沙河镇等19个单位档案扫描7124卷、5000件约120万幅，输入目录90000条，超额完成全年任务。开展立档单位查询试点工作，通过档案信息管理系统，联系立档单位通过电子政务专网查询本单位馆藏档案，提高档案查询利用效率。

【安全保护】 完成档案容灾备

份工作，将馆藏档案在省档案局备份中心进行异地异质备份，确保档案资料安全；加强档案系统安全管理，配备与互联网完全隔离的电子档案管理系统，并由专人负责，形成专人专机专网管理，定期对电脑进行杀毒，严格按照信息安全管理规定实施数据交换，确保档案管理系统安全运行；改善档案保存条件，按照“九防”（防水、防盗、防火、防潮、防尘、防虫、防腐、防高温、防强光）要求，半年集中进行投放防虫药物、消防设施检查补充工作，确保档案资料安全。

（市档案局）

体 育

【概况】 坚持“群众化、竞技化、产业化、品牌化”，抓好体育基础设施建设，开展群众体育活动，提升竞技体育水平，培植区域特色体育品牌，滕州市被评为“全国群众体育先进单位”“山东省第七届全民健身运动会先进单位”“县级体育总会组织建设先进单位”“2017年度山东省体育彩票工作先进县（市、区）特殊贡献单位”。

【群众体育】 完善公共基础设施建设。稳步推进游泳馆建设，完成主体工程和二次结构（游泳馆内部砌墙和抹灰）、钢结构；提档升级2010年以前安装的100个村农民体育健身工程器材，升级、维修城区4个街道健身器材，更新健身器材359件，维修器材844件。全民健身活动丰富多彩。举办迎元旦市直机关干部越野长跑比赛、庆元旦象棋比赛、庆新春拔河比赛、贺新春闹元宵第二届武术展演活动、首届墨家内家拳展演活动、山东省第九届千乡乒乓球比赛滕州市初赛等全民健身活动60项次；体育俱乐部发展到85家，正常开展活动的体育协会发展到27个，社会体育指导员发展到4229人，健身活动站点1369处。推进群众体育工作。21个镇街体育总会全面建成，成立各镇街单项体育运动协会，提前完成省市交办的目标任务。

【竞技体育】 抓好人才选拔输送。市体校完成招生任务，体育素质选拔测试体育苗子196名，先后向省、市运动队输送运动员12人，向普通高中、职业院校输送24人，输送人数和质量比往年更大突破。完成全国青少年数据统计。滕州市第一中学（田径、篮球）被评定为山东省级优秀体育传统项目学校，滕州市至善中学（排球、田径）、滕州市墨子中学（排球）、滕州市第二中学新校（足球）、滕州市北辛中学（足球）、滕州市荆河街道中心小学（乒乓球）、滕州市滕南中学（篮球）、滕州市实验小学（篮球）、滕州市荆河街道西关小学（田径）、滕州市洪绪镇中心小学（乒乓球）、滕州市东沙河镇中心小学（田径）等10所学校被评定为山东省级体育传统项目学校。竞技体育再创佳绩。9月8日，第十三届全国运动会在天津圆满落幕，滕州市有9名运动员参赛，获得5枚金牌、1枚银牌、2枚铜牌，是滕州市运动员参加全运会以来取得的历史最好成绩，其中：张琳彬获得现代五项男子个人项目金牌，杨斌获得国际式摔跤75公斤级项目金牌，任文君获得女子500米四人皮划艇项目金牌，周瑜获得男女混合4×400米接力项目金牌，张千秋获得群众项目男子组规定陈氏太极56式金牌，张宇获得现代五项男子个人项目银牌，任文君获得女子500米双人皮划艇铜牌，周瑜获得女子4×100米接力铜牌；积极选拔体育运动员参加各类赛事，在亚洲锦标赛等国际赛场上夺得3金2银1铜的成绩，在国家级单项赛场上取得11金10银11铜的好成绩，在山东省级锦标赛上夺得3金4银6铜的成绩；组队参加枣庄九运会，派出490名运动员参加青少年组14个项目和老年组11个项目的比赛，获得金牌（不含加计）148枚。

【体育产业】 坚持把保护场馆场地设施放在首位，有计划地推进场馆维护和改造，邀请市安监局、消防大队及供电部门专家，实地勘察排查检验体育场馆配电室及消防控制室，检查与维护体育中心整体线路，全面检查所有外围自来水阀门、高杆灯光设施以及空调机房以及消防泵房，将检查出的故障及隐患逐一落实，确保设备正常运行和用水用电安全；先后协办、承办、举办大型文艺晚会、汽车博览会、商品展销会、趣味运动会、欢乐水世界等活动50项次；体育彩票销售再创新高，新增、盘活体彩终端机15台，全市体彩在售终端数达到196台，全年销售体育彩票3.18亿元，贡献财政公益金1000万元。

【承办赛事】 申请承办全省、全国体育赛事赛会，打造精品赛事，提高滕州区域性中心城市的影响力和辐射力，全年承办省级以上赛事赛会7项。其中，4月6～11日，2017年中国足协D级教练员培训班在滕州举行，来自全省的24名教练员参加培训；4月29日～5月5日，第二十届全国重点高中女子篮球邀请赛在滕州举行，来自全国各地的18个代表队近300人参赛；5月13日，山东省第七届全民健身运动会风筝比赛暨山东省第四届风筝锦标赛在滕州秀美荆河风筝放飞基地举行，来自全省的22个代表队129人参赛；6月3日，2017中国城市足球锦标赛滕州赛区比赛开赛，无锡和特、郑州足坛之星、商丘稻草人、滕州鼎圣四支队伍在滕参赛；7月4日，2017“泰祥杯”全国钓鱼邀请赛在滕州户主水库垂钓中心举行，来自全国各地的180名垂钓爱好者参加比赛；10月13～16日，2017年“我爱足球”中国足球民间争霸赛大区赛北一区比赛在滕州举行，32支代表队500人来滕参赛；10月26～29日，山东省足球冠军联赛在滕州举行，来自全省的16支代表队400人来滕参赛。

（常星磊　杨静）

2017年5月13日，山东省第七届全民健身运动会风筝比赛暨山东省第四届风筝锦标赛在滕州市秀美荆河风筝放飞基地举行

老年体育

【概况】 2017年，市老年体协以开展“担当、奉献、创新、发展”主题实践活动为抓手，圆满完成老年体协换届、老年人健身比赛、各项运动会比赛、

各种形式展演活动，被山东省老年体协评为“评先创优”活动先进单位。

【队伍建设】 4月19日，市老年人体育协会会员代表大会在市老干部活动中心隆重召开，回顾第七届市老年体协四年来的工作，选举产生滕州市第八届老年人体育协会领导机构。增设气排球、健身气功2个辅导站，充实调整台球、钓鱼、棋牌、养鸟、风筝、抖空竹辅导站，举办太极拳、体育舞蹈、柔力球、气排球、健身气功等骨干培训班26期，培训人员达3000人，选派5人参加省体育局、省老年体协在枣庄举办的山东省普及太极拳教练员、辅导员培训班，选派3人参加枣庄市体育局和市老年体协举办的气排球培训班，全市老年健身辅导站达到22个，40个项目带头人和20个健身示范点受到省和枣庄市老年体协的表彰奖励。

【参加赛事】 5月，山东省第七届全民健身运动会暨山东省第四届风筝锦标赛在滕州秀美荆河风筝放飞基地举办，市老年体协组成的滕州市风筝放飞队取得团体第八名、软体风筝第一名及最佳空效奖、最佳工艺奖等多个奖项。6月，健身秧歌队在山东省第七届全民健身运动会健身秧歌比赛中获得优胜奖；老年篮球队在山东省第十届中老年篮球比赛中获得第一名。7月，在全国百城千村健身气功交流展示系列活动山东省启动仪式暨山东省健身气功交流大赛上，滕州老年体协代表队获得云字诀集体项目二等奖、八段锦集体项目三等奖。在枣庄市第九届体育运动会暨枣庄市第七届全民健身运动会老年组比赛中，市老年体协各代表队获得门球、健身秧歌、健身球操、柔力球、太极剑、太极拳、太极气功、乒乓球、围棋等9个项目优胜奖，其中3个项目获得团体和个人第一名；在枣庄市2017年退离休干部健身益智系列运动会健身益智、象棋、勾级三项比赛中，获得2项团体第一名，两项团体第二名的成绩。

市老年体协庆祝建军90周年慰问演出

【庆典活动】 组织开展五场大型文艺演出和老年人健身才艺展演活动。围绕庆祝建军90周年，组织童心艺术团、新时代艺术团、京剧票友辅导站老年体协三支文艺团队，精心创作编排《十送红军》《映山红》《芦花美》《沂蒙情深》《愿亲人早日养好伤》等20余个歌颂军民鱼水情的节目，于7月22日、29日分别到解放军和武警驻滕部队慰问演出，增进军民感情；为庆祝十九大胜利召开，市老年体协柔力球、体育舞蹈和太极拳辅导站在龙泉文化广场分别举办大型柔力球、舞蹈和“墨家旋极杯”太极拳老年人才艺展演，参加展演活动有74支队伍、城乡老年人1600人。10月，组织210人老年体育骨干举行重阳节登山活动，组织50名辅导站负责人赴上海党的一大会址、嘉兴革命红船进行红色教育。

【健身活动】 发挥老年体协平台优势，采取以赛促练形式，开展丰富多彩的老年健身活动，形成天天有活动、月月有比赛的良好局面，激发和调动广大老年人参与健身活动的热情。2月，组织200人的腰鼓方队参加市委宣传部组织的元宵民间游艺活动；4月，组织100人的太极拳队伍在第九届中国（滕州）马铃薯节开幕式上举行太极拳展演；在上善公园风筝放飞基地举办滕州市第七届老年人风筝比赛。5月，在市政广场举办滕州市第二十四届老年人养鸟比赛。6月，在市体育馆举办滕州市第七届老年人羽毛球比赛。7月，在盈泰度假村举办第八届老年人游泳比赛。8月，在市老干部活动中心与市委老干部局联合举办滕州市第二十六届老年人台球比赛。9月，举办“九酷·华为体验店”杯滕州市第二十五届老年人钓鱼比赛。11月，在市老干部活动中心与市委老干部局联合举办滕州市第十七届老年人乒乓球比赛和第二十届老年人象棋比赛。

（李继泰　刘洪斌）

社会生活

Social Life

责任编辑：王洪波

卫生和计划生育

【概况】 全市拥有各级各类医疗卫生机构1020家，开放床位8588张；各类专业技术人员12434人，其中，执业医师3130人，注册护士4272人；医疗机构总诊疗892.75万人次，出院病人累计30.6万人次；新出生35341人，已婚育龄妇女32.69万人。

【医药卫生体制改革】 与市委组织部、市编办、市人社局等部门，联合印发《滕州市公立医院法人治理结构建设实施方案》，6家市直公立医院均组建理事会、监事会，建立起外部理事库和外部监事库，制定医院管理章程和有关制度。落实人员备案管理，由市编办根据标准，合理核定各医院床位、人员备案规模。制发《滕州市医疗服务共同体试点工作实施方案》，指导辖区内医疗机构开展形式多样的医联体建设。滕州市中心人民医院与济南耳鼻喉医院组建耳鼻喉专业专科联盟，与北京中日友好医院呼吸内科和疼痛科组建专科联盟，并与辖区内7家医疗机构（滕州市第一人民医院、级索中心卫生院、滨湖卫生院、姜屯中心卫生院、西岗中心卫生院、东郭中心卫生院、羊庄中心卫生院）建立医联体。市中医医院与滨湖镇卫生院、市工人医院与级索中心卫生院组建医联体。推进家庭医生签约服务，优先覆盖重点人群，累计签约55万人。

【计生服务管理】 积极稳妥落实“全面两孩”政策，严格落实生育登记服务和再生育审批制度，累计办理生育登记76318例。调整扩增妇幼健康服务资源，优化调整中心人民医院等医院妇产科室，建设高标准危急重症孕产妇救治中心、新生儿救治中心各1个；实施妇幼保健院新院建设工程，建筑面积约13万平方米的一期工程已投入使用。加强出生缺陷综合防治，建立包含婚前医学检查、孕前优生健康检查、产前筛查、新生儿疾病筛查的三级出生缺陷防治服务体系。全年实施免费孕前优生健康检查11156例，产前筛查23057例，新生儿疾病筛查37481例。重拳打击“两非”行为，查办“两非”案件21例，其中查处大案要案1例，罚没款26.3万元，超额完成省市下达的案件查办任务。严格兑现奖励扶助政策，投入470.9万元为3874名60周岁计生奖扶人员、179名计生特扶人员兑现奖励扶助政策；投入297万元为8640名农村计生家庭成员办理居民养老保险补助，为29084名计划生育家庭成员办理居民基本医疗保险补助。严格落实目标管理考核责任，表彰奖

2017年12月12日，枣庄市卫生计生基层网络队伍建设现场会议在滕州召开

励完成责任目标的576个镇街、单位、村居，对未完成责任目标的3个镇、2个单位和90个村居分别给予相应处理，落实“一票否决”23个。

【医疗卫生服务能力建设】 编印《滕州市医疗卫生服务体系规划（2016—2020）》，明确医疗卫生服务体系布局、资源配置目标和功能定位。加快推进医疗服务项目建设，市妇幼保健院新院于7月1日整体搬迁，市中心人民医院分院、工人医院改扩建、东沙河镇卫生院迁建等项目有序推进。学科建设进一步加强，拥有国家级技术协作中心3个，省重点专业（专科）7个、枣庄市重点学科（专业）16个，滕州市重点专科15个、特色专科29个。推进卫生计生信息化建设，加快建设医学影像、临床检验、心电病理等多种形式的远程诊疗系统。覆盖全市医疗机构的人口健康信息系统正式运行，基本实现跨医院就医“一卡通”。大力发展中医药事业，顺利通过国家基层中医药工作先进单位复审，推进五级师承和基层名老中医药专家传承工作室建设，组织中医住院医师规范化培训600余人次。

【公共卫生计生服务】 落实14大类基本公共卫生服务项目，累计建立居民健康档案136.5万份，健康管理老年人8.2万人、高血压患者11.5万人、糖尿病患者3.8万人。疾病防控有力有序，全市传染病疫情保持平稳态势，成功救治1例人感染H7N9患者。H型高血压与脑卒中防控惠民工程推进，国家免疫规划工作有效落实，累计规范接种疫苗68万余人次，全程接种率为93.70%，产后访视率70.7%，0～6岁儿童管理率91.4%，重性精神疾病患者规范管理率89.1%，成功创建国家慢性病综合防控示范区。广泛开展健康教育和健康促进，利用各类卫生宣传日，开展多种形式的宣传咨询活动，规范更新健康教育宣传栏4500余次，印制、发放宣传材料10万余份，居民健康素养进一步提升，滕州被评为“省级健康促进示范市”。

【卫生计生网络队伍深度融合】 在全省率先启动县级卫生计生机构改革的基础上，抓好镇村两级卫计资源和队伍深度融合。将镇街人口和计划生育办公室更名为卫生和计划生育办公室，保留副科级级别，调整明确12项工作职责，下设“四室一中心”（综合工作室、计划生育服务管理室、公共卫生协调室、卫生计生综合监督室、卫生计生服务中心），根据职责任务和常住人口规模，合理配置工作人员。将村居计生专职主任更名为卫生计生专职主任，增加公共卫生协调和卫生监督职责。县乡村三级卫生计生行政管理、技术服务、执法监督机构职能已经全部整合到位，建立起“三纵四横”卫生计生队伍网络，得到省卫计委和枣庄市委、市政府的充分肯定。12月12日，枣庄市卫生计生基层队伍网络建设现场会在滕州召开。

【创建国家卫生城市】 严格按照市委、市政府的部署要求，坚持强化网格帮包与重点工作专线相结合的推进机制，提升卫计水平，突出问题导向，相继实施城市基础设施、城市品质、实施重点领域提升行动和其他便民惠民项目，着力抓重点、补短板，强弱项、促规范，公共服务设施日益完善，城市承载能力不断增强，管理秩序和卫生环境明显改善，群众的卫生意识和健康水平显著提升。顺利通过国家暗访、技术评估和专家评审，成功创建国家卫生城市。

（陈立伟）

人力资源和社会保障

【人才队伍建设】 分期分批召开重点企业人才资源工作座谈会，讲解各级各类人才培养引进激励等政策规定，深入重点企事业单位实地调研，编制全市2017年人才需求目录；做好人才工程推荐选拔，魏彦君获山东省鼓励社会力量引进高层次人才奖励，新增枣庄市有突出贡献的中青年专家4人、齐鲁首席技师2人、高技能人才500人；组织参加第十五届国际人才交流大会和“山东—名校直通车”长春站、武汉站、成都站，卫计系统与11名硕士研究生达成初步就业意向，枣庄科技职业学院与德国、美国两家培训机构达成初步合作意向；全年新增外专项目3个，引进高层次人才30人，4人获全省“外专双百”计划支持。

【公务员考录管理】 按照上级统一部署和有关政策规定，严格把握考试报名、资格审查、考察体检、录用审批等关键环节，圆满完成考录工作，录用公务员19名；完善公务员信息管理系统建设，逐一审核、查缺补漏，实现动态维护；更新公务员和事业单位中层干部人员信息2400余条，办理机关事业单位人员调配手续169人。

【工资制度改革】 完成2016年度工资统计汇总上报，全市机关事业单位30873人，其中机关单位职工3214人、年平均工资83253元，参公事业单位职工476人、年平均工资68355元，事业单位职工27183人、年平均工资76772元；完成县以下机关公务员职务与职级并行的工资审批1521人、机关事业单位人员工资正常晋升审批26000余人和75家企业的薪酬调查、数据上报；做好启用人事管理信息系统准备，VPN、网闸等设备购置调试完毕。

【事业单位公开招考】 事业单位新进人员除国家政策性安置、按干部人事管理权限由上级任命及涉密岗位等确需使用其他方法选拔任用人员外，全部面向社会公开招聘；坚持阳光透明、公开公正，严格遵守招考操作规程，2017年事业单位公开招录228人，其中综合类37人、卫生类11人、教育类180人。

【专业技术人员管理】 完成组织专业技术人员继续教育培训报名23022人次；专业技术资格和执业资格考试报名20个项目、2000余人；完成2017年度中高级职称评审材料推荐申报材料709份，办发初中级专业技术资格证书937个；开展年度高中级评审岗位需求调研，完成岗位下达工作。稳步推进全市事业单位岗位设置及调整，做好事业单位专业技术人员聘任工作，分别完成初、中、高级职称聘任533人、548人、111人。

【军转干部安置】 接收军转干部和随调配偶35人，其中计划安置21人，全部安排到公务员岗位；举办退役士兵专项公益性岗位双选会4次、安置1550人；为自主择业军转干部发放住房补贴、医疗保险和取暖费等128.7万元。

【城乡劳动者就业】 开展农民工就业情况等专题调研，定期分析人力资源市场供求，走访企业挖掘高质量就业岗位，依托官网、微信等媒介，搭建人岗对接新平台。举办“春风行动”等招聘洽谈会52场，提供岗位5.8万余个，达成初步就业意向3.1万余人；实现城镇新增和农村劳动力转移就业4.6万人，完成年任务的102%；实施就业援助计划，以“4050”人员、“零就业家庭”成员、建档立卡贫困人员等为重点，建立实名帮扶台账，挖掘公益岗位、建立扶贫车间、鼓励灵活就业、帮扶自主创业，帮扶620名就业困难人员实现就业创业，发放社保、岗位和稳岗补贴4021万元。“双零家庭”动态消零，城镇登记失业率控制在3%以内。

【促进大众创业】 开展创业意识进社区活动，加强创业园区规范化建设，推进创业型镇街（社区）和“四型就业社区”创建，滕州市被列入全国第二批农民工等人员返乡创业试点地区，龙振生态农牧业、正德康城入选全国农村创业创新园区（基地）目录，新增两级市创业示范园区各2家、省级创业型镇街（社区）9家；全面落实一次性创业补贴、创业岗位开发补贴等扶持政策，个人担保贷款期限延长至3年，增加创业扶贫担保贷款和小微企业创业贷款，适当放宽反担保条件，发放创业担保贷款4342万元、创业补贴17万元，直接帮扶500余人成功创业。推进高校毕业生、流动人员档案规范化管理，完善流动人员档案管理制度，高标准扩建档案室，存档容量扩充至10万级；规范国有企业招聘活动，为公交汽车公司、国有资产经营公司提供专业化招聘服务；编写就业创业政策面对面、高校毕业生政策解读和公共就业与人才服务手册，加强基层业务人员培训，促进服务标准化、信息化、规范化。引导高校毕业生到基层就业，实施就业见习、“三支一扶”、创业引领等专项计划，健全就业实名动态管理制度，开展“公共就业与人才

2017年2月4日，滕州市“春风行动2017”大型招聘洽谈会举办

服务进校园”专题活动，100名毕业生走上见习岗位，300名毕业生实现创业就业。

【职业技能培训】 开展就业创业能力提升五年规划，推进校企合作，实施“订单式、定向式”培训，探索“线上推介+线下培训+定向就业”技能培训模式；举办第十二届职工职业技能大赛，涵盖10余个工种，1871名选手参加；举办就业创业培训1.2万人，申请培训补助300万元；开展职业技能鉴定6628人，发放鉴定补贴42.3万元；规范民办职业介绍机构和职业培训机构运营机制，实施差别化监管，推行分级评价、红黄牌警告和回访绩效评估制度，滕才、合和2家人力资源服务公司成功获评省和枣庄人力资源诚信服务示范机构。

【社会保险费征收】 分类整理参保单位，登门入户做好催缴，公告催缴个体工商户、灵活就业人员和自由职业者等全部由个人缴费的人员接续社保关系按时补缴欠费，补缴8700余人、1.77亿元；确保正常缴费的按时缴纳，实现企业扩面8017人，征缴各类社保费23.37亿元。征收企业养老保险99590万元；征收机关事业养老保险59000万元；征收机关事业单位职业年金13642万元。审批退休3478人，企业退休人员养老金实现“十三连涨”，推广虹膜认证、预约上门等方式，全市领取养老保险待遇人员资格认证55986人，认证率达97%。实现扩面参保13309人，征收居民保费17335.3万元，发放养老金28816.6万元，累计参保846505人，参保率达97.56%。新增落实被征地农民社保资金9937.19万元，落实个人账户18683人、8207.84万元；广泛宣传发动，逐户上门核实，完成全民参保登记11.36万人。征收职工医保5.38亿元；居民医保参保126.68万人，征缴医保费7.73亿元，其中个人缴费2.03亿元、各级财政补助5.7亿元；职工、居民医保基金分别支出4.79亿元、7.5亿元。开展定点医疗机构集中专项检查和年终考核，兑现预留保证金4804万元，扣除保证金53万元。调查大额外伤病历2500余份，不予报销150余份，避免不合理医保基金支出300余万元。推进业务下沉，居民省内异地联网结算、门诊慢性病申报等下放镇街医保办，新生儿参保、零星参保权限下放镇街人社所，2万元以下外伤认定权限下放定点医院。18类靶向药物纳入大病保险支付范围，正式执行2017版国家医保药品目录，扩至2535种，增加148种，跨省异地就医联网即时结算增至7443家定点医疗机构。推进医保个人账户封闭运行刷卡管理，20家市直定点医院确定为首批刷卡定点单位。征收失业保险3072万元；失业保险金月发放标准由950元提高到1030元，发放失业保险金953万元。推进建筑业农民工参加工伤保险，30个建筑工程按照建设项目缴纳工伤保险费165万元，涉及从业人员1480人。征收工伤保险费3508万元，征收生育保险1146万元，分别拨付工伤金、生育金2160万元、1972万元。

【劳动人事仲裁】 实行精细化仲裁，推行“以调为主、调解优先”办案模式，受理劳动人事争议案件482起，法定时效内结案率100%，调解结案率达59%，所有调解案件均按期履行；发挥16名劳动人事调解员作用，诉前化解争议案件27件；使用全省统一“山东省劳动关系平台”，网上办案率100%；审查用人单位自拟劳动合同151份，新增备案劳动合同3246件，劳动合同签订率达98%，已建工会企业集体合同签订率达96%，劳动用工备案总数达75617件；提供法律援助126件，发放仲裁建议书130余份。

【劳动保障监察】 强化劳动保障监察“两网化”建设，完善部门综合执法联动机制，推行劳动争议“阳光仲裁”“绿色调解”；受理举报投诉137起，接待信访咨询840余起，处理群体性欠薪及社保案件17起；开展农民工工资支付专项检查、规模企业社保稽核等活动，检查用人单位975户次，涉及职工8.69万人次，补签劳动合同1000余份，追发拖欠工资936万元，追缴社会保险费1063万元。

（曲献峰）

民　政

【城乡社会救助】 按照“兜底线、织密网、建机制”的要求，筑牢脱贫攻坚和困难群众基本生活保障底线，建立完善居民家庭经济状况核对机制和低保、五保、临时救助等制度。实现全市城乡低保32342户45737人，保障标准城市居民每人每月460元，农村居民每人每年3900元，农村低保补差达到每人每月平均200元；实行城乡医疗救助“一站式”即时结算业务，救助大病困难群众2131人1087万元，全面实施临时救助制度，累计临时救助42人，发放救助金8.71万元；为752名孤儿发放基本生活费685.8万元；169名困境儿童，发放基本生活费60.8万元；摸排发现的46名无户籍儿童全部落实登记。

【社会福利事业】 及时落实城镇“三无”人员和失能老年人护理补贴政策，鼓励和引导城镇“三无”人员到城区敬老院集中供养。全市城镇“三无”人员74人，按照不低于城市居民最低生活保障标准的150%进行保障，失能老年人665人，护理补贴按照每月60元的标准通过银行社会化发放。全面建立滕州市困难残疾人生活补贴和重度残疾人护理补贴制度。将符合条件的一、二级听力、语言和多重残疾纳入重度残疾人护理补贴范围，享受生活补贴的困难残疾人累计8257人，享受护理补贴的重度残疾人13007人。福彩销量持续攀升，全年达到2.2亿元，在全省县级名列前茅。

【基层社会管理】 一是认真组织村和城市社区“两委”换届选举工作，加强和改进农村社会管理。规范村务公开和民主管理，进一步拓展村务公开方式，完善村务公开制度。二是推进山东省社区治理暨养老服务创新实验区建设，举办社区社工主题宣传活动60余场次，培育发展社区志愿者400余人，开展小组活动225次，受益群众6万余人。举行2017年社会工作宣传周活动，3月21～22日，枣庄市2017年社会工作宣传周启动仪式和公益文艺晚会在滕州市龙泉广场隆重举办。三是强化社区综合服务。承接农村社区服务中心建设任务16处，全部竣工并投入使用。开展志愿者进社区、社会组织进社区活动，构建“四社联动”机制。四是加强社会组织管理。依法撤销登记两年或两年以上没有参加年度检查的32家社会组织，依法。登记社会组织416家，其中社会团体119个，民办非企业单位297个。

【优抚双拥】 一是做好退役士兵安置和权益保障工作，针对5618名有诉求的退役士兵，按时完成“清零”目标。“阳光安置”退役士兵78人，安置去向

2017 年 7 月 30 日，市委书记邵士官慰问济南军区通信训练大队

为 34 个事业单位、14 个中央部直属企业、20 个省属国有企业、6 个枣庄市属国有企业、9 个滕州市属国有企业。城乡义务兵家庭优待金标准提高到每户每年 15405.5 元。二是加强国防科技教育基地建设。市烈士陵园累计接待游客 300 余万人次，被命名为“全国民政标准化建设示范单位”，成为影响日趋扩大、滕州名副其实的“红色名片”。三是深化双拥共建工作。顺利通过省双拥模范城创建年度考评，滕州市已连续七届被评为“全省双拥模范城”。

【社会养老】 一是加快农村敬老院规范化建设。完善等级分类管理，提高集中供养率和供养水平，实现服务对象“愿进全进”。五保对象（特困人员）供养标准为每人每年 5070 元，全市共有特困人员 7138 人。二是提升社会养老服务水平。12 月底全市社会化规模养老服务机构达到 18 家，城市日间照料中心 23 个，农村幸福院 79 个，各类养老床位累计 6500 余张；投资 2 亿元兴建市养老综合服务中心，该项目被列为 2017 年滕州民生“惠民实事”，6 月 30 日市委、市政府召开开工动员会议，12 月底完成一期主体工程；开展养老院服务质量建设专项行动，勒令关停存在严重问题的 10 家养老院（含敬老院），14 家养老院（含敬老院）通过整治，获得养老机构设立许可证。三是推进养老服务业发展和转型升级。银钟里、中央城示范性社区养老服务中心，建设完成并托管运营；“12349”养老信息平台投入使用。

【地名普查】 圆满完成全国第二次地名普查工作，完成邹城、山亭、滕州三地交界处莲青山界碑勘察联检任务，762 块路名指示牌实现创城宣传全覆盖，张贴双拥宣传标语 116 块，更换新型光伏路名牌 489 块。

【婚姻登记】 办理婚姻登记 24270 件，社会弃婴、儿童收养 28 件，登记合格率均为 100%。

【殡葬改革】 建立完善殡葬服务项目和收费标准“两公开一自愿”制度，制定完善殡仪馆服务规范，实行殡葬服务自愿选择，严禁未经当事人同意先服务后收费的强制服务，全市火化率稳定在 97% 以上，落实惠民殡葬政策 653 人 24.2 万元，更换殡仪专用车 68 辆。

【社会关爱】 实施“炎热送清凉”“寒冬送温暖”等专项行动，救助流浪生活无着人员 1277 人次，协调公安、卫计、人社等相关部门为 15 名滞留流乞人员办理户籍及居民基本医疗保险。

（步昭瑞　倪丫茹）

慈善事业

【概况】 全市各级慈善组织募集善款2300万元，比上年增长5%；发放善款1550万元，受惠群众1.1万人次。

【慈善募捐】 8月22日，市委、市政府隆重召开慈善大会，市委办公室、市政府办公室联合下发《关于开展“慈善一日捐”活动的通知》，明确捐赠原则、捐赠范围、捐赠标准及善款的接收、管理、使用等基本要求。在募捐活动中，涌现出一批又一批先进单位和爱心公民。在市总会接收的捐款中，中联水泥有限公司定向捐款100万元；天客来集团和德意君瑞置业公司各捐款30万元；曹煤公司捐款24万元；卷烟厂、农商银行和文隆化建公司各捐款10万元；市公安局、市国税局、市农业银行、市商业管理办公室、市卫计局和威达重工公司各捐款5万元；市法院和市司法局各捐款4万元。6个镇街分会募捐额均突破100万元，其中北辛完成274万元，龙泉完成252万元；募捐额在100万元以下至50万元的镇街有6个；募捐额50万元至20万元的镇街有9个；各专项分会募捐额都有新增长。

【慈善救助】 各级慈善组织开展济困、助学、助医、助残、助老等活动，救助困难群众，并与市扶贫办联合，助力脱贫攻坚，发放救助金1550万元，受惠群众1.1万人次，其中开展八项救助活动，发放救助金516万元。“情暖万家”救助活动。元月17日，召开“迎新春情暖万家”慈善救助大会，现场发放救助金198.2万元，救助城乡特困群众913人。“助学圆梦”救助活动。8月22日，召开慈善大会，向213名特困大学生发放救助金64万元。另外，协调中华慈善总会，为全市11处中小学校和王学仲艺术馆捐赠价值120万元的爱心图书。“博爱送温暖”救助活动。向市红十字会拨出善款10万元，实施救助500名贫困老年人，平均向每个老年人发放米、面、油等生活物资价值200元。“白内障复明行动”。拨出善款5.36万元，为67名贫困白内障患者免费进行治疗。“关爱女孩”活动。向市卫生和计划生育局拨出善款6万元，救助75户特困“双女户”，每户发放救助金800元。“牵手关爱行动”。向团市委拨出善款8万元，救助400个农村留守儿童，向每个留守儿童发放救助金200元。“应急救助”活动。对因天灾人祸或重大疾病而造成家庭特别困难的群众，本着急事急办、特事特办的原则，及时给予救助，救助特困户506户，发放救助金103.56万元。“定向救助”活动。向滕州至善中学定向救助100万元；定向捐赠支出32万元，救助困难群众465人，助力精准扶贫、精准脱贫。通过开展多种形式的救助活动，慈善事业为救助困难群体、缩小贫富差距、弘扬传统美德、倡树时代新风、构建和谐幸福滕州发挥积极有效的作用。

（生俊杰　牛广德）

民族宗教

【概况】 深入贯彻落实中央民族工作会议和全国、全省、全市宗教工作会议精神，紧紧围绕“民族团结、宗教和睦、社会和谐”总体目标，全面执行党的民族宗教政策，依法管理民族宗教事务，全市民族宗教领域更加和谐稳定。

【政策法规宣传】 深入推进民族团结进步创建活动。迎接枣庄市政协视察滕州市少数民族经济发展活动。5月，组织开展第17次民族团结进步宣传月活动。活动期间，组织宣传车巡回宣传民族政策法律法规，设立宣传点125处，咨询人数5500余人次，悬挂横幅770余条，发放宣传资料10000余份，在各级各类网站、媒体上宣传民族宗教政策法规常识300余条。滨湖镇东古民族村参评枣庄市级民族团结进步教育基地。

【落实民族政策】 贯彻落实党和国家的民族政策，推动少数民族经济社会发展。做好少数民族发展资金使用管理和项目建设。累计争取中央、省、枣庄市级少数民族发展资金90万元，实施滨湖镇东古村6条6.4公里生产道路硬化和木石镇位庄村少数民族服务中心暨清真寺危房改建项目建设，有效改善民族村生产生活条件。加强少数民族发展资金使用监管和项目建设规范管理，迎接省财政厅、枣庄市扶贫巡察组、滕州市巡察办对少数民族扶贫资金的专项审计检查。落实少数民族惠民政策。发放2017年春节穆斯林农户和城市穆斯林低保户一次性牛羊肉价格补贴20.56万元，审核认定中考少数民族考生身份74名，初审2份变更少数民族成分的材料，统计并上报全市穆斯林农户和城市穆斯林低保户户数、少数民族贫困人口数，申报2018年度全市少数民族发展资金扶持项目。

【民族团结进步】 做好省民委主任（宗教局长）马传凯和省宗教工作调研组来滕调研工作；配合宗教团体进行年检审核；审核上报3名伊斯兰教教职人员培训和1名出国朝觐穆斯林群众；协调推进基督教新建教堂建设规划用地手续完善；开斋节、圣诞节、春节期间，市分管领导组织走访慰问宗教界代表人士。

【依法管理宗教事务】 深入贯彻全国、全省、全市宗教工作会议精神，不断提高宗教工作法治化水平。引导宗教与社会主义社会相适应。在宗教界开展宗教政策法规学习月、和谐宗教活动场所创建活动，完善财务管理、消防安全、食品卫生等规章制度，开展政策法规咨询活动180余人次。依法管理宗教事务。加强清真食品监督管理，维护少数民族群众合法权益。印制下发《关于加强和规范清真食品管理的通知》，规范清真食品生产经营活动。在少数民族重大节日和活动前协调食药监、教育等部门联合执法检查清真食品行业。执法检查农村庙会活动；摸排国外基督教渗透和家庭教会私设聚会点动向；查处非法乱建宗教活动场所、滥塑宗教塑像、非法举办宗教活动的组织和个人；开展天主教、基督教领域抵御渗透工作调研和宗教场所设立会所“回头看”；依法制止非法宗教活动21起，先后给违反宗教政策法规的单位、个人下达《责令整改通知书》25份。

【加强宗教引导】 做好宗教工作。组织学习贯彻新修订《宗教事务条例》。组织全市各级宗教工作干部和宗教团体班子成员、重点宗教活动场所负责人、宗教教职人员集中学习培训。全力维护民族宗教领域安全稳定。与宗教团体、宗教活动场所签订安全维稳责任书；教育引导少数民族群众和信教群众按法律渠道和正常程序反映合理合法诉求。接待来信来访20余次、30余人，依法并妥善处理涉及民族宗教因素的矛盾纠纷13起。

（覃　艳　李宗安）

老龄工作

【老年优待工作】 开展高龄补贴金发放工作。发放高龄补贴金1492.287万元。为全市百岁以上老年人发放长寿津贴金50.96万元。落实低保政策，为全市4034名80周岁以上享受低保老年人发放救助资金514.42万元。做好城镇居民老年人基本医疗保险工作，为252061名老年人减免费用2920.312万元。养老保障制度逐步健全，老年优待水平大幅提高，老年人权益得到有效维护，滕州市被枣庄市市委、市政府授予“老龄工作先进区（市）”称号，滕州市老龄工作委员会办公室被枣庄市市委、市政府授予“老龄工作先进单位”称号。

【敬老月活动】 开展枣庄“敬老文明号”和“枣庄敬老模范村”创建工作。根据枣老发〔2017〕3号文件关于开展第二届枣庄市“敬老文明号”评选表彰活动的通知，滕州市国税局城区税务分局等13个单位被枣庄评为“敬老文明号”。根据枣老发〔2017〕6号文件关于开展“枣庄市敬老模范村”创建工作的文件精神，龙泉街道双庙居委会、西岗镇东王庄村和东沙河镇耿村被评为“枣庄市敬老模范村”。

【关爱老年人工程】 按照枣庄市老龄办《枣庄市老年人关爱工程实施方案》工作部署，向全市30名高龄困难老年人赠送液晶电视机；集中帮扶高龄困难老年人240名，发放救助金9.6万元；组织为老服务志愿者队伍开展为高龄老年人提供生活照料等志愿服务活动。

【老年工作宣传】 “敬老月”活动形式多样。组织开展走访慰问、助老解困和权益维护等敬老活动，“老年人精神关爱工程”取得显著成绩。老龄宣传调研不断进步。在省级以上报纸、杂志、网站等新闻媒体发表老龄宣传信息稿件73篇、枣庄市级50篇，撰写老龄政策研究调研论文14篇，其中上报省老年研究学会6篇；6月，《医养结合养老模式与健康长寿初探》等4篇论文在山东省第六届老年健康长寿理论研讨会上获得一等奖2篇、二等奖2篇；10月24日，《农村养老院现状及发展对策》等9篇调研论文中，7篇在中国老年学和老年医学学会第六届全国会员代表大会暨“养老服务供给侧结构性改革：研究与实践”学术论坛大会上获奖。滕州老龄宣传信息调研工作走在全国前列。

（市老龄办）

镇（街）概况

Town (Street) Overview

责任编辑：王洪波

鲍沟镇

【概况】 全镇贯彻落实五大经济转型发展战略，经济社会发展稳步向前，全年实现生产总值58.6亿元，同比增长7.3%；地方财政收入完成9997万元。

【工业经济】 把玻璃园区作为经济建设的主战场，玻璃产业实现总产值151.6亿元，同比增长17.9%。全省产业集群升级年活动启动，先后被评为枣庄唯一的山东特色产业镇动能转换20强镇、山东省先进制造业产业集群转型升级示范基地。围绕绿色建材主题，集中全力实施中国玻璃城二期工程建设；重点推进齐鲁工业大学与省级玻璃质检中心合作的研发服务平台、中国网库集团玻璃集群产业互联网电子商务平台、滕州（青岛港）内陆港物流服务平台和玻璃园创业服务中心创业服务平台“四大平台”建设；先后组织企业参加北京、美国、印度等国际玻璃展9次，玻璃产品出口完成1.9亿元，同比增长20.6%。围绕玻璃产业补链、造链、强链，实施重点项目20个，其中过亿元项目4个，过5000万元项目11个；重点实施美国君合国际投资公司（美资）、香港璞瑞国际有限公司（港资）和滕州华凯置业有限公司一期投资2.86亿元的可曲面超薄玻璃项目、年产4万吨高档玻璃器皿项目等高新技术项目。

鲍沟镇民盛玻璃生产线

【招商引资】 完成重点招商引资项目13个，合同资金达12.26亿元。其中：京巴老熟食加工、环保玉米食品精加工等4个项目已试生产；亿金祥不锈钢镀锌管、富慧钢结构制品等5个项目扎实推进；高低压电控设备及密集母线、装配式钢结构建筑产业化等4个项目抓紧洽谈。引导支持企业加强技术改造、科技创新，重点实施的华阳玻璃为特斯拉提供太阳能光伏屋顶玻璃板深加工、金明包装双曲变钢化玻璃、大千纺织棉纱精织、兴龙食品玉米食品精深加工、润升辊业辊类制品和丰华钢化玻璃技改等6个技改项目，全部建成试运营。

【现代农业】 推进农业改革，实施圈里村扶持村级集体经济发展试点项目，依托刘西润禾食用菌基地、兴龙食品深加工、杨楼中药材种植基地，延伸产业链条，形成生产、加工、销售一条龙的产业化经营格局；增加重点农业项目投资，投资530万元的1.2万亩高标准农田建设、投资560万元的5000亩高标准农田建设项目、现代农业示范区田间道路工程，农业项目基本完成镇域农田全覆盖；推进农业规模化经营，完成土地流转1900余亩，新发展农民专业合作社11家、家庭农场4家。润禾食用菌合作社获得“三品一标”绿色食品认证。鑫剑农机合作社被评为全国农机合作社示范社。组织兴龙食品厂、润禾食用菌合作社、卧龙滩家庭农场3家企业、合作社参加第九届中国（滕州）马铃薯节展，并获得二等奖。

【镇村建设】 按照产业特色鲜明、文化内涵丰富、环境优美宜居、旅游服务发达“四位一体”的要求，鲍沟工艺玻璃小镇成功创建山东省特色小镇。完成农村道路“户户通”60公里、旱厕改造7500户；投资2200万元实施52个村的“井井通电”工程，投资240万元完成11个村的电网改造工程；开展土小企业、储煤场、畜禽养殖户、沙石场、燃煤锅炉等专项整治活动，全面完成总投资800余万元的笃西路绿化提升工程，重点实施笃西路升级改造工程、侯楼加压泵站建设工程、原镇驻地三角花园等重点区域环境整治工程，完成造林绿化650亩、镇文化广场、“1+5”省市美丽乡村建设等重点工程。

【民生事业】 以提升群众幸福指数为出发点和落脚点，集中力量办好民生“十件实事”。杨村小学投入使用，石庙幼儿园建设完成；申报大病救助120余人次，发放救助款36万元；建设农村幸福院3处；新发展有线电视用户436户、宽带用户658户；深化入股合作社脱贫等7种脱贫路径，完成30户、74人的脱贫任务。

（鲍沟镇党委政府）

滨湖镇

【概况】 全镇生产总值完成59.32亿元，全年地方财政收入实现2.13亿元，全社会固定资产投资完成27.8亿元，经济社会持续健康发展。先后获得山东省文明镇、山东省卫生镇、山东省社会科学普及示范镇等荣誉称号。

【项目建设】 全面推行重点项目责任帮包、跟踪督导和清单落实机制，5A级景区创建加快推进；投资15亿元的滕州新港完成港池开挖和部分基础设施配套，年底可建成使用；枣菏高速完成征地1500余亩，完成速度、任务均居全市首位；淮河流域平原洼地治理、省级渔业园区等省、市重点项目进展顺利，完成项目投资6.23亿元。实施技术改造项目6个、技术创新项目8个。新增四上企业3家，新发展小微企业55家。创新推行全员招商和全民护税机制，大力发展“飞地经济”，引进洽谈项目22个，开工6个；新入园企业2家，投资1.2亿元的年产5000万只聚氨酯纺织胶辊项目完成一期工程，年产5万台（套）雷达标准件项目开工建设，实现滨湖入园企业零的突破。组建成立联合办税大厅，开展国有资产清理、土地使用费陈欠收缴等活动，千方百计挖资金、找项目、扩税收，国地税实际收入首次突破亿元大关，确保工资发放、机关正常运转及其他刚性开支。

【省级特色小镇建设】 启动特色镇规划编制，与东方资产公司签订微山湖古镇核心产业区框架合作协议，开工建设滨湖污水处理厂。完成观湖社区剩余村庄回迁和旧村拆除工作，回迁群众170户，腾出土地400余亩。完成“户户通”硬化路90公里、农村旱厕改造6780户，新建美丽乡村8个。

【生态环境】 深入开展大气污染防治、“打非治违”百日攻坚等整治活动，清理取缔储煤场62家、燃煤小锅炉65台（套），整治养殖场41家，圆满完成“清河行动”各项任务。精心实施山体复绿、废弃工矿地治理和4个土地整理项目，复垦土地760余亩。争取国家未利用地变更指标4200亩。完成成片造林4000亩、经济林补植2000亩、荒山造林1200亩，建设精品绿化村24个，创建市森林村9个。

【融合性农业】 完成阳温、朱村2大片区4万亩中低产田改造，1600亩塌陷地治理、3600万元的涝洼地治理等项目进展顺利，新发展特色龙头农业企业5家。完成农村土地承包经营权确权颁证工作，完成农村集体产权股份制改革20个、农村产权交易鉴定1家，新发展农业新型经营主体20家，规模流转土地3万亩。

【民生事业】 全面完成镇党委、政府年初承诺的为民“十件实事”。1.3万平方米的滨湖中心小学完成主体工程，提升村级服务阵地90个。圆满完成人口计生年度目标。组织精准扶贫“回头看”、入户调查核实等工作，完成精准扶贫138户。

（滨湖镇党委政府）

柴胡店镇

【概况】 全年生产总值实现29.68亿元，增长5.7%；地方财政收入实现0.5亿元；固定资产投资实现11.5亿元，实际利用市外资金5.0亿元；外贸进出口总额实现0.24亿元。

【工业经济】 把招商引资作为补强工业短板、加快富民强镇的首要任务。成立25个招商小组，新引进项目7个，其中过亿元项目2个。投资2.5亿元华电滕州新能源公司30MW太阳能光伏发电项目一期并网发电；投资1.2亿元的山东博禾新能源公司年产8万吨清洁民用型煤生产项目、市金泰食品有限公司投资3000万元的玉米颗粒深加工项目、市建树玻璃公司投资5000万元完成玻璃窑炉技改投产。投资3千万元食品级塑料包装膜项目、投资6000万元的市凯润新型建材有限公司年产50万吨室内环保型沥青混凝土搅拌站建设项目稳步推进。

【旅游产业】 牢固树立“绿水青山就是金山银山”理念，把生态资源变成生态资本，全力构建森林柴胡店大绿化格局。重点实施青龙绿道、东部山区、京沪高铁和京台高速沿线、围村林等绿化工程，抓住枣庄市12家、滕州市9家部门帮包机遇，开展人大代表林、同心林等各类义务植树活动，其中，全国政协副主席刘晓峰参加同心林植树活动。累计投入700余万元，植树造林8000余亩，栽植苗木65万余株。刘村梨园景区成功举办梨花节等节庆活动，景区游乐场、生态动物园、休闲垂钓中心等建成常年开放。

【现代农业】 坚持以富民增收为核心，优化种植结构，做大蔬菜林果产业，培树农业品牌，加快传统农业向现代农业转变。发展各类园林8个、面积6000余亩，种植苗木30余万株，其中东润农业公司修建梯田700亩，整修道路4000米，开挖沟渠1200米，枣庄林茂公司完成修建梯田400亩，开挖沟渠3000米。抓好林权改革工作，3.7万亩林地全部流转到28家林业合作社和企业，林业产业年收入达3000万元。做好山东省林地经营权流转证试点工作，发放林地经营权流转证2家。大力推进以所有权、承包权、经营权分离为核心的农村土地产权制度改革，8个村完成股份制合作社的登记注册，通过转包、互换、出租、入股等方式，变零散种植为集约化种植。完成土地流转8000余亩，发展土地合作社6家、规模经营大户8家、家庭农场4家，发展农机合作社3家，其中枣庄市级示范社1家。安后村利用村内“四旁、四荒”的土地资源种植葡萄，发展庭院经济，成功举办首届葡萄采摘节，获评山东省精品采摘园，其经验在枣庄市美丽乡村建设现场会上进行典型交流。

【民生事业】 坚持“以人为本，让人民群众满意”工作目标，集中力量办好惠民实事，努力解决好群众最关心的热点、难点问题。协调开通K227凤凰谷景区直通车和K222公交，解决群众出行难的问题。投资350余万元的中学小学部综合楼投入使用，投资192万元的中心幼儿园新园完成主体工程建设，投资473万元的中心小学新综合楼加快施工。推进扶贫攻坚，通过“雨露计划”、邻里服务互助、孝善养老、医疗救助等不同扶贫形式，确保建档立卡贫困户在已脱贫的基础上不再返贫。推行社会化养老，敬老院转入红太阳老年人日间照料中心进行运营管理。广泛开展特色文化活动，实施“惠民文化工程”，开展“四德工程”建设。11个村实施“户户通”24.08公里，全镇可通车里程达180余公里，41个行政村实现“村村通”，36个村实现“户户通”。做好“双迎一提升”环境卫生综合整治活动，提升路域环境质量，加强环卫一体化市场化运作企业监督管理，确保环卫保洁全覆盖，不断提升环境保洁质量。大力开展移风易俗宣传教育，营造科学、文明、健康的生活方式。

（柴胡店镇党委政府）

东郭镇

【概况】 全年生产总值实现59.74亿元，地方财政收入完成6951万元，全社会固定资产投资完成22.2亿元。年初确定的“十件实事”和村级承诺的267件实事全部完成。先后被评为全国生态示范镇、全省农机安全示范镇、枣庄市文明镇和枣庄市十九大安保维稳先进单位等。

【项目建设】 坚定不移抓招商、上项目。先后谋划实施30个重点项目，其中过千万元项目13个，过亿元项目2个，有7个工业项目被列为滕州市级重点项目。投资2亿元的装配式建筑产业基地项目，被评为“国家级装配式建筑产业基地”，并被确定为枣庄市重点项目。投资5700

国家级装配式建筑产业基地

万元的山东辛化技改项目推进，带动工业经济转型发展，提升高档硅胶研发水平，打造特色产业生产基地；恒仁工贸发挥淀粉、热电、纺纱等产业的优势，投资4亿元的6万锭针织生产线项目、投资8000万元的沼气发电项目、投资5000万元的恒仁玉米副产品加工项目、投资5000万元的百麦奇全自动无尘面粉生产线项目投产达效。

【城镇建设】 天然气镇镇通项目完成镇中心街铺设，完成33个村的集中供水工程，城镇污水处理站和污水管网等配套设施不断完善。做好荆泉水源地保护，推进幸福河湿地治理，净化水源，提升水质。落实中央环保督察要求，集中开展环境保护突出问题整治，办理完成中央环保督查转办件4件，关停取缔“散乱污”企业11家，打赢环境保护攻坚战。实施农村环境连片综合整治，全部关闭或拆除禁养区畜禽养殖场养殖户，严格整改控养区养殖户。开展清河行动，12处主要河流干渠全面落实河长制。

【现代农业】 完成19个村的农村集体产权制度改革任务，成立股份经济合作社19个，量化资源2600余亩。大力推进农业产业化、标准化、品牌化、高效化和可持续化，流转土地面积1.6万亩，发展合作社28家，新增林果面积2000亩，投资1000万元完成基本农田升级改造2万亩。投资1000余万元建成占地600余亩的高端苗木基地，完成森林抚育、荒山绿化7000亩，“莲青山荒山绿化”被评为市级精品工程。

【生态旅游】 投资500万元的多功能游客服务中心顺利实施，投资300万元的莲青山省级地质公园地质遗迹保护工程基本完成；地质博物馆、高山滑雪、漂流等项目不断优化，服务品质得到提升，获“枣庄市乡村旅游示范镇”荣誉称号。

【民生事业】 全面完成年初镇党委政府承诺的十件实事，村级承诺的267件惠民实事全部兑现。实施入户精准核查，完成建档立卡贫困户脱贫任务，全镇28户72名贫困人口率先全部脱贫。投资1.2亿元涉及40个村320公里的“户户通”硬化路、投资2600万元的集中供水、投资600万元的新建下户主片区美丽乡村、投资1000万元的学校及教育基础设施建设以及5000户的旱厕改造等民生工程顺利完成。

深入开展平安东郭建设，严格落实“一岗双责”，立足疏导防控，全力做好安全生产、矛盾纠纷化解、信访稳定等工作，排查解决信访隐患49起，接待来信来访216起，受理网上信访112件，信访事项及时受理率100%。

（东郭镇党委政府）

东沙河镇

【概况】 全镇按照“六大工程”“十大行动”总体思路，奋力攻坚，开创区镇发展新局面。全年生产总值实现26.92亿元，同比增长8.4%；公共财政预算收入实现6711万元，同比增长26.15%；国地税总收入完成1.55亿元，同比增长55.4%；固定资产投资实现37.42亿元，同比增长15.8%。先后被评为“全国产业融合发展示范镇”“中国绿色名镇”“山东省‘平安农机’示范镇”“山东省档案工作科学化管理示范单位”“山东省关心下一代工作先进集体”等。

【新区与城市建设】 实施“重点项目推进行动”，启动实施建设项目23个，年度完成投资约21.1亿元，招商引资项目6个，总投资约202亿元。实施飞龙大道、漷河南路等13条道路、桥梁、隧道建设；完成2.6公里上善大道综合管廊续建工程主体建设、小洪河水系治理一期工程建设、荆河220千伏变电站前期相关手续办理以及滕州科技职业高中新校区的项目选址、土地征收、规划设计和手续办理；完成北大附属实验学校的规划设计、公司注册；山东化工技师学院新校区正式揭牌；六合学校中学宿舍楼、小学教学楼完成主体封顶；中心卫生院完成门诊楼、住院楼和六合社区6栋楼完成主体封顶，3栋楼正在主体建设；光大能源发电产业链项目静脉产业园投产运营。争取用地指标687亩；完成646.37亩的土地征收、260.2亩的土地出让；实施南水北调蓄水库区域约3万平方米的房屋搬迁；启动大康肉禽、凡鲁塑编、亮康然食品等6家企业搬迁；开展“违法建设整治行动”，拆除违法建设126处、面积约4.4万平方米。

【优化产业结构】 实施“现代农业培育行动”，创新“九六五二一”工作模式，保障三秋、三夏生产顺利安全；新发展农民专业合作社4家、家庭农场3家；新培育茶树菇种植基地150亩、核桃种植基地500亩、马铃薯种植基地980亩；总投资2.1亿元、占地1700亩的鲁班小镇现代农业项目稳步推进，完成投资6000余万元。实施“中小企业育扶行动”，工业主营业务收入实现26.94亿元，同比增长13.1%，新增就业1300余人；投入6450万元，开展技术创新7项；投入5.01亿元，实施技术改造18项；正威国际新材料加工、山东汉旗半导体集成电路智能制造、好孩子儿童用品代工生产基地、轨道交通暨生产制造基地等项目对接洽谈，山东永高手帕有限公司（香港独资）成功签约；开展重点项目“五个一”帮包，营商环境不断优化。开展“旅服产业提升行动”，全镇服务业增加值实现12.55亿元，同比增长7.5%；凤凰乐园二期项目停车场建成；墨子湖完成土方开挖和护砌，墨子湖隧道及引道工程完成湖区段600米主体施工。

【生态建设】 实施“美丽乡村和特色小镇工程”，完成19个村、70公里、26万平方米的“户户通”道路建设和28个村、3218户旱厕改造；总投资330万元，完成步云庄、刘岗、姜桥三个村的美丽乡村建设；在全市率先启动农村公路安全生命防护工程；

蔡村获评“首届中国美丽乡村百佳范例”。实施“生态环境重塑行动”，创新“六三三”绿化模式，将市场化运作与属地管理相结合，压实管护责任，栽植各类树木2.8万余株，形成“点、线、面”结合绿化格局；开展高铁沿线环境综合治理，有力保障高铁安全运行；投资2300余万元，完成狐山区域土地整理开发和危岩体卸载项目；投资320余万元，打造全时、全域、全覆盖的环卫一体化长效管理机制；落实河长制，建立健全镇、党总支、村三级河长体系；开展“清河行动”，清理违章建筑4处、树木20余万株、垃圾200余立方、围垦荒地86亩；加大环境突出问题集中整治，拆除、关停违建养殖户28家，整改101家；取缔土小、非法生产企业26家，燃煤小锅炉49个，散煤场3家；建筑工地扬尘污染整治22处，关停沙石料场24家；河道沟塘排污、纳污整治14处；北辛路沿线等重点区域所有商户全部升级改用液化气。

（东沙河镇党委政府）

大坞镇

【综述】 全镇大力实施工业强镇、农业富镇、旅游活镇、生态立镇“四大战略”，在园区建设、民生事业、作风转变、基层党建等方面取得新突破。全年实现生产总值49.08亿元，财政收入实现8463万元，固定资产投资21.59亿元，服务业增加值实现19.78亿元，工业主营业务收入33.7亿元。先后被评为枣庄市秸秆禁烧先进集体，滕州市农村综合改革先进镇街、平安滕州建设先进单位、农村集体“三资”管理工作先进单位、防汛抗旱工作先进集体等。

【工业经济】 坚持把生物医药产业园作为推动大坞新旧动能转换的关键抓手，全力推进省市化工园区认定，融合推进“三合一”工作机制。完成镇域总规、园区发展规划、产业发展规划、环评、安评、水资源论证等要件，在全市率先通过枣庄市级化工园区认定；全力推进省级专业化工园区认定，对照省级认定标准，整改完善园区存在的4个否决项和5大类32个扣分小项；强化基础设施建设，继续实施双电源双回路供电、污水处理、一企一管、园区道路等建设，争取政策、资金，完善园区综合服务中心、消防中心、危废处理中心等规划。引进招商引资项目15个，其中过亿元项目5个，过5000万元项目7个，入园建设企业4个，哈药集团完成签约，中铭实业、清泉医药等项目对接洽谈中。

【现代农业】 总投资2500万元

瑞元生产楼项目

的2.6万亩小农水工程进展顺利，其中2017年的1.1万亩已通过验收；总投资454万元的土地整理项目全面完成；总投资40万元的小龙河治理工程通过验收；总投资3000万元的牧泰种养一体化产业园，设备安装完毕，2个养殖棚实现试养；累计流转土地2.1万亩，完成52个村土地确权、13个村产权制度改革工作，新培植示范新型经营主体2家，发展合作社6家、家庭农场4家，马铃薯秧和小麦秸秆还田率分别达到85%、100%；坚持把生态文明建设作为永续发展的千年大计，推进国土绿化行动，投资300余万元，栽植各类苗木200余万株，绿化荒山4000亩，红荷路绿化提升9公里，新发展核桃种植2000亩；新引进投资5000万元的凫山生态休闲农庄项目完成项目科研。

【旅游服务】 一禾家庭农场3星级农家乐和洪山口文化创意产业园3A级景区创建工作扎实开展；新申报美丽乡村10个，滕州市级文明单位3个，枣庄市级文明单位2个；改扩建社会主义核心价值观主题公园，新建150平方米的共享书屋1处、大型浮雕1处、立体卷轴1处，设置各类宣传展牌50处，安置健身器材20件，建成融主题教育、共享阅读、休闲观光、健身娱乐等功能于一体的群众性文娱活动场地1处。

【民生事业】 完成"户户通"道路建设35.6公里，危房改造41户，旱厕改造1996户，筹资30万元为凫山社区粉刷外墙美化环境。完善镇中心中学等5个教育项目后续工程，镇驻地污水处理厂投入使用。铺设天然气管道7公里，凫山社区等村居用上清洁高效的天然气。铺设自来水管道13公里，东洋汶、邵庄等12个村用上安全卫生的城市自来水，为洪山口、任山等村单村供水村安装消毒设备，保障群众饮水安全。累计投资580余万元，开展环卫综合整治4次，动用大型机械200余辆，各类运输车辆290余辆，清理垃圾2000处1380余车，拆除各类违章棚厦40余处，村级环境焕然一新，驻地秩序井然有序，群众满意度不断提升；倡导绿色生活理念，抓好移风易俗工作，红白喜事程序简化，每桌开支分别下降30%和45%。

（大坞镇党委政府）

官桥镇

【概况】 全镇紧扣五大经济转型发展目标任务，大力实施工业集群化、全域城镇化、农业特色化、文化产业化"四项"战略，经济社会保持良好发展态势。全年生产总值完成44.8亿元，比上年增长8.7%；地方财政收入完成9336万元；固定资产投资完成26.2亿元，比上年增长14%；实际利用境外资金258万美元；主要经济指标均达到预期目标。先后被评为山东省旅游强乡镇、枣庄市秸秆禁烧和综合利用先进集体、防范和处理邪教工作先进集体、普法依法治理先进集体、十九大安保维稳工作先进集体，获得滕州市经济社会发展综合考核三等奖。

【工业经济】 抓好招商引资和重点项目建设，引进实施投资过千万元项目13个，完成投资15.3亿元。加大传统产业升级改造，先后实施技改、创新项目16个，其中5个项目被列入市定重点。一批重点项目加速推进，其中，投资1.2亿元的华安虹江赛克、投资5200万元的天工精密铸造、投资5000万元的嘉鸿环保设备项目等5个项目建成投产；投资1.2亿元的创彩7万吨高档玻璃器皿项目、投资1.5亿元的润泽新材料50万吨脱硫脱硝剂等项目进展顺利；中国煤科院有限公司投资10亿元的100万吨煤粉制备项目筹备开工建设。牵头完成国科控股项目区60万方渣土清运任务。

【现代农业发展】 推动特色农业经济发展，精心打造银杏、皂角、油菜、葫芦等6处特色基地，成功开发银杏系列、工艺葫芦系列等特色农产品10余个品种；在全市马铃薯节会上，获得特色农产品参展一等奖。以土地规模流转为手段，精心培育设施农业、家庭农场和农业托管典型，扶持发展一批新型农业经营主体，新增土地流转面积1980亩，新发展农业合作社2家、家庭农场5家。高标准实施郑庄区域、掌大区域高标准农田升级改造项目，完成磨庄、志门、北官庄等土地项目治理任务，进一步改善农业设施环境。

【城镇建设】 实施新一轮城镇总规修编，创建枣庄市级特色小镇——官桥古薛历史文化特色小镇。围绕省道345、BRT建设，率先完成156户3.6万平方米征地拆迁任务，获得2017年“加快发展看滕州”优秀重点项目奖。着力提升城镇功能品位，总投资1.2亿元、建筑面积4万平方米的城镇综合体项目建设顺利；完成镇驻地污水处理站建设。实施美丽乡村标准化建设，苏坦、马庄、时店、前官庄4个村圆满完成建设任务，村庄环境面貌大幅改善；完成2017年度3749户农村旱厕改造任务。持续推进镇村环境综合整治，城乡环卫一体化群众满意度调查位居全市第七名。北韩村、中韩村2个村被列入全市2018年度棚户区改造项目，拆迁摸底调查工作已完成。围绕省级“森林镇”创建，推进“四绿工程”，后官庄通过山东省森林村居创建验收，魏楼等4个村通过滕州市森林村居创建验收。坚持用“绣花”功夫实施罗汉山破损山体生态治理，累计栽植各类绿化苗木16余万棵，获得全市精品绿化造林工程评选第三名。组织开展罗汉山荒山绿化千人会战行动，高标准完成京台高速绿色通道增绿、补植和京沪高铁围村林等绿化建设任务，栽植各类苗木10余万棵、2200余亩。全面落实河长制清河行动，小魏河湿地公园建成，被列入全市“国务院河长制落实中期项目评估”迎检样本点，获得滕州市河长制考核第一名。在迎接中央环保督察工作中，率先完成畜禽养殖污染专项整治、燃煤锅炉取缔、储煤场整治等攻坚任务。

官桥小魏河人工湿地治理项目

【民生社会事业】 筹资1100余万元，完成镇区5条主干道、30公里硬化任务。实施完成村级“三件惠民实事”182件，苏坦小学、西郑小学建成使用，公交4路车东延7公里，受益群众达5万余人。做好精准扶贫工作，2017年预脱贫对象34户96人达到稳定脱贫标准。评选最美官桥人、书香家庭等先进典型24名，倡树良好社会风气。古薛国历史文化、北辛历史文化研究传承与建设迈出新步伐，北辛文化遗址公园即将建成，仲虺政德教育广场建成，古薛汉文化博物馆展馆开展规划设计，孟尝君礼贤园扩建实施；先后成功举办油菜花节、香椿采摘节、环薛河自行车赛、银杏音乐节等系列活动，累计接待各地游客8万余人。

（官桥镇党委政府）

洪绪镇

【概况】 全镇探索“1+3”基层党建工作法，创建6个基层党建示范点，完成“党委书记抓党建突破项目”和34件“支部书记”项目，建成全市首家集情景模拟、党性教育、组织生活于一体的党建模拟实验室。重视抓实基层基础，成立全市镇首家综合党委，“两个覆盖”持续推进。抓好正风肃纪，实行AB角补位，建立7条工作线，开展村级“三件实事”回头看现场观摩，守纪律、讲规矩、重实干的意识不断增强。全年实现生产总值51.3亿元，比上年增长8.5%；完成固定资产投资21.2亿元，比上年增长13.1%。

【经济发展】 一是突出抓招商引资。与国内外500强等企业集团对接，加强与中科院、省科学院等科研院所合作，抓好招商引资引智，新引进投资1.2亿元的纸张切选深加工、投资6500万元的光纤激光切割机床、投资5400万元的钢模板生产等项目14个，与世界500强企业正威国际集团洽谈的电子信息产业园项目正在选址。二是突出抓重点项目。牢固树立抓项目就是抓发展、抓技改、抓创新的理念，实施投资10亿元的中科蓝天新能源综合利用、投资8000万元的盈泰休闲食品车间等9个市定技改项目，其中6个建成投产；总投资15亿元的今缘春酒业异地迁建项目进展顺利；总投资5.6亿元的智能环保产业园项目正在选址。三是突出抓园区建设。深化腾笼换鸟、零地招商，盘活闲置土地120亩，改造老旧厂房6万平方米，完成“四上”企业培育4家、股改3家，新入园及拟入园项目4个。

【城乡建设】 新盈泰温泉度假村成功举办2017山东好时节中国·枣庄第九届温泉旅游文化节，龙园古镇举办金秋菊花节，新盈泰温泉度假村、上善公园、金庄农场成功入选全市十佳乡村休闲旅游景点。总投资2亿元的养老综合服务中心完成老年服务中心、社会福利院、儿童福利院、救助站“四位一体”主体工程；计划投资10亿元的滕州温泉颐养小镇入选枣庄市级特色小镇。投资4020万元的腾飞西路改造提升工程竣工，6800平方米的前洪绪三期建成上房，5500平方米的商贸房投入使用，2700平方米的新派出所基本完工，城镇面貌进一步提升。全力抓好扶持村级集体经济发展试点项目。重点探索“镇域统筹、三位一体”发展壮大村级集体经济路子，把试点重点向物业经济、混合经营方向转型，实施投资1334.4万元的17村联村异地共建、投资1136.16万元的18村联村异地置业、投资640万元的9村村企联手共建项目，实现村村有项目、集体有“活钱”，主要经验入选省委组织部案例汇编，分别在省、枣庄市抓党建促村级集体经济发展工作推进会上展播和作典型发言。按照清产核资、清人分类、配置股份、成立组织程序，完成7个村的集体产权制度改革，团结村代表滕州市多次迎接各级视察考察活动。实施总投资2724万元的4个土地治理项目和投资1000万元的井井通工程，辖区3.2万亩耕地实现全覆盖治理，土地产出能力进一步提升。实施绿色水系、绿色通道、绿色乡村、绿色平原“四绿”工程，突出打造秀美荆河“母亲河”，新增成片造林面积1200亩，栽植乡土苗木4万余棵，龙庄村被评为山东省森林村。开展“小散乱污”综合整治，取缔土小企业15家，拆除燃煤锅炉56台，关闭铸造厂14家、非法经营性储煤场3家，推广清洁煤炭2000吨，节能炉具250台，完成禁养区内畜禽养殖场清理整顿。建立健全河长制，开展清河行动，清除垃圾90余方、树木7万余棵。建立安全生产、环境保护、土地管理、村镇建设“四位一体”网格化监管机制，率先实施“一村一警务助理”，获评“平安枣庄”建设先进镇、两级市十九大安保维稳先进集体。

【民生事业】 投资880万元的苗庄小学教学楼防险加固、金庄小学教学楼新建工程完工，深化“小班化”特色办学模式，省政府督查教育工作座谈会在洪绪镇中心小学召开；家庭医生签约3万余人；在全市妇女儿童工作会议、全市庆“三八”基层妇女组织建设现场会上作典型发言。实施美丽乡村三年行动计划，完成投资1256万元的白龙湾等秀美荆河7村乡村连片治理，硬化户户通道路25公里，改造无害化卫生厕所1559户；开展移风易俗活动，美丽乡村创建率达到62%；聚力开展国家卫生城市创建，调整环卫一体化保洁公司；成功创建山东省卫生镇，12个村创建为省级卫生村。探索电商、邻里服务互助、孝善养老精准扶贫路子，开展贫困对象动态调整，全年脱贫10户19人，返贫及新识别6户14人。建立安全生产、环境保护、土地管理、村镇建设“四位一体”网格化监管机制，实施“一村一警务助理”，镇综治中心被命名为枣庄市示范综治中心。

（洪绪镇党委政府）

界河镇

【概况】 全镇围绕“五大经济”转型发展，抓好项目建设，培优做强马铃薯产业，着力办好民生实事，维护社会稳定，经济社会持续健康发展。全年生产总值实现45.9亿元，地方财政收入实现6768万元，农民人均纯收入实现16240元。被评为山东省森林镇。

【项目建设】 坚持抓招商、重技改，狠抓项目建设不动摇，引进过5000万元项目5个，完成技改扩建项目6个。其中全市首个马铃薯精深加工项目加紧安装设备，即将投入生产；鲁班温泉水世界项目全面运营；华杰豪医疗器械项目入园建设；浚鑫科技20兆瓦光伏发电项目开工建设；大明科技公司与清华大学合作建成科技研发中心，“新三板”上市工作进展顺利；深信节能环保科技项目运转良好，研究生培养基地正式启用；康养中心提升工程取得实效；枣菏高速建设工程稳步实施。

【特色农业】 以培育农业“新六产”为抓手，秸秆还田、土地深松、全程机械化等循环农业项目覆盖4万亩；农作物秸秆基本还田；建成全市首个飞防大队。轮作化种植初具规模，推广休耕轮作示范田1.2万亩、质量标识卡100万份，马铃薯抽检合格率达到100%。承办全市马铃薯生产全程机械化作业现场会，荣获第九届马铃薯节一等奖。马铃薯三产服务业日趋活跃，产业融合效应初步显现，群众收入大幅增加。

【城镇建设】 城镇品质在统筹中优化提升，供销社区域综合改造项目全面完成，1.1万平方米商贸房建成，实现满铺销售、旺铺经营。以闫楼村省级美丽乡村为示范，新建幸福楼、小龙河等美丽乡村4个。全面推行河长制，实施界河人工湿地净化工程、农村环境综合改造工程，新建污水处理站氧化塘7处。实施农村饮水安全工程，104国道东侧18个村、2.5万人成功吃上管网水。燃气管网工程建设全面竣工。集中开展两次环境卫生大提升行动，镇村环境明显改善。大力实施“四绿工程”，完成造林2360亩，高标准编制灵泉山省级森林公园十年规划。

【民生事业】 全镇“十件实事”高效落实，新建“四好农村路”57公里、改造无害化厕所3100户。唐楼村土地复垦项目完工，大官片区6000亩高标准农田综合开发项目基本完成。完成18户、36人的年度脱贫任务，枣庄市孝善养老扶贫现场会在界河镇召开。农村低保五保政策阳光运作，城乡居民医疗、养老保险全覆盖。马楼小学、徐营小学综合楼建设顺利实施。成功举办首届“十大美食”评选和赏槐花登山比赛等群众性文体活动。滕州至界河公交开通运行，农工党“同心助医”实践基地揭牌启用。强力推进环保执法活动，清理取缔“散乱污”企业14家。

（界河镇党委政府）

级索镇

【概况】 全镇圆满完成新一届村“两委”换届工作，51个村全部配优配强“两委”成员，党的基层基础全面夯实。全面推行“四定双诺三挂钩”目标管理，村级承诺事项办结率100%。加强村级阵地建设，完成前后韩社区党群服务中心建设，修缮提升韩桥、千佛阁等6处阵地。加强党建示范点建设，国地税“四合四力”、前王晁“3+3”模式进入全市先进行列。全年生产总值实现87.5亿元，一般公共预算收入完成3.68亿元，固定资产投资完成42.5亿元。先后被评为山东省信访工作先进集体、枣庄市平安镇、枣庄市依法行政示范镇、枣庄市十九大安保维稳先进集体等。

【工业经济】 引进落地建设过千万元项目11个，实施改扩建项目12个。龙彩新材料、聚福龙制衣、润龙太阳能光伏幕墙等项目建成投产，山东上然文化产业、金润达新材料、富大胶带等项目完成建设，中台蠕墨新材料项目安装设备，北京智圣汇文文化发展、钢结构彩钢保温板等项目签约落地；亿达华闻煤电化热电联产改扩建项目有序推进；山东耀国光热公司完成赴澳上市协议签订，公司中意德第四代太阳能高温真空集热管项目完成战略合作协议签订。推进园区提档升级，建成枣庄市首个乡镇级中小企业公共服务中心，全年置换落地项目7个。

【城镇建设】 以新320省道为轴，借助省市“户户通”政策、用活PPP项目资金，开展道路

级索新型城镇建设

建设攻坚行动。累计完成投资3800万元，新建硬化道路45公里，覆盖全镇三分之二的村。其中，在镇驻地，投资860万元，完成同济大街南段建设；在城镇南部和西部，投资1300万元，完成南环路和西环路建设；在镇域东部、西部和北部，完成以东孔、彭庄、孔楼、前王晁、赵坡、韩桥、姚庄等11个村为重点的“村村通”工程，并实施赵坡矿路建设，全镇实现省道、县道、镇道道道相通，南环、西环、北环环环相连。成功争取山东省2018年棚户区改造项目。

【现代农业】 全镇小麦、玉米亩均单产分别达到565公斤和650公斤，均居全省前列。深入推进农村产权制度改革，水磨庄村完成省扶持集体经济发展试点村建设，淤庄、前牛集等10个村完成农村集体产权制度改革，拓宽集体经济增收渠道。加强农业基础设施建设，投资100万元的现代农业粮食仓储、投资210万元的后王晁土地整治、投资1800万元的郭河下游段治理项目完成建设。

【生态环境】 完成新320省道绿化任务，流转土地312亩、覆土19万方。突出重点环节和节点，完成秀美荆河综合整治和级西路改造升级。加强塌陷地综合治理，北沙河湿地被评为省级湿地公园，总投资4100万元的湿地公园项目被列入国家采煤沉陷区治理项目库。加强水环境综合治理，污水处理厂二期改扩建有序推进，园区“一企一管”加快建设。彻底清理储煤场49家，关停畜禽养殖场39家、整改达标60家，实现整治无盲区、全覆盖。

【民生事业】 实施学校建设三年行动计划，总投资860万元的中心小学、龙岗小学新教学楼及育才幼儿园建成启用，西孔小学等学校建设加快推进。推进农村无害化厕所改造示范镇建设，完成旱厕改造5016户，建成旱厕改造示范村19个。建成后牛集、时庄、郝屯市级美丽乡村3个。聚力打好脱贫攻坚战，创新成立邻里互助农机扶贫示范合作社，建立三位一体帮扶机制，实现扶贫效能最大化。加强文明之乡建设，成功举办首届“最美级索人”评选活动，高标准建成镇图书室、乡村记忆馆。在枣庄市下半年移风易俗满意度电话调查中位居枣庄市镇街第一名。

（级索镇党委政府）

姜屯镇

【概况】 围绕建设经济文化生态融合发展强镇目标，着力发挥秀美生态、优越区位、协调产业、厚重文化“四大优势”，大力实施党建特色化、农业高效化、制造业高端化、服务业专业化、镇村城市化“五大战略”，聚焦五大经济转型发展，经济社会各项事业迈上新台阶。全年地方生产总值实现46.26亿元，同比增长8.1%；固定资产投资237760万元，同比增长24.8%，其中5000万以上投资达到33.4%；服务业增加值16.22亿元，同比增长8.9%。先后被评为山东省文明镇、山东省卫生镇、枣庄市特色小镇、平安枣庄建设先进集体、枣庄市普法依法治理工作先进集体等。

【城镇建设】 美丽乡村全域推进。投入600余万元实施以沙东村为龙头的“1+6”小连片治理项目，形成辐射面积达20平方公里的美丽乡村示范片区，累计创建省级美丽乡村8个，枣庄、滕州两级美丽乡村42个。镇区改造明显升级。百地茂商城列入棚改计划，民意家园项目稳步推进。启动实施天和人家城镇综合体项目。实施镇驻地亮化工程，投资40余万元，新安装太阳能路灯150盏。天和大道完成路基建设。成功申报“古滕善国花卉小镇”枣庄市级特色小镇。

【现代农业】 农业基础设施得到加强。投资600余万元的5000亩高标准农田项目全面完成；实施井井通电工程，新上变压器168台。农业改革深入推进。完成土地承包经营权确权颁证74个村，完成17个村的集体产权制度改革试点任务。新流转土地2000余亩，新发展农业合作社10家，家庭农场1家，农机合作社共11家，家庭农场共7家。正德康城种植专业合作社被评为“国家级示范社”，润明葡萄专业种植合作社被评为“省级示范社”。农业示范园区形成规模。总投资2700万元的万竹园农业科技示范园完成建设，投资500万元的润明葡萄园主体结构建设竣工，获得绿色食品认证。总投资1.2亿元的丰谷云农现代农业科技园项目完成规划。

【工业经济】 坚持工业强镇不动摇，持续推动工业经济规模、质量、效益同步提升，实现由农业大镇向工业强镇转变。工业项目快速推进。总投资20亿元的北玻院科技成果转化基地项目成功落户，首套智能风电叶片模具成功交付并试生产；总投资1.8亿元的腾拖集团二期工程配件加工项目，新上生产线6条，填补大马力拖拉机制造的山东空白；总投资1.6亿元的交运新能源项目，能够满足200辆大型纯电动公交车同时充电，是省内单次同时充电规模最大的综合性充电示范站场。招商引资成果丰硕。将招商引资作为推动全镇经济社会发展的突破口，采取多种形式开

腾拖大中型拖拉机生产建设项目

展招商引资活动，新招引落地项目10个，招引过5000万元项目9个，过500万元项目1个。欧派新能源电动车、安森建材、泰力数控、汇通生物科技等项目先后落地。企业技改步伐加快。牢固树立“抓技改就是抓创新”理念，实施总投资1.25亿元的技改项目9个。福德新能源完成空气能定频热水器研发，获得实用新型专利；美华塑业童车研发中心建设完成，研发出新型三折叠多功能童车；大彦纺织转向高档功能墙布生产。

【旅游服务】 深入挖掘古滕国和善文化根源，依托滕国故城，投资400余万元，建设善政文化广场，成为靓丽“城镇客厅”和休闲主题公园，复铺文公台旅游专线，复修古灵沼池，让千年灵沼池再现灵光，重新擦亮“善国”和“善文化”品牌，中央电视台4套《走遍中国》栏目组进行专访。先后投资500余万元，按照“千年古村、田园滕城”形象，全面改造东滕城村，完成“国家级传统村落”申报。沿秀美荆河、上善公园，全力推进环镇旅游圈建设，布点发展30余处农家乐、采摘园，形成吃、住、游、体验“一条龙”的乡村游体系。

【民生事业】 建立精细化、常态化、制度化的道路“路长制”管理机制，明确8名副科级领导干部担任路长，累计整治主干道路20公里。投资100余万元完成全长8.9公里红荷路姜屯段绿化提升任务；投资300余万元对学院路（104国道至镇驻地段）提档升级，更换绿化树木。深化村级“四定双诺三挂钩”任期目标管理，完成村级承诺事项1096项。大洪疃小学教学楼、白联小学幼儿园、胡村小学幼儿园主体工程完工。22个村实现“户户通”，旱厕改造8370户。按照1名科级干部联系40户、1名机关干部帮包5名的标准，精准识别全镇740户1751名贫困人口，实行帮包责任制、一包到底，切实为困难群众办实事、办好事。依托镇综治工作中心和矛盾纠纷多元化解中心，探索推行“325”人民调解工作新模式。率先在基层法庭建立诉非对接站，成为全省典范。加快推进“一村一警务”建设，高规格打造沙东、大杨庄、刘楼、百地贸商城四大警务室，沙东村警务助理工作站成为全市警务助理工作站建设典范，迎接枣庄市“一村一警务助理”现场会。举办枣庄市“6·26”国际禁毒日宣传活动暨滕州市禁毒教育基地揭牌仪式，打造青少年接受禁毒宣传教育大课堂。

（姜屯镇党委政府）

龙阳镇

【概况】 全镇贯彻“两学一做”常态化制度化要求，压实党建责任，狠抓“百日提升”，基层组织生活、党务村务管理规范运行；针对13个重点村和薄弱村由领导干部、机关和镇直部门负责人“四帮一”，基本实现帮扶目标；开辟龙阳讲堂，建设龙湖精神党性教育基地，多渠道加强党员干部教育，狠抓干部管理监督，党员干部作风持续好转。全年生产总值完成30.55亿元，地方财政收入4222万元，工业主营业务收入33.04亿元，固定资产投资13.10亿元，城乡居民人均可支配收入15306元。先后被评为枣庄市平安镇街、枣庄市十九大安保信访维稳工作先进集体、枣庄市可持续发展示范镇、枣庄市“四德工程”建设示范单位等。

【现代农业】 大力实施特色农

产品品牌培育工程，在“龙阳绿萝卜”取得国家地理标志产品登记保护的基础上，启动国家地理证明商标注册，开发出龙山槐花茶、槐花蜜等旅游特色商品。持续做强新型经营主体，发展专业合作社8个、家庭农场2个，各级示范合作社达到10个，流转土地近2000亩，新增葡萄、苹果等成片林果种植1600余亩。着力打造农业龙头，建成占地480亩的锦天牡丹园，实现一期开园运营；引入占地近800亩的云岭田园现代农业综合体，完成高标准智慧农业馆主体建设。大力实施秸秆粉碎还田利用工程，两季马铃薯秧和小麦、玉米秸秆基本实现还田利用。

【旅游服务】 委托天津大学城市规划设计院启动龙山龙湖风景区总体规划，明确运动休闲小镇定位，综合实施道路、景观和运动休闲、乡村旅游设施提升配套工程。新修4.5公里观湖路，扩宽并复铺12.5公里环山路，在双龙路北侧新建3.1公里骑行专用道，实现30公里山水环线全部柏油化。以乔灌草立体搭配，多树种分段突显特色，在沿线新栽植各类苗木5万余株，把道路变成四季多彩的景观长廊；建设轮胎乐园、儿童乐园、望湖公园等休闲节点，小河子、张山口等运动休闲驿站，享翠亭、怀月亭等观景亭台，打造出丰富的运动休闲场所点；引入智慧骑旅共享单车，配备停车场、旅游厕所和道路安全防护设施，增设运动标识、休闲导览。建设运动休闲小镇，拉开城市后花园发展框架，为市民和游客运动休闲创造良好条件，被列入山东省最美100骑行道，成为全省自行车、马拉松、垂钓训练比赛基地，争取到承办2018年度山东省全民健身运动会万人骑行活动、北京国际山地徒步大会滕州分站赛的资格，获得2017“加快发展看滕州”重点工作优秀项目奖。

【工业经济】 确立投资意向项目9个，落地开工投资过5000万元项目4个。投资4.7亿元的得发环保设备项目完成场地平整和建筑基础浇筑；投资7300万元的华宝卫生制品新上高端生产线及研发中心项目、投资8000余万元的新大川机床激光设备项目建成投产；投资23亿元的圣奇奥轮胎基地项目落地市经济开发区。实施企业技改扩建项目9个，实现吉田股份在“新三板”挂牌，华宝卫生制品公司取得自营进出口权，乐贝尔童车成功打开非洲市场。

【镇村建设】 完成“户户通”硬化道路工程94.5公里，5个村整村复铺沥青路面，20个村新实现“户户通”目标；新建清洁卫生厕所3670个，22个村实现改厕目标；为7个村配套自来水消毒设备，在26个村实施自来水并网改造工程；完成焦庄村省级美丽乡村示范村和小河子等6个村B级美丽乡村创建；高标准完成京台高速、京沪高铁“绿色通道”建设，完成50余公里主干道路、村级道路和河边堤道绿化补植。切实抓好镇村环境卫生综合整治、突出环保问题专项整治、“清河行动”，加强重点领域监管执法，维护山青水碧天蓝良好环境。

【民生事业】 深入检查和整治扶贫领域存在的问题，开展精准再识别，推进扶贫项目规范化运作，实现脱贫攻坚施力更准、成效更实；持续加大文化教育卫生投入，完成冯庄小学新建教学楼建设及配套，提升改造村民健身广场12个，建成孔子学堂2处；抓好“四德”工程建设，开展“最美龙阳人”评选；组织各村办好三件实事，年初确定178件，年底完成224件。居民基本养老保险、医疗保险及农村低保等各项社会保障持续加强，日常和重点时段安全维稳工作取得显著成效，保持生产安全、社会稳定的形势。

（龙阳镇党委政府）

木石镇

【概况】 全年牢固树立五大发展理念，围绕建设“国家级化工新材料基地”目标，坚定不移调结构，千方百计稳增长，凝心聚力惠民生，强力打造“产业高地、和谐康城、墨子故里、山水木石”，保持经济社会持续稳定发展。全年生产总值实现53.72亿元，地方财政收入1.51亿元，固定资产投资40.7亿元，进出口总额1.7亿元。荣获山东省平安农机示范镇、枣庄市文明村镇等称号。

【项目建设】 新引进过亿元项目6个，在建过亿元项目8个、技改项目13个，实际利用境内资金突破30亿元。光大环保发电项目正式投产；瑞达化工聚丁烯、中峰化学醋酸纤维素、森萱二氧戊环、渤瑞环保危废集中处置、扬子化工废弃物综合利用等6个项目试生产；鲁南化工、联泓新材料、新能凤凰3个重大技改加速推进；国科控股中试基地、新奥能源泛能网、绿灵脱硝剂、渤瑞环保二期、华怡外贸服装加工等5个项目即将开工建设。

木石镇森萱新材料二氧戊环项目

【产业发展】 高质量完成化工企业“三评级一评价”工作，取缔关停企业2家。工业主营业务收入实现52.7亿元、利税4.6亿元，实际利用境外资金195万美元。联泓新材料技术中心被认定为省级企业技术中心，公司获评全国石化百强民营企业、山东省化工新材料十强企业。龙振生态公司被评为中国现代农业示范园区。扩大土豆种植面积1000余亩，培植林果专业村6个，巩固发展林果面积4500亩。限额以上重点服务业单位增加到11个，服务业增加值17.35亿元。

【镇村建设】 先后完成木石镇及园区总体规划、南片区控规、产业规划、水资源论证、跟踪环境评价，以及园区安全生产事故和突发环境事件应急预案，通过枣庄市级化工园区认定和省级园区认定专家组现场验收。天然气供应管道、南水北调沂南沂河段配套、园区污水管网修复、国泰大道复铺及红绿灯区域改造、联泓环厂路硬化等工程完工。园区棚改涉及5个村居、2160户居民房屋拆迁完成，创造“五日报捷”村居搬迁新速度，安置区建设加速推进。

【生态建设】 实施荒山绿化、经济林建设工程，开展笃山“警地共建共育林”及薄山认建、认养义务植树基地活动，栽植侧柏2.3万余株。高标准完成墨子湿地绿化升级、环企业和园区周边绿化。抓好“四绿”工程建设，栽植绿化乔灌木5万余株，完成高速、高铁及主干道沿线绿化及补植工程8.9公里。先后整改环保安全问题23处，取缔土小企业10家，清理燃煤锅炉15台，整改煤灰场、铸造厂、养殖场54家。

【民生事业】 精准扶贫工作卓有成效；卫计送健康活动服务4万余人次；24个村居饮用水消毒设施投入使用；文化下乡送戏、播放电影280余场次，建成村级文化服务中心5个；凤翔小镇小学幼儿园完成主体建设。新农合、新农保覆盖率达100%，本级报销医药费460余万元；发放五保、低保资金及各类补贴1450余万元；救助贫困人员1200余人次。新修“户户通”道路42公里，旱厕改造完成2836户。危化品安全生产专项整治成效显著，开展烟花爆竹、校园安全检查13次，社会保持持续稳定。

（木石镇党委政府）

南沙河镇

【概况】 全镇围绕“五大经济”转型发展，以党建工作为统领，实施工业集群发展、农业集约经营、服务业扩面提质、城市化全域覆盖、民生普惠共享五大工程，打造全市新型工业引领区、高新技术孵化区、农村改革示范区，推动经济社会持续健康发展。全年生产总值实现33.83亿元，地方财政收入实现8787.8万元，固定资产投资实现20.53亿元，农民人均可支配收入实现19692元。先后被评为全国计划生育协会先进单位，全国美丽乡村建设示范镇，山东省卫生镇，枣庄市县域创新驱动试点单位，枣庄市农村改革试点镇，枣庄市2017年三夏秸秆禁烧和综合利用工作先进集体，枣庄市招商引资工作先进单位，枣庄市科技创新先进集体，枣庄市反邪教工作先进集体，枣庄市信访“三无”乡镇，枣庄、滕州两级市十九大安保维稳工作先进集体等。

【项目建设】 落实“三合一”工作机制，以开发区为依托，大力开展“以商招商、以企招商、产业招商”，组织招商活动46次，接待客商200余人次。实施过3000万元项目17个，其中过亿元项目7个，投资1.6亿元的伟业紧固件生产项目等9个项目建成投产，投资3.6亿元的高性能微混启停电池生产项目等5个项目加快建设。抓项目建设，培植壮大主导产业。企业总数达到284家，规模以上企业达到28家，形成机械制造、食品医药、新能源新材料、汽车服务、建安开发五大产值过10亿元的支柱产业。工业主营业务收入实现72.1亿元，利税实现7.33亿元，分别增长10.4%、16%。

【科技创新】 坚持把创新作为引领发展的第一动力，引导企业依靠人才及科技创新提升核心竞争力，推动产业转型升级。树立“抓技改就是抓创新”理念，鼓励支持企业加大技改投入，实施技术创新和技改项目20个，完成投资16.5亿元，其中6个被纳入省级项目，全部建成投产。引导企业聚焦研发平台建设，在拥有1家国家级博士后科研工作站、2家院士工作站、8家省级技术中心的基础上，新申报国家级、省级、枣庄市级科研平台各1家，省级高新技术企业1家。新申报专利40项，专利总数达到312项，7家企业参与国家标准制定，其中4家为行业副理事长单位，获得多个领域行业标准制定的话语权。益康药业合作项目“化学药物晶型关键技术体系的建立与应用”获得“国家科技进步奖二等奖”，填补滕州市国家级科技奖励上的空白。14家企业具有自营出口权，其中2家企业获得海关AA类管理资格。树立“企业上市是最好招商方式”理念，完成股份制改造企业3家，益康药业完成“新三板”上市材料递交。

【城市化进程】 按照中心城区标准建设镇域，全力推进环卫、道路、自来水、公交、供电、卫生厕所改造“六个一体化”。结合全市创卫工作，累计清理清运各类垃圾3万余吨，拆除破旧广告牌8000余平方米，店外店棚厦6000余平方米，在南池、龙泉路西侧、上徐等相关路段规划建设3处临时便民农贸市场，集中安置流动摊贩200余家。持续提升环卫一体化工作水平，投资26万元新上电动垃圾收集巡查车2辆，更新垃圾箱61个、垃圾桶400个，在下半年枣庄市城乡环卫一体化工作群众满意度电话调查中，得分位居全市各镇街第一。加快城镇基础设施建设。新增硬化道路25.1公里，6个村完成年度建设任务，农村道路硬化总里程达200公里。实施无害化卫生厕所改造3300户，新建旅游厕所4座。在全市率先完成省道345枣济线工程建设清障任务。投资300万元实施济枣路全面整治提升工程，投资230余万元立面改造笃西路沿街门面。打造现代化生态园林城镇。大力实施“四绿”工程，新增造林面积1800亩，绿化道路24公里，全镇林木覆盖率达到37%。实施总投资2300万元的郭河湿地公园项目一期工程竣工，投资1300万元的笃山口破损山体生态修复工程竣工验收，有效改善生态环境，提升城镇形象。加快建设美丽乡村。以创建省级美丽乡村示范村——前辛章村为依托，实行“1+6”创建模式，带动周边后辛章等6个村连片建设，通过提高美丽乡村建设品质，打造美丽乡村升级版。

【现代农业】 一是探索集体产权制度改革。完成8个村改革任务，探索推行资产分红型、保护型、扩股型三种改革新模式。新发展村级股份经济合作社2家，北池村成功注册成立滕州市首家农村置业股份经济合作社，利用村级闲置建设用地大力发展股份合作经济，探索农村改革新路径。二是创新土地规模化经营方式。采取土地流转、土地托管和社会服务三种形式培植经营大户，促进土地规模经营。土地规模经营面积达到耕地面积的71.8%。三是发展现代农业新业态。依托城市近郊优势，探索农业产业融合，打造农业新型业态。规范提升2600亩的春泽现代农业示范园，形成集特色种植、生态养殖、休闲观光为一体的特色示范园。加快推进鲜润果蔬种植规范专业合作社建设，打造现代农业综合体。四是完善农业基础设施建设。投资45万元的北古石水库—东魏塘坝水毁修复工程竣工验收，增加灌溉面积200亩。投资530万元的东魏村土地治理项目、投资485万元1万亩高标准基本农田综合改造项目竣工验收。农业基础设施将全面改善，为发展现代农业提供保障。

【社会事业】 连续七年实施“十项民生工程”和“百件惠民实事”，实现环卫一体化、农村高清数字视频监控、健身广场、校舍及校园餐厅建设全覆盖。38个村承诺办理民生实事137件，完成134件，占承诺总数的98%。摸底核查建档立卡贫困户，明确市、镇帮扶责任人，聚焦产业扶贫，依托瑞宇光伏项目、家庭农场，15户32人实现脱贫目标。不断深化移风易俗工作，通过文明创建活动、综合施策治理手段、文化普及活动，形成科学健康文明简朴婚丧新风，在滕州市移风易俗满意度电话调查中，得分位居全市第一。坚持计划生育基本国策，落实“全面二孩”政策，获“全市人口和计划生育责任目标一等奖”。夯实综治工作基础，投资100余万元建设集社会治理、公共服务等功能的综治工作中心，被评为枣庄市综治示范中心。开展环保专项整治行动，依法取缔储煤场4处，落实整改2处；关停整改养殖场21家，取缔清理10蒸吨及以下燃煤小锅炉15家。安全生产、平安稳定等各项工作取得显著成绩。

（南沙河镇党委政府）

西岗镇

【概况】 全镇全年生产总值实现86.9亿元，地方财政收入完成7.75亿元，农民人均纯收入24360元。先后被评为全国重点镇、全国小城镇综合改革试点镇、全国创先争优先进基层党组织等15项国家级荣誉称号，被列入山东省百镇建设行动示范镇、山东省新型城镇化综合试点镇、新生小城市试点镇、全域供暖示范镇。7月，被列入全国第二批特色小镇。

【项目建设】 引进过亿元项目5个，过千万元项目19个，完成工业技改21项，固定资产投资42亿元。亚硅科技新材料、三晶高档卫浴、盛隆脱硫废液提取精盐等重点项目推进，清华大学化工科研中心、清华大学硅胶研究所相继落户。

【美丽乡村建设】 干群同心、携手并肩，圆满完成“三拆两建四上”，拆除旧村30万平方米，新建社区55万平方米，4个村回迁上房，港湾明珠项目启动建设。坚持镇村统筹发展，新建美丽乡村7个，东王庄被评为全国文明乡村，高庙被评为全省美丽乡村示范村。

【民生事业】 投入民生资金2亿元，新修道路80公里，供电井井通6.5万亩，新建高标准中心幼儿园新园、综合文化中心，香舍里大街、笃西路、外环路、老济微路平整通畅，人民公园景致优美，全民健身蓬勃开展，发展更有温度，幸福更有质感。

（西岗镇党委政府）

羊庄镇

【概况】 全镇积极探索“党建+互联网”“智慧党建”“党建1+1”学习教育新模式，为全镇2516名党员建立信息台账，推行“一村一盒、一人一档”。建立羊庄镇驻沪人员党支部，提高流动党员管理质量。完成30个机关、学校、非公企业和村“两委”换届，为“两新”组织全部配备党建指导员，实现基层党建全覆盖。全力推进羊庄“四区”建设，经济社会发展保持稳中有进良好势头。全镇生产总值实现31.18亿元，同比增长6%；固定资产投资20.91亿元，同比增长7%；公共财政预算收入达3987万元。先后被评为枣庄市十九大安保先进单位、枣庄市对外开放工作先进集体、滕州市扶贫开发工作先进集体、环境卫生工作先进集体。

【项目建设】 依托滕州中联和辰龙鑫岩两大龙头企业，新型建材产业集群初具规模。总投资1.6亿元的鑫岩公司年产300万吨高品质建筑骨料项目投入生产；总投资1.4亿元的泰宗钝化石灰原料生产项目办理采矿评审手续；总投资1.1亿元的滕州中联机制砂生产线项目进行厂区前期建设；总投资1.5亿元的10MW中建材浚鑫分布式光伏发电项目动工建设；总投资1.5亿元的科利机电二期混凝土及骨料机械设备制造项目厂房建设完成，进行设备采购；总投资7500万元的科麦艺6万吨精细面粉技改项目，完成意大利面粉生产设备的购置安装，全面投产；总投资1200万元的福源高档面巾纸技改项目正式生产。

【特色农业】 在陶山东、大峪庙等19个村完成农村集体产权制度改革，新流转土地1400亩，土地流转面积累计达到1.62万亩。投资1000余万元的中黄沟为农服务中心完成仓储库和加工车间建设，农业社会化服务体系进一步完善。问鼎生态农业一期完成500亩新品种樱桃培育基地建设；谷德芦笋二期完成芦笋茶加工厂房和冷藏车间建设。新发展高效节水灌溉蜜桃种植示范园800亩、樱桃种植1000亩、山坡核桃种植2000亩，农业规模化经营初见成效。大力推进农业标准化和品牌化战略，新增涵旭蓝莓、土城甘蓝等“绿色农产品”品牌4个，农业质量效益稳步提高。

【镇村建设】 实施“四绿工程”，完成枣木、京福高速公路绿色通道提升和“村村通”沿线绿化建设，累计补植各类苗木7万余株。总投资3000万元的薛河人工湿地水质净化工程完成道路和沿河景观绿化。完成西江村、东辛庄、范西3个国土治理项目和南马山山体治理。开展“散乱污”企业环保联合执法，关停“五小”企业8家，关闭搬迁畜禽养殖场47家，整改突出环境问题19件。严格落实河长制，高标准完成清河任务，生态环境得到改善。总投资1.8亿元的范蠡西施风情园项目完成一期工程建设。启动实施滕县县委旧址纪念馆和洪振海烈士陵园修缮保护工程，“中国传统村落”东辛庄村保护开发项目顺利推进，“红色圣地、生态古镇”的旅游品牌影响力明显提升。

【民生事业】 支持配合庄里水库及配套设施建设，西江安置点完成移民搬迁上房，后台安置点152户安置房加紧施工建设。启动实施6处中小学、教学点改造提升和羊庄幼儿园宋屯分园、土城分园建设，土城幼儿园完成建筑主体工程，宋屯幼儿园进入招投标阶段，农村教育基础设施得到有效提升。通过产业扶贫、孝善养老和危房改造等扶贫措施，实现87户179名贫困户脱贫，完成年度预脱贫任务，精准扶贫取得阶段性胜利。总投资2000万元的医养结合养老院项目开工建设，20公里“户户通”道路硬化、3200户旱厕改造和47户危房改造任务圆满完成，镇村面貌显著提升。

（羊庄镇党委政府）

张汪镇

【概况】 全镇按照“1236”总体工作思路，即围绕打造百亿产业集群“一个目标”，着力夯实枣矿集团非煤产业和大宗集团二次创业“两大支柱”，不断强化党的建设、法治建设、作风建设“三项保障”，全力推进煤电循环经济、大宗品牌效应、农业基础设施、城镇门户形象、民生保障改善、干部能力素质“六大提升工程”，经济社会保持持续发展态势。全年生产总值实现48.35亿元，财政收入完成8214.98万元，固定资产投资完成20.48亿元。

【项目建设】 强力推进招商引资、项目建设、园区建设“三合一”工作机制。依托枣矿集团、大宗集团等资源优势和引领效应，招商引资项目完成投资16.54亿元，实施过亿元项目5个。总投资31.8亿元的枣矿田陈富源2×35万千瓦煤矸石综合利用项目全面开工建设，并荣获2017年“加快发展看滕州”重点工作优秀项目；山东金宗粮食仓储中心、金宗新能源沼气发电项目投产运营；微晶石装饰材料项目申请省发改委备案，办理环评手续；晟昊环保科技液体膜、山东铁耀汽车零配件等项目办理相关手续。强化企业技改，推进企业技改项目9个，累计完成投资2.04亿元，其中滕南中联资产重组技改、年产6万吨变性淀粉、年产5500吨的SS无纺布扩建生产运营，大宗煤矸石热电超低排放、祥润化工高端环保产品、大展化纤纺织、恒聚新型墙体材料等技改项目顺利推进。立足鲁南地区新的清洁能源发展基地、循环经济示范园区战略布局，坚持把园区建设打造成镇域经济发展新引擎，抓好园区产业发展规划和滕州南部供热规划。完成镇级电商服务中心建设，张汪镇薛之都青年电子商务创业园，入驻电商50余家，并被评为滕州市级创业园。全镇规模以上工业企业发展到17家；工业主营业务收入实现28.15亿元，同比增长13.5%；工业利税实现2.2亿元，同比增长15%；实际利用市外资金16.54亿元。

【现代农业】 农业经营体制改革不断深化。大力培育农业新型经营主体，建成农民专业合作社和家庭农场124家，规模经营面积11000亩，完成杨楼、苏河等20个村集体产权股份制改革。汇财元宝枫种植专业合作社被评为省级林业示范合作社。农田基础设施不断完善，已有7.4万亩农田实现基础设施改造。新型木本油料植物元宝枫实现规模种植，基地总面积发展到1万亩，元宝枫茶、元宝枫籽油、元宝枫面条等产品生产运营，总占地面积21.3亩的国家级元宝枫科研所在市工业园区完成选址。冠英农业食用菌基地暨医养小镇、瑞百堂高效生态循环农业示范园项目快速推进。被枣庄、滕州两级市授予2017年度“三夏”秸秆禁烧和综合利用工作先进集体。

【镇村建设】 实施“四绿”工程建设，因地制宜栽植元宝枫等绿化苗木，完成104国道、344省道、园区主干道等道路绿化27公里，平原绿化造林1300余亩，6个村完成“森林村居”创建。城镇承载功能不断完善。建成旅游公厕3座，张汪至滕州城区的2条公交线路开通运营。全面加强生态环境治理。巩固提升环卫一体化水平，委托山东利民保洁公司开展市场化保洁服务，彻底清理垃圾死角和“三堆两垛”，累计粉刷主干道路两侧墙面27万平方米。涉及镇污水处理站以及杨仓、孙楼等5个村农村环境卫生综合整治项目竣工并投入使用，薛河湿地张汪段改造工程有序推进。集中开展“清河行动”，明确“河长制”，彻底清理整治辖区内5条河道沿岸的违章建筑、垃圾、树木、养殖场。注重发挥村级主体作用，以104国道、344省道等主干道路沿线村为重点，深入推进美丽乡村建设，新建美丽乡村15个。大宗村上榜2017中国名村影响力（300佳）排行榜，位列第79位，被授予“省级文明村”称号。北李庄村被省林业厅授予“2017年度山东省森林村居”。

【民生事业】 全力办好镇“十件实事”和村级“三件实事”，十二年一贯制张汪实验学校设施提升工程完成，大宗小学幼儿园教学楼、邓联小学连廊楼竣工并投入使用。完成涉及23个村“户户通”道路硬化工程27.6公里，10个村电网改造工程。无害化卫生厕所改造12100余户，位居全枣庄市镇级第1名。新建村级休闲健身广场12处、以旧换新健身器材5处，书画大院14处。加强和创新社会治理，强化矛盾纠纷多元化解和安全生产网格化监管力度，坚持把各类隐患化解在萌芽状态。被授予“枣庄市十九大安保维稳工作先进集体”“枣庄市信访工作先进集体”称号。

（张汪镇党委政府）

北辛街道

【概况】 全街道紧紧围绕“稳增长、促发展”目标，坚持以提升经济发展质量为中心，以做强城市经济为主导，以建设精品城市、美丽乡村为重点，务实创新、拼搏进取，经济社会发展呈现出稳中有进的良好态势。全年生产总值实现62.23亿元，比上年增长8.2%；固定资产投资完成42亿元，比上年增长12.8%；地方财政收入完成2.78亿元。街道被评为“省级生态乡镇”“全省残疾人组织建设示范街道”“山东省幸福进家先进单位”“枣庄市十九大安保维稳工作先进集体”，双坛社区被评为省级文明社区。

【项目建设】 城市经济繁荣活跃。确立“城市经济转型发展”根本方向，提出打造“3平方公里北部特色新城”美好蓝图，推动北辛街道走全新发展道路。培育城市经济涵养新能力。实施“八纵五横”路网建设，启动5个区域棚改项目，科圣北路、新兴北路建成通车，赵场区域改造为全市提供可推广、可借鉴、可复制的城区集体土地房屋搬迁“北辛方案”。开创商贸物流中心新局面。投资10亿元的德意君瑞商业综合体有序推进，12亿元的跨境电商仓储物流产业园顺利落地，12.5亿元的国际冷链物流产业园一期竣工运营。打造新兴服务业发展新高地。投资12亿元的嘉誉电子商务及青年创业大厦项目进展加快，历史文化标记“石牌坊”重建落成，接官巷二期启动实施，台湾风情街落地建设，第二届伏羊文化节成功举办，新兴服务业成为城市经济增长的重要一极。工业经济提质增速。实施技术创新项目10个，完成技改投资4.1亿元，工业主营业务收入实现68亿元。天旋公司建成全国唯一的省级研发中心，4项实用新技术获国家专利；久旋公司顺利入园，新建高标准技术研发大楼；瑞祥纺织公司建成3000平方米技改车间；中信食品公司启动厂区技改扩建项目；智星电力电子公司成功申报枣庄技术中心。

【现代农业】 农业经济稳步发展。狠抓粮食生产和技术保障，大力推动农业结构调整，绿色无公害蔬菜种植面积突破4000亩。转变农业生产方式，新建马铃薯标准化种植基地1处。深入推进集体产权制度改革，北楼、北关村改革经验影响广泛，迎接农业部及省内外调研考察团17次。

【城市建设】 聚力打好创卫攻坚战。投入7300余万元，更新改造主次干道、背街小巷153条

22 万平方米，接收整治老旧小区 31 个、农贸市场 7 个，新建便民市场 3 处，狠抓重点部位、重点行业管理，创建国家卫生城市取得圆满成功。全面推进美丽乡村建设，3 个居达到枣庄市级美丽乡村标准。生态经济优势显现。大力开展“人均 4 棵树、户均 2 棵花”植绿活动，建成林荫停车场 10 处，种植花草树木 10 万余棵，新增森林面积 677 亩；开展水资源保护和“清河行动”，建设冯河流域 5 公里绿色长廊。实施“发展绿动力”计划，改造花卉苗圃基地 800 余亩，引进生态农业示范园项目 1 个，旅游观光、林果经济在北辛悄然兴起。聚力打好环保攻坚战。全面清理禁养区畜禽养殖场，坚决取缔于楼废旧塑料市场，彻底消除危害多年的环保痼疾，开展储煤场、砂场、铸造厂、餐饮油烟、燃煤锅炉专项整治，集中精力解决环保信访案件，做好迎接中央环保督察各项任务。

北辛植物园

【民生事业】 十大民生工程扎实开展，居级双向承诺圆满完成。城乡一体的居民养老、医疗保障制度全面建立。社区警务“双理”新模式常态运行，“法律服务进基层”推进。4 个学校建设工程同步实施，九年一贯制冯河学校即将招生使用，全面解决大班额问题指日可待。慈善募集善款 274 万元，发放救助金 150 余万元，受益群众 1000 余人次，捐款和救助金额均创历史新高。就业创业、卫计服务、城乡低保、文化体育等各项惠民事业走在全市前列。聚力打好精准扶贫攻坚战，精准识别、动态管理，实施扶贫开发项目 4 个，开展善孝养老和邻里互助行动，538 户纳入贫困户全部“稳定脱贫”。

【社会治理】 聚力打好安全生产攻坚战。夯实监管网络、建立联动机制，安全隐患排查形成常态，“打非治违”、小餐桌整治取得显著成效，完成涉氨治冷企业专项整治工作。聚力打好信访稳定攻坚战，坚决完成“十九大安保维稳”政治任务，做好退役士兵安置和权益保护，受到枣庄、滕州两级市表彰。

（北辛街道党工委办事处）

荆河街道

【概况】 全街道牢固树立“五大经济”发展理念，抢抓机遇，经济社会各项事业发展势头强劲。全年地方财政收入完成 1.98 亿元，固定资产投资完成 36 亿元。先后被评为滕州市唯一一个山东省创业型街道、山东省幸福进家活动先进街道、枣庄市对外开放工作先进单位、枣庄市维护稳定工作先进集体，获得滕州市经济社会发展综合考核二等奖、“加快发展看滕州”重点工作优秀奖。

【项目建设】 把项目建设作为打基础、利长远的责任工程、使命工程、发展工程。围绕项目引进，实施精准招商、亲情服务，新招商项目16个、引资额突破30.5亿元，其中，投资10亿元的装饰大世界推进快速，一期工程正式营业，二期工程全面竣工，三期工程开工建设，连续刷新滕州项目建设新速度。总投资7亿元的中万国际城市综合体和知名品牌大润发超市项目盛大开业。投资2.8亿元的居然之家滕州旗舰店实现当年度招商、当年度开业运营。围绕工业项目，加快技改和新旧动能转换，累计完成投资10.7亿元。其中，常发工贸TB系列拖拉机、国恒机电新型高压中置开关柜等3个项目投产达效，普鲁特机床、红荷汽车等5家企业成为山东省省级技术研发中心。

【城市建设】 针对原有棚改项目倒排工期，加快收尾。其中，总投资28亿元占地面积22万平方米的熙城国际一期573户已全部回迁，二期203户全部完成选房。投资7亿元占地面积13.3万平方米的融城国际、投资9亿元占地面积16.8万平方米的佳美广场等棚改项目完成主体建设。瑞达名郡、清水湾、清河锦城等3大楼盘建成竣工。新启动河阳路、滕西中学、橡树湾3个区域棚改，滕西中学区域棚改工作进展顺利，河阳路区域成功动迁。振兴南路及振兴大桥竣工，振兴南路全线通车。把创建国家卫生城市作为改善辖区环境的总抓手，加强城市精细化管理的重要手段，采取啃硬骨头、大兵团持续作战、苦干实干办法，累计拆违拆临11.8万平方米。粉刷墙体350万平方米，开展机械化蚊蝇消杀160万平方米，硬化道路16万平方米，新购置密闭式环保垃圾桶5万余个，清运铁路沿线等区域常年积存的建筑垃圾4.6万方，审验“六小行业”证件1.8万余件次，安装健康教育宣传栏、创卫宣传牌2657块。重点改造整治奎文市场、振兴市场、蓄阳市场等5处专业市场，改造老旧小区53个，辖区的居住环境、出行环境、营商环境得到极大提升。

荆河街道中万国际城市综合体

【民生事业】 围绕辖区居民生产生活需求，做好民生实事。“户户通”工程全面完工，鲁西等23个农业居累计硬化路面41公里。文化广场全覆盖，新建朱李、柳楼等居民健身广场12处，朱李居健身广场被列入国家级文化体育健身广场。抓好美丽乡村建设，投入150余万元实施东十里岗居、西十里岗、后十里岗3个村庄整体连片治理。教育大班额问题有效解决，总建筑面积5.8万平方米的滕西中学、荆西小学、荆北小学新建、扩建主体工程即将完工。“四绿工程”成效明显，投入180余万元开展辖区大绿化，完成绿化造林面积137.9亩，铁路西第一个亲水人文绿地公园清水湾公园建成开放。

【社会化管理】 坚持事要解决原则，化解一大批历史积案，按照属地管理原则，街道各级干部全员发动，确保“十九大”期间安全维稳。抓好安全生产，开展安全生产检查和消防演练57次，顺利迎接省安委会调研，在枣庄市举办的安监业务比武中，荆河街道代表滕州赢得全枣庄第一名桂冠。抓好环保执法检查，出重拳依法关停畜禽养殖场62家，强制关停小洗布厂、颗粒厂、铸造厂10家，彻底取缔土小化工企业6家，没有发生一起安全生产和环境污染事件，圆满完成中央环保督察任务。

（荆河街道党工委办事处）

龙泉街道

【概况】 全街道坚持以提高经济发展质量和效益为中心，推进工作理念和工作方式两个转变，突出城市经济培育、品牌服务业发展、新型工业化推进三大支撑，实现经济社会又好又快发展。全年生产总值实现66.91亿元；地方财政收入实现3.05亿元；工业主营业务收入实现51.1亿元，比上年增长11%；服务业增加值实现38.34亿元，比上年增长9.1%；新发展民营经济单位1230家，总量达到17383家，其中民营企业1898家、个体工商户15485户；先后被评为山东省安全生产工作先进乡镇（街道）、山东省档案工作科学化管理先进单位、省级文明村镇和枣庄市级对外开放工作先进单位、发展民营经济先进镇（街道）、依法行政示范镇（街）、普法依法治理工作先进集体等。

【城市经济】 招商引资成效显著，实际利用境内资金26.2亿元；进出口实现4500万美元，指标总量、增幅均居全市前列；新增进出口备案登记企业1家，外向型企业发展到20家。项目建设成果丰硕，规划实施各类项目77个，总投资298.5亿元；被列入动态标识管理的45个重点项目竣工投产21个。服务业发展亮点纷呈，加快推进服务业与中心城区融合发展，做优做强辖区七大区域城市经济板块，服务业占GDP的比重达到57%。其中，总投资12亿元、规划面积15万平方米的保利万达广场项目开工建设；总投资6亿元、建筑面积11.8万平方米的玫瑰时代广场及红星建材金街项目，玫瑰时代广场开工建设，红星建材金街已开业运营；总投资20亿元的董村花汇小镇项目扎实推进，建成投入运营项目7个，其中投资1.6亿元、建筑面积1.5万平方米的万禧市民服务中心项目建成投入运营，实现当年建设、当年投产、当年达效的目标，刷新大型服务业项目建设新速度；培育一知己茶书阁等社区服务经济项目50余个。工业发展态势迅猛，加快推进工业与经济开发区融合发展，发展“飞地经济”。总投资3.7亿元、占地123亩的富强包装箱项目一期建成运营，机动车智能检测设备制造等3个高科技项目加快推进入园。实施技术改造项目17个，技改投资完成9.54亿元。推动实体经济发展，新增规上工业企业3家，总量达到26家，新增“四上”企业13家。完成股改企业3家，中泰证券进驻山森数控机床公司开展财务规范工作。

【城市建设】 大力支持市级城市建设项目，新妇幼保健院等44个市级重点城建项目建设进展良好。区域改造稳步推进，实施6个区域征收拆迁和改造建设工程，拆迁居民、企业1275户，拆迁面积38.5万平方米，腾出土地952亩。落实“城市违法建设治理三年行动”，完成国土卫片执法20起，依法拆除临时和违法建筑270余处，拆除面积10万平方米。攻坚战成效显著。围绕生态环保，办理完成中央环保督察转办件4件，清理燃煤锅炉6台，取缔经营性储煤场23家，关停“散乱污”企业20家，关闭禁养区畜禽养殖场87家，辖区内2条河流全面落实河长制。围绕安全生产，累计整改各类隐患715项，创建三级标准化企业6家，街道荣获滕州市唯一的“2017年度山东省安全生产工作先进乡镇（街道）”称号。围绕社会稳定，严格落实信访隐患排查、领导干部接访和重点信访案件领导包案制度，化解信访积案6起，社会环境和谐稳定。围绕创建国家卫生城市，投资5000余万元更新改造辖区主次干道、背街小巷15公里，重拳治理城市顽疾，创新组建创卫应急分队，为全市成功创建成为国家卫生城市做出积极贡献。围绕财源建设，巩固支柱财源，培育新兴后续财源，加强财税管理，财政收入总量、质量、增速和结构实现历史性突破。

【民生事业】 街道十件民生实事和社区、居委171件民生实事有效落实。加强社会保障，城镇新增就业2656人，农村劳动力转移就业380人，纳入医疗保险71829人，救助困难家庭286户，新增低保106户。破解大班额问题，龙泉中心小学新校9月部分建成投入使用，赵楼学校开工建设。强化食品安全监管，前洪服务区荣获“省级‘食安山东’餐饮示范街区”称号。围绕脱贫攻坚，落实财政扶贫资金42.91万元，18户27人稳定脱贫。推进养老服务，银钟里、中央城2处医养结合养老机构建成投入使用。实施“户户通”工程，完成张庄等7个涉农居12公里道路硬化。改造老旧小区，全面完成龙门组团等5个老旧小区综合整治工程。大力加强科普和文体事业，新建杏坛等社区综合文化中心11个，新增农民健身器材106件，维修238件。推进文明创建，完成弘道公园社会主义核心价值观主题公园建设，丰富提升居民群众精神文化生活。

（龙泉街道党工委办事处）

善南街道

【概况】 全街道努力践行“三位一体”工作机制，坚持发展第一要务，经济和各项社会事业保持良好发展势头。全年生产总值实现11.9亿元，同比增长9%；财政收入实现9026万元；完成固定资产投资48.8亿元，同比增长25%。先后被评为枣庄市招商引资先进集体、滕州市科学发展综合考核先进集体二等奖等。

【工业经济】 招商引资和项目建设。全年接洽客商60余人次，洽谈项目30余个，落地开工项目11个。整合闲置土地150余亩，新引进鲁南医药物流中心、华奥斯全屋定制西厂、滕州市跨境电商创业创新园等项目。为提高项目建设实效，健全完善“一个项目、一名领导、一套班子、一个方案、一抓到底”重点项目推进和属地企业帮扶工作机制，推行全程跟踪服务。开展“创新善南·起航2017”大调研大走访活动，召开“政银企暨人才创新创业工作座谈会”，为企业发展创造良好环境。做好开发区内新入园中材锂膜二期等项目土地征用、地面附着物清理、供电专线架设、周边道路拓宽等工作，确保项目尽快投产达效，实现开发区、街道、企业“三方共赢”。打造机械机床、木门家居、仪器制造、新型材料、轻纺服装“五大产业集群”。助推山东鑫迪实现上市目标。把提升企业自主创新能力作为推进产业转型升级的强大动力，通过增资扩股、兼并重组等形式，不断增强企业综合实力。截至年底，被评为省级企业技术中心的企业2家、市级9家，省级“一企一技术”研发中心7家、市级2家。

【城市建设】 结合创卫攻坚行动，大力实施“户户通”工程，完成王开一、王开二、王开三、七里堡4个居路面硬化12公里，辖区19个居全部完成路面硬化。严格规范户外广告、门头字号设置，累计拆除各类乱搭乱建240余处，提升城市形象。实施高庄、贾庄、丁庄、张北庄、五里坂和鞠庄6个居天然气改造任务。清华园商业街、滕阳花园商业街建设有序推进，辖区商业活力勃发。

【服务业发展】 搞好开发区内生产性、生活性服务，产城融合步伐加快。投资5500万元的山东安瑞丽母婴护理中心投入使用，成为鲁南地区档次最高的母婴护理中心；投资5300万元的恒通加油站项目即将建成使用，成为城区南部规模最大的加油中心；投资5500万元的滕州市电子商务创业创新园，成为枣庄市唯一一家阿里巴巴指定的跨境电商服务园区，举办滕州市首届跨境电商生态峰会；投资1600万元的招商证券滕州营业部正式运营，成为全市唯一一家落户滕州的央企金融服务业项目，对于提高全市企业的融资、担保、理财能力，助力企业股改上市，破解资金瓶颈具有重要作用。推广山东鑫迪“家居秀”网络客户体验系统、威诺意尔“020”网络营销模式。突出发展特色，打造以整车销售、维修装饰、零配件销售以及相关配套服务于一体的汽车销售产业集群。辖区内形成汽车4S城、鼎源汽车城、申科汽车城、滕鑫重型汽车四大汽车销售聚集区，拥有汽车4S店10余个、品牌直营店30余个。全年街道服务业增加值达到4.2亿元，同比增长19%。

【生态环境】 以整治“三堆两垛、乱搭乱建”为重点，环卫一体化工作水平显著提升，在市环卫一体化考核中街道获得第一名。先后投资2000余万元，开展创卫行动，通过国家暗访和技术评估。投资170余万元，重点在南刘居、高庄居、张北庄居3个居实施“美丽乡村”建设项目，绘制文化墙3200余平方米。在各居推行“门前三包”责任制，创卫长效落实工作取得良好效果。环境污染治理。取缔10蒸吨以下燃煤锅炉3台，限期治理10蒸吨以上锅炉1台，彻底取缔各类土小企业10余家，深入开展工业废气、建筑施工、渣土运输、餐饮油烟等综合治理，开展全年秸秆禁烧。全面落实河长制，打造天蓝地绿、河畅水清、人与自然和谐相处生态环境。生态文明建设。实施绿化提升工程，加大龙泉南路、青啤中路、善南路、春藤东路、池莲四面等重点路段及节点绿化补植，开展庭院、阳台、屋顶、村居“四旁”和企业厂区绿化工作，抓好国家森林城市、国家生态园林城市创建任务落实。

【民生事业】 社会保障。完成所有低保户审核工作，养老保险收缴完成全年任务的110%。坚持不懈开展慈善救助工作，成功创建山东省基层残疾人组织建设示范乡镇（街道）。全面优化基层公共就业服务，落实更加积极的就业政策，实现新增就业767人，新增农村劳动力转移就业312人。巩固精准扶贫成果，狠抓产业扶贫、项目扶贫等扶贫工程，纵深推进孝善扶贫、邻里互助服务。平安善南建设。开展普法宣传教育12次，深入实施法治惠民工程，更好地满足群众的法律服务需求。完善信访矛盾化解机制，变群众上访为机关干部下访，有效化解信访矛盾和信访隐患。高度重视安全生产工作，累计开展各类专项安全生产检查30余次，下达现场检查记录140余份，维护平安和谐的社会环境。健康事业。完成所有村居、属地管理单位和辖区企业计生查体和公共服务活动，突出抓好违法生育控制、流动人口服务管理等重点，提高出生人口素质，完成枣庄市2017统计年度以来计划生育工作开展情况调研督查工作。街道卫生院与市工人医院合作，成立滕州首家紧密型医联体，开展分级诊疗、相互转诊，有效促进街道整体医疗水平和公共卫生服务水平提升。完成十里铺一居省级出生人口动态监测和生育意愿调查。文化教育事业。完善学校基础设施，启动中心小学、清华园小学异地迁建和二中新校原地扩建工作。大力开展全民健身运动，新建居级综合性文化服务中心2个，提升健身广场1处，做好清华园社区、小屯居和荆善南苑社区孔子学堂建设工作。充分发挥乡音艺术团作用，丰富群众文体生活，送戏下乡10场。

（善南街道党工委办事处）

善南街道电子商务创业服务中心

人　物

People

责任编辑：王洪波

新任市领导简介

高淦　男，汉族，枣庄薛城人，1974年11月出生，大学学历，农业推广硕士，2001年1月加入中国共产党，1998年7月参加工作。历任山东农业大学食品科学系农产品贮运与加工专业学生，枣庄市薛城区多种经营管理局办事员（1999.03—2001.06在枣庄市薛城区委组织部帮助工作），枣庄市薛城区多种经营管理局蔬菜股副股长，枣庄市薛城区周营镇党委副书记，枣庄市薛城区临城街道党委副书记、办事处主任，枣庄市纪委监察综合室主任（其间：2010.06获山东农业大学农业推广硕士学位），枣庄市市中区委常委、宣传部长，枣庄市峄城区委常委、区纪委书记。2017年12月任滕州市委常委、市纪委书记。

丁思清　男，土家族，湖南永顺人，1974年7月出生，大学学历，农学学士，高级兽医师，1997年3月加入中国共产党，1997年8月参加工作。历任湖南农业大学职业技术学院兽医专业学生，湖南省湘西自治州家畜疫病防检站干部，湖南省湘西自治州家畜疫病防检站副站长（1997.12—2001.02抽调州委建整扶贫办公室工作），湖南省湘西自治州家畜疫病防检站站长，湖南省湘西自治州畜牧水产局党组成员、纪检组组长、监察室主任，湖南省湘西自治州保靖县委常委，湖南省湘西自治州保靖县委常委、统战部部长。2017年3月挂职任滕州市委常委。

王次青　男，汉族，山东滕州人，1969年6月出生，大学学历，公共管理硕士，1995年3月加入中国共产党，1990年7月参加工作。历任枣庄师范专科学校中文系中文专业学生，枣庄市化工厂硅铝炭黑车间、企管科工人，枣庄市冶化局政工科科员（1992.12—1993.11下派枣庄市委驻滕州市洪绪镇工作队工作），枣庄市冶化总会人事工作部党群工作科科员，枣庄市冶化总会劳资教育部劳资保险管理副主任科员，枣庄市经贸委人事科副主任科员，枣庄市经贸委企业科副科长，枣庄市经贸委电力医药科主任科员（2001.07—2003.12在山东师范大学汉语言文学专业自考本科学习；2003.09—2004.03在鲁南瓷厂企业改革清算组工作；2004.03—2004.09参加韩国釜山大学枣庄培训班学习），枣庄市经贸委办公室主任（2006.04—2009.06在山东大学政治学与公共管理学院公共管理硕士专业学习），枣庄市经信委办公室主任，枣庄市经信委副调研员。2017年4月挂职任滕州市委常委。

郭传伟　男，汉族，枣庄市中人，1965年1月出生，省委党校大学学历，1986年5月加入中国共产党，1983年12月参加工作。历任滕州市物价局科员、税收财务物价大检查物价检查科副科长、物价所长（1985.08—1988.06在中央党校函授学院大专班党政管理专业学习），滕州市物价局副局长、党组成员，滕州市羊庄镇党委副书记、镇长（2000.09—2002.12在山东省委党校业余本科班经济管理专业学习），滕州市羊庄镇党委书记、人大主席，滕州市委副秘书长，滕州市林业局局长、党组书记、山东滕州微山湖湿地红荷风景区（滨湖国家湿地公园）管委会党支部书记，滕州市民政局局长、党组书记、市政法系统党委委员、市红十字会副会长，滕州市委组织部副部长、市人力资源和社会保障局局长、党组书记，滕州经济开发区管委会副主任、党工委副书记，滕州市人大党组成员。2017年1月任滕州市人大副主任、党组成员、教科文卫委员会主任委员。

梁龙雨　男，汉族，江苏邳州人，1965年1月出生，省委党校大学学历，1991年12月加入中国共产党，1988年7月参加工作。历任枣庄市人民警察学校公安专业学生，枣庄市公安局台儿庄分局民警，枣庄市公安局台儿庄分局涧头派出所副所长，枣庄市公安局台儿庄分局后孟派出所所长（1989.10—1992.06在山东公安专科学校公安专业自考大专学习），枣庄市公安局台儿庄分局刑警二中队中队长，枣庄市公安局台儿庄分局兰城派出所所长，枣庄市公安局台儿庄分局彭楼派出所所长（1994.09—1996.12在山东省委党校业余本科班经济管理专业学习），枣庄市公安局台儿庄分局政工科科长，枣庄市公安局台儿庄分局政治处主任，枣庄市公安局台儿庄分局政治处主任、副主任科员，枣庄市公安局台儿庄分局党委委员、政治处主任，枣庄市公安局交警支队政治处主任，枣庄市公安局交警支队副政委、政治处主任、党委委员，枣庄市公安局山亭分局局长，滕州市公安局局长，滕州市政府党组成员，市公安局局长、党委书记，市政法系统党委委员。2017年1月任滕州市政府副市长、党组成员，市公安局局长、党委书记，市政法系统党委委员。

刘新　男，汉族，山东滕州人，1967年4月出生，省业余大学学历，1995年9月加入中国共产党，1985年7月参加工作。历任滕县师范学校普师专业学生，滕州市城郊乡中心中学教师，枣庄市峄城区人民法院工作人员，滕州市司法局工作人员（1989.08—1991.08在山东政法管理干部学院法律专业学习），滕州市万达律师事务所工作人员（1993.07—1996.06在山东干部函授大学本科班法律专业学习），滕州市万达律师事务所主任（副科级），滕州市司法局副局长、党组成员、律师事务所主任，滕州市司法局副局长、党组成员（2002.09—2004.07在山东大学网络教育学院法律专业本科学习），滕州市委政法委副书记、市政法系统党委委员、综治办主任，滕州市城市管理行政执法局局长、党组书记，滕州市城市管理行政执法局局长、党组书记、市政法系统党委委员，滕州市城市管理局局长、党组书记、市政法系统党委委员，滕州市政府党组成员、市住房和城乡建设局局长、党组书记、党委书记，滕州市政府党组成员。2017年1月任滕州市政府副市长、党组成员。

康凤霞 女，汉族，山东滕州人，1972年11月出生，大学学历，理学学士，工商管理硕士，1995年4月加入中国共产党，1996年7月参加工作。历任曲阜师范大学生物系生物教育专业学生，滕州市南沙河镇王开办事处工作人员，滕州市南沙河镇镇长助理，滕州市姜屯镇党委委员，滕州市龙山街道党委副书记，滕州市龙泉街道党委副书记，滕州市龙泉街道党委副书记、纪委书记，滕州市羊庄镇党委副书记、镇长，滕州市大坞镇党委副书记、镇长，滕州市南沙河镇党委书记、人大主席、滕州经济开发区党工委委员（2011年12月取得中南财经政法大学高级管理人员工商管理硕士学位），滕州市政府党组成员。2017年1月任滕州市政府副市长、党组成员。

王希 女，汉族，江西南昌人，1981年8月出生，研究生学历，材料学硕士，2011年6月加入中国共产党，2004年12月参加工作。历任北京航空航天大学材料学院高分子专业学生，伦敦大学玛丽女王学院材料系高分子专业学生，中国科学院过程工程研究所助理研究员，中国科学院高技术研究与发展局材料化工处助理研究员，麻省理工学院访问学者，中国科学院重大科技任务局材料能源处副研究员，中国科学院控股有限公司企业发展部总经理助理。2017年10月挂职任滕州市政府副市长、党组成员。

李军 男，汉族，山东滕州人，1976年12月出生，研究生学历，农学硕士，民革会员，2003年7月参加工作。历任莱阳农学院蔬菜学专业学生，西北农林科技大学园艺学院蔬菜学专业研究生，枣庄市科技局主任科员，枣庄市科技局农村与社会发展科科长（2010.10—2011.12 挂职任台儿庄区马兰屯镇副镇长），枣庄市科技局高新技术发展及产业化科科长（2014.08—2015.08 挂职任烟台经济开发区烟台留学人员创业园区管理服务中心副主任）。2017年1月任滕州市政协副主席。

李培永 男，汉族，山东滕州人，1963年8月出生，大学学历，医学学士，农工党员，1986年7月参加工作。历任临沂地区卫生学校放射医士专业学生，滕州市中心人民医院放射科职工，滕州市中心人民医院放射科诊断医师（1988.09—1990.07 在北京医科大学放射诊断班学习；1992.09—1994.07 在天津医科大学医学影像专业本科班学习），滕州市中心人民医院CT室主治医师，滕州市中心人民医院CT室副主任（1998.07—1999.01 在上海医科大学中山医院CT专业进修），浙江医科大学研究生班学习，滕州市中心人民医院CT、MRI室主任，滕州市中心人民医院院长助理，滕州市卫生局副局长、市中心人民医院院长助理，滕州市卫生局副局长、市中心人民医院副院长，滕州市卫生和计划生育局副局长、市中心人民医院副院长，滕州市中心人民医院副院长。2017年1月任滕州市政协副主席、市中心人民医院副院长。

（市委组织部）

省富民兴鲁劳动奖章获得者

郑月明 联泓新材料有限公司董事长

徐化宇 市妇幼保健院院长

枣庄市五一劳动奖章获得者

耿学敏　滕州市至善中学教师
贾永江　滕州市地方税务局主任科员
蒋安亮　城建综合开发公司总
李家永　滕州金晶玻璃有限公司熔化主管
马贵廷　滕州市中医医院口腔科医生
颜　峰　级索镇总工会主席
周传标　滕州市交通局大坞交管所
李宝仁　滕州东方钢帘线
陈正德　山东腾达不锈钢制品
刘海波　枣庄供电公司

滕州市劳动模范获得者

丁德富	滕州曹庄煤炭有限公司副总工程师
马文瑞（女）	山东艾菲尔管业有限公司行政文员
马灿亮	滕州市城市国有资产经营有限公司总经理
马建忠	滕州市商务局副局长、市投资服务中心办公室主任
马海艳（女）	滕州市植保植检站副站长
马瑞民	滕州市城乡供水中心工程建设项目部部长
仇裕可	山东衡达有限公司电缆桥架厂机加工车间主任
王　芳（女）	枣庄科技职业学院医学系副主任
王　明	青岛啤酒（滕州）有限公司包装部副部长
王　渊	山东滕拖农业装备公司北厂车间主任
王　菁（女）	滕州市农业局党组成员、市农村能源办公室主任
王书堂	滕州市龙泉街道人大工作室主任、工会主席
王申泉	滕州市姜屯镇人大主席、工会主席
王守华（女）	滕州市第四实验小学教师
王成振	滕州市人民法院姜屯法庭副庭长
王思伟	滕州市房地产综合开发公司科长
王洪贵	滕州贵恒农产品经营有限公司业务科长
王继华	滕州市粮食局办公室科员
田庆平	滕州市墨子中学副校长

龙振江	滕州市级索镇龙庄村党支部书记
龙敦来	滕州市房屋征收与补偿办公室政策法规科副科长
刘　川	滕州市林业站站长
刘　静（女）	滕州市妇幼保健院妇科门诊主任
刘合银	滕州市姜屯镇大彦南村党支部书记
刘守旗	滕州市柴胡店镇沙庄村党支部书记
刘西安	滕州市西岗镇柴里西村党支部书记
刘法银	滕州市大坞镇单庄村党支部书记
吕传生	滕州市水务发展有限公司董事长、工程师
孙　勇	滕州市食品药品监督管理局局长
孙彦梅（女）	滕州市教育局思政科副科长
孙翠洪（女）	滕州市三合机械股份有限公司技术部副部长
巩运刚	滕州市商业行业管理办公室安监中队中队长
许新义	滕州市公安局刑警大队副大队长
宋正光	滕州市北辛街道人大工作室主任、工会主席
张　莉（女）	滕州市姜屯供销合作社副主任
张　颉	滕州市东大矿业有限公司机修工区技术员
张　静	滕州市龙阳镇李沙土村党支部书记
张宝刚	滕州市委办公室财务科科长
张建华（女）	滕州市国家税务局人事教育科副科长
李　林	滕州经济开发区管委会建设环保分局科长
李　源	滕州市委组织部干部二室副主任、市考核办考核二室主任
李　瑞	滕州市热力有限公司副经理
李　雷	滕州市安居工程开发建设中心工程管理二科科长
李　静	滕州市荆河街道杜堌居党支部书记、主任
李传峰	滕州市发改局党组成员、市重点项目办公室主任
李庆付	滕州市木石镇位庄村党支部书记
李运海	滕州市西岗镇人大主席、工会主席
李超军	滕州市第二实验小学校长

李霜梅（女）	滕州广播影视总台纪检信访室主任
来宝彦	滕州市人民检察院侦查监督科副科长
杨效娟（女）	滕州市建筑工程质量监督站副站长、市建筑工程质量检测站站长
狄长贵	滕州市南沙河镇南古石二村党支部书记
肖荣军	滕州市鲍沟镇刘坡西村党支部书记
邱　旭	滕州市财政局经建科副科长
陈凡国	滕州市经济和信息化局副局长
陈　莹（女）	滕州市钢盟金属材料有限公司会计师
陈增如	滕州市界河镇陈马厂村党支部书记
国振灵	滕州市财政局党组副书记、副局长
宗成伟	滕州市善南街道党工委副书记、办事处主任
侯钦梅（女）	滕州市工商行政管理局企业注册局副局长
姚　非	滕州高铁新区管理委员会办公室主任
赵曰浩	滕州市木材公司钢材科科长
赵恒强	滕州市洪绪镇前洪绪村党支部书记
赵逢永	滕州市安全生产监督管理局副局长、市安全生产执法监察大队大队长
钟慧林（女）	山东腾达不锈钢制品有限公司业务行政科组长
倪　春（女）	滕州市商业幼儿园教师
倪士静（女）	滕州日报社民生社会部主任
党同峰	滕州今缘春酒业有限公司曲酒工段一班班长
夏学衍	滕州市民政局副局长、市双拥办公室主任
徐　杰	滕州市总工会副主席
耿晓慧	滕州市第二建筑工程公司项目负责人
聂　旭	山东恒仁工贸有限公司副经理
袁朝辉	山东中烟工业有限公司滕州卷烟厂副厂长
贾志强	滕州中联水泥有限公司助理工程师、高级技师
郭　洪（女）	滕州市地方税务局收入核算和财务科科长
郭光成	枣庄供电公司滕州供电部乡镇电管科科长
曹宜瑞	滕州凯源实业公司工程部技术员

盛　靖（女）	滕州市国运长途汽车运输公司公交分公司副经理
程　俐（女）	滕州市中医医院院长助理、急诊科及重症医学科主任
程广舟	滕州市中心人民医院泌尿外科主任
程传金	滕州市官桥镇西洪林村党支部书记
程春沿	滕州市龙泉街道程堂居党支部书记、主任
蒋廷阁	中共滕州市委党校办公室副主任
谢观生	滕州市建筑工程管理局政工人事科科长
鲁　宪	滕州市环境保护局环评一科科长
雷祥斌	滕州市人民政府调研室综合科科长
廖开霞（女）	滕州市档案馆副馆长、副研究馆员
魏　明	滕州高铁新区党工委委员、滕州市东沙河镇人大主席、工会主席
魏元相	滕州市交通汽车运输有限公司交运公司政工科科长
魏永军	滕州市羊庄镇西石湾村党支部书记

（市总工会）

（朱贺／摄）

附　录

Appendixes

责任编辑：王洪波

附录 1

关于滕州市 2017 年国民经济和社会发展计划执行情况与 2018 年计划（草案）的报告

——2018 年 1 月 16 日在滕州市第十八届人民代表大会第二次会议上

市发展和改革局局长　翟传虎

各位代表：

我受市人民政府委托，向大会提交 2017 年国民经济和社会发展计划执行情况与 2018 年计划（草案）的报告，请予审议，并请市政协委员和其他列席会议的同志提出意见。

一、2017 年国民经济和社会发展计划执行情况

2017 年，面对复杂严峻的宏观形势和繁重的改革发展任务，在市委的正确领导下，在市人大、市政协的监督指导下，全市上下全面贯彻党的十九大精神，以习近平新时代中国特色社会主义思想为指导，牢牢把握稳中求进的工作总基调，牢固树立新发展理念，以供给侧结构性改革为主线，加快推进新旧动能转换，统筹抓好稳增长、调结构、优环境、惠民生、促和谐等工作，经济社会发展呈现出总体平稳、稳中有进、稳中有好的态势。

（一）坚持稳增促调、转型升级，综合实力明显增强。预计全市生产总值实现 1195 亿元，增长 6.6%；一般公共预算收入完成 70.36 亿元，质量和结构有效提升；固定资产投资完成 669 亿元，增长 8%；社会消费品零售总额达 448 亿元，增长 10.3%；城镇居民人均可支配收入达 33008 元，增长 7.5%；农村居民人均可支配收入达 15195 元，增长 8.5%。招商、项目、园区一体化建设加快推进，全年新招引开工项目 192 个，其中，固定资产投资过 5000 万元项目 109 个，先后与中国建材、奥克、沙钢、马钢等签订战略合作协议；全年进出口总额完成 32 亿

元，增长20.2%，实际利用外资3370万美元；全年实施重点建设项目269个，3个项目列为省重点项目，瑞达化工聚丁烯、大中型农业装备制造等128个项目当年竣工；经过十年不懈争跑，田陈富源2×35万千瓦煤矸石综合利用项目成功立项并全面开工；经济开发区在131家省级经济开发区中居第3位，国家级开发区创建取得突破性进展，鲁南高科技化工园区、滕州生物医药产业园成功认定为枣庄市级化工园区。

（二）坚持创新驱动、激发活力，动能转换明显提速。创新能力不断提高。全年高新技术产业产值占规模以上工业总产值比重较年初提高2.6个百分点；国家高新技术企业达57家，省级工程技术研究中心达10家；全年实施各类技术创新项目262个，74个项目列入省技术创新项目计划。积极构建“政产学研金服用”技术联盟创新体系，人才创新驱动中心与北理工、北航、中科院等20余家高校及科研院所建立合作关系，30余位专家学者入驻中心从事科研工作，“千人计划”高新技术产业研究院项目加快推进。新动能规模不断壮大。新产业、新业态发展势头良好，生物医药、新材料、新能源、电子信息、节能环保五大新兴产业实现主营业务收入190.1亿元，其中生物医药、新材料主营业务收入均突破50亿元；中材锂电池隔膜一期投入试生产，成功引进北玻院科技成果转化基地，国科控股化工新材料中试及产业化基地项目落地。产业跨界融合加速推进，20家企业实施“机器换人”技改和智能化管理提升，联泓新材料、威达重工、山森数控等被认定为枣庄智能制造示范（试点）企业，滕州浪潮大数据产业公司成立；获评省电子商务示范县，阿里巴巴农村淘宝服务中心投入运营，全年新增电商企业100家，新建镇级电子商务服务中心16处，实现电子商务交易额170余亿元，规模以上工业企业和限额以上流通企业电子商务应用比率达60%以上；成功举办第九届马铃薯节，中国马铃薯交易中心落户滕州，鲁班小镇农业旅游田园综合体、龙岭田园现代农业产业园开工建设。传统动能改造力度不断加大。工业加快转型升级，规模以上工业企业重点技改项目累计完成投资52亿元；化工、机械机床产业集群主营业务收入分别实现580亿元、675亿元；玻璃深加工、食品轻工、家居装饰、纺织服装、儿童用品、汽车配套六大板块实现主营业务收入392亿元，其中玻璃深加工、食品轻工均突破110亿元；联泓新材料、恒仁工贸、腾达不锈钢等20家企业主营业务收入超过5亿元。服务业稳健发展，微山湖湿地创建国家5A级景区推进，成功举办第十四届微山湖湿地红荷节，滕州获评“中国最美文化生态旅游城市”；龙山旅游区锦天牡丹园等景点建成开放，被批准为省自行车运动基地；国运旅游集散中心建成运营，新建改建旅游厕所79座；保利万达广场正式签约，大润发超市、居然之家开业运营，金源建材装饰大世界二期工程交付使用。现代农业加快发展，全市小麦单产达573公斤，创历史新高；完成各类水利投资4.5亿元，扩大改善灌溉面积4万亩；农机总动力达138万千瓦，农业综合机械化率达90%；全年新增各类果树面积8600亩，新建改建标准化畜禽养殖场101处，新发展花卉苗木6000亩，渔业产量达62078吨。

（三）坚持积极稳妥、深入有序，改革成效明显提升。“三去一降一补”大力推进。政策性关闭八一煤矿，建立完善打击“地条钢”长效机制，拆除铸造行业冲天炉35台。商品房期房、现房库存总面积同比减少25%。通过腾笼换鸟、协议出让等方式，盘活低效用地企业5家、793亩。通过国有至能投资担保公司，为企业提供贷款担保23笔，担保贷款金额9630万元；为17家企业提供过桥还贷周转资金10390万元；利用“助保贷”累计帮助26家小微企业贷款9427万元。“放管服”改革深入推进。着力从源头上减少“奇葩证明”“无谓证明”和繁琐手续，全面推行“双随机、一公开”监管，加强事中事后监管，优化公共服务流程，营造良好政务服务环境。社会信用体系建设加快推进，搭建完成公共信用信息平台和“信用滕州”门户网站。深化商事制度改革，加快推进“多证合一、一照一码”，调整优化创业扶持政策，发放创业担保贷款4067万元，同比增长61%，全市小微企业总数突破1.9万家。农业农村改革稳步推进。农村集体产权制度改革工作顺利开展，累计254个村居成立集体经济组织。农村土地承包管理不断加强，新增土地流转面积4.8万亩。农业新型经营主体发展不断规范，新增农民专业合作社180家、家庭农场80家，培训新型职业农民2000人。金融行业建设推进。稳妥实施新型农村合作金融改革试点，互助资金规模达2034.8万元。成功引进太平财险、日照银行、招商证券等金融机构，共计19家企业在新三板、区域性股权交易市场挂牌。

（四）坚持统筹协调、提升品位，城乡建设明显加快。城市功能不断优化。实施了科圣北路北延、荆河东路等道路桥梁工程，10条城区背街小巷升级改造全面完工。积极推进城区供热设施及北线高温热水复线管网建设，新建改造天然气管网90余公里。启动实施了中轴线区域景观绿化工程，清水湾公园一期续建工程西区竣工；新投放共享单车1000辆、共享电动车1000辆。加大棚改力度，实施棚改项目14个，完成4257套房屋回迁上房。完成10个老旧小区改造，整治面积约26万平方米。创卫工作顺利通过验收。开展创城攻坚集中行动，城区主次干道机械化深度保洁率达95%，改造提升公厕、垃圾中转站130座，新增垃圾桶、果皮箱2500个。对荆河路、腾飞路等道路进行升级改造，完成道路复铺176万平方米，维修人行道8万平方米，整修路沿石6.2万米。取缔流动商贩900余家，规范店外店、齐门店2200余处，整治规范露天烧烤320余家，拆除违法建筑44万平方米，规范车辆停放3.9万余辆次，施划停车泊位1.8万个。高铁新区建设蓬勃发展。全面深化与中铁置业、山东高速的合作，抓好飞龙大道、漷河南路、上善大道、平安路等13条道路、2座桥梁建设和上善大道综合管廊、墨子湖隧道及引道工程等基础设施建设，六合社区及六合学校、东沙河卫生院等项目推进。城乡一体化全面加快。新开通城乡公交线路5条，完成“户户通”道路建设1127公里。实施了6.8万人的农村饮水安全工程，完成了110个山区村10万人单村供水消毒设施配套建设。推动污水处理、供暖等基础设施向农村延伸，顺利完成改厕任务6.9万户、农村危房改造任务327户。西岗成功纳入省新生小城市试点，被评为全国新材料产业特色小镇；滨湖微山湖湿地古镇、鲍沟工艺玻璃小镇列入省特色小镇创建名单。

（五）坚持绿色循环、节能环保，生态环境明显改善。低碳循环经济加快发展。培育了26家循环经济核心企业，煤科院年产100万吨煤粉制备中心等洁净煤综合利用项目有序推进，全市新能源装机容量占发电总装机容量比重达19.3%，预计万元GDP能耗同比下降3.94%。污染治理成效明显。强化大气污染防治，对全市246台10蒸吨及以下燃煤小锅炉进行清理取缔，3家企业10蒸吨以上燃煤锅炉完成煤改气替代任务；全面开展畜禽养殖污染整治、储煤场集中整治、土小企业清理取缔专项行动。河长制工作有序推进，实施了荆河城区段13公里水环境综合治理，完成外运淤泥108万方，铺设调水管道13公里，新建改造污水管网11公里；推动小清河、小冯河生态保护补水，疏引封堵沿河排污口120处，清理河道垃圾等杂物2000余方。生态修复强力推进。治理水土流失6平方公里，完成采煤塌陷地治理2.1万亩，修复破损山体7处。全市新增成片造林3.2万亩，湿地保护与恢复面积达11.5万亩，湿地保护率达80%以上。

（六）坚持共建共享、为民惠民，社会事业明显进步。保障水平稳步提高。做好20件惠民实事，全年落实财政扶贫资金1845万元，实施产业项目30个，被确定为“全省金融扶贫试点县”。全年实现城镇新增和农村劳动力转移就业4.6万人，城镇登记失业率控制在3%以内，职工养老保险扩面8017人。做好退役士兵安置和权益保障工作，农村低保标准提高到每人每年3900元，城市低保标准提高到每人每月460元；各类社会养老服务床位累计达6500余张，市养老综合服务中心建设进展顺利。文教卫体协调发展。高标准建设基层综合性文化服务中心，博物馆新馆加快建设，举办了第三届鲁班文化节、首届“滕州书展”，柳琴小戏《父女赶船》入选“全国基层院团戏曲会演”，文物保护、非物质文化遗产保护利用等工作开展。加大教育投入力度，完成解决城区大班额项目11处，新增教育用地1600亩，新增学位3.1万个；投资6100万元，完成45处农村学校“全面改薄”工程；化工技师学院新校区一期启用，我市被确定为省学前教育改革发展试验区。深入实施公立医院综合改革，大力构建分级诊疗体系，推进人口健康信息化建设，市妇保院新院投入使用；改革生育服务制度，实施全面两孩政策，加强性别比综合治理。游泳馆完成主体工程建设，全年举办全民健身活动60余项次，健身活动站点达1369处。社会和谐巩固提升，平安滕州、法治滕州、安全生产、市场监管、国防动员、妇女儿童、老龄及民族宗教等各项社会事业均取得新的成绩。

在肯定成绩的同时，我们也清醒地认识到在发展过程中仍存在着问题和不足：一是新旧动能转换有待加快，传统产业提升改造任务繁重，新兴产业对经济增长的支撑力度不够，企业创新能力不强，缺乏高端人才、新兴产业领军人才；二是城市功能不够完善，优质公共服务资源供给不足，经济文化融合层次不高，与人民日益增长的美好生活需要相比还有差距；三是土地指标紧张，环保、安全压力大，金融支撑实体经济力度不够；四是新旧矛盾问题相互交织，发展环境不够优化，社会治理方式有待创新，等等。对于这些问题，我们必将高度重视，在今后的工作中认真加以解决。

二、2018年经济社会发展预期目标

2018年是贯彻落实党的十九大精神的开局之年，是改革开放40周年，是决胜全面建成小康社会、实施“十三五”规划承上启下的关键一年。从宏观经

济来看，全球主要经济体需求回升，新科技革命和全球产业变革正在孕育兴起，新技术突破加速带动产业变革，“一带一路”倡议得到国际社会广泛响应，我国经济逐步实现高质量发展的有利因素仍在增加。但也要看到，全球经济复苏势头仍然充满变数，国内经济面临金融、房地产等方面政策调整影响，短期内面临一定回调压力。从省内来看，山东将新旧动能转换作为统领全省发展的重大工程，创建国家级综合试验区工作取得突破性进展，助推新旧动能转换的双创、人才等方面配套政策陆续出台，这些都将为实现由大到强的战略性转变奠定坚实基础。对于我市而言，随着国家宏观政策的有效传导以及我省新旧动能转换重大工程的强力推进，特别是我市招商引资和项目建设力度空前、“产学研”合作深入推进，新的增长动力加速孕育形成，这些都为经济提质增效提供了强有力的支撑。

综合以上分析，2018 年全市国民经济和社会发展主要预期目标安排为：生产总值增长 7% 左右；一般公共预算收入增长 2.6% 左右；固定资产投资增长 8% 左右；社会消费品零售总额增长 10.5% 左右；城镇居民人均可支配收入增长 7.5% 左右；农村居民人均可支配收入增长 8.5% 左右；城镇登记失业率控制在 3% 以内；万元 GDP 能耗下降 3.7% 以上。

三、2018 年经济社会发展工作重点和主要措施

2018 年，要深入贯彻党的十九大精神，以习近平新时代中国特色社会主义思想为指导，坚持稳中求进工作总基调，贯彻高质量发展的要求，以供给侧结构性改革为主线，以新旧动能转换重大工程为统领，着力推动工业经济、城市经济、农业经济、生态经济、民生经济转型发展，加快建设现代产业强市、生态文化名城、宜居宜业富裕美丽文明新滕州，努力走在全省县域经济发展前列。

（一）推进改革创新，激发更为强劲的发展动能。加快推进全面创新，持续深化重点领域和关键环节改革，加大开放合作力度，全面激发县域活力。增强全面创新驱动力。鼓励引导企业加大科研开发力度，围绕特色优势产业，集中打造一批新技术、新产品、新工艺和新装备，促进高新技术产业集群膨胀发展。加强创新平台建设，深化产学研联合创新，拓展多渠道投融资模式，全面推进双创平台建设，积极搭建智能制造、化工新材料、军民融合等特色产业研发孵化平台。推进大众创业、万众创新，完善柔性人才、刚性引才和平台引才机制，引进培养各类高层次人才 50 人以上。增强重点改革推动力。贯彻落实上级关于改革的重大举措，增强精确发力和精准落地水平，持续激发市场活力。全面做好“破”“立”“降”文章，大力破除无效供给，着力扩大优质增量供给，切实为企业降本增效。加快推进“放管服”改革，深化行政审批制度改革，着力优化金融生态环境，继续做好金融风险预防化解处置工作。加快企业上市（挂牌）和股改进程，力争新增企业上市（挂牌）5 家。加强政府与社会资本合作，引导社会资本投资经济社会重点领域和薄弱环节。加快社会信用体系建设，完善“一网三库一平台”公共信用信息系统，建立完善守信联合激励和失信联合惩戒机制，推进政务诚信、商务诚信、社会诚信、司法公信建设，实现“信用滕州”建设新突破。增强开放合作带动力。抢抓“一带一路”、新旧动能转换试验区等战略机遇，加快“走出去”“引进来”步伐。推动外贸

转型升级，抓好骨干企业、中小微企业和自主品牌建设，提高机电、高新技术产品和服务贸易在外贸中的占比。持续开拓国际市场，继续深耕日本、美国、欧盟等传统市场，加大俄罗斯、东盟等“一带一路”沿线国家和自贸区市场开拓力度，大力开发非洲、拉美等新兴市场，持续扩大我市产品出口规模。

（二）做强实体经济，构建更富活力的产业体系。积极应用新技术、新产业、新业态、新模式，大力振兴实体经济，提高发展质量效益。促进工业强而优。坚持改造提升传统产业与培育壮大战略性新兴产业并重，广泛实施智能制造示范带动提升计划，着力加强品牌标准建设，打造更多的“滕州名牌”“滕州标准”。依托中材科技、腾龙、鲁化、联泓等龙头企业，重点围绕高端中小数控机床、复合新材料、化工新材料、不锈钢、锂电动力等领域打造新动能，发展壮大机械机床产业园、鲁南高科技化工园区、滕州生物医药产业园、张汪循环经济产业园等产业聚集平台。大力实施企业梯次培育工程、企业家培育工程，积极推进企业与高校院所产学研合作，实施技术创新项目200项，新培育省级企业技术中心2家。推进规模以上工业企业开展新一轮技术改造，全年计划实施过1000万元重点技改项目100个。促进服务业活而优。突出发展旅游业，制订旅游振兴发展三年行动计划，着力打造文化旅游、生态旅游、红色旅游、工业旅游、农业旅游、节会旅游六大旅游板块，不断延伸旅游产业链条，持续加大宣传推介力度，做深做细服务文章。改造提升传统服务业，引导品牌商贸集中发展，加快建设城市综合体和特色商业街区，推动专业市场转型升级，重点抓好保利万达商业广场、德意君瑞城市综合体、真爱风情小镇等项目建设。大力发展现代服务业，积极培育现代物流、信息服务、健康养老、现代金融等新兴服务业态，加快大数据中心、养老综合服务中心、跨境电商服务中心等项目建设。促进农业特而优。实施乡村振兴战略，科学制定乡村振兴战略规划，推进农业供给侧结构性改革。优化调整农业结构，培植壮大粮食、蔬菜、畜牧、林果、水产等优势主导产业，打造10万亩粮食绿色高产示范核心区，新增“三品一标”认证10个以上；做大做强“滕州马铃薯”产业，办好第十届马铃薯节。推进农业绿色发展，新发展无公害、绿色农产品标准化基地10万亩；完成多层次水利投资3.8亿元，扩大改善灌溉面积6.9万亩。推进三产融合发展，打造现代农业产业园、农业龙头企业、都市现代农业示范园区，支持发展休闲农业、乡村旅游和农业电商等新业态。着力构建新型经营体系，新增规模经营面积10万亩，培育新型职业农民1万名；深化农村集体产权制度改革，统筹做好农村产权流转交易、农村合作金融创新、农产品目标价格保险等各项综合改革。

（三）扩大有效投资，积聚更加坚实的发展后劲。持续推进“三合一”工作机制，努力做好精准招商、项目建设、园区提升三篇文章。以更准的政策招商引资。坚持项目为王、质效为先，更新招商理念，提高招商精准度。强化产业招商，以打造产业基地为抓手，以“补链、延链、强链”为原则，通过招引一批大项目、好项目，实现我市优势产业向基地化、一体化、智能化方向发展。改进招商方式，重点围绕京津冀、长三角、珠三角等地区，瞄准国内外500强和大型央企、国企、行业领军企业，实行定人员、定企业精准招商。以更实的举措推进重点项目。强化项目建设“四个一”推进机制，全年计划实施重点项目200个以上，年度完成投资200亿元以上；重点推进中材科技高性能锂电池隔膜、北玻院科技成果转化基地、中科博联智能环保装备制造等新动能项目建设。优化项目帮扶机制，严格项目立项和节能把关，积极对上争取，力争更多项目纳入上级盘子。加快推进项目前期、项目审批等工作，优化土地、资金等要素配置，加大重点项目支持保障力度。加强跟踪评价，强化项目竣工验收联合评审和投产后绩效评估，促进项目早投产、真履约、见实效。以更大的力度推动园区建设。创新特色园区管理模式，完善园区基础设施，大力发展“飞地经济”，加大现有企业清理整合力度，有效盘活低效闲置土地。充分发挥市工业资产运营公司作用，加快发展工业地产项目。瞄准智能制造、化工新材料等领域，将滕州经济开发区打造成全省新旧动能转换重大工程智能制造示范区、绿色发展示范区、创新创业示范区，创建国家级经济技术开发区。

（四）深化建管结合，建设更有品位的新型城市。坚持统筹协调、城乡一体，以规划为引领、项目为支撑，全面提升城乡发展水平。坚持建设民生城市。围绕提升城市品质，着力引进一批规模大、实力强的高端城建品牌，全面提升城市的美誉度。重点抓好荆泉路、振兴北路贯通、荆河桥改造等道路桥梁建设，实施好孙楼鲁寨区域、东城东新社区二期、官桥镇北韩村区域等棚户区新建工程，不断提升城市发展质量。坚持打造精品城市。全面加快城市绿化建设，重点实施好中轴线区域景观绿化、清水湾公园东区、道路绿化等工程。巩固国家卫生城市创建成果，围绕薄弱环节，加大城区市容环境卫生整治力度。完善数字城管系统，建立健全城市管理长效机制。继续做好老旧小区综合改造工作，提升老旧小区环境卫生面貌。坚持推动高铁新区建设。抢抓京台高速滕州城区段全线改造的重大机遇，围绕拉开“四纵四横一湖”新区框架，抓好道路路网、公建配套和重点项目落地建设。积极对外招商推介，引进有实力、有影响力的企业参与高铁新区开发建设。坚持城乡统筹发展。统筹城乡基础设施布局，大力推进城乡燃气等基础设施向农村延伸。继续实施农村危房改造工程，推进农村生活污水处理，完成4.2万户农村无害化卫生厕所改造任务，加快西岗省级供暖试点建设。持续抓好枣荷高速、枣滕BRT、滕州新港项目建设，加快推进京台高速扩容、S104改建、S321改建等交通工程。

（五）聚焦生态建设，打造更具韵味的美丽滕州。统筹推进生态环境保护、资源循环利用、绿色经济发展和生态文明建设，提升群众满意度。聚焦节能降耗。坚持把推进能源结构优化、实现清洁生产作为产业发展、项目招引的方向，加大节能监督检查和宣传力度，严格执行项目节能审查和新上耗煤项目煤炭等量替代制度，加快推进化工产业安全生产转型升级，积极淘汰工业领域落后产能，力争全年万元工业增加值能耗降低4.85%以上。聚焦环境治理。强化大气环境治理，统筹推进“散乱污”企业处置、扬尘污染防治、秸秆禁烧、工业企业错峰生产等各项工作，及时落实各预警级别减排措施，确保大气环境进一步改善。强化水环境治理，深化推进河长制工作，建立完善市、镇街、村居三级河长组织体系，维护河库湖良好管理秩序；加强污水处理厂运行监管，完善配套污水管网，加快推进湿地工程建设，完善河流水质自动监控系统，确保河流断面水质达标。强化土壤环境治理，建立健全土壤环境监测机制，确保生态环境更加宜居。聚焦生态修复。加大造林绿化、绿色通道建设、湿地公园提升工作力度，完成成片造林2万亩，确保顺利通过国家级森林城市检查验收。加大生态修复力度，实施土地综合治理，新增耕地2000亩，完成采煤塌陷地治理1万亩，治理水土流失面积6平方公里，全面改善生态环境。

（六）加强社会建设，创造更高水平的幸福生活。坚持发展成果群众共享，高标准扩大优化公共服务供给，办好惠民实事，不断提高人民群众的获得感、安全感、幸福感。全面提升社会保障水平。加大精准扶贫、精准脱贫工作力度，强化资金监管，着力整合涉农资金，保质保量完成脱贫攻坚目标任务。实施就业创业工程，全年力争实现就业培训8000人、新增城镇就业和农村劳动力转移就业4万人。健全社保体系，强力推进扩面征缴，力争实现社会保险扩面8000人。繁荣发展文化教育事业。深入实施文化惠民工程，基层文化服务中心实现全覆盖，博物馆新馆建成开放，完成墨子纪念馆、墨砚馆、王学仲艺术馆升级改造，启动龙泉文化广场区域改造提升工程，开工建设集科技馆、美术馆、图书馆于一体的公共文化服务综合馆。全力实施薛国故城城墙保护、滕国故城考古挖掘等33项文物保护重点工程，加强非物质文化遗产保护利用。启动“三河三带”历史文化展示带建设，深入挖掘五大文化片区，实施城乡历史记忆工程。加快建设滕州艺术品收藏展览交易中心，组建大型演艺集团公司。加快推进解决大班额学校建设和农村中小学建设工程，积极推进“县管校聘”、校长职级制和教师队伍建设改革，全面深化素质教育，提升教育质量。加快建设健康滕州。推动公立医院改革，建立完善分级诊疗体系，大力发展中医药和医养健康产业，提升全民健康素养。综合治理出生人口性别比，提高妇幼健康服务水平，全面提升人口素质。全力抓好全民健身，增加全民健身设施，打造一批体育主题公园。加强市场监督管理，切实保障食品药品安全。深入推进“平安滕州”建设，完善应急管理机制，严格落实安全生产责任制，提升消防应急处置能力，积极推进精神文明和智慧城市建设，促进审计、物价、气象、老龄、防震救灾、新闻出版、民兵预备役等各项事业全面进步。

各位代表，不忘初心迈进新时代，牢记使命谱写新华篇。让我们在市委的坚强领导下，在市人大、市政协的监督支持下，勇立潮头敢为先，撸起袖子加油干，为加快建设现代产业强市、生态文化名城、宜居宜业富裕美丽文明的新滕州再立新功，为开创滕州更加美好的明天而努力奋斗！

附录2

关于滕州市2017年预算执行情况和2018年预算草案的报告

——2018年1月16日在滕州市第十八届人民代表大会第二次会议上

市财政局局长 刘春雨

各位代表：

我受市人民政府委托，向大会提交滕州市2017年预算执行情况和2018年预算草案，请予审议，并请市政协各位委员和其他列席会议的同志提出意见。

一、2017年预算执行情况

2017年，全市各级财税部门围绕市委总体部署，认真落实市十八届人大一次会议决议，实施积极的财政政策，支持新旧动能转换。加大财政支出结构调整力度，推进资金绩效管理。不断深化财税改革，强化地方政府债务风险防控，加强预算执行管理，有力促进了全市经济社会持续健康发展，全市预算执行情况良好，圆满完成了经市十八届人大一次会议批准，并经市十八届人大常委会第八次会议审议通过的调整后的预算目标任务。

（一）一般公共预算执行情况

1. 全市一般公共预算执行情况。2017年，全市一般公共预算收入703568万元，完成调整预算（以下简称预算）的100%，比上年同口径增长3.5%，加上税收返还、转移支付补助、债券转贷收入、调入资金（从政府性基金预算调入）及上年结转收入等324043万元，收入总计1027611万元。全市一般公共预算支出840681万元，完成预算的102.1%，加上上解上级支出、债务还本支出及结转下年支出等186930万元，支出总计1027611万元。全市总收入等于总支出，连续33年实现财政收支平衡。

2. 市级一般公共预算执行情况。2017年，市级一般公共预算收入365948万元，完成预算的100%，比上年同口径增长35%，加上税收返还、转移支付补助、下级上解收入、债券转贷收入、调入资金（从政府性基金预算调入）及上年结转收入等482551万元，收入总计848499万元。市级一般公共预算支出541721万元，完成预算的104.1%，比上年同口径增长10.7%，加上上解上级支出、补助下级支出、债务还本支出及结转下年支出等306778万元，支出总计848499万元。市级总收入等于总支出，财政收支平衡。

3. 市级一般公共预算主要支出项目完成情况。教育支出172415万元，完成预算的100.7%；社会保障和就业支出92848万元，完成预算的103.6%；医疗卫生和计划生育支出80647万元，完成预算的110.9%；科学技术支出5958万元，完成预算的113.6%；文化体育与传媒支出10397万元，完成预算的105.8%；节能环保支出6269万元，完成预算的110.7%；城乡社区支出25140万元，完成预算的102.8%；农林水支出30238万元，完成预算的100.6%；交通运输支出11918万元，完成预算的103.1%；住房保障支出14612万元，完成预算的101.7%；一般公共服务支出30837万元，完成预算的113.2%。

（二）政府性基金预算执行情况

1.全市政府性基金预算执行情况。2017年，全市政府性基金收入392918万元，完成预算的100.7%，比上年增长42.9%。加上结算财力，全市政府性基金支出428115万元，完成预算的100%，比上年同口径增长49%。

2.市级政府性基金预算执行情况。2017年，市级政府性基金收入392918万元，完成预算的100.7%，比上年增长42.9%，加上上级补助收入、债券转贷收入及上年结转收入等72426万元，收入总计465344万元。市级政府性基金支出417361万元，完成预算的100%，比上年同口径增长51.6%，加上上解上级支出、补助下级支出、债务还本支出、调出资金（调出至一般公共预算）等36962万元，支出总计454323万元。收支相抵，结转下年支出11021万元。

（三）市级国有资本经营预算执行情况

2017年，市级国有资本经营预算上级补助收入4766万元。市级国有资本经营预算支出4322万元。收支相抵，结余444万元。

（四）市级社会保险基金预算执行情况

市级社会保险基金，包括企业基本养老保险、机关事业养老保险、城乡居民养老保险、职工基本医疗保险、城乡居民基本医疗保险、失业保险、工伤保险和生育保险等八项内容。2017年，市级社会保险基金收入376021万元，完成预算的101.3%，比上年增长14.7%。市级社会保险基金支出368755万元，完成预算的99.4%，比上年增长12.6%。当年收支结余7266万元，年末滚存结余89124万元。

需要说明的是，以上预算执行情况是财政收支快报数，2017年财政决算编制完成后，部分数据还会有所调整，我们将按规定及时向市人大常委会报告。

（五）落实市十八届人大一次会议决议情况

市十八届人大一次会议以来，市财税部门认真落实大会决议和市人大常委会各项审议意见，突出做好了以下工作：

1.聚焦新旧动能转换，支持发展兴财。一是落实创新驱动发展战略。安排1000万元工业技术改造资金，支持技改项目贷款贴息、先进设备补助及技改奖补。设立2亿元的财金产业投资基金，重点为科研成果转化提供资金支撑，培植新兴财源。投入1237万元，支持人才创新驱动中心、北理工研究院、北航研究院建设，推动更多科研成果在滕州实现产业化。投入1640万元，支持泰山产业领军人才、鲁南机床重点项目研发、小微高新技术企业建设、“枣庄英才”扶持和省重点实验室建设等项目。二是严格落实各项减税降费政策。简化增值税税率结构，扩大享受企业所得税优惠的小型微利企业范围，提高科技型中小企业研发费用税前加计扣除比例，按照上级政策共减免税收和办理退税5.5亿元。清理规范涉企收费，减少涉企收费4020万元，切实降低实体经济运行成本。三是全力支持招商引资、园区建设。拨付1050万元招商引资经费。投入298万元，用于开发区园区循环化改造、西岗循环经济产业园、生物医药产业园、鲁南高科技化工园区等规划编制。四是加大对企业上市支持力度。为支持企业上市，拨付扶持资金

1137万元，充分调动我市企业利用多层次资本市场融资的积极性和主动性。五是保障重点项目建设。投入2.21亿元，支持联泓新材料、中材锂膜、田陈富源煤矸石综合利用等项目建设。投入5.6亿元，用于盛隆化工和兖矿鲁南化工安全防护距离内村庄搬迁，达到了环保要求，扩充了企业发展空间。六是引导撬动信贷资金支持企业发展。通过至能担保公司，为企业提供贷款7630万元，过桥还贷周转资金10390万元，利用“助保贷”手段帮助小微企业贷款9427万元，缓解了企业资金周转困难。

2.注重收入质量提升，强化征管聚财。全市财税部门努力克服供给侧结构性改革和政策性减税降费等减收因素影响，积极培育财源，依法加强收入征管，确保财政收入增长。全市税收收入占一般公共预算收入的比重为71.1%，比上年提高4.3个百分点。四税占税收收入比重为48.2%，比上年提高11.1个百分点。一是加强收入分析预测。每月召开一次财税工作专题调度会，研究财政经济形势，分析各项增减收因素，协调解决组织收入中出现的矛盾和问题。二是提高依法纳税意识。公布纳税百强榜单，引导企业依法诚信纳税。组织发票摇奖活动，举办发票摇奖13期，涉及发票金额3.1亿元，消费者索要发票的维权意识显著提高。三是规范税收秩序，堵塞征管漏洞。组织开展了企业会计信息质量检查、稽查评估和税费清欠，共检查入库税收2.61亿元、清理欠税4.2亿元，清理规费基金1.4亿元。对全市55家物业管理企业进行了税收专项评估，共清查入库税款280万元。四是建立镇街税收收入增长奖励机制。对实际税收增量分别给予30%—200%的奖励，全年共奖励镇街1.55亿元，调动了镇街加强财源建设、深挖征收潜力的积极性，提高了镇街自身保障能力。五是加强非税收入征管。在严格落实清理规范政府性基金和取消停征部分行政事业性收费政策的基础上，加强征收管理，突出抓好国有土地使用权出让收入等资源性收入的征管，全年土地出让收入完成33亿元，增长52.8%，有效增加了可用财力。

3.完善投融资体系，精心对接找财。一是积极争取地方政府债券。认真研究上级政策，密切跟进债券发行分配的各个环节，2017年共争取地方政府新增债券6亿元，保障了水利、教育、交通、保障性住房等重点项目的顺利实施。二是积极争取上级无偿资金。认真研究国家产业政策、金融政策，科学规划，全年共争取上级财政无偿资金28.97亿元，对保障财政支出、促进经济社会发展发挥了重要作用。三是加大重点项目融资力度。为破除民生和城建项目资金瓶颈问题，在加大财政投入的同时，积极争取大班额、农村旱厕改造、省道345道路建设、养老综合服务中心、户户通工程等项目贷款30.25亿元。四是积极盘活存量资金。收回尚未使用的两年以上结余结转资金10.9亿元，统筹用于稳增长、调结构、促发展等方面支出。五是创新财政投融资方式。大力推进政府和社会资本合作模式，制定《滕州市公共服务领域推广政府和社会资本合作模式实施意见》，组织全市PPP项目全过程运作与实践培训，全市共储备PPP项目8个。

4.深化财税体制改革，依法高效理财。一是注重研究税制改革对我市的影响。主动超前谋划，积极做好水资源税和环保税开征前的准备工作。密切关注上级在财权事权划分方面的政策信息，研究支出责任改革方向和内容，力争在财税体制改革中赢得先机。二是严格政府性债务管理。建立债务风险预警及化解机制，组织开展不规范的政府融资担保清理整改，动态监测政府中长期支出计划和融资平台公司债务，有效防范化解政府债务风险。三是加大财政预决算公开力度。坚持以公开为常态、不公开为例外，进一步细化公开标准，搭建公开平台，所有市级部门全部公开了部门预决算及“三公”经费预决算。四是规范清理市镇财政专户。全面清理规范市本级和镇街存量财政专户，撤销市级财政专户5个、镇街财政专户54个。五是实施公务卡改革。研究出台公务卡管理办法和强制消费目录，建立公务卡支付管理系统，实现公务卡消费结算，提高支付透明度。六是深化国企国资改革。加快国有企业公司制改制，优化国有资本布局。支持城市国有资产经营公司加快转型发展。加强工业资产运营公司运行管理，拨付注册资本金5000万元。七是强化财政监督管理。组织开展扶贫资金检查，部门预算编制执行情况检查，国有房地产开发企业棚改资金检查，企业会计信息质量检查。健全财政资金问效机制，全年完成财政投资评审项目184个，评审额9.03亿元，审定额7.84亿元，审减率13.2%；完成政府采购364次，采购额8.93亿元，节约资金0.6亿元，节支率6.3%。

5. 聚焦城乡环境改善，推进宜居宜业。一是全力支持创建国家级卫生城市。投入5亿元，实施城市基础设施大提升工程，更新改造城区主次干道、背街小巷、老旧小区道路200公里；购置大型清扫车、洒水车等保洁车38辆，城区机械化深度保洁率达到95%；支持城乡环卫一体化建设，市场化保洁面积提高到362万平方米；实施生活垃圾分类收集试点，购置4辆垃圾分类清运车；投资1.6亿元，实施荆河城区段、小清河黑臭水体治理工程，提升秀美荆河景观档次；实施政务中心广场区域绿化改造，整体卫生水平显著提升，顺利通过国家评估验收。二是加大交通设施投入力度。投入1770万元，实施省道343绿化工程。投资3.2亿元，完成556个村居、1127公里户户通工程建设。投资1亿元，实施国泰大道维修、红荷路改造等工程。投资6000余万元，实施农村公路安防工程，整治农村公路安全隐患1150公里，县乡公路安防工程370公里、村级公路安防工程875公里。投资5.57亿元，实施省道345枣济线改线工程。三是环境保护治理成效显著。投入900万元，用于薛河、北沙河等4处人工湿地建设。投入604万元，开展燃煤锅炉综合整治。投入923万元，用于大气污染治理。投入10670万元，用于垃圾和污水处理。投入1690万元，支持创建国家森林城市。四是农村生产生活环境有效改善。投入3750万元，用于美丽乡村创建，建成美丽乡村450个。投入1256万元，实施乡村连片治理项目，惠及6181人。投入3500万元，改造提升公厕115座，改造无害化卫生厕所6.9万户。五是大力支持棚户区改造。投入56034万元，用于程堂区域、木石区域等棚户区改造项目资本金，全年共12个项目纳入省棚改计划。

6. 聚焦乡村振兴战略，夯实农业根基。一是全力支持精准扶贫。统筹整合使用各行业、各级次、各渠道涉农资金，形成“多个渠道引水、一个龙头放水”的扶贫新格局，除普惠性资金外，其他涉农资金20%用于扶贫脱贫。投入专项扶贫资金1845万元，实施产业项目30个，546

户、1298人稳定脱贫。二是积极支持粮食生产。投入1.6亿元，实施高标准基本农田、“百万亩”土地整治工程、土地复垦开发整治等项目，有效提升耕地质量和产能。投入295万元，实施110个村供水消毒设施工程建设。投入5916万元，承保政策性小麦保险44万亩，玉米保险55万亩，公益林保险11万亩，马铃薯保险50.8万亩。三是及时兑现各项惠农政策。发放各类惠民补贴11082万元，及时足额兑现了农业支持保护、农机具购置、库区移民补助等各项惠农政策补贴，有效促进了农业发展和农民增收。四是加大水利设施建设。投资1.2亿元，实施淮河流域重点平原洼地治理工程。投入2278万元，实施农田水利项目县工程建设。五是支持深化农村综合改革。投入1400万元，实施了14个省级扶持村级集体经济发展试点项目，促进产业融合发展。投入942万元，用于农村土地承包经营权确权登记办证和农村集体土地确权登记发证。

7.聚焦民生保障事业，优化公共服务。一是优先发展教育事业。投入19399万元，落实义务教育保障经费、高中生均公用经费和中职免学费政策。投入2733万元，落实奖学金、助学金、生活补助等资助政策。投入16930万元，继续支持解决中小学大班额和“薄校改造”项目建设。二是不断完善社会保障和就业体系。投入27773万元，落实城乡居民养老保险财政补助政策。投入24368万元，发放农村五保、低保、优抚对象、孤儿及困境儿童等各项救助资金。投入6611万元，落实退役士兵安置和权益保障工作。三是继续提高医疗卫生服务能力。投入62120万元，落实城乡居民医保财政补助政策。投入11343万元，落实基本公共卫生和基层医疗机构补助政策。四是完善公共服务就业体系。投入1960万元，发放公益性岗位补助和高校毕业生就业见习补贴。投入127万元，实施创业担保贷款财政贴息，发放贷款4067万元。五是加快文化事业发展。投入595万元，落实公益文化设施免费开放政策。投入260万元，继续开展免费送戏下乡和“每月每村一场电影”活动。投入100万元，对村居文化大院进行提升改造。投入135万元，支持“滕州书展”活动顺利举办。投入3348万元，推进大遗址保护和大韩村遗址一期考古挖掘工作，实施历史建筑修缮保护工程，提升我市文物保护水平。六是加大对镇街补助力度。全年下达镇街转移支付13.1亿元，其中税收收入增长奖励1.55亿元，提高镇街可用财力。

各位代表，2017年全市财税部门密切配合，强化征管，在大事喜事多，硬事急事多，财政增支因素多的情况下，实现了增财力、提质量、控风险、保支出的目标。市级一般公共预算收入完成36.6亿元，同口径增长35%，土地出让金收入完成33亿元，增长52.9%，可用财力大幅增加。全市税收收入占一般公共预算收入的比重为71.1%，比上年提高4.3个百分点，收入质量进一步提升。政府债务实现了规模可控，结构合理的管理目标。统筹各项财政资金，保障了工资的正常发放、机关运转和民生支出，全市民生支出占一般公共预算支出比重由68.4%提高到72.9%，提高了4.5个百分点。同时做好了创卫、退役士兵安置、环保督查、安全生产和十九大安保等临时应急支出需求。

尽管2017年全市预算执行整体情况良好，我们也清醒地认识到，财政运行中还存在一些困难和问题，主要表现在：去产能继续推进，节能环保政策日趋严格，加上各项减税降费和全面清理政府性基金等政策性减收因素，财政收入可持续增长的压力加大；经济转型升级、改善民生、重点改革等方面，都需要增加财政投入，必保的硬性支出有增无减，收支平衡压力较大；财经秩序不够规范，部分企业会计信息失真，诚信纳税意识不强，偷税逃税现象仍然存在。对此，我们将高度重视，采取有力措施，认真研究解决。

二、2018 年预算草案

根据中央、省市经济工作会议精神和市委各项决策部署，2018 年我们将着力深化财税改革，优化支出结构，严格预算执行，防范债务风险，精心做好“兴财、聚财、用财、找财、理财”文章，切实增强财政综合保障能力。

（一）预算安排的指导思想和基本原则

根据当前财政经济形势，按照市委总体部署，2018 年预算编制的指导思想是：以习近平新时代中国特色社会主义思想为指导，按照高质量发展要求，坚持以供给侧结构性改革为主线，深入推进新旧动能转换，落实创新驱动发展战略。继续实施积极的财政政策，增强财政可持续性。调整优化支出结构，提高保障和改善民生水平，全面推进绩效管理，提高财政资金使用效率，统筹资金打造现代产业强市、生态文化名城，为建设宜居宜业富裕美丽文明新滕州提供财力支撑。

落实上述指导思想，2018 年财政预算编制遵循以下原则：收入安排上，综合考虑我市主要经济预期指标和收入增减因素，坚持实事求是、积极稳妥，体现经济发展成果及提高收入质量的要求。支出安排上，优化支出结构，大力压减一般性支出，统筹财力保工资、保运转、保民生、保重点，利用财政资金引导带动社会资本投入，增加基本公共服务供给。

（二）2018 年预算安排

根据上述指导思想和基本原则，2018 年全市一般公共预算收入安排 72.2 亿元，比上年增长 2.6%；加上结算财力，一般公共预算支出安排 85.5 亿元，剔除上年新增债券因素，比上年同口径增长 2.3%。按照《预算法》要求，市级分别编制了一般公共预算、政府性基金预算、国有资本经营预算和社会保险基金预算，具体如下：

1. 市级一般公共预算安排

2018 年，市级一般公共预算收入安排 37.15 亿元，比上年增长 1.5%，加上预计税收返还、转移支付补助、下级上解收入、调入资金（从政府性基金预算调入）及上年结转收入等 52.88 亿元，收入总计 90.03 亿元。市级一般公共预算支出安排 54.43 亿元，剔除上年新增债券因素，比上年增长 1.2%，加上上解上级支出、补助下级支出、结转下年支出等 35.6 亿元，支出总计 90.03 亿元。收支相抵，预算安排是平衡的。

2. 市级政府性基金预算安排

2018 年，市级政府性基金预算收入安排 36.5 亿元，比上年下降 7.1%，加上预计上级补助收入和上年结转收入等 1.9 亿元，收入总计 38.4 亿元。市级政府性基金预算支出安排 33.5 亿元，剔除上年新增债券因素，比上年同口径下降 7.5%，加上补助下级支出、调出资金（调出至一般公共预算）及结转下年支出等 4.9 亿元，支出总计 38.4 亿元。收支相抵，预算安排是平衡的。

3. 市级国有资本经营预算安排

2018 年，市级国有资本经营预算预计上级补助收入 1200

万元，上年结余444万元。市级国有资本经营预算支出安排1644万元，收支相抵，预算安排是平衡的。

4.市级社会保险基金预算安排

2018年，市级社会保险基金收入安排42.6亿元，比上年增长13.3%。市级社会保险基金支出安排40.5亿元，比上年增长9.8%。当年结余2.1亿元。

（三）市级重点支出预算安排

统筹上述一般公共预算、政府性基金预算的所有财力，除保证部门人员经费和基本运转外，按照支出政策需求和市委、市政府确定的重点工作，市级财政安排的重点支出（不含上级专项转移支付）主要体现在以下方面：

1.农林水支出8666万元，主要是：专项扶贫；在职村书记基本报酬；离任村书记生活补贴；村级组织运转经费；秀美荆河建设；创建国家森林城市精品线路建设提升工程；羊庄、荆泉水源地保护支出等。

2.教育支出30988万元，主要是：义务教育保障经费；中职免学费及公用经费；高中生均公用经费；班主任绩效工资；镇街退休教师一次性补贴；义务教育段寄宿生生活补助；高中家庭经济贫困生资助；学前教育家庭困难生活补助；义务教育免课本费；解决城镇普通中小学大班额及薄校改造；教师培养工程等。

3.社会保障和就业支出110999万元，主要是：弥补企业养老金、破产企业养老金、行政事业单位养老金三项收支缺口补助；城乡居民养老保险补助；退役士兵公益性岗位补贴；义务兵优待金；退役士兵自主就业一次性经济补助；城乡居民医保个人缴费减免补助；农村低保、五保、城市低保资金；抚恤补助；残疾人两项补贴；失地农民补助；高龄补贴；孤儿、困境儿童生活补助；原民办教师教龄补贴等。

4.医疗卫生与计划生育支出44569万元，主要是：城乡居民医保财政补助；基本公共卫生服务补助；卫生室实施基本药物制度补助；镇街卫生院经费补助；农村妇女两癌筛查；农村孕产妇增补叶酸、产前筛查；公立医院改革补助；老乡医生活补助；农村独生子女奖励费等。

5.保障性住房支出300万元，主要是：公共租赁补贴；保障性住房日常管理费用。保障性住房建设通过新增债券等渠道统筹解决。

6.文化体育与传媒支出2352万元，主要是：文化场馆免费开放；农村公益电影放映工程补助；体育场馆运营维护及提升改造；省第24届运动会备战经费；全民健身工程；第二届滕州书展工作经费等。

7.科学技术支出2400万元，主要是：科技专项资金；北航、北理工、中科院基地研究专项经费；人才专项经费；双创基地运行经费等。

8.节能环保支出13016万元，主要是：污水处理服务费；垃圾处理费；污泥处置费等。

9.城市建设与维护支出12490万元，主要是：城市基本维护费；城乡环卫一体化保洁费用；荆河湿地公园及沿荆河景观带建设；群众文化综合馆建设；城区道路建设；龙山龙湖运动小镇建设；园林绿化及景观大道提升工程；开发区及重点产业发展规划编制费用等。

10.一般公共服务支出13372万元，主要是：招商引资工作经费；全国文明城市创建工作经费；税收共治和发票摇奖；援疆援藏资金；城市社区服务群众专项经费；公务用车服务平台运行经费；干部教育培训经费；PPP工作业务经费；严重精神障碍患者有奖监护资金和监护人责任保险费用；智慧滕州运营服务中心项目；走访救助困难职工困难劳模资金等。

11. 支持企业发展支出 1200 万元，主要是：企业技改奖补资金，电子商务发展专项资金等。

12. 预备费安排 5000 万元。

三、完成 2018 年预算任务的主要措施

2018 年，我们将按照市委总体决策部署，密切关注上级财税改革政策，充分发挥财政职能，加强财源建设，坚持依法科学理财，努力完成全年各项预算任务目标，更好地服务全市经济社会发展。

（一）围绕发展提质增效，加强政策引导。把握经济发展由高速增长转向高质量发展的要求，支持推进新旧动能转换，积极争取上级扶持资金。全力支持招商引资，加大开发区基础设施建设投入力度，提升园区承载能力。支持实施创新驱动发展战略，继续推进企业技改三年行动计划。加大人才发展投入力度，增强人才竞争比较优势。支持双创中心建设和中科院、北理工、北航等科研院所产学研合作，推动传统产业优化升级。认真落实国家减税降费举措，切实减轻企业税费负担，降低实体经济成本。严格落实支持重点企业发展政策，扶持实体经济更好更快发展。发挥产业投资基金、贷款贴息、还贷周转金等财税政策引导作用，解决企业融资难题。

（二）围绕预算目标实现，严格执行管理。认真研究财政经济形势，分析增减收因素，及时有效应对，确保财政收入平稳增长。积极推进税收共治，实施房地产及建筑业税收一体化管理，抓好零散税源征管。密切关注国家税收改革动向，实施资源税和环保税改革，构建地方税收体系。加强非税收入征管，加大土地储备和出让力度，努力完成收入目标。完善镇街税收增长奖励政策，调动镇街加强财源建设、深挖征收潜力的积极性。持续开展财政存量资金清理，加大财政资金统筹使用力度。大力压减一般性支出，市级各部门人员定额和业务经费统一压减 10%，降低行政运行成本。强化预算刚性约束，依法及时批复部门预算，加快支出预算执行进度，严格执行批复的预算。

（三）围绕增进人民福祉，加大民生投入。针对人民群众关心的问题精准施策，不断满足人民日益增长的美好生活需要。支持实施乡村振兴战略，提升农业经济发展质量。支持打赢脱贫攻坚战，确保如期完成脱贫攻坚任务。支持教育优先发展，加大解决“大班额”投入力度，推动教育由基本均衡向优质均衡发展。支持社会保障体系建设，实施全面参保计划，进一步完善社会救助制度，保障各类政策资金及时足额发放。支持健康滕州建设，加大基本公共卫生服务投入力度，健全基层医疗卫生服务体系，提升医疗服务水平。落实更加积极就业政策，完善公共就业创业服务体系。

（四）围绕统筹城乡发展，推进生态建设。深化农村综合改革，支持美丽乡村和特色小镇建设，加快户户通、农村改厕等工程建设，改善农村人居环境。支持生态文化名城建设，完善公共文化设施，推动文化具象化发展。加强大气污染、水污染治理和土壤环境综合整治，构筑生态安全屏障。支持创建国家森林城市，加大绿色城乡建设投入，提升绿化质量和森林覆盖率。加大交通基础设施投入力度，支持城区道路建设，抓好枣荷高速、京台高速改扩建等城市周边道路建设，增强城市集聚力和辐射力。加大公共租赁住房、棚户

区改造投入力度，支持专业化住房租赁企业发展，建立多主体供应、多渠道保障、租购并举的住房体系，确保住有所居。

（五）围绕可用财力增加，强化资金筹集。认真研究国家、省市出台的产业政策、财政政策、金融政策，完善项目库，实行项目动态管理，与上级部门做好沟通和工作对接，争取上级更多的政策和资金支持。积极争取地方政府置换债券和新增债券，缓解我市政府债务还本和重点项目需求。在国家批准的业务范围内，积极争取金融机构对棚户区改造、生态环保、城乡基础设施建设、科技创新等重大项目的资金支持力度。稳步开展政府和社会资本合作，规范政府购买服务，吸引更多社会资本投入重点领域和民生项目。

（六）围绕财政风险防控，提高理财水平。加强政府债务管理，坚决制止违法违规举债和融资担保行为，牢牢守住不发生区域性系统性财政金融风险的底线。全面实施绩效管理，建立预算安排与绩效目标、资金使用效果挂钩的激励约束机制，提高公共服务质量和水平。深化镇街国库集中支付改革，大力推广应用公务卡。深化国企国资改革，加强对经营性国有资产统一监管，完善公司法人治理结构，推进混合所有制改革，着力推动国有资本做强做优做大。进一步加强财政监督检查、政府采购、投资评审，提高财政资金使用效益。加强财税干部队伍建设，进一步提升财税管理效能和服务群众水平。

各位代表，在新的一年，我们将在市委的坚强领导和市人大、市政协的监督支持下，认真落实本次大会决议，不忘初心，牢记使命，锐意进取，埋头苦干，努力完成会议确定的任务目标，为加快建设宜居宜业富裕美丽文明新滕州提供坚强的财力保障！

附录 3

2017 年滕发目录

序号	文件名
1	关于深入推进农业供给侧结构性改革加快培育农业农村发展新动能的实施意见
2	关于印发《滕州市 2017 年经济工作要点》的通知
3	关于加强班子自身建设的决定
4	关于表彰 2016 年度全市安全生产工作先进集体和先进个人的决定
5	关于表彰全市绿化工作先进单位和先进个人的决定
6	关于创建国家森林城市的实施意见
7	关于深化农村集体产权制度改革促进农村集体经济发展的意见
8	关于表彰 2016 年度全市先进集体和先进个人的决定
9	关于进一步加强招商引资、重点项目及园区建设工作的意见
10	关于公布县级领导干部帮包镇街的通知
11	关于印发《滕州市加快推进生态文明建设的实施方案》的通知
12	关于印发《滕州市创建国家全域旅游示范区实施方案》的通知
13	关于印发《2017 年度全市经济社会发展综合考核办法》的通知
14	关于表彰 2016 年度全市城乡建设工作先进集体和先进个人的决定
15	关于表彰 2016 年度全市农业农村工作、扶贫开发工作先进集体和先进个人的决定
16	关于表彰 2016 年度滕州市优秀企业家的决定
17	关于表彰 2016 年度环境保护工作先进集体和先进个人的决定
18	关于表彰 2016 年度人口和计划生育责任目标管理先进集体和先进个人的决定
19	关于对未完成 2016 年度人口和计划生育责任目标单位的处理决定
20	关于表彰 2016 年度平安滕州建设工作先进集体和先进个人的决定
21	关于表彰 2016 年度全市信访工作先进单位和先进个人的决定
22	关于加快推进外向型经济发展的实施意见
23	关于表彰 2011—2015 年全市普法依法治理工作先进集体和先进个人的决定
24	关于印发《滕州经济开发区“全国中小机床产业知名品牌创建示范区”筹建规划》的通知
25	关于印发《中共滕州市委常委会 2017 年工作要点》的通知
26	印发《关于加快滕州经济技术开发区改革创新创建国家级经济技术开发区的实施方案》的通知
27	关于充实调整部分镇街县级帮包领导的通知

续表

序号	文 件 名
28	关于印发《第三届鲁班文化节活动方案》的通知
29	关于加快推进工业企业技术改造工作的实施意见
30	关于全面推进“62131”企业梯次培育工程的实施意见
31	关于加强干部作风建设的实施意见
32	印发《关于贯彻落实市级环保督察反馈意见的整改方案》的通知
33	关于印发《中共滕州市委巡察工作实施办法（试行）》的通知
34	关于印发《滕州市大气污染防治分线攻坚实施方案》的通知
35	转发《共青团滕州市委关于召开共青团滕州市第十八次代表大会的请示》的通知
36	关于表彰2016年度“十佳金融服务单位”“十佳金融服务标兵”的决定
37	关于认真学习贯彻习近平总书记在省部级主要领导干部专题研讨班上重要讲话精神的通知
38	关于表彰首届“鲁班杯”滕州工匠奖的决定
39	关于印发《2016年度市委常委班子民主生活会整改工作方案》的通知
40	关于表彰尊师重教先进单位、素质教育先进单位、优秀教学团队和尊师重教先进个人、优秀教师、优秀教育工作者、三“十佳”教师的决定
41	印发《关于开展主要农作物生产全程机械化推进行动的实施意见》的通知
42	关于印发《滕州市招商引资优惠政策》的通知
43	印发《关于对枣庄市委第四巡察组反馈意见的整改方案》的通知
44	关于进一步加强城市管理工作的意见
45	印发《关于进一步深化领导干部经济责任审计工作的意见》的通知
46	关于表彰2017年度全市环境卫生工作先进集体和先进个人的决定
47	关于进一步规范和加强市委常委会定期研究安全生产等工作的通知
48	关于印发《滕州市安全生产“一票否决”制度》的通知
49	关于印发《滕州市安全生产“党政同责、一岗双责”暂行规定》的通知
50	关于深入学习贯彻党的十九大精神的决议
51	关于加强市委常委会自身建设的意见
52	关于表彰党的十九大安保维稳暨“千名干部下基层”工作先进集体和先进个人的决定
53	关于印发《滕州市深化国家监察体制改革试点工作实施方案》的通知
54	关于表彰滕州市妇女儿童工作先进集体和先进个人的决定
55	关于印发《滕州市监察委员会组建方案》的通知
56	关于废止和宣布失效一批党内规范性文件的决定

附录 4

滕政发〔2017〕文件目录

文号	文 件 名
1	关于 2017 年度安全生产工作的意见
2	关于进一步加强房地产开发管理的意见
3	关于印发《滕州市妇女发展“十二五”规划》《滕州市妇女发展“十二五”规划》的通知
4	关于印发《滕州市“全民参保登记计划”实施方案》的通知
5	关于公布市政府领导成员分工的通知
6	关于下达 2017 年度全市安全生产控制指标的通知
7	关于 2016 年度全市安全生产目标责任完成情况的通报
8	关于贯彻枣政发〔2016〕6 号文件落实粮食安全省长责任制的实施意见
9	关于对 2017 年市政府工作任务分解立项的通知
10	关于加快推进品牌建设的实施意见
11	关于成立质量强市工作领导小组的通知
12	关于印发《滕州市全面排查整治“地条钢”等违法违规行为专项行动工作方案的通知》
13	关于公布滕州市城乡规划委员会成员的通知
14	关于印发《滕州市 2017 年土地矿产卫片执法监督检查工作方案》的通知
15	关于全面做好 2017 年度农村无害化卫生厕所改造工作的通知
16	关于公布《滕州市东城东新社区改造工程房屋征收补偿实施方案》的通知
17	关于印发《滕州市镇级志愿消防队管理规定（试行）》的通知
18	关于加快滕州新港项目建设的通知
19	关于表彰 2016 年度全市交通运输工作先进集体、先进个人的决定
20	关于印发《滕州市城市建筑外立面色彩管理规定》的通知
21	关于调整滕州市住宅小区房屋登记历史遗留问题专项治理工作领导小组成员的通知
22	关于进一步做好“城中村”集体土地上房屋搬迁补偿工作补充意见
23	关于申请建设互联网文化小镇综合旅游项目新增建设用地指标的请示
24	关于表彰 2016 年度政务信息工作先进单位和先进个人的决定
25	关于公布城镇土地级别与基准地价更新成果的通知

续表

文号	文 件 名
26	关于印发《滕州市 2017 年大气污染防治工作方案》的通知
27	关于印发《滕州市 2017 年水污染防治工作方案》的通知
28	关于加强滕州市高铁新区绿色生态示范城区建设项目监督管理的通知
29	关于完善绿色生态城区内绿色奖励机制的通知
30	关于加强京台、枣木高速公路绿色通道建设的实施意见
31	关于印发《滕州市 2016 年度市级预算执行及其他财政收支审计工作方案》的通知
32	关于调整滕州市创建全国渔业健康养殖示范县领导小组的通知
33	关于印发《滕州市养殖水域滩涂规划（2016—2020 年）》的通知
34	关于调整税收共治领导小组的通知
35	关于调整滕州市采煤塌陷地综合治理工作领导小组成员的通知
36	关于成立通知荆河水环境综合治理指挥部的通知
37	关于印发《滕州市荆河水环境综合治理实施方案》的通知
38	关于印发《滕州市工业供水综合水价改革暨水源置换实施方案》的通知
39	关于成立滕州市工业供水综合水价改革暨水源置换领导小组的通知
40	关于调整滕州市南水北调续建配套工程建设领导小组的通知
41	关于调整滕州市南水北调续建配套工程建设管理处组成人员通知
42	关于印发《滕州市劳动模范评审委员会关于评选表彰滕州市劳动模范的实施方案》的通知
43	关于表彰 2015—2016 年度全市统计工作先进集体和先进个人的决定
44	关于印发《滕州市 2017 年国民经济和社会发展计划》的通知
45	关于印发《滕州市镇街税收收入增长奖励暂行办法》的通知
46	关于表彰滕州市劳动模范的决定
47	关于加强全市应急救护培训工作的意见
48	关于调整解决城镇普通中小学大班额问题工作领导小组成员的通知
49	关于修改部分规范性文件的决定
50	关于公布 2017 年第一批市级行政权力事项调整目录的通知
51	关于做好 2017 年防汛工作的意见
52	关于印发《滕州市物业管理实施细则》的通知

续表

文号	文件名
53	关于调整滕州市食品安全委员会的通知
54	关于印发《滕州市税收共治实施办法》的通知
55	关于调整滕州市行政复议委员会成员的通知
56	关于做好2017年三夏工作的意见
57	关于印发《滕州市招商项目和政策评估工作实施办法（试行）》的通知
58	关于印发《滕州市公共服务领域推广政府和社会资本合作模式实施意见》的通知
59	关于印发《滕州市集中治理货车违法超限超载工作实施方案》的通知
60	关于印发《滕州市三轮车、四轮代步车综合治理实施方案》的通知
61	关于调整滕州市道路交通安全综合治理委员会的通知
62	滕州市人民政府《关于公布各镇（街）行政权力清单》的通知
63	关于公布滕州市市级公共服务事项目录和镇（街道）公共服务事项目录的通知
64	关于调整滕州市农田水利项目县项目工作领导小组的通知
65	关于调整滕州市农田水利项目县工程建设处的通知
66	关于成立山东化工技师学院发展协调领导小组的通知
67	关于成立2017年滕州市现代农业产业发展苗木产业项目领导小组的通知
68	关于成立滕州市金融改革发展工作领导小组的通知
69	关于调整滕州市节能减排工作领导小组成员的通知
70	关于印发《滕州市“十三五”节能工作方案》的通知
71	关于金融精准支持实体经济发展的意见
72	关于成立山东省淮河流域重点平原低洼地南四湖片（滕州）治理工程建设领导小组的通知
73	关于印发《滕州市黑臭水体整治工作实施方案》的通知
74	关于印发《加强基层警务力量构筑社会治安管理网络的实施意见》
75	关于印发《市政府领导工作补位制度的通知》
76	关于印发《滕州市土地整治项目实施办法》的通知
77	关于公布滕州市防震减灾工作领导小组成员的通知
78	关于成立滕州市国家农业可持续发展试验示范区建设工作领导小组的通知
79	关于调整滕州市石油天然气管道保护工作领导小组名单的通知

续表

文号	文　件　名
80	关于进一步加强国家慢性病综合防控示范市创建工作的意见
81	关于印发《滕州市今冬明春农田水利基本建设实施意见》的通知
82	关于成立滕州市聚能发展投资公司收购滕州农商银行不良贷款清收盘活小组的通知
83	关于大力发展装配式建筑的实施意见
84	关于印发《山东省淮河流域重点平原洼地南四湖片（滕州）治理工程实施方案》的通知
85	关于做好2017年三秋工作的意见
86	印发《关于进一步明确城市建成区内市政园林环卫设施管理养护责任的实施意见》的通知
87	关于公布2017年第二批市直部门行政权力事项调整目录的通知
88	印发《关于建立健全农村无害化卫生厕所后续管护长效机制的意见》的通知
89	关于进一步健全特困人员救助供养制度的实施意见
90	关于命名滕州市依法行政示范单位的决定
91	关于调整部分市政府领导成员分工的通知
92	关于调整滕州市公务用车制度改革领导小组的通知
93	关于切实加强和改进城乡规划工作的实施意见
94	关于成立滕州市光伏“领跑者”项目领导小组的通知
95	关于在市场体系建设中建立公平竞争审查制度的实施意见
96	关于印发《滕州市2017—2018年秋冬季大气污染综合治理攻坚行动方案》的通知
97	关于印发《鲁南高科技化工园区涉化搬迁实施方案》的通知
98	关于印发《滕州市土壤污染防治工作方案》的通知
99	关于印发《滕州市已购经济适用房取得完全产权和上市交易管理规定》的通知
100	关于印发《滕州市公共租赁住房保障实施细则》的通知
101	关于深入开展职工互助医疗综合保障工作实施意见
102	关于印发《滕州市国有林场改革实施方案》
103	关于印发《滕州市政府性债务风险化解方案》的通知
104	关于实施《滕州市采煤塌陷地综合治理专项规划（2016—2025）》的通知

索 引

说明：

一、本索引采用主题分析方法编制，按主题词第一字汉语拼音顺序排列，首字相同者按第二字排列，依次类推。

二、索引名称后的阿拉伯数字表示索引内容所在的页码。

三、“特载”“大事记”“附录”内容及表格、随文图片、彩色插页不作索引。

A

B

C

D

F

G

H

J

K

L

M

N

P

Q

R

S

T

W

X

图书在版编目（CIP）数据

滕州年鉴．2018 / 滕州市地方史志办公室编．-- 郑州：中州古籍出版社，2018.11

ISBN 978-7-5348-8144-2

Ⅰ．①滕… Ⅱ．①滕… Ⅲ．①滕州— 2018 —年鉴 Ⅳ．① Z525.24

中国版本图书馆 CIP 数据核字 (2018) 第 260661 号

滕州年鉴 2018

责任编辑：刘　琳
责任校对：徐承伟　李　明　王洪波　朱广亚
出 版 社：中州古籍出版社
（地址：郑州市经五路 66 号　邮政编码：450002）
发行单位：新华书店
承印单位：山东黄氏印务有限公司
开　　本：210mm × 285mm　1/16
印　　张：22.5
字　　数：489 千字
印　　数：1–1800 册
版　　次：2018 年 11 月第 1 版
印　　次：2018 年 11 月第 1 次印刷

定　价：286.00 元

本书如有印装质量问题，由承印厂负责调换。